卓越法治人才教育培养系列教材

苗连营◎总主编

民法典物权编
案例教程

主　编◎申惠文
副主编◎荣振华　王　康　李　璐

人民法院出版社

图书在版编目（CIP）数据

民法典物权编案例教程 / 申惠文主编 ; 荣振华, 王康, 李璐副主编. -- 北京 : 人民法院出版社, 2023.11
卓越法治人才教育培养系列教材 / 苗连营总主编
ISBN 978-7-5109-3725-5

Ⅰ. ①民… Ⅱ. ①申… ②荣… ③王… ④李… Ⅲ. ①物权法－案例－中国－教材 Ⅳ. ①D923.25

中国国家版本馆CIP数据核字(2023)第014144号

民法典物权编案例教程
申惠文　主编
荣振华　王　康　李　璐　副主编

策划编辑　李安尼
责任编辑　刘晓宁
封面设计　鲁　娟
出版发行　人民法院出版社
地　　址　北京市东城区东交民巷27号（100745）
电　　话　（010）67550572（责任编辑）　67550558（发行部查询）
　　　　　65223677（读者服务部）
客服QQ　2092078039
网　　址　http://www.courtbook.com.cn
E－mail　courtpress@sohu.com
印　　刷　保定市中画美凯印刷有限公司
经　　销　新华书店

开　　本　787毫米×1092毫米　1/16
字　　数　510千字
印　　张　27.5
版　　次　2023年11月第1版　2023年11月第1次印刷
书　　号　ISBN 978-7-5109-3725-5
定　　价　95.00元

卓越法治人才教育培养系列教材
编委会

《民法典物权编案例教程》编委会

主　编：申惠文

副主编：荣振华　王　康　李　璐

编委会成员：王嘉仪　华德波　王黎明　刘建国　丁　远　周　庆　韩新磊　李腾云　李林启　高完成　孙文清

前　言
Preface

习近平总书记指出，民法典是一部固根本、稳预期、利长远的基础性法律。[①] 民法典就是民事法律的字典、词典。字典、词典重要，民法典同样很重要。从出生到死亡，从结婚到离婚，从营利组织到非营利组织，民法典提供了个人与个人、个人与组织、组织与组织和谐相处的基本规则。民法典是治国安邦的基础性法律，是民事法律的基础，是法治建设的基础，是社会治理的基础，是国家治理的基础。

物权编是民法典的第二编，在所有分编中居于排头兵的地位。民法典物权编是财产的基本法，规范财产静态的归属问题和财产动态的利用问题。民法典物权编扎根于中国特色社会主义市场经济，贯彻市场在资源配置中起决定作用的基本理念，坚守财产权自由行使的基本理念，平等保护国有财产、集体财产和私人财产。随着时代的发展，社会财富多样化，生产设备、原材料、产品、半成品等动产的价值日益提升，应收账款、股权、基金、知识产权等的价值日益提升。民法典物权编适应现代社会发展的要求，增加了居住权、土地经营权、货物价款抵押优先权等制度，完善动产抵押和权利质押的规则，明确采纳功能主义担保的立场。

不同的人基于自身的知识结构、生活经验，从不同的角度解读民法典物权编。这些对民法典物权编不同的诠释，很难说孰对孰错。不过，任何事物都是有规律的，有些诠释相对更客观、更科学。众多的视角中，不妨采用使人幸福的角度。据此，民法典物权编的立法目的，是让资源的配置更加有

① 习近平：《切实推动民法典实施　更好保障人民权益》，载《人民日报海外版》2020 年 5 月 30 日，第 1 版。

效，让最大多数人获得最大多数的幸福。民法典物权编求真、求善、求美，追求真善美的结合，追求幸福的价值。首先，物权编求真。人生在世，可能拥有一定的财富。人对财富占有、使用、收益的欲望，是自然而然的。物权编求真，充分尊重每个人的财富欲望，充分发挥每个人的积极性，鼓励财富创造。其次，物权编求善。由于资源是有限的，每个人的欲望不可能随时随地得到满足，因此物权编必须合理分配资源。君子爱财，取之有道。物权编贯彻诚信原则，保护善意的财产交易，不保护恶意的财产交易。再次，物权编求美。物权编中的美包括逻辑之美和生活之美，这里重点说说物权法的逻辑之美。物权概念本身就是逻辑之美的集中表现，生活中本没有物权的词汇，物权是理性思维的产物，是法学家创造的法学概念。总之，幸福就是正义的另一种表达，民法典物权编追求正义，就要以幸福指数增加为导向。

民法典物权编是规范的文本，属于应然的物权世界。从文本到生活，从应然到实然，又是一种质的飞跃。如何让在校学生和青年法官、青年律师、青年法务人员，更加精准把握民法典物权编核心要义，掌握司法裁判的技术和法律风险防范的方法，我们组织优秀教师、优秀法官、优秀检察官和优秀律师，共同编写了《民法典物权编案例教程》一书。在编写的过程中，强调以问题为导向，突出条文、理论、实践的三位一体，用物权编理论解读物权编条文，用物权编条文解释物权编实践，用物权编实践支撑物权编理论。因此，对每个问题进行阐释时，大致都包括“相关法条”“要旨释义”“典型案例”三个部分。“相关法条”列出来主要的法律条文，突出法律文本的体系性。“要旨释义”突出理论界对法律条文适用中的重大疑难问题的阐释，突出争议点和解决问题的办法。“典型案例”是在“相关法条”“要旨释义”之后，用典型案例去解释相关条文的具体运用，用典型案例回应理论界对相关问题的学术争议。本书在重点阐述司法裁判技术的同时，突出法律风险的防范。从纠纷的解决到纠纷的预防，从临床法学到预防法学，法律风险的管理正在逐步成为一门科学。本书的作者中很多是律师，积累了丰富的法律风险防范智慧。因此，本书在很多章节都增加了“法律风险防范”栏目，突出预防思维，让更多的律师和企业的法务人员、合规人员以及当事人，更加理性防范法律风险，提高决策的科学性。

本书为卓越法治人才教育培养系列教材之一，系郑州大学2022年度校级教材建设项目的成果，是河南省高等学校青年骨干教师资助项目

（2020GGJS020）的成果。本书由郑州大学法学院教授、河南省法学会民法学研究会副会长兼秘书长申惠文担任主编，由大连医科大学人文与社会科学学院教授荣振华、郑州大学法学院王康博士、郑州大学国际学院李璐博士担任副主编。本书共分 12 章，各章的分工如下：

第一章第一节 王康，郑州大学法学院讲师，郑州大学法学博士，郑州大学公共管理学博士后。

第一章第二节 王嘉仪，上海兰迪（郑州）律师事务所律师。

第二章第一节 华德波，就职于郑州市人民检察院，西南政法大学法学博士。

第二章第二节 荣振华，大连医科大学人文与社会科学学院教授，大连海事大学法学博士后。

第二章第三节 王黎明，河南科技大学法学院副教授。

第三章 刘建国，河南亚太人律师事务所副主任。

第四章 申惠文，郑州大学法学院教授，武汉大学法学博士，中国应用法学研究所博士后。

第五章 荣振华，大连医科大学人文与社会科学学院教授，大连海事大学法学博士后。

第六章第一节 丁远，河南法萃律师事务所律师。

第六章第二节 周庆，北京金诚同达（广州）律师事务所律师。

第七章 韩新磊，中国计量大学法学院讲师，中国政法大学法学博士。

第八章 李璐，郑州大学国际学院讲师，郑州大学法学博士。

第九章 李腾云，浙江舟山市定海区人民法院法官。

第十章 李林启，河南师范大学法学院教授，湘潭大学法学博士。

第十一章第一节、第二节 高完成，郑州大学法学院讲师，西南政法大学法学博士，郑州大学法学博士后。

第十一章第三节 孙文清，金博大律师事务所律师。

本书在撰写过程中，荣振华教授、王康博士和李璐博士负责统稿，其中，王康博士负责统稿编写 11 万字，李璐博士负责统稿编写 11 万字，荣振华教授负责统稿编写 18 万字。本书在讲清讲透民法典物权编典型案例的同时，力争全面概括司法裁判的技术和法律风险防范的技术。民法典物权编只有 258 个条文，解决纷繁复杂的物权纠纷，就需要采取文义解释、体系解释、目的解释和历史解释等方法。裁判者如何概括归纳当事人争议的焦点，如何选择最合适的法律，是一门靠经验积累的技术。律师、法律顾问、企业法务等如何根据民法典物权编相关条款，提出适当的法律风险防范方案，也是一门靠经验积累的技术。相信认真阅读《民法典物权编案例教程》一书，能够切实提高民法典物权编法律适用的技术，在以法为据、以理服人、以情感人的价值共识下，科学解决与预防物权纠纷。

编者

2023 年 11 月

目　录

Contents

第一章

物权登记纠纷

物权登记是申请登记人向登记机关申请登记，由登记机关据此作出登记，以产生物权设立、变更、消灭等效果的行为。物权登记是物权公示的重要手段。根据物权公示原则，当事人应当将物权变动的事实通过法律规定的公示手段向外界公开，使不特定的第三人知悉物权的权利状况。物权变动公示主要有登记和交付两种方式，其中交付作为动产物权变动的公示手段，而登记既可以作为不动产物权变动的公示手段，也可以作为特殊动产物权变动的公示手段。

根据法律规定，物权登记可能产生以下几种法律效力：首先，物权变动的效力，基于民事法律行为发生的不动产物权变动自登记时发生物权效力，此时登记是物权的生效要件。其次，对抗善意第三人之效力，如船舶、航空器和机动车等特殊动产的物权变动，只有通过登记才可取得对抗善意第三人的效力，此时登记就是物权变动的对抗要件。再次，权利推定的效力，不动产登记簿上记载的权属状况推定为真实的权利状态，除非有证据证明登记确实存在错误。最后，保护善意第三人的效力，第三人从不动产登记簿上记载的权利人处取得物权，即便事后证明存在登记错误，第三人也可能基于善意取得制度取得该物权。

第一节 不动产登记纠纷

不动产登记是不动产物权归属及变动的公示方式。不动产价值巨大且资源稀缺，是关乎社会生产和民众生活的重要财产。因此，有必要通过登记手段强化不动产权利外观，维护交易安全和信赖利益。

《民法典》物权编对登记的效力、合同效力与不动产登记效力的区分、登记机构的职权、义务和登记错误的赔偿责任进行了全面、系统的规定。实践中单纯基于登记机构登记错误而产生的纠纷，在法律适用和裁判结果方面争议不大。较为疑难的问题大多数出现在当事人之间的权属纠纷和基础关系纠纷上，如不动产物权变动纠纷、异议登记纠纷等。此外，除能够产生物权效力的权属登记外，还存在预告登记、备案登记等与不动产有关的登记类型，其性质和法律效果存在一定争议，实践中较易产生疑难纠纷。

一、不动产物权变动纠纷

（一）相关法条

1.《中华人民共和国民法典》（2020 年 5 月 28 日）

第二百零九条 不动产物权的设立、变更、转让和消灭，经依法登记，发生效力；未经登记，不发生效力，但是法律另有规定的除外。

第二百一十五条 当事人之间订立有关设立、变更、转让和消灭不动产物权的合同，除法律另有规定或者当事人另有约定外，自合同成立时生效；未办理物权登记的，不影响合同效力。

第二百一十六条 不动产登记簿是物权归属和内容的根据。

不动产登记簿由登记机构管理。

第二百一十七条 不动产权属证书是权利人享有该不动产物权的证明。不动产权属证书记载的事项，应当与不动产登记簿一致；记载不一致的，除有证据证明不动产登记簿确有错误外，以不动产登记簿为准。

第二百二十条 权利人、利害关系人认为不动产登记簿记载的事项错误的，可以申请更正登记。不动产登记簿记载的权利人书面同意更正或者有证据证明登记确有错误的，登记机构应当予以更正。

不动产登记簿记载的权利人不同意更正的，利害关系人可以申请异议登记。登记机构予以异议登记，申请人自异议登记之日起十五日内不提起诉讼的，异议登记失效。异议登记不当，造成权利人损害的，权利人可以向申请人请求损害赔偿。

2.《最高人民法院关于人民法院办理执行异议和复议案件若干问题的规定》（2020 年 12 月 29 日）

第二十八条 金钱债权执行中，买受人对登记在被执行人名下的不动产提出异议，符合下列情形且其权利能够排除执行的，人民法院应予支持：

（一）在人民法院查封之前已签订合法有效的书面买卖合同；

（二）在人民法院查封之前已合法占有该不动产；

（三）已支付全部价款，或者已按照合同约定支付部分价款且将剩余价款按照人民法院的要求交付执行；

（四）非因买受人自身原因未办理过户登记。

第二十九条 金钱债权执行中，买受人对登记在被执行的房地产开发企业名下的商品房提出异议，符合下列情形且其权利能够排除执行的，人民法院应予支持：

（一）在人民法院查封之前已签订合法有效的书面买卖合同；

（二）所购商品房系用于居住且买受人名下无其他用于居住的房屋；

（三）已支付的价款超过合同约定总价款的百分之五十。

（二）要旨释义

1. 关于不动产登记性质与效力

不动产登记的性质在理论和实践上存在一定争议，该问题直接影响不动产登记纠纷应适用民事诉讼程序还是行政诉讼程序。关于性质问题存在以下几种不同的观点：首先是民事法律行为说，[①] 该说认为不动产登记是一种由私主体基于自身意思行使权利的法律行为，具体体现为当事人行使民法上的登记请求权，并借助行政机关的公信力实现物权变动的效果。其次是行政行为说，[②] 该说认为登记是不动产登记机关以公权力对物权归属关系进行确认，从而

① 参见王利明：《物权法研究》（上卷），中国人民大学出版社 2013 年版，第 305 页。

② 参见常鹏翱：《不动产登记法》，社会科学文献出版社 2011 年版，第 11 页。

使其具有对世效力，是一种公权力机关作出的行政行为。此外还有“折衷说”或“行民混合说”，[①] 该说认为登记在不同阶段体现为不同的法律性质，当事人申请登记的部分应属于民事法律行为，登记机关审查并进行登记的部分则属于行政行为。根据《最高人民法院关于适用〈中华人民共和国民法典〉物权编的解释（一）》[以下简称《物权编司法解释（一）》] 第1条，[②] 结合理论通说，以“折衷说”解释不动产登记更为合理。不动产登记中既有民事主体作出的法律行为，亦有行政机关进行的公权力行为，具体适用何种诉讼程序应视纠纷产生的原因而定：若纠纷产生于当事人之间的权属争议、基础关系，应适用民事诉讼程序；若纠纷产生于登记机构自身的登记错误，则可通过行政诉讼程序解决；若权属争议和登记错误同时发生，在当事人提起的行政诉讼程序中可一并审理。

《民法典》第209条确立了不动产物权变动的一般规则，不动产物权变动必须经过依法登记才能发生效力，法律另有规定的除外。故此，登记在一般情况下是不动产物权变动的生效要件，不登记不发生物权变动的效果。《民法典》第209条中的但书规定，主要是指《民法典》第229条至第231条规定的非基于法律行为发生的物权变动，包括由法律文书、征收决定、继承和事实行为产生的物权变动。此外，根据物权编相关规定，一些特殊的不动产物权如土地经营权、地役权等，可基于当事人之间的合同而产生物权效力，但不登记不得对抗善意第三人。

2. 关于区分原则

《民法典》第215条明确了不动产物权变动中合同效力、登记效力的规则，或称为物权变动与其基础关系（原因关系）的区分原则。具体而言，作为物权变动基础关系的合同产生的是债权债务关系，并非不动产物权变动之效果；不动产物权变动以登记为生效要件，不登记不发生物权效力，但并不影响之前已生效的合同关系。在区分原则被法律所明确之前，立法与司法实践中存在混淆合同效力与物权变动效果的现象，其典型表现是将登记作为合同而非物权变动的生效要件。例如，原《担保法》第41条[③] 规定：“当事人

---

① 马怀德、张红：《行政争议与民事争议的交织与处理》，载《法商研究》2003年第4期。

② 《物权编司法解释（一）》第1条规定：“因不动产物权的归属，以及作为不动产物权登记基础的买卖、赠与、抵押等产生争议，当事人提起民事诉讼的，应当依法受理。当事人已经在行政诉讼中申请一并解决上述民事争议，且人民法院一并审理的除外。”

③ 原《担保法》已失效，现对应《民法典》第215条，该条规定，当事人之间订立有关设立、变更、转让和消灭不动产物权的合同，除法律另有规定或者当事人另有约定外，自合同成立时生效；未办理物权登记的，不影响合同效力。

以本法第四十二条规定的财产抵押的，应当办理抵押物登记，抵押合同自登记之日起生效。”将登记作为合同的生效要件会产生一种荒谬的逻辑：因为不登记合同就无法生效，所以只要债务人不履行登记义务就不会产生登记义务，只要债务人不遵守约定就不会承担违约责任。如果不对合同效力与物权变动效果不加以区分将会产生极大的危害，其不仅不符合法理逻辑，还会损害民事主体利益，破坏民法的意思自治与诚信原则。为解决这一问题，原《物权法》第15条[①]明确规定了区分原则，该原则也在《民法典》第215条中被延续下来。

区分原则的实践意义在于：自合同成立并生效开始，受让人就享有请求对方协助办理登记的权利，若对方不履行登记义务则可以请求法院强制履行。在物权变动效果无法实现的情况下，如物权客体的灭失、多重交易中其他买受人先行办理不动产登记，合同中的受让人虽无法取得物权，但其可以请求对方承担违约责任，或根据合同约定获得其他补偿。

根据《民法典》第215条，不动产买卖合同自成立时即生效，例外情形为当事人约定或法律特别规定，此外并不存在其他限制性条件。以该条文为基础，结合《民法典》不再继续采用原《合同法》第51条[②]“无权处分合同效力待定”规则，可以认为我国民法已经确立了合同效力不受处分权影响的规则。该规则进一步贯彻了区分原则，符合市场交易的客观实践需求，有利于保护当事人利益。基于合同效力与物权变动效力的区分，转让人在签订合同时并不需要具有处分权，而只需在实际转让物权时具有处分权即可；若最终由于欠缺处分权导致物权变动无法实现，受让人也可基于有效的合同请求对方承担违约责任。

3. 关于不动产登记簿

《民法典》第216条第1款规定：“不动产登记簿是物权归属和内容的根据。”该条文表述与原《物权法》第16条一致，反映了不动产登记簿的效力。关于该规则所确定的不动产登记簿效力的理解，有推定说和证据说两种不同观点。推定说认为，不动产登记簿上记载的享有物权的人推定为真正的权利人。[③]证据说认为，不动产登记簿只具有作为诉讼中证据的资格，即物证中的

---

① 对应《民法典》第215条。

② 《民法典》第311条规定，无处分权人将不动产或者动产转让给受让人的，所有权人有权追回……

③ 崔建远：《物权法》，中国人民大学出版社2009年版，第111页。

公文书。[①] 从《民法典》第 216 条的立法目的出发，结合第 217 条、第 220 条关于登记错误和异议登记规则作体系解释，应认可不动产登记簿产生权利推定之效力：除有证据证明不动产登记簿确有登记错误外，应以不动产登记簿所记载内容为准来认定物权权属；如对登记提出异议，需承担证明登记错误的举证责任。

4. 关于不动产案外人执行异议规则

不动产执行异议，是执行过程中案外人对作为执行标的不动产主张自己的权利时所提出的不同意见。执行异议相关规则虽然属于程序法范畴，但该类纠纷中的实际争议往往涉及不动产权属和物权变动，其中通常存在登记错误或登记所没有显示的其他权利人。执行异议与异议登记存在本质区别，其与诉讼、执行程序紧密相关，法律关系较为复杂，属于司法实践中比较疑难的问题。执行异议纠纷中经常出现的问题包括是否应对物权权属作出确认，如何认定所谓的“不动产隐名权利”之效力，以及如何保障未登记购房人尤其是商品房消费者的权利等。《最高人民法院关于人民法院办理执行异议和复议案件若干问题的规定》（以下简称《执行异议和复议规定》）第 28 条、第 29 条对不动产执行异议中排除执行需满足的条件进行了规定，其中第 28 条是对一般房屋买受人的规定，第 29 条是针对商品房消费者的规定。相比之下，商品房消费者排除执行的条件更为宽松：在签订有效的商品房买卖合同的前提下，其不需要实际占有房产，且只需支付超过一半的价款即可以其合同债权排除执行；但适用第 29 条需满足商品房消费者这一身份，要求购房人购买房屋用于居住且其名下无其他房产。

（三）典型案例

1. 徐某启、新乡市四季置业有限公司房地产合同纠纷案 [②]

［**基本案情**］2014 年 10 月 26 日，徐某启和新乡市四季置业有限公司（以下简称四季公司）签订《合作开发协议》，双方就合作开发四季花城 D 区 1 号楼的相关事宜达成协议。根据合同约定，四季公司以每平方米 600 元的价格将四季花城 D 区 1 号楼处地块土地使用权转让给徐某启进行开发，全部产权

---

① 最高人民法院物权法研究小组编著：《〈中华人民共和国物权法〉条文理解与适用》，人民法院出版社 2007 年版，第 93 页。

② 参见河南省高级人民法院（2020）豫民终 697 号民事判决书。

（除一楼和地下室的50%外）归徐某启所有，四季公司承担一楼50%建筑面积的建筑成本，并保证具备商品房开发资质，保证依法取得案涉地块的土地使用权；若四季公司未按照约定办理土地使用权证，则应及时告知徐某启，土地使用权转让费按照每平方米300元的价格收取，将原多收的转让费在30日内如数退还徐某启；如不能按时如数退还，每过一日则收取1‰的违约滞纳金直至将应退还给徐某启的土地使用权转让费及滞纳金结清为止。2014年3月31日，四季公司向徐某启出具收据一份，载明“今收到徐某启四季花城D区1号楼土地使用权转让费5 516 000元”。2014年11月26日，四季公司和新乡市大桥建筑有限公司签订《建设工程施工合同》一份，约定由该公司承建四季花城D区1号楼，签约合同价为1860万元。2014年11月28日，徐某启和新乡市大桥建筑有限公司签订《工程施工承包合同》一份，由新乡市大桥建筑有限公司承建四季花城D区1号楼工程，承包范围为D区1号楼施工图纸要求的全部工程。

2016年2月26日，四季公司与河南省基本建设科学实验研究院签订《建设工程检测合同》，由后者对四季花城建设工程质量进行检测。2016年6月16日，研究院作出检测结论，所检测基础和主体（墙、梁、板）现浇构件不满足设计要求。2017年5月22日，案涉项目监理部门河南创达建设工程管理有限公司对新乡市大桥建筑有限公司、工程项目部下达《停工令》，要求工程项目部停工，将验收合格手续报齐后，方可开工。2018年5月5日，四季公司对徐某启下达《恢复施工催告函》一份，要求徐某启尽快复工。2018年5月24日，四季公司对徐某启下达《解除协议通知书》一份，载明徐某启在催告函催告期间内未回复也未复工，与徐某启解除《合作开发协议》。

徐某启向一审法院起诉请求：（1）确认徐某启、四季公司于2014年10月26日签订的《合作开发协议》无效；（2）四季公司返还徐某启所支付的土地使用权转让费551.6万元及利息；（3）四季公司赔偿徐某启损失3237.4万元及利息；（4）四季公司赔偿徐某启的保险金损失34 722元；（5）四季公司承担本案的诉讼费。

四季公司反诉请求：（1）确认徐某启、四季公司签订的《合作开发协议》已经解除的效力；（2）徐某启排除妨碍；（3）徐某启返还四季公司64套房产款项1698.3098万元及利息；（4）徐某启承担本案的诉讼费及其他费用。

［法院裁判］一审法院认为，关于协议性质问题，从徐某启与四季公司签订的《合作开发协议》相关条款可以看出，虽然上述协议名义上系联合开发

协议，但结合协议内容应认定为土地使用权转让合同。关于合同效力的问题，2005 年施行的《最高人民法院关于审理涉及国有土地使用权合同纠纷案件适用法律问题的解释》第 9 条[①]规定：“转让方未取得出让土地使用权证书与受让方订立合同转让土地使用权，起诉前转让方已经取得出让土地使用权证书或者有批准权的人民政府同意转让的，应当认定合同有效。”本案中，四季公司在诉讼前尚未取得案涉土地使用权，亦无有批准权的人民政府对其土地使用权转让予以同意的证明，《合作开发协议》违反强制性规定，应当视为无效合同。关于协议无效后的处理问题，原《合同法》第 58 条[②]规定：“合同无效或者被撤销后，因该合同取得的财产，应当予以返还；不能返还或者没有必要返还的，应当折价补偿。有过错的一方应当赔偿对方因此所受到的损失，双方都有过错的，应当各自承担相应的责任。”由于《合作开发协议》已经被认定为无效，所以四季公司要求确认《合作开发协议》已经解除的效力，人民法院不予支持。

二审法院认为，原《物权法》第 15 条规定“当事人之间订立有关设立、变更、转让和消灭不动产物权的合同，除法律另有规定或者合同另有约定外，自合同成立时生效；未办理物权登记的，不影响合同效力”。《民法典》第 215 条作出了相同的规定。2020 年 12 月 23 日，最高人民法院为保障《民法典》的实施，对不符合《民法典》规定精神的司法解释进行修订，删除了《最高人民法院关于审理涉及国有土地使用权合同纠纷案件适用法律问题的解释》第 9 条规定“转让方未取得出让土地使用权证书与受让方订立合同转让土地使用权，起诉前转让方已经取得出让土地使用权证书或者有批准权的人民政府同意转让的，应当认定合同有效”的内容。根据《最高人民法院关于适用〈中华人民共和国民法典〉时间效力的若干规定》第 8 条规定，“民法典施行前成立的合同，适用当时的法律、司法解释的规定合同无效而适用民法典的规定合同有效的，适用民法典的相关规定”。因此，四季公司在诉讼前未取得涉案建设项目土地使用权的情形不影响《合作开发协议》的效力。一审判决依照 2005 年《最高人民法院关于审理涉及国有土地使用权合同纠纷案件适用法律问题的解释》第 9 条规定认定《合作开发协议》无效已不妥当，二审法院依职权予以纠正。

---

① 该条文现已失效。参见《民法典》第 502 条第 2 款。

② 对应《民法典》第 157 条。

基于上述认定，徐某启诉请确认《合作开发协议》无效以及基于该协议无效而请求返回土地转让费、赔偿损失等诉讼请求均不能成立，一审法院不予支持。一审按照《合作开发协议》无效的法律后果，判决双方进行财产返还和折价赔偿亦不妥当，二审法院予以纠正。根据《合作开发协议》约定，四季公司在协议履行中仅提供土地使用权并获得一定数额的金钱和房产回报，对涉案建设项目不享有投资收益也不承担经营风险，故对涉案建设项目不享有实际权利，且《合作开发协议》中也未约定涉案建设项目的开发建设期限，故四季公司主张经催告徐某启恢复施工未果的情形不足以影响合同目的的实现，其请求确认《合作开发协议》已经解除的理由不能成立。一审判决未支持四季公司要求确认《合作开发协议》已经解除等诉请，裁判结果正确，二审法院予以确认。双方在《合作开发协议》履行中发生的其他争议，可另行主张。

[裁判评析] 双方所签订的《合作开发协议》中的实质内容是土地使用权的转让，本案的核心争议在于如何认定该转让合同的效力。一审法院根据2005年《最高人民法院关于审理涉及国有土地使用权合同纠纷案件适用法律问题的解释》第9条，认定《合作开发协议》无效，其理由是四季公司在诉讼前尚未取得案涉土地使用权，案涉土地使用权转让也未获得政府批准，使合同违反了法律强制性规定。一审裁判的问题在于其未能正确区分合同效力与物权变动效力。

二审法院则根据《民法典》第215条，通过对合同效力与物权变动效力的明确区分，正确认定了当事人之间的合同效力。虽然四季公司未能取得案涉土地使用权，也无法为徐全启办理转让登记，但这并不影响双方所签订的合同之效力。基于该合同的有效性，双方可以请求对方继续履行或承担相应的违约责任。二审法院判决坚持合同效力与物权变动效力区分的原则，符合法理逻辑，体现了合同效力维持的价值取向，有利于维护交易秩序和保护合同当事人利益。

2. 廖某强、廖某波等物权保护纠纷案[①]

[基本案情] 根据房管部门于1993年12月20日核发的《房地产权证》记载：廖某波是海珠区江南大道中路南昌大街三巷15号的权属人，权属来源是1991年自建上盖，混合结构三层，总建筑面积250.11平方米。1996年8月8日，廖某波出具《房屋权益确认书》，载明：位于广州市海珠区江南大道

① 参见广东省广州市中级人民法院（2021）粤01民终26307号民事判决书。

中路南昌大街三巷 15 号房屋是父亲廖某皮留给廖某波及其兄弟廖某佳、廖某强、廖某伟、廖某荣的遗产，后廖某波与其兄弟廖某强等人于 1995 年 2 月将该房屋拆除且共同出资将该房屋改建成现有的三层结构现状的房屋。现该房屋的有关产权证虽登记于廖某波的名下，但该登记为代表廖某波及其兄弟廖某强等人的对该房屋共有产权的登记，其中兄弟廖某强对该房屋现状享有 1/4 的产权份额。

廖某强于 2020 年 8 月 31 日向广东省广州市海珠区人民法院提起诉讼，请求判令确认登记在廖某波名下的房屋归廖某强、廖某波、廖某佳、廖某荣及廖某伟各占 1/5 份额。

［**法院裁判**］一审法院认为，《民法典》第 216 条规定："不动产登记簿是物权归属和内容的根据。"《民法典》第 217 条规定："不动产权属证书是权利人享有该不动产物权的证明。不动产权属证书记载的事项，应当与不动产登记簿一致；记载不一致的，除有证据证明不动产登记簿确有错误外，以不动产登记簿为准。"根据《房地产权证》记载，廖某波是海珠区江南大道中路南昌大街三巷 15 号的权属人。当事人均没有证据证明权属证书记载的事项与不动产登记簿存在不一致的情形。鉴于此，廖某强起诉要求确认涉案房屋归廖某强等人各占 1/5 份额，缺乏事实根据和法律依据，不予支持，驳回其全部诉讼请求。廖某强不服一审判决，向广州市中级人民法院提起上诉。

二审法院认为，本案的争议焦点是廖某强是否有权主张对涉案房屋确认 1/5 的产权份额。涉案房屋单独登记在廖某波名下，廖某强确认该登记事实系基于当时房屋性质根据当时登记政策而发生，由此可证实，廖某强对涉案房屋登记在廖某波名下并不持异议。因此，涉案房屋的现产权登记状况并不存在登记错误而需要更正的情形，故廖某强提起本案诉讼要求确认其享有涉案房屋 1/5 的产权份额，实为要求变更该登记状况，廖某强的诉请缺乏法律依据，原审判决对此予以驳回并无不当，应予维持。廖某强上诉主张廖某波系代表其本人与廖某强、廖某佳、廖某荣、廖某伟办理涉案房屋的宅基地证及房地产权证，故涉案房屋应归 5 人共同所有。对此，二审法院认为，即使其该项事实主张成立，依其主张，其与廖某波之间也系成立借名合同关系，其应通过请求廖某波履行出名人的协助过户义务以实现其对涉案房屋享有的共有权，而无权对涉案房屋直接主张确认 1/5 的产权份额。基于上述分析，二审法院作出驳回上诉，维持原判的判决。

［**裁判评析**］本案的核心问题在于，当不动产登记所显示的权属状况与当

事人约定不一致时，如何确定不动产的权属状况。本案一审法院根据《民法典》第 216 条与第 217 条规定，认为在没有证据证明存在登记错误的情况下，应以不动产登记权属状况为准。二审法院从本案事实出发，对核心争议问题作出了更为清晰的说明：由于廖某强等人对于将房屋登记在廖某波名下是明知且同意的，故并不存在登记错误之问题；廖某强对案涉房屋不享有物权，至多是基于当事人之间的借名合同对廖某波享有债权性质的请求权。法院正确理解并适用了《民法典》不动产登记规则，对于登记的效力及当事人之间约定的效力进行了区分，在此基础上对不动产权属状况作出了正确裁判。

3. 王某志与何某案外人执行异议之诉纠纷案[①]

[**基本案情**] 2008 年 12 月 2 日，服饰店聘请王某志为部门经理并与其签订《劳动合同书》。同日，双方签订《劳动合同补充协议》，主要内容如下：在王某志与服饰店签订 10 年以上劳动合同并实际履行的条件下，服饰店无偿提供给王某志住房一套作为额外的、有条件的特殊待遇。房屋以公司指定人员的名义办理房屋产权证和土地使用权证，办理费用由服饰店承担。首付房款由服饰店支付 50%，王某志支付 50%，王某志在服饰店工作满 10 年时，服饰店将王某志支出的首付房款一次性支付给王某志。房屋按揭款支付，服饰店每月支付 50%，王某志支付 50%；当年的按揭款先由王某志全额支付，次年元月份服饰店一次性支付给王某志上一年代服饰店支付的按揭部分，今后按揭款的支付均按此支付办法类推；合同期满后，所有房屋按揭款支付完毕后 30 日内，服饰店将王某志所承担的按揭款部分一次性结算给王某志。住房的房屋产权证和土地使用权证以及与该房屋有关的所有手续均由服饰店保管，待王某志按约定履行完劳动合同及补充协议约定的义务后，服饰店将房屋过户给王某志，王某志才取得该房屋所有权。按照合同约定，王某志必须在现有工作岗位正常工作 10 年以上才能取得房屋所有权，期限届满之前只享有使用权和出租收益权而不享有处分权，不得转让、抵押、赠与。

2009 年 6 月 13 日，王某志、何某（服饰店实际经营者）作为买受人与南欣公司签订《商品房认购协议》认购案涉房屋，总价为 602 082 元。案涉房屋首付款为 292 082 元，服饰店实际支付 110 000 元，王某志实际支付 182 082 元。此后，以何某名义在中国农业银行开设账户，每月按揭款由王某志或其配偶存入。2009 年 7 月 26 日，服饰店（甲方）与王某志（乙方）签订《说

---

① 参见最高人民法院（2019）最高法民终 370 号民事判决书。

明》一份，载明："合同"到期半年内，甲方将该房屋过户到乙方名下。首付款甲方支付11万元，乙方支付13万元，房贷10年内还清。2010年10月9日，案涉房屋登记在何某及其配偶名下。2017年8月24日，何某和其配偶离婚，房屋变更登记在何某名下。2010年10月至2011年1月，王某志对案涉房屋进行了装修。此后，入住至今。2017年7月31日，王某志的配偶将剩余按揭款246 161.83元全部归还。2017年8月2日，成都农商行簇桥支行因与何某的保证合同纠纷，申请查封了案涉房屋。2018年1月28日，服饰店代表陈某平出具《情况说明》：王某志履行劳动合同已经临近十年，该店赠送给王某志的房屋已经属于王某志所有，王某志自己交纳了全部按揭款，公司出资部分是公司对王某志工作的福利奖励。

2018年9月11日，王某志诉至四川省高级人民法院，请求：（1）确认案涉房屋归王某志所有；（2）判令何某协助王某志办理房屋产权变更登记手续；（3）停止对案涉房屋的执行，并解除查封措施；（4）诉讼费用由成都农商行簇桥支行、何某共同承担。

［**法院裁判**］一审四川省高级人民法院认为，王某志与服饰店的实际经营者何某之间并未形成房屋买卖关系。按照王某志与服饰店的合同约定，王某志提供劳务未满十年（至2018年12月31日），其取得房屋的条件并未成就。对于何某2017年8月将房屋过户在自己名下的行为，王某志没有提出任何异议，故此王某志本身对于房屋最终未完成过户存在过错。王某志并不满足《执行异议和复议规定》第28条第1项、第4项规定的要件，案涉房屋登记在何某名下，应认定为何某所有，据此判决驳回王某志的全部诉讼请求。

二审最高人民法院认为，不动产登记属物权变动生效的要件，由于房屋所有权现仅登记在何某一人名下，故此王某志对案涉房屋没有所有权。同时，最高人民法院支持了王某志排除强制执行的主张，理由如下：首先，从对房屋权利的来源看，何某作为名义上的登记所有人的目的仅是约束王某志履行义务，其对房屋并不享有实际权利；王某志在合同履行期内对房屋享有占有、使用、收益的权利，在合同履行期限届满后即可请求何某协助办理转移登记，获得房屋所有权。事实上，王某志已经工作至劳动合同期满，服饰店实际经营者亦认可王某志交纳剩余按揭贷款后案涉房屋实际为其所有。其次，从对案涉房屋权利的性质看，案涉房屋包含一定的劳动对价因素，应属于广义的劳动报酬，事实上案涉房屋绝大部分房款由王某志支付，何某既未支付房款也未实际居住。再次，从案涉房屋的交易模式看，王某志是基于劳动者的弱势地位，被动接受雇主关于案涉房屋的权属登记安排，而非积极主动地通过这种方式获取不正当利益，未损害国家利益和社会公共利益，因此其不具有法律上的可责难性。最后，从案涉房屋未完成权属转移登记的原因看，在服饰店于2014年注销后，王某志为尽快完成案涉房屋权属转移登记，与服饰店协商并于劳动合同期满前提前一次性支付了剩余按揭贷款，应视为王某志积极行使权利。在付清按揭款后1个月左右案涉房屋就被人民法院查封，并非因王某志的原因导致案涉房屋在法院查封前未转移登记到其名下。综上所述，二审法院支持了上诉人王某志解除案涉房屋查封的请求。最终，二审法院判决撤销一审法院民事判决，不得查封案涉房产，诉讼费用由成都农商行簇桥支行、何某共同承担，并驳回王某志的其他诉讼请求。

[**裁判评析**] 根据当事人的诉讼请求，本案的主要争议有两点：一是王某志是否享有案涉房屋的所有权；二是王某志是否有权排除对执行标的强制执行。

对于王某志是否享有案涉房屋的所有权，二审法院作出了简洁明确的裁判：不动产物权变动基于登记发生物权效力，本案中何某作为不动产登记簿记载的唯一权利人对房屋享有所有权，王某志并非房屋所有权人。需要注意的是，本案中并不存在登记错误和“真实权利人”的问题，其原因在于将案涉房屋登记在何某名下是王某志与服饰店合同中协商一致的结果，合同履行期间王某志虽然实际享有房屋的占有、使用、收益等权利内容，但其并非房屋的所有权人；服饰店正是通过保留房屋的所有权来约束王某志履行合同义务，对此王某志本人是明知且同意的。质言之，登记所记载的权利状态与当事人之间约定的权利关系并无二致，故此不存在登记错误的问题。

王某志不享有房屋所有权，其基于合同对房屋享有的权利是否具有排除强制执行的效力？本案中王某志不符合“商品房消费者”的适用条件，若要排除对房屋的强制执行，需满足《执行异议和复议规定》第28条所规定的四个条件：（1）已签订有效合同；（2）买受人占有不动产；（3）买受人支付全部价款；（4）买受人非因自身原因未办理登记。根据上述规则，最高人民法院从多个角度对排除强制执行问题进行了全面说理。王某志基于有效的合同对房屋实际占有、使用，其履行了合同义务，享有要求办理变更登记的权利，满足买受人排除执行的前两个条件。本案中，确有部分房屋价款由服饰店支付，但法院从劳动对价的角度认为此部分属于王某志应得的劳动报酬，加之王某志支付了绝大部分价款，其也已经满足了支付全部价款的条件。关于最后一个条件，根据合同约定，王某志对于将房屋暂登记在他人而非自己名下是持同意态度的，是否可以说明其是由于自身原因而未办理登记？在这一问题上，本案一审法院认为，王某志对于将房屋登记在何某名下未提出异议，故此对房屋未能过户存在过错，进而否认了其排除强制执行的主张。二审法院则从劳务合同的性质出发，将王某志与服饰店签订的合同认定为被动接受强势一方主体的权属安排，而非自己主动采取这种“名实不符”的登记方式，从而消解了其行为的可责难性；在此基础上，最高人民法院还将王某志提前支付按揭款的行为认定为积极行使权利，但付清后房屋很快就被查封，其对于未能办理登记并无过错。至此，排除强制执行的四个条件均已满足，法院支持了王某志停止执行、解除查封的诉讼请求。

本案二审法院并未机械地理解《执行异议和复议规定》第 28 条中的四个条件，而是在理解该规则目的的基础上，根据案件的具体情况，充分考虑了劳务合同中所包含的对价因素和劳动者的特殊地位。应当肯定的是，二审判决结果既坚持了不动产物权变动和登记效力规则，也尊重了当事人的意思自治，同时体现了保护弱势群体利益和劳动者权益的精神。从价值层面来看，二审法院认为，相较于成都农商行簇桥支行的保证债权，王某志对于案涉房屋的权利属于劳动报酬的范畴，因而更值得被保护。此外，本案中并不存在第三人基于登记而产生信赖保护问题：案涉《劳动合同》签订时间远早于保全申请人的债权形成时间以及人民法院的查封时间，且成都农商行簇桥支行与何某之间系保证合同关系，对案涉房屋的权利系源于强制执行程序，并非基于对案涉房屋登记权利状态的信赖而形成。

本案二审判决支持了王某志排除强制执行以及关于诉讼费承担的主张，驳回其关于确认不动产权属的主张，从中可以发现司法实践对于执行异议之诉功能及审理范围的界定：执行异议之诉主要解决是否排除强制执行的问题，也可以同时审理与执行异议密切相关的不动产权属确认诉求，但一般不审理案外人提出与执行异议关系不大其他合同诉求。基于这一思路，法院驳回了王某志第三项诉讼请求，即要求何某协助其办理房屋所有权变更登记。

（四）法律风险防范

对区分原则，需要从两个方面进行理解把握：一方面，由于合同本身并不能产生物权变动的效果，故此买受人在签订合同后应尽快要求对方履行协助登记义务，并完成变更登记以取得所有权，否则可能面临其他买受人先行办理登记并取得物权之风险。另一方面，由于登记效力并不影响合同本身的效力，故此当物权变动无法实现时，当事人依然可以基于有效的合同要求对方承担违约责任，此时应及时采取相应法律手段以保护自身权益。

关于不动产登记需要注意的是，并非所有的登记状况与“真实状况”的不一致都能构成登记错误。登记错误一般是由当事人提供了虚假证明材料或登记机关的错误所导致，若登记状况与“真实状况”不一致是当事人有意为之，则不存在登记错误的问题。例如，在廖某强、廖某波等物权保护纠纷案中，廖某强所认为的“真实权利状态”其实仅仅是当事人之间的债权债务关系，房屋权属状况仍应以登记所记载状况为准，故其直接要求确认权属的诉讼请求不能得到支持。

在登记的权利人与当事人合同中所约定享有权利的人不一致情形下，未被登记记载的相关权利人也被称为“不动产隐名权利人”。关于这种“隐名权利”属于债权还是物权，在理论上存在争议。有观点认为“不动产隐名权利”属于事实物权，因为此类法律关系中通常会约定财产对价由隐名人支付，且物权的实际占有、使用、收益、处分等权能由隐名人行使；通过合同对出名人权利作出限制，以相对关系实现“隐名物权人”的绝对权控制。[①]然而结合廖某强、廖某波等物权保护纠纷案、王某志与何某案外人执行异议之诉纠纷案中的裁判观点，法院并不认可此类“隐名物权”的物权效力。面对廖某强、王某志等“隐名权利人”的诉请，法院坚持以登记簿记载的权利人确认物权权属。王某志排除强制执行的诉讼请求之所以得到支持，也并非因为其享有所谓的“事实物权”；而是由于王某志的合同债权满足《执行异议和复议规定》第 28 条所规定条件，且法院认为该债权相较其他一般债权人更值得被保护。

从司法实践所体现的裁判思路来看，法院在涉及“不动产隐名权利”的执行异议纠纷中不仅对执行标的的权利性质和效力进行认定，还对相关法律规范背后蕴含的价值以及立法目的进行探寻与分析。此外，法院还会根据案件当事人的身份职业特点、其对执行标的权利瑕疵状态的过错大小，结合执行标的交易相关的权利行使状况、交易履行情况，甚至从价值层面考量执行标的对于当事人基本生活保障与秩序追求的影响，最终作出综合性判断。由此可见，对于当事人而言，涉及“隐名物权”的纠纷在裁判结果上仍有较大的不确定性。

作为房屋买受人应谨慎考虑上述风险，在正常交易情形下，应尽快要求

---

① 姚辉、阙梓冰：《不动产隐名权利的私法保护——以案外人执行异议之诉为视角》，载《中国人民大学学报》2021 年第 2 期。

对方办理房屋所有权转移登记，尽量避免沦为“隐名物权人”而让自己的权利处于不确定状态。若确实基于一些特殊考量而与他人签订类似“隐名物权”的协议，也应从以下三方面避免法律风险：首先，应谨慎审查合同条款和房屋的权利状态，避免出现违背法律强制性规定、损害他人利益等导致合同效力瑕疵的情形；其次，应尽量在合同期间持续、排他地占有和使用房屋，对房屋形成事实上的支配；最后，一旦满足合同所约定的条件，尽快要求对方协助办理所有权变更登记。

对房屋登记权利人享有债权的民事主体，也应注意与执行异议相关的法律风险。因为即便查封了登记在债务人名下的房屋，也可能由于执行异议而无法被执行，此时债务人不仅无法实现债权，还会承担由此产生的额外诉讼成本。故此，债权人在提出查封、冻结债务人房产的申请时，除对不动产登记簿进行查证外，还应尽量了解房产的实际占有、使用及其他相关的法律关系状况；如债务人有多套房产，应尽量选择执行那些法律关系清晰明确的房产，以最大限度地保障自身债权实现。此外还需要说明的是，担保物权永远是债权人保障债权实现的最佳选择。根据最高人民法院对相关案件的裁判态度，案外人仅在满足《执行异议和复议规定》第29条“商品房消费者”规定的情况下，才可以对抗抵押权人；对于一般买受人而言，即便其满足《执行异议和复议规定》第28条所规定的条件也仅能对抗一般债权人，而不能排除基于抵押权对房产的强制执行。[①]

二、不动产预告登记纠纷

（一）不动产预告登记与商品房预售买卖合同备案登记

1. 相关法条

（1）《中华人民共和国民法典》（2020年5月28日）

第二百二十一条 当事人签订买卖房屋的协议或者签订其他不动产物权的协议，为保障将来实现物权，按照约定可以向登记机构申请预告登记。预告登记后，未经预告登记的权利人同意，处分该不动产的，不发生物权效力。

预告登记后，债权消灭或者自能够进行不动产登记之日起九十日内未申请登记的，预告登记失效。

---

① 参见最高人民法院（2021）最高法民再189号民事判决书。

（2）《中华人民共和国城市房地产管理法》（2019年8月26日）

第四十五条 商品房预售，应当符合下列条件：

（一）已交付全部土地使用权出让金，取得土地使用权证书；

（二）持有建设工程规划许可证；

（三）按提供预售的商品房计算，投入开发建设的资金达到工程建设总投资的百分之二十五以上，并已经确定施工进度和竣工交付日期；

（四）向县级以上人民政府房产管理部门办理预售登记，取得商品房预售许可证明。

商品房预售人应当按照国家有关规定将预售合同报县级以上人民政府房产管理部门和土地管理部门登记备案。

商品房预售所得款项，必须用于有关的工程建设。

（3）《中华人民共和国城市商品房预售管理办法》（2004年7月20日）

第十条 商品房预售，开发企业应当与承购人签订商品房预售合同。开发企业应当自签约之日起30日内，向房地产管理部门和市、县人民政府土地管理部门办理商品房预售合同登记备案手续。

房地产管理部门应当积极应用网络信息技术，逐步推行商品房预售合同网上登记备案。

商品房预售合同登记备案手续可以委托代理人办理。委托代理人办理的，应当有书面委托书。

（4）《最高人民法院关于适用〈中华人民共和国民法典〉物权编的解释（一）》（2020年12月29日）

第四条 未经预告登记的权利人同意，转让不动产所有权等物权，或者设立建设用地使用权、居住权、地役权、抵押权等其他物权的，应当依照民法典第二百二十一条第一款的规定，认定其不发生物权效力。

2. 要旨释义

根据《民法典》第221条，预告登记的范围不仅包括不动产买卖，还包括其他不动产物权变动，如设立不动产抵押权。预告登记完成并不意味着不动产物权变动的法律效果的发生，并没有使债权转化为物权，也没有使预告登记的权利人享有对物的支配权。根据《物权编司法解释（一）》第4条，预告登记后对不动产进行的处分行为，包括转让不动产所有权和在不动产上设立他物权的行为，均不发生物权效力。由此可见，预告登记实质上是一种对不动产物权请求权进行保全的方式，属于保障债权人将来能够取得物权的期待性权利，其效力具体表现为排除和限制对该不动产的处分权。

商品房预售合同备案登记规定在《城市房地产管理法》《城市商品房预售管理办法》等行政性法律、法规中，其主要目的在于对开发商预售商品房的市场行为进行管理和规制，维护市场秩序和交易安全。从登记机关和公示性来看，备案登记似乎与预告登记并无太大差异。然而，《城市房地产管理法》《城市商品房预售管理办法》仅对商品房预售合同备案登记提出了强制性要求，但并未说明该登记所产生的具体法律效果。一般认为，商品房预售合同备案登记属于行政管理制度，仅产生公法上的义务，而不发生公法上的法律效果。但在实践纠纷中，仍然会出现关于备案登记效力与预告登记效力的问题。

3. 典型案例

汪清县华鑫小额贷款有限公司与李某、汪清县众邦房地产开发有限公司案外人执行异议纠纷案[①]

［**基本案情**］2012 年 5 月 1 日，案外人李某与汪清县众邦房地产开发有限公司签订了案涉 16 套房屋的买卖合同。2014 年 9 月 11 日，双方到有关部门办理了预售商品房备案登记。涉案房屋尚未竣工交付。在汪清县华鑫小额贷款有限公司（以下简称华鑫公司）与汪清县众邦房地产开发有限公司（以下简称众邦公司）借款合同纠纷一案中，吉林省延边朝鲜族自治州中级人民法院于 2014 年 11 月 20 日作出执行裁定书，查封了被执行人众邦公司所有的 16 套涉案房屋。案外人李某对查封房产提起执行异议，被裁定驳回。李某向延边中级人民法院提起执行异议之诉，一审法院认为备案登记行为并不属于单纯的行政管理登记，而是包含了买受人为了保全一项可期待利益而进行的不动产登记，具有对抗其他一般债权人的效力，支持李某的诉讼请求。经上诉后，二审法院认为合同备案登记本身是一种行政管理制度，便于房产部门对预售房屋的了解和掌控，故不能将合同备案登记等同于预告登记，一审法院适用法律错误，应予以纠正。

李某因不服二审判决，向最高人民法院申请再审，主要事实和理由如下：李某与众邦公司就案涉房屋签订的 16 份《商品房买卖合同》合法有效；李某已经支付了全部购房款且对未办理预告登记并无过错，商品房预售备案登记具有对抗其他一般债权人的效力，二审法院仅以预售备案登记与预告登记存在差别为由否定李某的权利，扩大了华鑫公司的权利，违背了立法本意；因

① 参见最高人民法院（2017）最高法民申 3725 号民事判决书。

案涉房屋尚未竣工验收，不具备合法占有的可能，李某对未能合法占有案涉房屋并不存在任何过错。《执行异议和复议规定》第28条关于合法占有的规定，其实质是为体现实际占有的公示效力。而预售备案登记较之占有具有更强的对外公示效力。基于本案的实际情况，李某虽未在法院查封之前合法占有案涉房屋，但仍享有阻止人民法院执行的实体权利。华鑫公司提交意见称：预售备案登记与预告登记存在本质差别，不能产生预告登记的法律效力，案涉房屋的备案行为不能阻却人民法院的执行行为。李某与众邦公司不存在真实的房屋买卖关系，本案的房屋买卖合同实质是对借款的变相担保。李某的再审申请请求没有法律依据，应予驳回。

［**法院裁判**］最高人民法院认为，李某虽为案涉房屋办理了商品房预售登记备案，但根据《城市商品房预售管理办法》第10条第1款规定，商品房预售合同登记备案系房地产管理部门对商品房买卖合同的一种行政管理措施，不具有2007年《物权法》第20条第1款[①]规定的不动产买卖合同的受让人为保障其将来实现物权进行的预告登记的排他性效力。因此，李某与众邦公司办理的商品房预售合同登记备案与不动产预告登记性质不同，李某基于案涉16份《商品房买卖合同》对众邦公司享有的仍是普通债权，不具有足以阻却人民法院执行行为的效力。李某称当地办理预告登记的现状参差不齐，但并未主张案涉房屋无法办理预告登记，案涉房屋是否竣工验收亦不是李某怠于行使预告登记权利的法定理由，李某关于其对未办理预告登记无过错的主张不成立，且李某在人民法院查封案涉房屋之前，并未合法占有案涉房屋。二审判决据此认定李某不享有足以阻却人民法院执行行为的权利，适用法律并无不当，李某主张原审判决适用法律错误的再审申请理由不成立。综上所述，裁定驳回李某的再审申请。

［**裁判评析**］本案作为执行异议之诉，主要争议在于案外人李某是否享有阻却人民法院执行行为的权利。而厘清这一问题的关键在于如何理解商品房预售合同登记备案的性质及其与预告登记的关系。一审法院认为，预售合同登记备案行为并非单纯的行政管理登记，而是具有对抗一般债权人效力的不动产登记。本案二审法院和再审法院则认为，商品房预售合同登记备案系房地产管理部门对商品房买卖合同的一种行政管理措施，体现的是行政机关与行政相对人之间的关系；其不会对当事人的权利义务产生直接影响，不具有

---

① 对应《民法典》第221条第1款。

预告登记的排他性效力。

本案中，最高人民法院的裁判代表了当前司法裁判的主流观点。根据《城市房地产管理法》第45条、《城市房地产开发经营管理条例》第27条、《城市商品房预售管理办法》第10条，办理商品房预售登记是商品房买卖的必要手续，但其本身并不具有对抗和排他效力。该裁判坚持了公法规范与私法规范的区分，从法律关系性质以及规范目的出发，恰当地处理了当事人之间的法律关系。

4. 法律风险防范

第一，应注意商品房预售备案登记与预告登记之间的效力区别。虽然从登记时间、登记机关和相关登记要求来看，商品房预售合同登记与预告登记确有诸多相似之处；然而，无论从相关规则意旨还是司法实践态度来看，二者的效力具有比较明显的区别。就房屋买受人而言，商品房预售备案登记并不能使其在私法层面处于更有利的位置：其既未取得该房屋的所有权，亦未获排除他人处分该房屋的效力。办理了备案登记的买受人在法律地位上与一般债权人没有任何区别，其所提出的执行异议主张也难以得到支持。故此，作为商品房预售的买受人，在办理预售合同备案登记后，还应积极办理真正具有民事法律效力的预告登记，以保障自身权利。

第二，还应注意预告登记的效力及其期限。办理预告登记的买受人，其仍然未取得房屋所有权，只是在一定期限内排除出卖人的处分权。该期限自能够办理不动产登记之日起算共90日，超过期限将导致预告登记失效，此时买受人又将处于一般债权人地位，其权利可能无法实现。故此，在办理预告登记后，买受人应及时关注商品房的建设与权属办理进度，一旦能够办理登记后及时办理正式登记。

（二）抵押预告登记

1. 相关法条

《最高人民法院关于适用〈中华人民共和国民法典〉有关担保制度的解释》（2020年12月31日）

第五十二条 当事人办理抵押预告登记后，预告登记权利人请求就抵押财产优先受偿，经审查存在尚未办理建筑物所有权首次登记、预告登记的财产与办理建筑物所有权首次登记时的财产不一致、抵押预告登记已经失效等情形，导致不具备办理抵押登记条件的，人民法院不予支持；经审查已经办理建筑物所有权首次登记，且不存在预告登记失效等情形的，人民法院应予支持，并应当认定抵押权自预告登记之日起设立。

当事人办理了抵押预告登记，抵押人破产，经审查抵押财产属于破产财产，预告登记权利人主张就抵押财产优先受偿的，人民法院应当在受理破产申请时抵押财产的价值范围内予以支持，但是在人民法院受理破产申请前一年内，债务人对没有财产担保的债务设立抵押预告登记的除外。

2. 要旨释义

《最高人民法院关于适用〈中华人民共和国民法典〉有关担保制度的解释》(以下简称《民法典担保制度解释》)第52条对如何认定抵押预告登记的效力作了说明。根据该解释，预告登记权利人在一定条件下可根据预告登记行使优先受偿权，且预告登记之日即被视为抵押权的设立时间。该规则实质上赋予了符合条件的抵押预告登记以物权效力，这似乎与“预告登记不发生物权变动的效力，仅产生对物权的期待性权利”的一般规则相矛盾。在该解释出台前，司法实践对抵押预告登记效力的认定存在分歧。有观点认为，房屋抵押预告登记权利人享有的是当抵押登记条件成就或约定期限届满对系争房屋办理抵押权登记的请求权，并可排他性地对抗他人针对系争房屋的处分，但并非对系争房屋享有现实抵押权；预告登记无法产生物权设立的效果，在未获得物权登记的情形下，抵押权的预告登记并不能使预告登记的权利人获得优先受偿的效力。①

《民法典担保制度解释》第52条对该问题作出了明确答复，认可了特定情形下抵押预告登记权利人的优先受偿权。该规则并未将抵押预告登记与抵押登记画上等号，但确实使预告登记在某些条件下能够产生本登记的效力，这一处理方式有其合理性和必要性。购房人往往在商品房预售阶段会产生贷款需求，但由于未建成之房屋无法办理所有权登记，自然也不能办理抵押登记，此时购房人只能通过抵押预告登记获得金融机构贷款。如果仍坚持预告登记不发生物权效力、仅限制处分权的规则，无疑将增加金融机构的风险；其仅获得了请求购房人办理抵押登记的债权而非担保物权，往往无法获得优先受偿。这样一来不仅会降低金融机构提供融资的意愿，使购房人难以获得充足资金，还增加了按揭贷款关系中房地产开发商的阶段性保证责任。为平衡保障各方利益，促进房产交易市场健康、稳定地运行，《民法典担保制度解

① 参见最高人民法院（2020）最高法民申57号民事判决书。

释》对抵押预告登记的效力作出了特别规定，在符合条件的前提下赋予其优先受偿效力。

在《民法典担保制度解释》新规则下，首次登记是预告登记权利人能否享有优先受偿权的必要条件。根据《不动产登记暂行条例实施细则》第24条，不动产首次登记，是指不动产权利第一次登记。未办理不动产首次登记的，不得办理不动产其他类型登记，但法律、行政法规另有规定的除外。《民法典担保制度解释》第52条吸纳理论与实务经验对抵押预告登记的效力进一步明确，若已经办理建筑物所有权首次登记，且仍在抵押预告登记有效期间，则应当支持权利人的优先受偿权主张。此外，《民法典担保制度解释》第52条还对抵押预告登记的顺序效力进行了确认：符合条件的抵押预告登记权利人不仅能够享有优先受偿权，且其抵押权被视为自预告登记之日起设立。这意味着抵押预告登记权利人凭借这一溯及效力，能够对抗在其预告登记后取得权利的其他权利主体。

3. 典型案例

沈阳泰通线缆有限公司、华夏银行股份有限公司沈阳沈北支行等执行异议纠纷案①

［**基本案情**］2017年8月30日，华夏银行与路海公司办理了预售商品房抵押权预告登记，预告登记权利人为华夏银行，义务人为路海公司。之后华夏银行与路海公司发生金融借款合同纠纷，经法院判决，路海公司需偿还华夏银行贷款金6 745 329.77元及利息、罚息、复利。2019年5月23日，路海公司名下位于沈阳市沈北新区69–83号的全部房产（2017年办理了抵押预告登记的房产）被法院查封。之后该房屋进入评估拍卖程序，由沈阳市沈北新区人民法院执行。2019年11月12日，泰通公司与路海公司签订《厂房租赁合同》，约定路海公司将案涉房屋出租给泰通公司，租赁期限自2019年12月1日至2029年12月1日，年租金为人民币430 000元。截至庭审，各方均认可该房产仍登记于被告路海公司名下，并由泰通公司实际占有使用。泰通公司于2019年11月9日将第一个租赁年度（2019年12月1日至2020年12月1日）的租金430 000元支付完毕。2021年1月6日，沈阳市沈北新区人民法院扣划被告路海公司在泰通公司处2020年房租款人民币247 400元，并于2021年4月8日要求泰通公司腾房。泰通公司向一审沈阳市沈北新区人民法

① 参见辽宁省沈阳市中级人民法院（2022）辽01民终3482号民事判决书。

院提出执行异议，一审法院于2021年6月9日驳回异议人泰通公司执行异议请求。

泰通公司不服一审判决，向沈阳市中级人民法院提起上诉。泰通公司认为，一审法院认定商品房抵押权预告登记具备公示效力且可以排除租赁权，属于适用法律错误。抵押权预告登记不等于抵押权登记，前者是对将来发生抵押权变动的请求权；华夏银行作为抵押权预告登记权利人，在未办理房屋抵押权设立登记之前享有的是当条件成就时办理抵押权登记的请求权，以及对抗他人房屋抵押登记的排他性权利，但并不享有有效的抵押权。根据《民法典》第405条规定的“抵押不破租赁”规则，抵押权对抗租赁权前提均是在租赁产生之前形成有效的抵押权，而一审法院将抵押权预告登记等同于抵押权登记，进而得出预告登记可以对抗租赁权的错误结论。故此，泰通公司认为，一审法院认定预告抵押登记可以对抗租赁权、处置权依据的查封裁定可以对抗在先的租赁权错误，无事实及法律依据。泰通公司的诉求并非阻却冻结拍卖案涉标厂房，而是根据买卖不破租赁原则撤销腾房公告，并保护其租赁权。

华夏银行答辩称一审判决认定事实正确，适用法律正确，请求维持原判。路海公司答辩称没有异议。

［**法院裁判**］本案一审法院认为，华夏银行已于原告租赁案涉房屋前办理了预售商品房抵押权预告登记，现有证据未表明预告登记存在失效情形，故应视为该预告登记具备公示效力。原告承租房屋时，应对租赁房屋上设置其他权利负担的情况尽到充分审查的注意义务，并自行承担由此产生的不利法律风险。后设立的租赁权在法律效力上不能对抗先公示的预告登记。华夏银行作为债权人申请对债务人路海公司所有的案涉房屋强制执行，一审法院在函商获取案涉房屋首封处置权情形下处置房产，要求原告腾房，并无不当。

本案二审法院认为，《民法典担保制度解释》第52条规定了抵押预告登记权利人在符合一定条件时，可以就抵押财产优先受偿，并应当认定抵押权自预告登记之日起设立。当事人办理抵押预告登记的目的在于当能够办理抵押登记时，其能获得较之其他担保物权人更加优先的顺位，而不在于防止抵押人再次处分标的物。为避免诉累，虽然当事人办理的只是抵押预告登记而非抵押登记，但在诉讼过程中具备了办理抵押登记的条件，预告登记权利人即可主张已经取得抵押权，而无须判决认定且办理抵押登记后才能主张抵押权。由于上诉人泰通公司并未提供证据证明本案存在尚未办理建筑物所有权首次登记、预告登记的财产与办理建筑物所有权首次登记时的财产不一致、抵押预告登记已经失效等情形，故应当认定本案的抵押权自预告登记之日起设立。

关于“抵押不破租赁”的问题，根据《民法典》第405条，抵押权设立前若抵押财产已经出租并转移占有的，原租赁关系不受该抵押权的影响，即“抵押不破租赁”规则。所谓“抵押不破租赁”，针对的是租赁权设立在先的情形，而在租赁权设立在后、不动产抵押权设立在先的情况下，抵押权可以对抗租赁权。不动产抵押权设立后，抵押人又将抵押财产出租并转移占有的，租赁权不得对抗已经登记的抵押权，即抵押权实现时应当除去租赁权，而在抵押权实现之前，抵押权与租赁权是可以并存的。

综上所述，二审法院认为，一审判决认定事实清楚，应予维持。最终驳回了泰通公司上诉，维持原判。

［**裁判评析**］解决本案争议的关键在于如何认定抵押预告登记的性质与效力。《民法典担保制度解释》第52条虽然对该问题进行了规定，但本案二审法院根据《民法典担保制度解释》的规范意旨，不仅认可了案涉抵押预告登记的优先受偿效力，还认为抵押预告登记的目的就是优先受偿，而非排除登记之后所有权人的处分行为——这在实质上区分了抵押预告登记和所有权预告登记的法律效果。这一结论虽没有在法律或司法解释上明确体现，但可以从体系解释、目的解释的角度论证得出。根据《民法典》相关规定，办理了正式登记的抵押权尚无法产生排除或限制所有权人处分权的效果；依据“举重以明轻”的基本立法逻辑，抵押权的预告登记不可能产生比正式登记更强的法律效果，其自然也不能排除和限制处分权，至多只能对在其后成立的权利构成优先效力。此外，二审法院还从节约司法成本的角度出发，论证了赋予特定条件下的抵押预告登记以正式登记效力的理由，体现了对实践效果与效率价值的重视。

二审法院还对抵押预告登记与租赁权之间的权利冲突问题作出了认定。在案涉抵押预告登记符合《民法典担保制度解释》第52条规定而被视为抵押权已设立的前提下，二审基于抵押预告登记时间早于租赁合同签订时间这一事实，进而认定泰通公司对案涉房屋的租赁权不符合“抵押不破租赁”规则的适用条件。法院对这一问题的认定符合其对抵押预告登记效力的基本判断，正确把握了“抵押不破租赁”的规范目的，进而对不同当事人之间的权利做出了正确的排序。

4. 法律风险防范

作为抵押预告登记的权利人，需注意《民法典担保制度解释》第52条规定的条件是否得到满足。具体包括两方面：（1）经审查已办理建筑物所有权首次登记；（2）预告登记仍在有效期内。如满足上述条件，则权利人可以获得优先受偿权，抵押权被视为自预告登记之日起设立。但需要说明的是，在《民法典担保制度解释》第52条所规定的情形下，抵押预告登记权利人其实已经可以办理正式登记。此种情形下，若预告登记权利认为其已能获得优先受偿而怠于登记，仍将面临预告登记期限届满以及相关法律关系的变化等风险。故此，为保证自身债权得到满足，预告登记权利人的最佳选择仍然是尽快办理正式登记并享有抵押权。

对于预告登记之抵押人的其他债权人来说，其实现债权过程中也应注意抵押预告登记可能给其债权带来的风险；除关注债务人财产的权属状况外，还应注意审查其抵押预告登记的情形。

第二节 特殊动产登记纠纷

特殊动产，一般指的是船舶、航空器和机动车等交通运输工具。该类动产价值较大，且交易较为频繁，为保障此类动产交易中的效率与安全，其物权变动规则有别于普通动产。登记是特殊动产物权变动的对抗要件，具体来说，特殊动产所有权的变动基于交付生效，但不登记不得对抗善意第三人；特殊动产抵押权自抵押合同生效时设立，不登记不得对抗善意第三人；特殊动产质押以交付为生效要件，不涉及登记的问题。

实践中，关于特殊动产登记的问题多出现在特殊动产善意取得和多重买卖纠纷中。前者主要涉及对特殊动产善意构成要件的认定，后者主要涉及多重买卖关系中多个买受人的权利顺位问题。这些纠纷的核心问题在于如何理解特殊动产登记和交付之间的效力和关系。

一、相关法条

1.《中华人民共和国民法典》（2020年5月28日）

第二百二十五条 船舶、航空器和机动车等的物权的设立、变更、转让和消灭，未经登记，不得对抗善意第三人。

2.《最高人民法院关于适用〈中华人民共和国民法典〉物权编的解释（一）》（2020年12月29日）

第六条 转让人转让船舶、航空器和机动车等所有权，受让人已经支付合理价款并取得占有，虽未经登记，但转让人的债权人主张其为民法典第二百二十五条所称的“善意第三人”的，不予支持，法律另有规定的除外

第十九条 转让人将民法典第二百二十五条规定的船舶、航空器和机动车等交付给受让人的，应当认定符合民法典第三百一十一条第一款第三项规定的善意取得的条件。

3.《最高人民法院关于审理买卖合同纠纷案件适用法律问题的解释》（2020年12月29日）

第七条 出卖人就同一船舶、航空器、机动车等特殊动产订立多重买卖合同，在买卖合同均有效的情况下，买受人均要求实际履行合同的，应当按照以下情形分别处理：

（一）先行受领交付的买受人请求出卖人履行办理所有权转移登记手续等合同义务的，人民法院应予支持；

（二）均未受领交付，先行办理所有权转移登记手续的买受人请求出卖人履行交付标的物等合同义务的，人民法院应予支持；

（三）均未受领交付，也未办理所有权转移登记手续，依法成立在先合同的买受人请求出卖人履行交付标的物和办理所有权转移登记手续等合同义务的，人民法院应予支持；

（四）出卖人将标的物交付给买受人之一，又为其他买受人办理所有权转移登记，已受领交付的买受人请求将标的物所有权登记在自己名下的，人民法院应予支持。

二、要旨释义

《民法典》第225条规定了特殊动产物权变动和登记效力规则。在生效要件方面，特殊动产与一般动产无异，遵循“由交付产生物权变动”的一般规则。在此基础上，特殊动产适用“不登记不得对抗善意第三人”的特殊规则，即未登记的特殊动产物权会由于缺乏对抗要件而劣后于善意第三人之权利。根据《物权编司法解释（一）》第6条、《民法典》第225条所规定的未登记不得对抗善意第三人的权利并不包括债权；该解释的逻辑基础在于，特殊动

产受让人已基于交付取得物权，根据“物权优先于债权”的效力规则，即使不登记也可对抗一般债权。《民法典》第225条中的“善意第三人”，应指的是对特殊动产享有抵押权、质权等的物权人。此外还需注意的是，虽然特殊动产物权变动未经登记不得对抗善意第三人，但其作为物权仍可对抗恶意第三人。例如，甲将一辆机动车出售并交付给乙，单位办理所有权变更登记，此后甲又将该车抵押给知情的丙，此种情形下乙就可以对抗恶意的抵押权人丙。

根据《民法典》第311条第1款第3项规定，善意取得应符合“转让的不动产或者动产依照法律规定应当登记的已经登记，不需要登记的已经交付给受让人”。关于特殊动产是否属于“法律规定应当登记”的财产，在理论和实践上一度存在争议。《物权编司法解释（一）》第19条对此问题进行了专门的说明，根据该条文，特殊动产仍然适用动产善意取得的一般规则，即以交付而非登记作为善意取得的构成要件。

关于特殊动产多重买卖纠纷中的权利认定问题，《最高人民法院关于审理买卖合同纠纷案件适用法律问题的解释》（以下简称《买卖合同司法解释》）第7条作了明确规定。在特殊动产多重买卖中存在多个权利人的主张，按照以下规则处理：（1）先行受领交付的买受人权利优先；（2）均未受领交付时先行办理所有权转移登记手续的买受人权利优先；（3）均未受领交付也未办理所有权转移登记的，先成立合同的买受人权利优先；（4）出卖人将标的物交付给买受人之一，又为其他买受人办理登记的，受领交付的买受人权利优先。从该规则可以看出，交付作为生效要件仍然对特殊动产物权变动起着决定性作用，当“已交付未登记”之权利与“已登记未交付”之权利发生冲突时，前者优先于后者。

三、典型案例

（一）刘某兵诉卢某成财产权属纠纷案[①]

［**基本案情**］2004年上半年，原告刘某兵通过绍兴二手车交易市场以33 000元的价格购得牌照为浙D×××51的金杯面包车一辆。自2005年8月31日开始，原告以月租金3000元的价格将该车出租给案外人樊某波使用。樊某波没有向原告交付押金，且付过两个月租金后，只是偶尔发短信称一定

① 参见《最高人民法院公报》2008年第2期（总第136期），绍兴市中级人民法院（2007）绍中民一终字第463号民事判决书。

会交付租金，便没有再向原告实际交付租金。2006年9月后，原告无法再与樊某波本人取得联系。2005年10月18日，被告卢某成从案外人陈某波处以28 000元的价格购得案涉金杯面包车，陈某波承诺办好车辆过户手续。后被告对该车辆进行投保，并交纳了保险费。2007年，被告在陈某波的陪同下对该车进行了车辆年检，但始终没有办理车辆过户手续。2006年11月23日，原告发现该车辆已由被告占有、使用，于是向长乐派出所报案，长乐派出所依法扣押了案涉车辆。经长乐派出所干警核查，认为不属于盗、抢机动车辆案件，故未予受理。案涉车辆于2006年11月28日由被告之子卢某红领走。原告刘某兵向浙江省嵊州市人民法院提起诉讼，请求判令被告卢某成返还原告所有的金杯面包车，并赔偿原告从2006年10月起因不能使用该车而遭受的损失。

［**法院裁判**］一审法院认为，案涉金杯面包车确系原告刘某兵所有，但其将涉案车辆出租后，因无法联系到承租人樊某波而实际丧失了对涉案车辆的占有。被告卢某成系从案外人陈某波处以28 000元的价格购买该金杯面包车。虽然陈某波出售涉案车辆事先没有征得原告的同意，也未将购车款交给原告，且没有办理车辆过户手续，属于无权处分，但被告作为涉案车辆的买受人支付了合理的价格，事后为涉案车辆办理了车辆保险及车辆年检，说明被告是善意取得涉案车辆。机动车辆属于动产，现行法律并未明确规定机动车辆所有权的转移必须办理机动车辆过户登记手续。机动车辆所有权的转移与一般动产所有权的转移并无不同，都是交付即转移。因此，被告通过支付合理的价格购得涉案车辆的行为，可以认定为善意取得。原告因此而遭受的损失，可以向涉案车辆承租人樊某波追偿。驳回诉讼请求。刘某兵不服一审判决，向浙江省绍兴市中级人民法院提起上诉。

二审法院认为，善意取得应当符合以下条件：受让人受让该不动产或者动产时是善意的；以合理的价格转让；转让的不动产或者动产依照法律规定应当登记的已经登记，不需要登记的已经交付给受让人。根据案件事实，被上诉人卢某成取得面包车的途径不符合善意取得的构成要件。

首先，被上诉人卢某成取得涉案金杯面包车时不是基于善意。“善意”是善意取得人取得财产权利的法律前提，其主要是指受让人不知让与人无所有权或处分权的事实。根据《二手车流通管理办法》，二手车交易市场经营者和二手车经营主体应当确认卖方的身份证明，车辆的号牌、《机动车登记证书》、《机动车行驶证》，有效的机动车安全技术检验合格标志、车辆保险单、交纳税费凭证等。二手车卖方应当向买方提供车辆真实情况和信息。本案中，被上诉人没有按照《二手车流通管理办法》规定的方式进行二手车交易，且在车辆转让时已明知车辆行驶登记证所登记的车主并非让与人。在此情况下，被上诉人没有进一步查明涉案车辆的来源，甚至连让与人的身份情况也一概不知，即在明知让与人不具有涉案车辆处分权的情况下进行了交易，显然不属于善意取得。

其次，被上诉人卢某成没有充分证据证明其在受让涉案金杯面包车时支付了合理的价格。是否支付合理价格也能印证受让人是否善意，没有转让价格或者转让价格明显低于实际价格足以引起受让人对让与人处分权的合理怀疑。对此，被上诉人应当举出其他充分证据证明自己已经为涉案车辆交易支付了合理的价款。但被上诉人并未完成这一举证义务，故不能认定其在受让涉案车辆时支付了合理的价款。

最后，善意取得要求转让的财产依照法律规定应当登记的已经登记，不需要登记的已经交付给受让人。机动车虽然属于动产，但具有一定的特殊性，车主需办理《机动车登记证》《车辆行驶证》，这些严格的管理措施使车辆不同于其他无须登记的动产，也利于受让人审核车辆转让时的合法正当性。本案被上诉人卢某成无法办理涉案车辆过户手续的事实，也说明他明知让与人未取得涉案车辆的处分权，进一步说明被上诉人取得涉案车辆不属于善意取得。

综上所述，二审法院认为被上诉人卢某成并未善意取得涉案车辆。上诉人刘某兵基于物权请求权要求被告返还涉案车辆，理应支持。二审法院作出裁判，撤销一审民事判决，被上诉人卢某成应返还上诉人刘某兵案涉金杯面包车。

［**裁判评析**］本案是典型的特殊动产善意取得纠纷，主要问题在于如何认定受让人是否构成善意取得。本案一审法院主要从汽车作为动产已经交付的基础上，认定受让人善意取得了案涉车辆。二审法院则重点审查了善意这一构成要件，并从三个角度论证了受让人不符合善意取得的构成条件：受让人明知让与人没有处分权；受让人不能证明其支付了合理价格；受让人无法办理过户登记的事实证明他明知让与人无处分权。需要说明的是，二审法院对特殊动产登记与善意取得关系的解读，尤其是特殊动产是否属于“法律规定应当登记的动产或不动产”这一问题的理解。二审法院并未像一审法院那样简单地认为特殊动产完成交付即构成了善意取得，而是认为由于特殊动产的

登记管理措施，其不同于一般无须登记的动产。但是二审法院也并未直接将特殊动产视为“法律规定应当登记的动产”，也并非直接以受让人未办理登记否认其构成善意取得；而是将特殊动产的登记作为善意的判断标准之一，从受让人明知机动车无法办理登记的事实认定其不符合善意构成要件。故此，二审法院既坚持了善意取得构成要件规则，又准确把握了特殊动产登记对善意取得的影响，并且在此基础上作出了合理裁判。

（二）李某、张某柏买卖合同纠纷案[①]

［基本案情］原告李某在朝阳中阳汽车销售服务有限公司（以下简称中阳公司）分期付款购买江铃牌 J× × ×67L 越野车一台，总价款 94 000 元。其分别于 2013 年 1 月 6 日交购车款 24 000 元，2013 年 1 月 7 日交购车款 6000 元，2013 年 4 月 1 日交购车款 30 000 元，2013 年 12 月 10 日交购车款 20 000 元，剩余购车款欲用在被告中阳公司的债权抵顶。2013 年 1 月，中阳公司将车辆交付李某，并办理了临时牌照上路行驶，中阳公司累计为李某办理了四次临时牌照。

2013 年 4 月 15 日，被告张某柏与庞大乐业租赁有限公司（以下简称庞大公司）签订了《庞大乐业融资租赁合同》。合同约定张某柏从庞大公司承租江铃牌汽车一辆，张某柏选择在中阳公司购买江铃牌汽车一辆（该车正是原告李某所购车辆），总租金 96 000 元，第一期租金 76 000 元由张某柏从中国银行股份有限公司滦县新城支行借款 76 000 元直接转入庞大公司，第二期租金 20 000 元在租赁到期日交付，为便于经营使用租赁物，租赁物登记在张某柏名下。2013 年 4 月 23 日，张某柏以借款人的名义从中国银行股份有限公司滦县新城支行借款 76 000 元，庞大公司作为保证人负连带责任。张某柏贷款后，将 76 000 元交付给庞大公司。

2013 年 4 月 1 日，李某又一次交付车款 30 000 元后，被告中阳公司为其办理了车牌照辽N ××××× 后，将车辆登记手续交给原告，原告发现车辆登记在被告张某柏名下，中阳公司的股东张某军解释说把车款交清后即过户到原告名下。此后车辆一直登记在张某柏名下，而李某则一直占有和使用该车。2017 年 5 月 8 日，李某办理车辆年检时被告知案涉车辆已被锁定，原因是被告张某柏将该车挂失。李某向朝阳市双塔区人民法院提起诉讼。

---

① 参见辽宁省朝阳市中级人民法院（2019）辽 13 民再 29 号民事判决书。

[**法院裁判**] 双塔区人民法院一审认为，该争议车辆由中阳公司两次出售，涉及两份买卖合同、多方利害关系人，该车辆的所有人不明确。原告请求二被告协助办理车辆登记无法律依据。对原告的诉讼请求不予支持，判决驳回原告的诉讼请求。

再审申请人李某不服一审判决，向辽宁省朝阳市中级人民法院提出再审申请。

二审法院认为，本案争议的焦点为案涉车辆到底归谁所有。首先，从李某提供的证据可以证明李某于2013年1月6日开始交付车款24 000元，后分别于2013年1月7日交付车款6000元、2013年4月1日交付车款30 000元、2013年12月10日交付车款20 000元，总计交付车款80 000元，再加上之前中阳公司欠李某的货款9966元，可以认定李某为案涉车辆交付车款89 966元，且该车辆及该车辆的行驶证以及保险单据均一直由李某占有和持有。根据2007年《物权法》第23条①，"动产物权的设立和转让，自交付时发生效力，但法律另有规定的除外"。李某从占有案涉车辆时已经取得了该车的物权。

其次，从张某柏提供的证据可以看出张某柏于2013年4月15日与庞大公司签订了《庞大乐业融资租赁合同》。同日张某柏与其妻子李某芹向中国银行河北省分行递交了个人贷款申请表，同年4月23日中国银行股份有限公司滦县新城支行向张某柏发放贷款76 000元，该笔贷款直接打入庞大公司的账户。虽然行驶证登记在张某柏名下，但张某柏并未占有过案涉车辆，张某柏述称其为租赁该车向银行贷款，但其贷款之后不占有该车，不使用该车，直至2016年4月15日其才向交警部门提交申请要求锁定案涉车辆，在此之前其并未主张过任何该车的权利。其虽然在2016年的申请中提到该车丢失，但其从未向公安机关报案来寻找该车。综上，可以看出张某柏并不符合善意第三人的特征。

另根据2012《买卖合同司法解释》第10条第4项②规定，"出卖人将标的物交付给买受人之一，又为其他买受人办理所有权转移登记，已受领交付的买受人请求将标的物所有权登记在自己名下的，人民法院应予支持"。该条具体到本案，应认定李某为案涉车辆的所有权人。

但李某自己陈述该车当时约定的总价款为94 000元，目前李某交付了

---

① 对应《民法典》第224条。

② 对应《买卖合同司法解释》(2020年修正)第7条第4项。

89 966 元，剩余 4034 元未交付，依照《合同法》第 60 条，李某应依约将此款支付给中阳公司。

综上所述，一审判决认定事实清楚，适用法律错误，应予纠正。李某的诉讼请求于法有据，应予支持。撤销一审判决，判决李某支付中阳公司购车余款 4034 元，待李某履行完第二项义务后 10 日内，由被申请人张某柏及原审被告中阳公司协助李某将本案案涉车过户至李某名下。

［**裁判评析**］本案属于典型的多重买卖纠纷，标的物为机动车这一特殊动产。中阳公司先后与李某和张某柏签订了买卖合同与融资租赁合同，在同一机动车上形成了多重买卖关系。中阳公司将车辆交付给李某使用，同时又为张某柏办理了案涉车辆的所有权登记，造成了机动车实际占有使用人与登记权利人的不一致，而且李某与张某柏明知且默认此种状态的持续存在。故此，本案纠纷的实质，就在于特殊动产多重买卖中实际占有人与登记权利人何者更优先的问题。

本案再审法院一方面从“动产物权变动自交付产生物权效力”这一基本规则出发，明确李某已然通过对案涉车辆的占有取得该车所有权；另一方面又从张某柏从未实际占有使用和主张案涉车辆相关权利的事实出发，认定其不属于善意第三人；在此基础上，根据 2020 年《买卖合同司法解释》第 7 条第 4 项所确立的规则，认定李某为案涉车辆的所有权人。

本案的法律关系并不复杂，但本案再审法院并未简单直接地套用司法解释条文，而是紧密结合案件事实，明确各方主体实际占有、使用车辆及行使权利的客观情况，通过逻辑严谨的论证最终作出判决，保证了裁判说理的充分性。

四、法律风险防范

作为机动车等特殊动产的买受人，需要注意其物权变动规则的特殊性，理解特殊动产登记的效力和意义，预防与控制可能产生的法律风险。

第一，应注意特殊动产物权变动依然遵循动产物权变动的基本规则，即交付产生物权效力。虽然法律规定了特殊动产不登记不得对抗善意第三人，但是登记并不能发生物权变动的效力。若买受人未实际占有使用特殊动产，即便其办理了登记也可能无法取得所有权，尤其是在其他买受人实际占有使用动产的情况下；当发生实际特殊动产占有使用人与登记权利人冲突时，前者的权利将优先于后者。

第二，应注意特殊动产善意取得的相关问题。刘某兵诉卢某成财产权属纠纷案中的被告卢某成，与李某、张某柏买卖合同纠纷中的原告李某同为实际占有、使用车辆的买受人，但前者却并未如后者一样取得车辆所有权，因为二者各自买卖关系中的法律性质不同，其所适用的规则也不同。李某是通过所有权人的有权处分获得车辆，其应适用动产物权变动的一般规则；卢某成则是从无权处分人处获得车辆，其应适用无权处分及善意取得的相关规则。若从无权处分人处购买特殊动产，仅凭交付取得占有并不能取得所有权，而要符合善意取得的全部构成要件。此时，除是否以合理价格购买外，特殊动产的登记状况可能会成为阻却买受人善意的重要因素。尤其在二手特殊动产交易中，不仅要注意标的物的质量、价格，更应检查其登记状况，否则即便支付了价款并取得占有，也很可能面临权利丧失的风险。

第二章

所有权纠纷

所有权是自物权，他物权是指基于所有权而派生的物权，两者共同构成整个物权体系。所有权的客体是“不动产和动产”。不动产包括土地、建筑物、构筑物等。土地包括建设用地和农业用地等，前者包括城市建设用地和农村建设用地，后者包括耕地、草原、林地等。建筑物包括居住建筑、公共建筑、工业建筑、农业建筑等。构筑物包括烟囱、水塔、桥梁、水坝等。动产包括机动车、船舶、航空器、机器设备、原材料、产品、半成品等。所有权受到侵害，可以通过返还原物请求权、消除影响请求权、排除妨碍请求权、恢复原状请求权等予以救济。所有权纠纷包括共有权纠纷、集体成员权纠纷、遗失物纠纷、漂流物返还纠纷、埋藏物返还纠纷、隐藏物返还纠纷、添附物归属纠纷、建筑物区分所有权纠纷、相邻关系纠纷等。本章重点探讨共有权纠纷、集体成员权纠纷、遗失物纠纷。

第一节　共有权纠纷

从所有权的发展史来看，所有权曾经历了从“共同所有权”到“单独所有权”的发展过程，单独所有权是所有权的基本形态。共有为现代物权法的一种所有权形态，系指两个或者两个以上的权利主体就同一财产共同享有所有权的法律制度，抑或说是复数的人就同一标的物共同享有所有权的法律状态。[1] 共有与社会经济密切相关，其发展变迁在某种程度上反映了生产力的进步和所有权制度的演进。根据最高人民法院关于《民事案件案由规定》的内容，共有纠纷包含四类：（1）共有权确认纠纷；（2）共有物分割纠纷；（3）共有人优先购买权纠纷；（4）债权人代位析产纠纷。[2] 本节以此为主线，按照民事共有纠纷类型对其制度表达、典型案例和法律风险防范予以阐述评析。

一、共有权确认纠纷

共有，是指两个以上民事主体对同一不动产或者动产享有所有权，可分为按份共有和共同共有。我国民事法律关系的主体包括自然人、法人和非法人组织，与之相对应，自然人之间可以形成共有关系，法人之间也可形成共有关系，甚至在自然人、法人和非法人组织之间均可形成共有关系。这里需要强调的是，本节阐述的共有权确认的对象仅限于物权领域的共有，债权共有、知识产权共有、股权共有等共有关系的确认，须依据相关领域的法律予以确认。

（一）按份共有权的确认

按份共有，又称分别共有，是指两个或者两个以上的共有人，对同一项财产按照各自的份额分享权利、分担义务的一种共有形式。按份共有在性质上是一个所有权的量的分割，而不是将共有财产的本体分割成若干份按份享有，其实质是各个共有人对财产的所有权按照确定份额享有权利、履行义务。

1. 相关法条

《中华人民共和国民法典》（2020 年 5 月 28 日）

第二百九十七条 不动产或者动产可以由两个以上组织、个人共有。共有包括按份共有和共同共有。

第二百九十八条 按份共有人对共有的不动产或者动产按照其份额享有所有权。

第三百零八条 共有人对共有的不动产或者动产没有约定为按份共有或者共同共有，或者约定不明确的，除共有人具有家庭关系等外，视为按份共有。

---

① 参见陈华彬：《物权法》，法律出版社 2004 年版，第 381 页。

② 参见《最高人民法院关于印发修改后的〈民事案件案由规定〉的通知》（法〔2020〕347 号）第 54 项。

第三百零九条 按份共有人对共有的不动产或者动产享有的份额，没有约定或者约定不明确的，按照出资额确定；不能确定出资额的，视为等额享有。

2. 要旨释义

按份共有的份额，是一种抽象的共有比例，并不是对标的物作物理上的分割所形成的份额。按份共有虽然存在份额的分割，但对共有物所有权仍然只有一个。因此，按份共有人对物的支配权利及于标的物的全部。按份共有的份额是每个共有人行使权利、承担义务的依据范围，但不影响共有人所有权之占有、使用、收益、处分的各项权能。但需要注意的是，由于受到份额的限制，共有人行使所有权的占有、使用、收益、处分的权能时，按份共有人需要和其他共有人之间进行协调，如《民法典》第 301 条的规定："处分共有的不动产或者动产以及对共有的不动产或者动产作重大修缮、变更性质或者用途的，应当经占份额三分之二以上的按份共有人或者全体共同共有人同意，但是共有人之间另有约定的除外。"

在共有人没有约定为按份共有或者共同共有，或者约定不明确的情形下，除共有人具有家庭关系外，均视为按份共有。这是《民法典》在对共有性质不明情形下对共有性质的推定。其法律价值和实践意义在于，按份共有人对外承担连带债务，对内按照份额承担债务，超过应有份额者还可以向其他共有人追偿，体现了较为清晰的权利义务关系，同时按份共有物的分割与共同共有物的分割相比，限制相对较少。因此，在对共有性质不明确的情形下，推定为按份共有较之推定为共同共有更加符合实际和有利于纠纷的解决。

按份共有人份额的确定，首先看按份共有人之间的是否存在约定，如果有份额的约定，则按照约定来确定份额；如果没有约定或者约定不明的，则应按照出资额来确定。其法理依据在于，共有物的份额最终要体现为相应的价值，出资额则是共有人对共有物的财产性付出，这里的份额既包括原始出资额，也包括后续出资额。

3. 典型案例

丁某与丁某铜共有权确认纠纷案①

[基本案情] 丁某铜与案外人宿某于 1994 年 6 月 7 日登记离婚，丁某系两人之子。1994 年 6 月 20 日，丁某铜与案外人张某结婚。丁某 3、丁某 4 以及丁某铜系丁某 1、杨某所生子女。丁某 4、丁某 5 系母子关系，丁某 4 与沈

① 参见上海市浦东新区人民法院（2020）沪 0115 民初 69770 号民事判决书。

某系再婚夫妻。丁某3、邹某1系夫妻关系，邹某2系两人之女。1991年9月，丁某1、杨某、丁某铜、丁某4以及丁某3共同申请获得52.04平方米的农村宅基地使用权。1994年12月，丁某1房屋所在宅基地被征用，需搬迁另建。1997年11月，丁某1、杨某、丁某3、丁某铜、宿某以及丁某共同向有关部门申请建造占地68平方米的二层房屋（建筑面积为136平方米），并实际建造。2003年2月，丁某1、丁某3、邹某1、邹某2向有关部门申请在上述房屋基础上建造建筑面积为64平方米的加层房屋亦获得批准。2007年9月，上述房屋被列入拆迁范围，拆迁人安置丁某1五套房屋（建筑面积总计457.07平方米）。该次拆迁协议上载明的被拆迁人为丁某1，同住人为丁某3、邹某2、邹某1、杨某、丁某4、丁某5。另外，拆迁人制作的上述被拆迁房屋的结算单中载明，被拆迁房屋内的户籍人数为7人＋2独（独生子女），拟进1人，同时安置人姓名为丁某1、丁某3、邹某2、邹某1、丁某4、丁某5、杨某以及沈某等，丁某1在该结算单被拆迁人处签署名字和日期。后因丁某1家人对五套安置房屋的权属发生争议，丁某4、丁某5于2016年9月提起诉讼，要求判令其中两套房屋归两人所有。上海市浦东新区人民法院经审理后认定该案当事人各自按小家庭为单位选定、实际控制使用动迁安置的五套房屋，并曾按实际控制使用达成了口头分配协议，可按口头协议内容确定上述房屋的权利归属。宿某在审理过程中表示将其在动迁安置房屋中的权利份额赠与给丁某所有，且该意思表示并不违反法律规定，法院予以准许。上海市浦东新区人民法院于2017年4月10日作出（2016）沪0115民初67385号民事判决，判决前述五套房屋的归属等，其中本案系争房屋（面积为104平方米），由丁某铜、丁某共同共有。丁某4等不服提起上诉，上海市第一中级人民法院经审理于2017年9月20日作出（2017）沪01民终8417号民事判决，驳回上诉，维持原判。2017年11月27日，系争房屋被登记在丁某铜、丁某名下，共有情况为共同共有。在本案中，原告丁某主张，系争房屋系原告及父母三人共同共有的财产，母亲将其享有的份额赠与给了原告。原告作为独生子女应当享有拆迁安置房屋双倍份额的政策待遇。因此，系争房屋应当按四份量化，原告应享有其中70%份额的所有权。

［**法院裁判**］案涉系争房屋登记于原、被告名下，共有情况为共同共有，现原告要求确认产权份额，该诉讼请求并无不当。案涉房屋的来源系动迁所得，原、被告及案外人宿某三人均系被动迁房屋申请建房时申请表上列明的家庭成员，有关生效事判决书亦认定原、被告及案外人宿某已得到充分和足

额的补偿。原告主张其为独生子女应享有双倍份额的政策待遇，其在审理过程中亦自认缺乏依据，不予采纳。被告丁某铜为被动迁房屋之前原始房屋的立基人，鉴于系争房屋的由来及相关出资情况，认可被告丁某铜对系争房屋的贡献较大。考虑宿某已将其在动迁安置房屋中的权利份额赠与丁某所有等综合因素，依照2007年《物权法》第94条、第104条之规定，法院酌情确定原告丁某享有系争房屋60%的产权份额，被告丁某铜享有系争房屋40%的产权份额。

[**裁判评析**] 本案主要涉及两个法律适用问题：一是共同共有人提出确认共有财产份额的诉求是否具有正当性权利基础。二是共有份额的确认规则。这两个问题，分别涉及对2007年《物权法》第94条、第104条之规定的理解和适用问题。需要明确的是，虽然2007年《物权法》已经失效，但其第94条、第104条的规定内容分别在《民法典》第298条、第309条得以沿袭。

关于共同共有人提出确认共有财产份额的诉求是否具有正当性权利基础，根据《民法典》第298条的规定，按份共有人对共有的不动产或者动产按照其份额享有所有权。该规定中的"份额"是抽象的，是共有人对共有物的所有权在量上应当享有的部分，而非所有权权能的划分，"份额"是抽象地存在于共有物的任何微小部分，及于共有物的全部。按份共有与共同共有真正的区别并非是否按份额共有，而是共有份额是否表现。可以说，按份共有关系是表见份额共有关系，共同共有关系是潜在份额共有关系。[①] 按份共有的应有部分（份额）是各个共有人行使相应权利、承担相应义务的依据。因此，法院认为案涉房屋为原、被告为共同共有，原告要求确认产权份额的诉讼请求并无不当，这是有事实和法律依据的。

关于共有份额的确认规则，《民法典》第309条规定，按份共有人对共有的不动产或者动产享有的份额，没有约定或者约定不明确的，按照出资额确定；不能确定出资额的，视为等额享有。在本案中，原、被告双方对财产享有的份额没有约定，法院综合考量了房屋产权的由来、产权的贡献等因素，酌情确定丁某享有60%产权份额，丁某铜享有40%产权份额，该处理是恰当的。

---

① 参见李锡鹤：《究竟何谓"共同关系"——再论按份共有与共同共有之区别》，载《东方法学》2016年第4期。

4. 法律风险防范

对按份共有权确认纠纷，在实务中需要注意的主要风险如下：一是要正确认识“份额”的内涵和效力。按份额对共有物行使权利并不是对所有权权能进行分割，按份共有人应有“份额”的真正法律意义在于确立了权利行使的范围。共有人按其“份额”对共有财产享有占有、使用和收益的权利，但共有人行使占有、使用、收益之权利，不得超过其“份额”限制，否则构成对其他共有人“份额”利益的侵害。二是按份共有与建筑物区分所有关于“份额”的规定存在明显不同。建筑物区分所有的所有权客体是专有部分，对建筑物形成的是一种复合性的权利结构，不是按照份额对一整个建筑物享有所有权，份额的确定具有从属性，相比较而言，按份共有一定存在确定的份额，并且可以相对自由处分。三是要准确把握确认“份额”的适用规则。在处理按份共有份额确认纠纷时，首先，应审查当事人之间是否达成这方面的协议，有约定的按照约定，其前提是约定须符合法律规定，且有效成立。其次，对没有约定或者约定不明确的，按照当事人的出资额确定，这里的出资额既包括原始出资额，又包括后续出资额。需要注意的是，实务中，在争议财产价值出现急剧升值的情形下，一方当事人为了获取不正当的利益，常故意将对方“出资”主张为“借款”等债权，应予以防范。最后，对于不能确定出资额的，方可推定为等额享有。

（二）共同共有权的确认

共同共有权，是指两个以上的民事主体基于共同关系，对某项财产不分份额地共同享有权利并承担义务。根据我国民事法律的规定，共同共有的形成要具备两个条件：一是具备共同关系这一事实前提；二是具备法律规定这一根本原因。也就是说，共同关系存在则共有关系方可得以存续，即共有人对共有物平等地享有占有、使用、收益和处分的权利，平等地承担相应的义务。

1. 相关法条

（1）《中华人民共和国民法典》（2020 年 5 月 28 日）

第二百九十九条 共同共有人对共有的不动产或者动产共同享有所有权。

第一千零六十二条 夫妻在婚姻关系存续期间所得的下列财产，为夫妻的共同财产，归夫妻共同所有：

（一）工资、奖金、劳务报酬；

（二）生产、经营、投资的收益；

（三）知识产权的收益；

（四）继承或者受赠的财产，但是本法第一千零六十三条第三项规定的除外；

（五）其他应当归共同所有的财产。夫妻对共同财产，有平等的处理权。

第一千一百五十一条 存有遗产的人，应当妥善保管遗产，任何组织或者个人不得侵吞或者争抢。

第一千一百五十六条第二款 不宜分割的遗产，可以采取折价、适当补偿或者共有等方法处理。

（2）《最高人民法院关于适用〈中华人民共和国民法典〉婚姻家庭编的解释（一）》（2020 年 12 月 29 日）

第二十二条 被确认无效或者被撤销的婚姻，当事人同居期间所得的财产，除有证据证明为当事人一方所有的以外，按共同共有处理。

（3）《第八次全国法院民事商事审判工作会议（民事部分）纪要》（2016 年 11 月 21 日）

第二十五条 被继承人死亡后遗产未分割，各继承人均未表示放弃继承，依据继承法第二十五条规定应视为均已接受继承，遗产属各继承人共同共有。

2. 要旨释义

共同共有基于共同关系而成立，采取类型法定强制的原则，即由法律予以直接规定，原则上当事人不能随意创设共同关系以成立共同共有。[①] 根据法律规定，共同共有的类型主要有三种：基于婚姻关系的共同共有、基于家庭共同生活关系的共同共有、基于继承关系的共同共有。需要说明的是，基于合伙关系能否对合伙财产形成共同共有，理论上存在不同的看法，有学者主张，合伙人对合伙财产的共有以出资比例为依据，彼此之间具有确定的利益界限，因此合伙财产属于按份共有。[②] 但笔者认为，基于维护合伙关系的稳定性，合伙财产原则上不能进行随意的分割和退伙等，因此，不宜将合伙财产简单认定为按份共同共有或者共同共有。对合伙财产的使用，应按照《民法典》关于合伙合同的规定来处理。

关于夫妻共同共有的确认，要准确把握夫妻共同财产的范围以及夫妻对

① 参见戴孟勇：《物权法共有制度的反思与重构——关于我国〈物权法〉"共有" 章的修改建议》，载《政治与法律》2017 年第 4 期。

② 参见尹田：《物权法》，北京大学出版社 2013 年版，第 313 页。

共同财产的平等处理权。在夫妻共同财产范围的认定上,《民法典》第1062条对之进行了列举和概括，其关键是对财产“所得”的正确理解和把握。首先，这里的“所得”包括夫妻所得、夫或妻一方所得，也就是说，在夫妻关系存续期间，无论是夫妻共同所得，还是夫或妻一方所得，在法律没有特别除外规定或者双方没有协议排除的情况下，均应视为夫妻共同财产的范围，这契合夫妻法定婚后所得共同制的本意。其次，这里的“所得”关注财产性权益，并不强调对财产的实际占有，如对婚姻存续期间获得的财产，离婚时权利人可能并不实际占有，但这些未实际占有、实际控制的财产仍应认定为婚姻关系存续期间所得。在夫妻对共同财产的平等处理权效力的认定上，除日常家事范围内的事务以及构成表见代理等特定情形外，一方对共同财产的擅自处分，对另一方不发生法律效力。

关于家庭共同共有的确认，要重点把握三个方面：一是家庭共同共有以家庭共同生活关系的存在为前提，若是因父母离婚等致使家庭生活关系终止，那么就可能进行家庭共有财产的析产分割；二是家庭共有财产源于家庭成员在共同生活期间的共同劳动所得；三是家庭共有财产的主体是对家庭共有财产的形成作出贡献的家庭成员。①

关于继承共同共有的确认，其重点是指在继承发生后到遗产分割前，遗产作为整体由全体继承人共同共有。进而言之，若各继承人约定共同继承遗产，不分份额地共同所有，则构成共同共有；若各继承人约定不分割遗产、但按照份额对遗产享有所有权，则构成按份共有；若是各继承人约定共同管理和经营遗产的，鉴于共同经营管理的复杂性，不能按照共同共有法律制度来简单对待，需根据约定的具体内容适用其他法律来调整。

3. 典型案例

王某某与刘某某共有权确认纠纷上诉案②

［**基本案情**］刘某某、王某某于1984年5月登记结婚。1987年4月，刘某某、王某某承租二人所在单位分配的案涉房屋。刘某某、王某某于1993年8月离婚，未对案涉房屋进行处理。随着国家房改政策的推进，王某某作为购房人，先后于1995年以标准价、2000年以成本价，利用王某某和刘某某的工

---

① 对家庭共有财产的主体，存在不同的认识。例如，魏振瀛教授则认为，家庭共有财产的主体包括所有的家庭成员。参见魏振瀛主编:《民法》，北京大学出版社2000年版，第254页。

② 参见北京市第一中级人民法院（2015）一中民终字第02514号民事判决书。

龄优惠折扣，共支付36 119元购买了案涉房屋。2009年5月6日，案涉房屋办理所有权登记，登记项下所有权人为王某某，共有情况为单独所有，房屋性质为房改房（成本价）。2000年，王某某起诉刘某某，要求刘某某腾退涉案房屋。经法院审理后认为，王某某购房时使用了刘某某的工龄补贴，刘某某与王某某对案涉房屋享有同等的权利，遂判决驳回王某某的诉讼请求。2012年11月，王某某与案外人宋某签订房屋买卖合同，王某某以总价1 195 000元的价格将案涉房屋所有权转移登记至宋某名下。后因房屋买卖合同纠纷，王某某起诉宋某。法院经审理后，判决解除王某某与宋某的房屋买卖合同，以及宋某协助王某某恢复案涉房屋所有权登记至王某某名下。2014年6月，案涉房屋所有权恢复登记至王某某名下。在案涉诉讼中，一审法院经审理，判决确认案涉房屋为刘某某与王某某共同共有，王某不服提起上诉，二审法院维持原判，驳回了王某某的诉讼请求。

［**法院裁判**］二审法院经审理认为，案涉房屋是王某某在与刘某某的婚姻关系存续期间取得的承租公房，二人对此房屋均享有使用权。王某某与刘某某诉讼离婚时未对房屋的使用权作出处理，故离婚后王某某与刘某某对涉案房屋仍享有相同的使用权。此后，王某某先后于1995年、2000年分别以标准价和成本价购买了涉案房屋，交纳购房款并取得房屋所有权证书。虽然房价款由王某某交纳，但房价是在享受了王某某和刘某某二人的工龄优惠折扣的情况下计算得出的，故刘某某是以其工龄参与了涉案房屋的购买。因涉案房屋的所有权是在刘某某、王某某对该房屋的共同财产权益基础上，享受二人共同的工龄优惠折扣，由王某某出资而取得的，故涉案房屋应由王某某与刘某某共同共有。

［**裁判评析**］本案涉及的焦点问题是对夫妻共同共有财产法律规定的理解和适用，这个问题涉及2001年《婚姻法》第17条[①]以及2007年《物权法》第94条、第95条[②]的理解和适用。需要明确的是，虽然该案判决时所依据的《婚姻法》《物权法》的相关法律规范已经失效，但其内容在《民法典》的立法上得以沿袭。根据上述法律规定的内容，案涉房屋原系二人所在单位的公房，刘某某、王某某在婚姻关系存续期间取得了案涉房屋的公房承租权，这属于一种共同的财产性权益。在此基础上，王某某出资利用二人的工龄优惠折扣以远低于市场的价格购买了案涉房屋。由此可以认定刘某某以其工龄参

① 对应《民法典》第1062条。

② 分别对应《民法典》第297条、第299条。

与了对案涉房屋的购买，应视为刘某某、王某某对案涉房屋进行了共同的财产性投入，故案涉房屋应确认为王某某和刘某某共同共有。因此，一审、二审法院的处理是正确的。

4. 法律风险防范

对共同共有权确认纠纷，在实务中需要注意的主要风险如下：一要正确认识夫妻婚姻存续期间取得的财产性权益。“所得”的财产性权益，并不强调对财产的实际占有，如在前述的王某某与刘某某共有权确认纠纷案中，案涉房屋的公房承租权这一共同的财产性权益，在离婚后刘某某并不实际占有，但亦可视为《民法典》第 1062 条规定的夫妻共同财产的“所得”范畴。二要正确认识共同共有的主体范围。在特定的共同共有法律关系中，其主体是确定的，非特定范围主体申请参与确认共同共有权诉讼难以得到法院支持。例如，在司法实践中，在对遗产确认共同共有权纠纷诉讼时，有案外的非继承人，其以尽了较多赡养义务为由申请作为有独立请求权第三人参加诉讼，法院不予准许，但法院在判决中释明其可在遗产进行分割时另案主张权利。[①] 三要正确认识共同共有的客体范围。物权法保护的物，包括不动产和动产。法律规定权利作为物权客体的，包括所有权、用益物权和担保物权。除此之外的“物”，不能作为物权法意义上共同共有的客体。例如，在司法实践中，有人将不动产权属证书视为共同共有的客体，以共有权确认纠纷为案由提起诉讼，诉请确认其对被继承人名下房屋之不动产权属证书享有共同共有、共同使用的权利，法院不予支持。[②] 四要正确认识共同共有权与善意取得所有权的效力冲突。根据《民法典》第 311 条规定，无处分权人将不动产或者动产转让给受让人的，所有权人有权追回，但受让人受让该不动产或者动产时是善意的，受让人取得该不动产或者动产的所有权。因此，共有所有权人应采取必要的措施，防范共有权人利用共有所有权登记在一人名下的便利条件，擅自处分共有财产。在现实的社会生活中，由夫妻一方利用对共有房屋登记权人等便利条件擅自出售共有房屋，导致善意受让人取得共有房屋所有权的司法案例不胜枚举。

① 参见山东省日照经济技术开发区人民法院（2018）鲁 1191 民初 79 号民事判决书。

② 参见北京市第一中级人民法院（2017）京 01 民终 4243 号民事判决书。

二、共有物分割纠纷

共有物分割，是指共有人对共有物采取实物分割、折价分割或者变价分割等方式以结束共有关系。在多个共有人对一物同时拥有所有权的情况下，共有人之间很容易产生纠纷，这不利于共有物效益的最大化发挥。共有物分割请求权的启动和实现，有助于共有人简化共有关系，减少分割中的交易成本，[①]有利于保护民事主体的合法权益、维护社会和经济秩序的制度目标。

（一）相关法条

《中华人民共和国民法典》（2020年5月28日）

第三百零三条 共有人约定不得分割共有的不动产或者动产，以维持共有关系的，应当按照约定，但是共有人有重大理由需要分割的，可以请求分割；没有约定或者约定不明确的，按份共有人可以随时请求分割，共同共有人在共有的基础丧失或者有重大理由需要分割时可以请求分割。因分割造成其他共有人损害的，应当给予赔偿。

第三百零四条 共有人可以协商确定分割方式。达不成协议，共有的不动产或者动产可以分割且不会因分割减损价值的，应当对实物予以分割；难以分割或者因分割会减损价值的，应当对折价或者拍卖、变卖取得的价款予以分割。

共有人分割所得的不动产或者动产有瑕疵的，其他共有人应当分担损失。

第一千零六十六条 婚姻关系存续期间，有下列情形之一的，夫妻一方可以向人民法院请求分割共同财产：

（一）一方有隐藏、转移、变卖、毁损、挥霍夫妻共同财产或者伪造夫妻共同债务等严重损害夫妻共同财产利益的行为；

（二）一方负有法定扶养义务的人患重大疾病需要医治，另一方不同意支付相关医疗费用。

（二）要旨释义

《民法典》的相关条款对共有物分割的原则、方式和救济作了体系化的规定。关于共有物分割的原则，根据《民法典》第303条的规定，一是意思自

① 参见熊秉元：《科斯定理与民法结构》，载《财经问题研究》2017年第6期。

治原则。对共有物的分割，首先要尊重各共有人的意思自治，也就是对共有人之间的约定优先适用，不论是按份共有还是共同共有，不论是约定予以分割还是约定不予分割，都应按照共有人之间的约定来进行。但共有人有重大理由需要分割时，即便存在不予分割的约定，共有人仍可以请求分割。二是依法分割的原则。其一，按份共有人有权不经过其他共有人的同意，随时行使自己的共有物分割请求权；其二，共同共有人在共有基础丧失或者有重大理由需要分割时，可以诉请行使分割请求权。共有基础丧失的情形主要包括婚姻关系的终止、继承人分割遗产和家庭共同体的解体。“重大理由”主要包括必要的生活支出、医疗、教育等费用支出的事由以及严重损害共有财产利益的事由。比如，夫妻一方有隐藏、转移、毁损、挥霍夫妻共同财产或者伪造共同债务等严重损害夫妻共同财产利益的行为，另一方可向法院请求分割共同财产。

关于共有物分割的方式，根据《民法典》第303条的规定，一是实物分割。这种分割方式需具备两个前提条件：共有物具有物理上的可分割性；分割不会减损共有物的价值。二是折价分割。这种分割方式是指由共有人中的一人或数人取得共有物的所有权，并向其他共有人按照份额比例支付补偿款或者其他对价的分割方式。三是变价分割。这种分割方式也需具备两个前提条件：实物分割不具有物理上的可行性，或者说实物分割会减损价值，降低经济性；可通过拍卖、变卖将共有物变为价金。

关于共有物分割的损失救济，无论是基于共有人之间的协议分割，还是遵照司法裁判分割共有物，对分割所得的不动产或动产具有瑕疵的，其他共有人应当分担损失。其法理依据在于，共有物的分割也被视为一种商事交易，需要按照诚信等原则来承担瑕疵担保责任。这里的瑕疵既包括权利瑕疵，也包括物之瑕疵。

（三）典型案例

姚某3、姚某2等共有物分割纠纷案①

［**基本案情**］位于榆树市清华帝景A区2号楼1单元1702的房屋，系案外人姚某与李某玲（系原告姚某3父母）共有财产分割后二人协议约定该房屋归原告姚某3和被告姚某2共同所有，各占房屋总额的50%。2015年9月

① 参见吉林省榆树市人民法院（2021）吉0182民初6481号民事判决书。

6日，该房屋办理产权登记，所有权人为原告姚某3，原告与被告姚某2和李某按份共有，原告占房屋的34%、姚某2占房屋的33%、李某占房屋的33%。该房屋办理产权登记时原告姚某3在场。现原告姚某3诉请按照原告与被告各占有50%的份额分割双方按份共有的上述案涉房屋，该房屋产权归被告所有，被告向原告支付房屋50%份额的折价款为人民币300 480元（按每平方米6000元计算50%份额的价值）。

［**法院裁判**］原告姚某3与被告姚某2、李某共有的案涉房屋为按份共有，原告可以请求分割。按照法律规定，当双方对分割不能达成协议，难以进行实物分割时，应当对折价或拍卖变卖取得的价款予以分割。庭审中，二被告对原告诉请中的6000元/平方米的价格不予认可，且法院在2021年10月21日组织双方庭前调解时已向原告明示，如双方对价格协议不成应通过评估等方式确定房屋价值，而原告至今并未提供评估方面的证据或向人民法院提出相关申请，故原告虽享有对案涉房屋的分割权，但价值无法确定，原告的诉请无法实现。依照《民法典》第303条、第304条以及《最高人民法院关于适用〈中华人民共和国民事诉讼法〉的解释》第90条的规定，判决驳回原告姚某3的诉讼请求。

［**裁判评析**］本案处理的法律适用主要涉及两类问题：一是《民法典》规定实体类法律问题。根据《民法典》第303条、第304条的规定，共有人对共有的不动产或者动产，对分割没有约定或者约定不明确的，按份共有人可以随时请求分割；共有人对分割方式达不成协议，对实物难以分割或者因分割会减损价值的，应当对折价或者拍卖、变卖取得的价款予以分割。在本案中，原告姚某3与被告姚某2、李某对案涉房屋为按份共有，法院认可原告可以直接行使分割请求权。在双方当事人对分割方式不能达成协议，且难以对案涉房屋进行实物分割的情况下，法院认为应对折价或拍卖变卖取得的价款予以分割。在双方当事人对案涉房屋价格协议不成的情况下，法院又明示原告应通过评估等方式确定房屋价值。因此，上述法院对有关问题的处理是正确的。

二是民事诉讼法规定的程序类法律问题。《最高人民法院关于适用〈中华人民共和国民事诉讼法〉的解释》第90条规定，当事人对提出的诉讼请求所依据的事实或者反驳对方诉讼请求所依据的事实，应提供证据加以证明。当事人不能提供证据或者证据不足以证明其事实主张的，应承担不利的后果。在本案中，原告姚某3在法院的明示下，怠于行使自己的诉讼权利，既未提供评估方面的证据，也没有向人民法院提出相关申请，造成案涉房屋的价值无法确定以及价款分割无法进行，应由其承担不利的法律后果。因此，法院驳回其诉讼请求并无不当。

（四）法律风险防范

对共有物分割纠纷，在实务中需要注意的主要风险如下：其一，要正确认识和把握共有物分割协议的有效成立要件。对共有物分割协议，需要全体共有人一致同意。因此，在共有物分割时不能对《民法典》第304条表述的"协商"二字产生错误认识，这里的"协商"是必须经全体共有人一致同意的意思。共有物协议分割与共有物的处分和重大修缮不同，处分和重大修缮是在按份共有的情况下，2/3以上份额的按份共有人同意即可，但对共有物的分割协议，因分割共有物等于结束共有关系，则需要按份共有人一致同意。其二，要正确认识和把握实物分割方式的适用条件。根据法律规定的本意，这种分割方式须具备这一前提条件：共有物具有物理上的可分割性，分割不会减损共有物的价值。因此，当事人主张实物分割诉求的，需符合上述条件，否则就可能面临败诉的风险。其三，要正确认识和把握共有物分割请求权是否适用诉讼时效。虽然《民法典》对共有物分割请求权的诉讼时效并未规定，但从诉讼时效制度的立法目的来看，共有物分割请求权不应适用诉讼时效，在共有物分割诉讼中不能将诉讼时效作为抗辩理由，否则也会面临败诉的风险。

三、共有人优先购买权纠纷

共有人优先购买权的立法制度平衡了转让人、第三人与其他按份共有人之间的利益关系，有利于减少共有物的共有人数量，维持共有关系的稳定，提高共有物的利用效率，在实现物尽其用的同时，亦体现了该法律制度对规范商事交易的秩序价值、效率价值和公平价值。

（一）相关法条

1.《中华人民共和国民法典》（2020年5月28日）

第三百零五条　按份共有人可以转让其享有的共有的不动产或者动产份额。其他共有人在同等条件下享有优先购买的权利。

第三百零六条　按份共有人转让其享有的共有的不动产或者动产份额的，应当将转让条件及时通知其他共有人。其他共有人应当在合理期限内行使优先购买权。

两个以上其他共有人主张行使优先购买权的，协商确定各自的购买比例；协商不成的，按照转让时各自的共有份额比例行使优先购买权。

2.《最高人民法院关于适用〈中华人民共和国民法典〉物权编的解释（一）》（2020 年 12 月 29 日）

第九条 共有份额的权利主体因继承、遗赠等原因发生变化时，其他按份共有人主张优先购买的，不予支持，但按份共有人之间另有约定的除外。

第十条 民法典第三百零五条所称的“同等条件”，应当综合共有份额的转让价格、价款履行方式及期限等因素确定。

第十一条 优先购买权的行使期间，按份共有人之间有约定的，按照约定处理；没有约定或者约定不明的，按照下列情形确定：

（一）转让人向其他按份共有人发出的包含同等条件内容的通知中载明行使期间的，以该期间为准；

（二）通知中未载明行使期间，或者载明的期间短于通知送达之日起十五日的，为十五日；

（三）转让人未通知的，为其他按份共有人知道或者应当知道最终确定的同等条件之日起十五日；

（四）转让人未通知，且无法确定其他按份共有人知道或者应当知道最终确定的同等条件的，为共有份额权属转移之日起六个月。

第十二条 按份共有人向共有人之外的人转让其份额，其他按份共有人根据法律、司法解释规定，请求按照同等条件优先购买该共有份额的，应予支持。其他按份共有人的请求具有下列情形之一的，不予支持：

（一）未在本解释第十一条规定的期间内主张优先购买，或者虽主张优先购买，但提出减少转让价款、增加转让人负担等实质性变更要求；

（二）以其优先购买权受到侵害为由，仅请求撤销共有份额转让合同或者认定该合同无效。

第十三条 按份共有人之间转让共有份额，其他按份共有人主张依据民法典第三百零五条规定优先购买的，不予支持，但按份共有人之间另有约定的除外。

（二）要旨释义

《民法典》和相关司法解释对共有人优先购买权法律制度进行了体系化构

建，主要内容涉及共有人优先购买权的行使条件、行使期间、行使方式、行使效果等规定。

关于共有人优先购买权的行使条件。综合当前有关法律规定，从宏观方面来看，优先购买权的行使须具备两个条件：（1）按份共有人转让共有份额；（2）具备同等条件。对“按份共有人转让共有份额”的把握，须是按份共有人向共有人之外的第三人有偿转让其共有份额。对“同等条件”的把握，应理解为“相对同等条件”，同等条件不是绝对等同。若是强调绝对等同，则优先购买权在现实中将难以实现。对“同等条件”的把握，应结合共有份额的转让价格、价款履行方式及期限等因素综合判断。

关于共有人优先购买权的行使期间。按份共有人优先购买权属于形成权，其应在一定期间内行使，该行使期间属于除斥期间。[①] 将优先购买权界定为除斥期间，原则上不适用中止、中断或者延长，有利于在优先购买权人与优先购买权义务人之间形成较为合理的利益平衡。根据相关司法解释的规定，优先购买权的行使期间，按份共有人之间有约定的，依照该约定处理。对按份共有人之间没有约定或者约定不明的，应按照不同情形具体确定：转让通知中载明行使期间的，以该期间为准；通知中未载明行使期间，或者该期间短于通知送达之日起 15 日的，为 15 日；转让人未通知的，为其他共有人知道或者应当知道最终确定的同等条件之日起 15 日，无法确定其他共有人知道或者应当知道最终确定的同等条件的，为共有份额权属转移之日起 6 个月。

关于共有人优先购买权的行使方式。在商事交易实践中，转让人通常要求其他共有人对是否行使优先购买权进行答复，其他共有人应当将以同等条件购买的意思表示送达转让人，行使的意思表示自到达转让人时生效。但鉴于优先购买权的行权期间一般较短，故只要其他共有人在该期间行使了优先购买权这一事实即可，不宜认定优先购买权这一法定权利因未作答复而消灭。[②]

关于共有人优先购买权的行使效果。按份共有人优先购买权作为一项形成权，从行使意思表示到达转让人之时起，在双方之间成立以同等条件为内容的转让合同。这是基于按份共有人优先购买权的形成权性质而产生的法律效果，可以称为形成性效果。但这种效果也存在例外情形，即未在规定的优

① 参见戴孟勇：《论优先购买权中的通知义务》，载《云南社会科学》2019 年第 4 期。

② 参见最高人民法院民事审判第一庭编著：《最高人民法院物权法司法解释（一）理解与适用》，人民法院出版社 2016 年版，第 303 页。

先购买权行使期间内行使，或者虽主张优先购买权，但存在提出减少转让价款、增加转让人负担等实质性变更要求等情形。

（三）典型案例

唐某菊与毛某江共有人优先购买权纠纷案①

［**基本案情**］武定县狮山镇陈官村委会原有相连的土木结构公房五间，1984 年分别由原告唐某菊家购买三间、被告毛某江家购买两间，两家卖房凭据上四至分明，大门为三家共同使用。原告唐某菊家 1984 年的《卖房凭据》载明“北边与毛某芬的隔墙为止，大门所有材料为三家共同使用，但地基为本户有使用权”。2001 年 7 月 17 日，被告毛某江母亲梁某英取得集体土地使用权证，证载住宅使用权面积为 165.9 平方米、厕所使用权面积为 9 平方米，土地使用者为梁某英。2016 年，原告唐某菊家将土木结构房屋拆除建为两层砖混结构新房，被告毛某江家仍保留土木结构房屋。现因被告毛某江要出售自家土木结构房屋，原告唐某菊认为自己享有优先购买权，故诉至法院。

［**法院裁判**］《民法典》第 305 条规定“按份共有人可以转让其享有的共有的不动产或者动产份额。其他共有人在同等条件下享有优先购买的权利”。本案中，虽然原告唐某菊认为与被告毛某江家房屋按份共有，但原告自家持有的土地使用权证上没有共有情形存在，1984 年卖房凭据上载明的三家共同使用的大门材料也已被各家分割完毕。原告提交的证据无法证实其自家房屋与被告家房屋存在按份共有情形，现原告要求确认原告的优先购买权没有事实及法律依据，法院不予支持。

［**裁判评析**］本案涉及的焦点问题是，双方当事人是否对案涉房屋享有按份共有权。根据庭审查明的事实，1984 年卖房凭据上载明的三家共同使用的大门材料也已被各家分割完毕，原告自家房屋与被告自家房屋产权独立清晰，双方当事人并不对案涉房屋享有按份共有权。根据法律的规定，当事人享有按份共有权是其行使共有人优先购买权的前提和基础。结合本案而言，原告提交的证据无法证实其对案涉房屋享有按份共有权，法院遂认为原告的优先购买权没有事实及法律依据，进而驳回其诉讼请求。因此，法院的裁判是正确的。

---

① 参见云南省武定县人民法院（2021）云 2329 民初 628 号民事判决书。

（四）法律风险防范

对共有人优先购买权纠纷的处理，在实务中需要注意的主要风险如下：其一，要注意把握行使共有人优先购买权的例外情形。一是在无偿转让情形下，不存在交易价格、支付方式等购买要素，无法对其行使优先购买权的"同等条件"加以客观判断，应将其视为行使共有人优先购买权的例外情形；二是超过行权期限或不实际购买者不得主张行使优先购买权；三是按份共有人内部之间相互转让份额的，应基于平等原则和效率原则，其他按份共有人不得主张行使优先购买权。其二，要注意把握共有人优先购买权与承租人优先购买权竞合的处理。从物权优先于债权的视角看，共有人优先购买权较优于承租人优先购买权。从优先购买权设立为维护法律关系稳定的角度看，也应优先保护共有人优先购买权。其理由在于，在共有人和承租人都力争主张行使优先购买权的情形下，表明两者之间已经产生纠纷，若让承租人借助行使优先购买权再进入共有关系，势必会导致原共有人与新加入的原承租者之间的矛盾升级。其三，要注意把握行使共有人优先购买权的前提是行为人对案涉财产享有共有物权，否则将面临败诉的风险。例如，邓某雨与杜某国、李某杰等共有人优先购买权纠纷案，[①]法院认为，根据"按份共有人可以转让其享有的共有的不动产或者动产份额。其他共有人在同等条件下享有优先购买的权利"的规定，上诉人目前占有使用部分房屋，也仅是基于是原兽医站职工的身份关系，上诉人主张优先购买权的请求基础并不存在，其主张对案涉房屋享有共有人优先购买权的上诉理由不能成立。

四、债权人代位析产纠纷

债权人代位析产诉讼，是指在人民法院民事强制执行过程中，作为被执行人的债务人与他人享有共有财产而不主动析产清偿债务，由作为申请执行人的债权人依法代替债务人提起的析产诉讼。这项代位析产诉讼制度是最高人民法院于2004年在发布实施的《关于人民法院民事执行中查封、扣押、冻结财产的规定》中设立的，[②]其设置目的就是强制执行债务人与他人的共有财

---

① 参见重庆市第二中级人民法院（2019）渝02民终3576号民事判决书。

② 最高人民法院分别于2008年12月、2020年12月先后两次对《关于人民法院民事执行中查封、扣押、冻结财产的规定》予以修正，本书若无特殊说明，均指2020年12月修订的版本。

产，破解执行债务人借助共有财产的障碍消极对待强制执行的难题，具有很强的实用性。

在长期以来的司法实践活动中，对债权人提起的代位析产诉讼，案由的选择因缺乏明确的规定较为混乱，如共有物分割纠纷、执行异议之诉纠纷、债权人代位权纠纷、物权纠纷、分家析产纠纷、物权确认纠纷、追偿权纠纷、共有纠纷，等等。案由的散乱也造成了在诉讼管辖、诉讼主体范围乃至实体法律适用等诸多方面司法裁判标准的不统一。2021 年 1 月，最高人民法院印发《关于修改〈民事案件案由规定〉的决定的通知》，在“共有纠纷”项下增加了“债权人代位析产纠纷”。至此，债权人代位析产诉讼终于有了单独的案由，相关司法不统一的难题在一定程度上得到了缓解。

（一）相关法条

《最高人民法院关于人民法院民事执行中查封、扣押、冻结财产的规定》（2020 年 12 月 29 日）

第十二条 对被执行人与其他人共有的财产，人民法院可以查封、扣押、冻结，并及时通知共有人。

共有人协议分割共有财产，并经债权人认可的，人民法院可以认定有效。查封、扣押、冻结的效力及于协议分割后被执行人享有份额内的财产；对其他共有人享有份额内的财产的查封、扣押、冻结，人民法院应当裁定予以解除。

共有人提起析产诉讼或者申请执行人代位提起析产诉讼的，人民法院应当准许。诉讼期间中止对该财产的执行。

（二）要旨释义

鉴于现行法律对债权人代位析产的具体适用条件没有明确的规定，本书结合司法实践对此予以探索释义。

1. 债权人的债权已得到司法确认，债务人享有诉争财产的共有权。债权人代位析产诉讼的目的是通过对债务人所享共有财产份额进行认定处理，帮助债权人实现债权受偿。因此，在代位析产诉讼启动时，债权人的债权必须是经过司法程序所确认的明确债权。

2. 作为申请执行人已启动执行程序，法院已对案涉共有财产予以查封。债权人提起代位析产诉讼的请求权基础源于《最高人民法院关于人民法院民事执行中查封、扣押、冻结财产的规定》。因此，债权人代位析产诉讼只能在执行程序中提起，且只能在被采取查封、扣押、冻结措施的财产范围内进行代位析产。

3. 被执行人名下无其他财产可供执行。代位析产诉讼在保护申请执行人实现债权的同时，亦要综合考量平衡申请执行人和共有人的合法权益。因此，债权人提起代位析产诉讼只以债务人有且只有案涉共有财产可供执行为前提。

4. 共有人怠于履行分割诉争财产的义务，或无法达成分割共有财产的协议，或达成的分割共有财产协议不利于债权的实现。尤其是作为债务人，在诉争的共有已被法院查封的情况下，债务人既不协议分割也不提起析产诉讼，对申请执行人债权的利益构成妨害情况下，债权人可诉请代位析产。

（三）典型案例

李某甲诉李某乙、刘某某代位析产案①

[基本案情] 1991 年 8 月，李某乙与刘某某登记结婚。2006 年 2 月，刘某某与北京某地产开发有限公司约定刘某某购买昌平区回龙观某 38–17 号别墅一套。2007 年 8 月，刘某某再次与北京某房地产开发有限公司约定刘某某购买昌平区回龙观某 35–08 号别墅一套。2018 年 3 月，李某乙与刘某某协议离婚约定："各自名下的车辆归各自所有，各自银行账户的现金以及有价证券归各自所有。"关于房屋产权处理事项约定："无争议。"同日，刘某某、李某乙办理离婚登记。2017 年 4 月，李某甲起诉李某乙、刘某某民间借贷纠纷，2017 年 5 月申请法院对案涉房屋采取了保全措施。2018 年 12 月，李某甲与李某乙在朝阳区人民法院达成（2017）京 0105 民初 44383 号调解协议：被告李某乙于 2018 年 12 月 13 日前一次性偿还原告李某甲借款 400 万元并支付利息……2017 年 5 月，李某甲再次起诉李某乙、刘某某民间借贷纠纷，2017 年 5 月申请法院对涉案房屋采取了保全措施。2019 年 7 月，朝阳区人民法院依法作出（2017）京 0105 民字 41179 号民事判决书，判决李某乙在本判决书生效后 7 日内向李某甲偿还借款本金 380 万元并支付利息……该判决已经发生法律效力。上述两案诉讼过程中，李某甲申请财产保全，朝阳区人民法院裁定对涉案两套房产采取了查封措施，查封期限自 2017 年 5 月 26 日至 2020 年 5 月 25 日。

---

① 参见北京市第一中级人民法院（2020）京 01 民终 3138 号民事判决书。

2019年11月，朝阳区人民法院依法作出（2019）京0105执10029号执行裁定书载明：申请执行人李某甲与被执行人李某乙民间借款纠纷一案，执行中，法院依法向被执行人发出执行通知书、报告财产令，并依法传唤了被执行人。经在网络财产查询系统中查询，未发现被执行人有足额可供执行的财产。据此裁定终结本次执行程序。另，双方当事人均认可涉案两套房产已被朝阳区人民法院续封。

［**法院裁判**］法院生效裁判认为，李某乙与刘某某在离婚时关于房屋产权处理事项约定为“无争议”，应视为双方未对共用财产进行分割，二被告关于离婚后登记在各自名下财产的辩解，法院不予采信。换言之，李某乙与刘某某均知道李某乙尚欠李某甲的债务尚未清偿完毕，且在涉案房屋也因此诉讼被法院依法查封的情况下，双方依然将涉案房屋分配给刘某某，导致李某甲的债权无法顺利实现，李某乙与刘某某存在恶意串通损害李某甲合法利益的嫌疑，故法院对刘某某和李某乙的主张无法采信。诉争房屋为被执行人李某乙与刘某某离婚时未作分割的夫妻共同财产且已被法院依法查封，执行过程中，李某乙未有其他足额可供执行的财产，此时申请执行人李某甲有权代位提起析产诉讼。现李某乙与刘某某已经离婚，按照夫妻共同财产的一般原则，夫妻共同财产二人应各占50%的产权份额。因此，李某甲的诉讼请求符合法律的规定，法院予以支持。

昌平区人民法院于2019年12月20日作出（2019）京0114民初14465号民事判决：（1）确认昌平区回龙观镇某35-08号别墅李某乙与刘某某各享有50%的份额；（2）确认昌平区回龙观镇某38-17号别墅李某乙与刘某某各享有50%的份额。

法院宣判后，刘某某不服原审判决，提起上诉。北京市第一中级人民法院于2020年12月25日作出（2020）京01民终3138号民事判决：驳回上诉，维持原判。

［**裁判评析**］本案涉及两个焦点问题：一是债权人李某甲提起的代位析产诉讼是否符合法律规定的条件；二是对被执行人李某乙与刘某某婚后共同财产的析产数额的确认是否法律的规定。关于第一个问题，申请执行人李某甲已申请启动执行程序，法院对案涉房屋已经实施查封，作为被执行人的李某乙，在其名下无其他足额财产可供执行的情况下，非但不积极履行分割案涉房屋产权的义务，而且还与其他共有人刘某某通过离婚协议恶意逃债，因此，法院认为申请执行人李某甲有权代位提起析产诉讼是正确的。关于第二个问

题，根据《民法典》第1062条规定，夫妻双方在婚姻关系存续期间取得的财产，包括工资、劳动报酬以及生产、投资的收益等，均为夫妻共同财产。夫妻对共同财产有平等的处理权。在房产所有权的认定处理上也同样遵循这一规则。本案中，案涉房屋系债务人李某乙与其配偶刘某某婚姻存续期间取得，且没有证据证明是属于一方个人财产的情形下，共有情况为共同共有。因此，法院确认李某乙与刘某某对案涉房屋各享有50%的份额，是符合法律规定的。

（四）法律风险防范

在债权人代位析产纠纷中，囿于当前法律规定的粗疏，对诸多问题的处理尚缺乏统一的司法裁判标准，在实务中需要注意的主要风险如下：其一，关于债权人代位析产的提起条件，一般要求至少应具备如下条件：诉争财产为被执行人与其他人的共有财产；共有人怠于履行分割诉争财产的义务；被执行人无足额可供执行的其他财产。对其他的是否需要恢复执行程序、是否需要查封等条件，在实务中有的法院亦有要求，如张某共有物分割纠纷案，[①]法院认为，现由于执行法院尚未启动恢复执行程序，也未对系争房屋依法查封，故起诉人尚不具备提起代位析产的起诉条件，遂裁定对该案不予受理。其二，关于代位析产的范围应限于“尚未析产的财产”，若超范围提起代位析产诉讼则可能面临败诉的风险。例如，郑某春、吴某花债权人代位权纠纷案，[②]法院认为，郑某春要求对吴某花、阮某发所有的共有财产进行析产分割，但至今其未有证据证明吴某花、阮某发除上述房屋外尚有其他可依法作出实体处理的共有财产。其要求对吴某花、阮某发今后取得的共有财产也一并析产，但吴某花、阮某发今后是否能取得共有财产、取得何种共有财产、取得的共有财产的价值为多少等均无法确定。因此，郑某春要求对吴某花、阮某发所有的共有财产及今后取得的共有财产进行析产的主张，没有事实和法律依据，不予支持。在执行案件执行完毕之前，若郑某春有证据证明吴某花、阮某发除上述房屋外尚有其他共有财产，可另行处理。其三，债权人代位析产诉讼具有附随性，不适用专属管辖制度。例如，刘某等与邢某债权人代位

① 参见上海市浦东新区人民法院（2020）沪0115民初55443号民事判决书。

② 参见福建省漳州市中级人民法院（2019）闽06民终1919号民事判决书。

析产纠纷案，[①] 法院认为，债权人代位析产诉讼是在执行过程中产生的附随诉讼，提起代位析产诉讼的前提条件以及后续处置都与执行行为息息相关，法院行使的执行裁判权是执行权内部分权的结果，依附于执行权之上的裁判权应由行使执行权的执行法院管辖，不适用专属管辖原则，故一审法院对本案具有管辖权，遂裁定驳回了刘某所提起的上诉请求。

第二节 集体成员权纠纷

集体成员权属于复合型权利，是指具有集体成员身份的主体对集体所享有权利的总称。现行《民法典》直接涉及集体成员权的法条主要有第 260 条至第 265 条，主要涉及集体财产的范围、农民集体所有财产归属及重大事项的集体决定、集体所有的不动产所有权行使、城镇集体所有的财产权利行使、集体成员对集体财产的知情权、集体所有财产保护及农村集体成员合法权益保护六方面的法律权益。

根据不同的分类标准，可以将集体成员权可以分为不同的权益类型。从权益主体范围来划分，可以分为农村集体成员权和城镇集体成员权。从权益内容和行使目的来划分，可以分为共益权与自益权。前者是集体成员基于保护集体利益，同时也是为了个人利益而行使的权利，主要是程序性权利，通常与集体治理相联系。[②] 例如，《民法典》第 261 条第 2 款规定的集体成员重大事项集体决定权。再如，《民法典》第 262 条规定的集体所有的不动产所有权。后者主要是集体成员为实现自己的利益而行使的权利。鉴于农村集体成员权与城镇集体成员权具有很大的差异性，两者权益保障法律体系也存在很大的不同，基于此，本书分别从农村集体成员权纠纷与城镇集体成员权纠纷的视角进行解读与剖析。

---

① 参见北京市第一中级人民法院（2021）京 01 民辖终 571 号民事裁定书。

② 肖盼晴：《农村集体产权改革背景下成员共益权的实现困境与出路》，载《南京农业大学学报（社会科学版）》2021 年第 4 期。

一、农村集体成员权

根据现行《民法典》的规定，农村集体成员权在物权方面的具体权益主要有农村集体成员重大事项决策权、农村集体成员知情权和诉权。

农村集体成员重大事项决策权在物权方面的体现主要是农村集体成员对农村集体重大物权事项具有按照法律规定进行决策的权利。从这个内涵可以看出需要厘清四个方面问题：一是农村集体所有的财产范围；二是农村集体成员对农村集体所有财产拥有怎样的权限；三是哪些集体财产的处分需要农村集体成员进行集体决策；四是农村集体成员需要怎样决策，才能够产生法律效力。

农村集体成员知情权和诉权，是指农村集体成员对农村集体财产权变动，按照法律规定具有查阅、复制相关资料等权限，如果农村集体决策损害了成员的合法权益，农村集体成员可以按照法律规定提起诉讼。

按照现行法律规定，农村集体所有的不动产和动产归全体农村集体成员所有，农村集体成员对农村集体所有的财产变动具有知情权与诉权。因此，现行《民法典》第264条和第265条明确规定了农村集体成员具有知情权和诉权。简言之，农村集体经济组织或者村民委员会、村民小组应当依照法律、行政法规以及章程、村规民约向本集体成员公布集体财产的状况。集体成员有权查阅、复制相关资料。如果农村集体经济组织、村民委员会或者其负责人作出的决定侵害集体成员合法权益的，受侵害的集体成员可以请求人民法院予以撤销。

（一）农村集体成员重大事项决策权

1. 相关法条

（1）《中华人民共和国民法典》（2020年5月28日）

第二百六十条 集体所有的不动产和动产包括：

（一）法律规定属于集体所有的土地和森林、山岭、草原、荒地、滩涂；

（二）集体所有的建筑物、生产设施、农田水利设施；

（三）集体所有的教育、科学、文化、卫生、体育等设施；

（四）集体所有的其他不动产和动产。

第二百六十一条 农民集体所有的不动产和动产，属于本集体成员集体所有。

下列事项应当依照法定程序经本集体成员决定：

（一）土地承包方案以及将土地发包给本集体以外的组织或者个人承包；

（二）个别土地承包经营权人之间承包地的调整；

（三）土地补偿费等费用的使用、分配办法；

（四）集体出资的企业的所有权变动等事项；

（五）法律规定的其他事项。

第二百六十二条 对于集体所有的土地和森林、山岭、草原、荒地、滩涂等，依照下列规定行使所有权：

（一）属于村农民集体所有的，由村集体经济组织或者村民委员会依法代表集体行使所有权；

（二）分别属于村内两个以上农民集体所有的，由村内各该集体经济组织或者村民小组依法代表集体行使所有权；

（三）属于乡镇农民集体所有的，由乡镇集体经济组织代表集体行使所有权。

（2）《中华人民共和国农村土地承包法》（2018年12月29日）

第五十二条 发包方将农村土地发包给本集体经济组织以外的单位或者个人承包，应当事先经本集体经济组织成员的村民会议三分之二以上成员或者三分之二以上村民代表的同意，并报乡（镇）人民政府批准。

由本集体经济组织以外的单位或者个人承包的，应当对承包方的资信情况和经营能力进行审查后，再签订承包合同。

（3）《中华人民共和国村民委员会组织法》（2018年12月29日）

第二十四条 涉及村民利益的下列事项，经村民会议讨论决定方可办理：

（一）本村享受误工补贴的人员及补贴标准；

（二）从村集体经济所得收益的使用；

（三）本村公益事业的兴办和筹资筹劳方案及建设承包方案；

（四）土地承包经营方案；

（五）村集体经济项目的立项、承包方案；

（六）宅基地的使用方案；

（七）征地补偿费的使用、分配方案；

（八）以借贷、租赁或者其他方式处分村集体财产；

（九）村民会议认为应当由村民会议讨论决定的涉及村民利益的其他事项。

村民会议可以授权村民代表会议讨论决定前款规定的事项。

法律对讨论决定村集体经济组织财产和成员权益的事项另有规定的，依照其规定。

2. 要旨释义

农村集体成员重大事项决策权，主要涉及《民法典》第260条至第262条的相关规定。其中，《民法典》第260条属于说明性法条，主要规定了农村集体成员重大事项决策权涉及的财产范围。集体所有权客体是属于集体所有的不动产和动产。现行《宪法》明确规定，城市的土地属于国家所有，农村和城市郊区的土地，除由法律规定属于国家所有的以外，属于集体所有。简言之，《宪法》对集体所有的土地范围采用了排除性规定。然而，实践中可能会因为历史遗留的问题出现这样的现象：有些农村土地无法判断是城市或农村和城市郊区，土地一直由农村集体经济组织连续使用，而农村集体经济组织无法举证证明其权属，同时，行政机关亦无法证明土地属于国家所有，此种情况，应当认定为土地属于集体所有。[①]

《民法典》第261条第1款和第263条规定，农村集体财产归农村集体成员集体所有。集体成员依照法律、行政法规的规定享有占有、使用、收益和处分的权利。对于集体所有的土地和森林、山岭、草原、荒地、滩涂等不动产，按照《民法典》第262条的规定，分不同情况行使所有权。如果属于村农民集体所有的，则由村集体经济组织或者村民委员会依法代表集体行使所有权；如果分别属于村内两个以上农民集体所有的，则由村内各该集体经济组织或者村民小组依法代表集体行使所有权；如果属于乡镇农民集体所有的，则由乡镇集体经济组织代表集体行使所有权。简言之，农村集体所有权主体为农民集体，具体表现为村农民集体经济组织、村民小组农民集体经济组织和乡镇农民集体经济组织。在此需要注意的是，村集体经济组织与村民委员会性质不同。后者主要是基层群众性自治组织，管理本村公共事务和公益事业，调解民间纠纷，协助维护社会治安，向人民政府反映村民的意见、要求和提出建议等多种职能。村民委员会可以根据村民居住状况、集体土地所有权关系等分设若干村民小组，因此，村民小组也具有一定自治管理职能。而

---

① 参见海南省高级人民法院（2007）琼行再终字第3号行政判决书，海南省临高县仓米经济合作社诉临高县人民政府土地行政裁决案。本案收录在最高人民法院行政审判庭编：《中国行政审判案例》（第3卷），中国法制出版社2013年版，第94~99页。

农村集体经济组织主要代表集体从事各种经营活动，原则上不承担本村民集体的公益性事务，为此，《民法典》第 101 条第 2 款规定，未设立村集体经济组织的，村民委员会可以依法代行村集体经济组织的职能。换言之，设立农村集体经济组织，则由村集体经济组织行使，未设立农村集体经济组织，则由村民委员会或者村民小组代表行使。

此外，不是所有农村集体所有的财产都需要集体决策，按照《民法典》第 261 条第 2 款规定，只有五种法定情形需要农村集体成员进行集体决策：一是土地承包方案以及将土地发包给本集体以外的组织或者个人承包；二是个别土地承包经营权人之间承包地的调整；三是土地补偿费等费用的使用、分配办法；四是集体出资的企业的所有权变动等事项；五是法律规定的其他事项。

其中，土地承包方案以及将土地发包给本集体以外的组织或个人承包。按照《农村土地承包法》规定，发包方将农村土地发包给本集体经济组织以外的单位或者个人承包，应当事先经本集体经济组织成员的村民会议 2/3 以上成员或者 2/3 以上村民代表的同意，并报乡（镇）人民政府批准。

如果农村集体将个别土地承包经营权之间承包地进行调整。按照现行《农村土地承包法》的规定，只有在自然灾害严重毁损承包地等特殊情形下，对个别农户之间承包的耕地和草地进行调整，必须经本集体经济组织成员的村民会议 2/3 以上成员或者 2/3 以上村民代表的同意，并报乡（镇）人民政府和县级人民政府农业农村、林业和草原等主管部门批准。

集体成员对土地补偿等费用的使用、分配办法的决策，主要参照《村民委员会组织法》的相关规定，需要本村 18 周岁以上村民的过半数，或者本村 2/3 以上的户的代表参加，村民会议所做决定应当经到会人员的过半数，或者本村 2/3 以上的户的代表参加，村民会议所作决定应当经到会人员的过半数通过。

至于集体成员对农村集体成员利益相关的其他事项做出集体决策，主要参照《土地管理法》和《村民委员会组织法》等。例如，集体经营性建设用地出让、出租等，应当经本集体经济组织成员的村民会议 2/3 以上成员或者 2/3 以上村民代表的同意。

3. 典型案例

农村集体成员重大事项决策权纠纷案[①]

［基本案情］2004 年，A 村村委会将本村的荒山发包给村外人李某，种

① 参见陕西省渭南市中级人民法院（2021）陕 05 民终 3111 号民事判决书。

植果树。双方在承包合同中约定，承包期限为30年，承包费为每年1万元。2010年，该村村民张某等60人联名向法院提起诉讼，请求确认承包合同无效，由李某返还荒山。

张某等人诉称，案涉荒山归A村所有，村委会将其发包给村外人李某，未经村民会议2/3以上成员或者2/3以上村民代表的同意，承包合同应为无效，故诉请李某返还荒山。

李某辩称，案涉承包合同系双方当事人真实意思表示，村民会议或村民代表会议的民主议定程序欠缺，不影响承包合同效力，该合同合法有效。应驳回张某等人的诉讼请求。

[**法院裁判**]一审法院裁决:《物权法》第59条[①]、《农村土地承包法》第48条和《村民委员会组织法》第24条将“四荒”土地发包给本集体经济组织以外的单位或者个人承包的，须经民主议定程序决定，不属于《合同法》第52条[②]合同无效情形。因此，承包合同有效，驳回张某等人的诉讼请求。

二审法院裁决:《物权法》第59条、《农村土地承包法》第48条和《村民委员会组织法》第24条的规定属于效力性强制性规定，违反上述规定的承包合同应视为无效。村委会作为村集体财产的代行所有权机构，明知应经村民会议或村民代表会议民主决定，才能发包本集体经济组织的“四荒”土地，仍擅自将案涉荒山发包给李某，故其对承包合同的无效，负有过错责任。李某为整理荒山、栽种果树所支出的费用为李某因合同无效受到的损失，村委会应当予以赔偿。经依法委托鉴定机构鉴定，李某所支出的费用为282.30万元。综上所述，判决如下:（1）撤销一审判决;（2）承包合同无效;（3）李某返还案涉荒山;（4）A村村委会赔偿李某损失282.30万元。

[**裁判评析**]从上述审判可以看出，两审法院在判断承包合同效力适用的法律依据完全一致，只是针对未履行民主议定程序的承包合同效力作出不同的裁决结果。主要涉及《民法典》第261条、《农村土地承包法》第52条和《村民委员会组织法》第24条相关规定。

从《民法典》关于农村集体土地所有权的制度规定可以看出，农村集体土地主要由本集体经济组织成员承包经营。对不宜采取家庭承包方式的荒山、

---

① 对应《民法典》第261条。

② 《民法典》生效后，原《合同法》失效，原《合同法》第52条取消，合同无效的判断依据为《民法典》第153条，即违反法律、行政法规的强制性规定的民事法律行为无效。但是，该强制性规定不导致该民事法律行为无效的除外。违背公序良俗的民事法律行为无效。

荒沟、荒丘、荒滩等“四荒”资源，可以由本集体外人员承包，但为了确保本集体经济组织所有成员的利益，防止个别人员对农民集体所有的土地所有权的侵害，《民法典》明确规定了集体成员具有法定决策权，按照《村民委员会组织法》规定，经过民主决议程序，即事先经本集体经济组织成员的村民会议2/3以上成员或者2/3以上村民代表的同意。该程序属于效力性强制性规定，当事人必须遵守，村委会未经民主决定程序与本集体外人员签订的土地承包合同无效。这个规定还可以参照2020年修订《最高人民法院关于审理涉及农村承包纠纷案件适用法律问题的解释》第18条相关规定。

4. 法律风险防范

农村集体经济组织没有按照法定程序召开相关会议，便将本村土地承包给本村村民甲的土地承包给村民乙，并与本村乙村民签订土地承包合同，此时土地承包合同是否有效，需要根据个案实际情况进行判断。如果农村集体经济组织违法收回、调整承包地，并将承包地另行发包给乙，则甲以农村集体经济组织和乙为共同被告，请求确定承包合同无效的，人民法院应予支持。

如果农村集体经济组织将弃耕抛荒连续两年以上而解除合同的承包地，再次承包给本村村民，并且签订土地承包合同，此承包属于个案状态，并非土地承包方案的制定，无须集体成员按照法定程序进行决策，因此，本合同为有效合同。

（二）农村集体成员知情权

1. 相关法条

（1）《中华人民共和国民法典》（2020年5月28日）

第二百六十四条 农村集体经济组织或者村民委员会、村民小组应当依照法律、行政法规以及章程、村规民约向本集体成员公布集体财产的状况。集体成员有权查阅、复制相关资料。

（2）《中华人民共和国村民委员会组织法》（2018年12月29日）

第三十条 村民委员会实行村务公开制度。村民委员会应当及时公布下列事项，接受村民的监督：

（一）本法第二十三条、第二十四条规定的由村民会议、村民代表会议讨论决定的事项及其实施情况；

（二）国家计划生育政策的落实方案；

（三）政府拨付和接受社会捐赠的救灾救助、补贴补助等资金、物资的管理使用情况；

（四）村民委员会协助人民政府开展工作的情况；

（五）涉及本村村民利益，村民普遍关心的其他事项。

前款规定事项中，一般事项至少每季度公布一次；集体财务往来较多的，财务收支情况应当每月公布一次；涉及村民利益的重大事项应当随时公布。

村民委员会应当保证所公布事项的真实性，并接受村民的查询。

（3）《中华人民共和国土地管理法》（2019 年 8 月 26 日）

第四十九条 被征地的农村集体经济组织应当将征收土地的补偿费用的收支状况向本集体经济组织的成员公布，接受监督。

禁止侵占、挪用被征收土地单位的征地补偿费用和其他有关费用。

2. 要旨释义

集体成员知情权是集体成员参与集体事务以确保成员权利得以实现的制度保障。集体成员只有对集体事务有充分认知，才能够对集体财产权运营情况进行监督，进而分享基于集体财产所产生的各种利益。

集体成员知情权建立在农民集体财产公开制度基础上。《民法典》第 264 条仅是宏观规定了农村集体组织财产公开制度，并明确规定了集体成员有权查阅、复制权。本条款在实践应用中，还需要与《村民委员会组织法》第 30 条、第 31 条和《土地管理法》第 49 条衔接适用。这两部法律对农村集体公开事项做了细化制度安排，尤其是《村民委员会组织法》，明确规定了一般事项至少每季度公布一次，如果涉及村民利益的重大事项应当随时公布。村民委员会还应当保证所公布事项的真实性，并接受村民的查询。如果村民委员会不及时公布应当公布的事项或者公布的事项不真实的，村民有权向乡、民族乡、镇的人民政府或者县级人民政府及其有关主管部门反映，有关人民政府或者主管部门应当负责调查核实，责令依法公布，经查证确有违法行为的，相关人员应当依法承担责任。

3. 典型案例

农村集体成员知情权纠纷案①

［**基本案情**］刘某永要求查阅与复制北京市延庆区八达岭镇岔道村村民委

① 《A 村村委会与李某土地承包经营合同纠纷上诉案》，载北大法宝网，https://www.pkulaw.com，最后访问时间：2023 年 8 月 28 日。

员会投资经营活动所涉及的财务账簿及会议录，被北京市延庆区八达岭镇岔道村村民委员会拒绝，于是刘某永向将北京基层人民法院提出诉求，要求对下列事项行使知情权：一是要求查阅、复制华通设计顾问工程有限公司为北京市延庆区八达岭镇岔道村（以下简称岔道村）或岔道村村委会设计建设工程的财务账簿及会议记录；二是要求查阅、复制岔道村（村委会）2020 年广告牌匾拆除费用的相关财务账簿及会议记录；三是要求查阅、复制 2019 年和 2020 年岔道村（村委会）与北京市延庆区八达岭特区办事处签订的《八达岭长城景区餐余垃圾处理站用地 1 租赁协议》《八达岭特区办事处内部停车场用地租赁协议》涉及的相关财务账簿及会议记录；四是要求查阅、复制 2020 年涉及岔道村环境整治的相关财务账簿及会议记录；五是要求查阅、复制岔道村（村委会）2015 年、2017~2020 年发放的生态林效益补偿款的相关财务账簿及会议记录；六是要求查阅、复制岔道村（村委会）与北京世纪星锐环保科技有限公司签订的采购施工合同相关财务账簿及会议记录；七是要求查阅、复制 2020 年岔道村（村委会）出车、出人清运垃圾相关情况及其与北京岔道物业管理有限公司签订渣土清运合同的相关财务账簿及会议记录；八是要求查阅、复制 2019~2020 年岔道村（村委会）与北京越达诚建筑机械设备租赁有限公司和北京大祥德广建筑设备租赁有限公司分别签订的机械租赁合同的相关财务账簿及会议记录；九是要求查阅、复制岔道村（村委会）支付中正信咨询集团有限公司 2020 年度审核费 38 998.19 元的相关财务账簿及会议记录；十是要求查阅、复制岔道村（村委会）2017~2018 年法院扣划项目涉及的房屋拆除补偿款 245 000 元的相关财务账簿和会议记录；十一是要求查阅、复制岔道村（村委会）与北京八达岭金辰建筑有限公司签订的市政雨水、污水施工工程合同的相关财务账簿和会议记录；十二是要求查阅、复制岔道村（村委会）与北京市德山水泥制品厂签订的材料采购合同、岔道村（村委会）与北京八达岭晶永检材商店签订的机械租赁合同、岔道村（村委会）与北京天下原色聚落景观规划设计院有限公司签订的岔道村后山入口区景观设计合同、岔道村（村委会）与北京特希达交通勘察设计院有限公司签订的市政雨水、污水工程设计合同相关的财务账簿和会议记录。

［**法院裁判**］一审法院根据《村民委员会组织法》第 2 条、第 30 条和第 31 条规定，将刘某永与村委会之间的纠纷归属于村民自治范畴，不属于人民法院受理民事诉讼的范围，应依法驳回刘某永的起诉。

二审法院根据《民法典》第 264 条规定，认为刘某永作为岔道村集体成员，诉请查阅、复制岔道村村委会的相关财务账簿及资料，系行使村集体成员对集体财产状况的知情权。因此，一审法院裁定驳回刘某永的起诉，应属不当，二审法院予以纠正。

［**裁判评析**］一个案件由两级法院审理，却产生不同的裁判结果，根源在于两个法院适用法律依据不同。

一审法院适用法律如下：一是《民事案件案由规定》（2011 年修订）所有权纠纷项下的"侵害集体经济组织成员权益纠纷"。[①] 二是 2018 年修订的《村民委员会组织法》第 2 条、第 30 条和第 31 条。三是 2017 年修订的《民事诉讼法》第 119 条、第 154 条第 1 款第 3 项、第 2 款。[②] 四是 2020 年修订《最高人民法院关于适用〈中华人民共和国民事诉讼法〉的解释》第 208 条第 3 款。

二审法院适用法律如下：一是《民法典》第 264 条。二是 2017 年修订的《民事诉讼法》第 170 条第 1 款第 2 项和第 171 条。[③] 三是《最高人民法院关于适用〈中华人民共和国民事诉讼法〉的解释》第 332 条。[④]

从上述两审法院的盘点可以看出，一审法院与二审法院对农村集体成员查阅、复制村民委员会经营材料的事实行为定性存在差异，一审法院认为农村集体成员查阅、复制村民委员会经营材料的行为属于农村集体内部自治行为，应由村民向乡、民族乡、镇的人民政府或者县级人民政府及其有关主管部门反映。二审法院认定农村集体成员查阅、复制村民委员会相关材料属于知情权，根据现行《民法典》规定，农村集体成员有权查阅、复制村民委员会相关资料。简言之，农村集体成员知情权已经属于农村集体成员法定权利，理应受法律保护。这也是《民法典》在原《物权法》第 62 条规定的基础上，新增的亮点之处，即将农村集体成员知情权确定为明示法定权。

4. 法律风险防范

集体经济组织知情权和查阅、复制权属于农村集体成员法定权，不属于村民自治范畴。因此，此类案件属于人民法院管辖范围的案件。此外，集体

---

① 《民事案件案由规定》已根据 2020 年 12 月 14 日最高人民法院审判委员会第 1821 次会议通过的《最高人民法院关于修改〈民事案件案由规定〉的决定》（法〔2020〕346 号）将"侵害集体经济组织成员权益纠纷"由第 39 顺位至第 44 位。

② 对应《民事诉讼法》（2023 年修正）第 122 条、第 157 条。

③ 对应《民事诉讼法》（2023 年修正）第 177 条和第 178 条。

④ 对应《最高人民法院关于适用〈中华人民共和国民事诉讼法〉的解释》（2022 年修正）第 330 条。

经济组织知情权是建立在农村集体经济组织或村民委员会、村民小组公开集体财产的基础上。《民法典》第264条规定了公开集体财产依据的是“法律、行政法规以及章程、村规民约”。在此，需要注意的“章程和村规民约”必须是依法定程序并对法定事项作出的约定，才具有法律效力。

其中，“章程和村规民约”生成的法定程序是按照《村民委员会组织法》第22条规定，召开村民会议，应当经本村18周岁以上村民的过半数，或者本村2/3以上的户的代表参加，村民会议所作决定应当经到会人员的过半数通过。

同时，根据《村民委员会组织法》第24条规定，“章程和村规民约”主要涉及以下事项：一是本村享受误工补贴的人员及补贴标准；二是从村集体经济所得收益的使用；三是本村公益事业的兴办和筹资筹劳方案及建设承包方案；四是土地承包经营方案；五是村集体经济项目的立项、承包方案；六是宅基地的使用方案；七是征地补偿费的使用、分配方案；八是以借贷、租赁或者其他方式处分村集体财产；九是村民会议认为应当由村民会议讨论决定的涉及村民利益的其他事项。这些事项需要村民会议进行讨论，并且表决程序要符合法定条件和程序，内容表述要符合法律、法规的规定，不得违反法律、法规的强制性规定。

（三）农村集体成员诉权

1. 相关法条

（1）《中华人民共和国民法典》（2020年5月28日）

第二百六十五条 集体所有的财产受法律保护，禁止任何组织或者个人侵占、哄抢、私分、破坏。农村集体经济组织、村民委员会或者其负责人作出的决定侵害集体成员合法权益的，受侵害的集体成员可以请求人民法院予以撤销。

（2）《中华人民共和国村民委员会组织法》（2018年12月29日）

第二十二条 召开村民会议，应当有本村十八周岁以上村民的过半数，或者本村三分之二以上的户的代表参加，村民会议所作决定应当经到会人员的过半数通过。法律对召开村民会议及作出决定另有规定的，依照其规定。

2. 要旨释义

集体所有的财产，都是劳动群众集体通过多年辛苦劳动创造和积累的物质财富。因此，应当加强对集体财产的法律保护，任何人不得侵占、哄抢、私分和破坏。《民法典》第265条还规定了集体成员的撤销权。此撤销权需具备三个方面要素：一是撤销权行使主体是农村集体经济组织成员，而且必须是合法权益遭受侵害的成员；二是撤销权的客体。撤销权的客体是农村集体经济组织、村民委员会或者其负责人作出的决定；三是撤销权行使的方式只能是诉讼方式。

3. 典型案例

农村集体成员诉权——洪某培等30户诉洪某祝、厦门市翔安区马巷镇市头社区居民委员会侵害集体经济组织成员权益纠纷案[①]

［**基本案情**］1996年6月25日，市头居委会与同安华盛石材工艺厂签订土地租赁协议，约定将市头一组面积为六亩五分的村前坡地（东至小路、西至小路、南至洪某盾的承租地，北至渠道）出租给同安县华盛石材工艺厂，租期为20年，自1993年1月1日至2012年12月30日止，每亩每年租金为200元。该协议于1996年6月25日经马巷镇法律服务所见证。

因中国农业银行厦门市同安支行马巷分理处诉同安华盛石材工艺厂、同安瑞发粮油企业借款纠纷一案，经厦门市同安区人民法院裁定，将被执行人同安华盛石材工艺厂原承租址在马巷镇市头村前面积为六亩五分地的厂房（无设备）进行转租，租期自2000年3月13日起至2012年12月30日止，租金为36 000元。

2000年6月6日，市头居委会委托时任市头一组小组长的洪某场与被告洪某祝签订土地出租协议，约定将位于市头一组前的六亩五分坡地（东至小路、西至小路、南至洪某盾的承租地、北至渠道）出租给洪某祝兴办企业，租期为30年，自2000年12月30日至2030年12月30日；同时约定租金及其支付方式为：（1）由于洪某祝通过法院执行现已取得该土地12年的使用权（自2000年3月13日至2012年12月30日）且租金已交清，共36 000元；（2）自2012年12月30日至2030年12月30日共18年的租金为每亩每年200元，每年共计1300元，18年租金总额共计23 400元；（3）洪某祝必须在本合同签订之日内向市头居委会一次性交清后18年租金23 400元。上述协议于2000年6月8日经厦门市马巷镇法律服务所见证。

2000年6月16日，市头居委会与厦门美石通建材有限公司签订厦门市生

---

① 《洪某培等30户诉洪某祝、厦门市翔安区马巷镇市头社区居民委员会侵害集体经济组织成员权益纠纷案》，载北大法宝网，https://www.pkulaw.com，最后访问时间：2023年8月28日。

产经营场所租赁合同，约定市头居委会将讼争地块上的厂房、办公楼出租给厦门美石通建材有限公司，租期为12年，出租方自2000年7月1日起将出租房屋交付承租方使用，至2012年7月1日收回；租金为每年3000元，租赁期限内的租金为36 000元，且租赁合同签订之后1个月内全部付给出租方。后厦门市同安区马巷镇经济联合社也在该合同上盖章确认。该协议亦在厦门市同安区经济贸易发展局备案。

2012年10月27日，市头一组召开户主代表会议，对是否同意原市头居委会将上述地块出租给洪某祝及是否解除2000年6月6日原市头居委会与洪某祝签订的土地出租协议进行表决，共有4名小组村民代表及包括上述4名代表在内的37名户主在会议纪要上签名表示不同意原市头居委会将上述地块出租给洪某祝，并要求解除2000年6月6日原市头居委会与洪某祝签订的土地出租协议。市头居委会在上述会议纪要上盖章确认情况属实。2012年12月8日，市头一组召开会议，推举洪某培、洪某长和洪某勇为诉讼代表人。

另查明：原告清单中的洪某生并非户主，且已去世。洪某祝原系马巷镇供销社员工，于2004年9月22日因夫妻投靠，将其户籍由马巷镇××路75号迁至马巷镇××村南路177号。

本案诉争焦点在于：一是原告洪某培等30余户的诉讼主体是否适格？二是被告市头居委会与洪某祝签订于2000年6月6日的土地出租协议是否具有可撤销事由？

一审法院裁决：对于第一个争议焦点，洪某培等30余户起诉请求撤销洪某培与市头居委会签订的土地租赁协议并未违反法律规定，其诉讼主体适格。法律依据为2007年《物权法》第63条[①]。

对于第二个争议焦点，法院分析如下：第一，从讼争土地出租协议的签订程序来看，土地出租涉及村民利益，应经村民会议讨论决定方可办理。但市头居委会在答辩中确认，现任社区两委成员对洪某祝与市头居委会签订的土地出租协议均不知情，也未发现原两委成员有任何相关会议纪要，且无法提供村民会议或村民代表会议纪录；同时，洪某祝未能举证证明讼争协议的签订已经村民会议讨论决定。因此，洪某祝与市头居委会签订的土地出租协议未经法定程序。第二，从租金数额来看，厦门市同安区人民法院裁定2000

① 对应《民法典》第265条。

年3月13日至2012年12月30日共12年的租金为36 000元，即每亩每年434元。洪某祝与市头居委会所签协议中对该时段租金的约定与上述裁定一致，但对2012年12月30日至2030年12月30日共18年的租金约定为每亩每年200元，即18年的租金总额共计23 400元。因此，后18年租金相比前12年租金大幅降低，均价不到前12年的一半，有违常理。同时，市头居委会亦在答辩中称目前同类地块租金是讼争协议约定租金的几十倍。由此可以认定，洪某祝与原市头居委会约定的后18年租金偏低，严重侵害了市头一组集体经济组织成员权益。第三，从协议签订时间来看，洪某祝与市头居委会签订土地出租协议之时，明知法院已裁定将讼争土地上的厂房进行转租，双方却还签订了土地出租协议。第四，从当事人关系来看，时任市头居委会主任的陈某模系洪某祝的姐夫，市头一组小组长即讼争协议的出租方受托人洪某场与洪某祝系兄弟关系。

［**法院裁判**］一审法院认为，洪某祝与市头居委会签订土地出租协议时并非善意和等价有偿，严重侵害了市头一组集体经济组织成员的合法权益，故应予撤销。

二审法院经审判作出裁决：洪某祝的上诉理由不能成立，上诉请求应予驳回。原审判决正确，应予维持。

［**裁判评析**］本案关于农村集体成员诉权和农村重大事项决策权的案例，历经两审，两审法院裁决结果一致，本案涉及的与现行法律有关的法律有《民法典》第261条、第265条和《村民委员会组织法》第22条相关规定。

本案诉争焦点有两个：一是原告是否适格；二是未召开村民会议的决议是否可以撤销。前者只要符合《民法典》第261条和第265条规定的“村民委员会的决策侵犯了集体成员权益”即可，无须按照《村民委员会组织法》规定的“必须达到法定比例才能提起诉讼”。理由是，按照《村民委员会组织法》第24条的规定，提起诉讼并不是村民共同决议事项。故此，只要属于该村村民，均可提起诉讼。

后者未召开村民会议而作出的决议是否有效。主要判决未召开村民会议的决议是否显失公平，进而损害村民合法权益。首先按照《村民委员会组织法》第24条和《民法典》第261条规定，涉及集体财产承包需要农村集体成员集体决策，而本案的承包决策并没有进行集体决策，其次村民委员会作出的承包价格明显低于市场价，侵害集体成员合法权益的，因此，受侵害的集体成员可以请求人民法院予以撤销。

4. 法律风险防范

农村集体成员的诉权需要注意的是，农村集体成员与村民范围不同。按照《村民委员会组织法》第13条规定，村民主要有三种类型：一是户籍在本村并且在本村居住的村民；二是户籍在本村，不在本村居住，本人表示参加选举的村民；三是户籍不在本村，在本村居住1年以上，本人申请参加选举，并且经村民会议或者村民代表会议同意参加选举的村民。截至目前，我国没有法律对农村集体成员资格作出统一规定，一般认为拥有本村户籍的为农村集体经济组织成员。因此，只有本村户籍的农民具有集体经济成员诉权。

在适用《民法典》第265条时需要注意，只有农村集体经济组织、村民委员会或者其负责人侵害集体成员个人合法权益时，受侵害的集体成员可以向人民法院提出撤销申请。

二、城镇集体成员权

城镇集体所有制是劳动群众集体所有制经济的重要形式之一，城镇集体所有制与农村集体所有权一样，都是劳动群众集体所有制经济的重要形式，我国《宪法》第8条第2款对城镇集体所有制经济作出了规定，即城镇中的手工业、工业、建筑业、运输业、商业、服务业等行业的各种形式的合作经济，都是社会主义劳动群众集体所有制经济。

（一）相关法条

1.《中华人民共和国民法典》（2020年5月28日）

第二百六十条 集体所有的不动产和动产包括：

（一）法律规定属于集体所有的土地和森林、山岭、草原、荒地、滩涂；

（二）集体所有的建筑物、生产设施、农田水利设施；

（三）集体所有的教育、科学、文化、卫生、体育等设施；

（四）集体所有的其他不动产和动产。

第二百六十一条 农民集体所有的不动产和动产，属于本集体成员集体所有。

下列事项应当依照法定程序经本集体成员决定：

……

（四）集体出资的企业的所有权变动等事项。

第二百六十三条 城镇集体所有的不动产和动产，依照法律、行政法规的规定由本集体享有占有、使用、收益和处分的权利。

第二百六十五条 集体所有的财产受法律保护，禁止任何组织或者个人侵占、哄抢、私分、破坏。

农村集体经济组织、村民委员会或者其负责人作出的决定侵害集体成员合法权益的，受侵害的集体成员可以请求人民法院予以撤销。

2.《中华人民共和国城镇集体所有制企业条例》（2016 年 2 月 6 日）

第四条第一款 城镇集体所有制企业（以下简称集体企业）是财产属于劳动群众集体所有、实行共同劳动、在分配方式上以按劳分配为主体的社会主义经济组织。

第五条第一款 集体企业应当遵循的原则是：自愿组织、自筹资金，独立核算、自负盈亏，自主经营、民主管理，集体积累、自主支配，按劳分配、入股分红。

（二）要旨释义

《民法典》第 263 条完全沿袭了原《物权法》第 61 条的规定。此条款为定义性条款，明确规定了城镇集体所有权的客体范围和内容。城镇集体是城镇社区或者经济组织的居民或者劳动群众，为了实现自我服务解决成员在生活、生产、就业等方面的困难，共同拥有生产资料，而形成的集体组织。

城镇集体所有权是城镇集体所有制的法律实现形式，也是我国《民法典》中规定的集体所有权的一种类型。从我国发展经济历史来看，虽然城镇集体所有制经济在我国社会主义经济建设中发挥了重要作用，但随着社会主义市场经济的发展，很多城镇集体所有制企业按照现代企业制度的要求进行改制，导致城镇集体所有权及其成员权的认定变得更加复杂且困难。2016 年修订的《城镇集体所有制企业条例》第 4 条规定对城镇集体所有制企业内涵作出界定。城镇集体所有制企业，是财产属于劳动群众集体所有、实行共同劳动、在分配方式上以按劳分配为主体的社会主义经济组织。其中，劳动群众集体所有的判断标准主要表现在三个方面：一是本企业劳动群众集体所有；二是集体企业的联合经济组织范围内的劳动群众集体所有；三是劳动群众集体所有的财产占主导地位，这个主导地位是指劳动群众集体所有的财产不低于 51%，特殊情况经过原审批部门批准，可以适当降低。

集体企业的职工是企业的主人，依照法律、法规和集体企业章程行使管理企业的权力。集体企业依法实行民主管理。其中，职工（代表）大会是集体企业的权力机关，由其选举和罢免企业管理人员，决定经营管理的重大问题。

（三）典型案例

城镇集体成员诉权——洪某培等30户诉洪某祝、厦门市翔安区马巷镇市头社区居民委员会侵害集体经济组织成员权益纠纷案[①]

［**基本案情**］1996年，炎陵县乡镇企业供销公司（1997年被吊销，现成立清算小组）通过建设工程规划许可审批，将其拥有产权的仓库改建成商业门面，该门面没有办理房屋所有权证。为完善门面管理和养老统筹金的正常上缴，根据炎陵县乡企局与炎陵县乡镇企业供销公司的会议决议，炎陵县乡企局与炎陵县乡镇企业供销公司参与集资的职工签订了《公司职工门面使用协议》。该协议主要约定“乙方上交集资款7000元，暂定使用三年，乙方退休、调动时退回门面，甲方需退还乙方集资款。”参与出资的职工通过抽签方式决定门面的位置。被告唐某平抽签的门面为炎陵县乡镇企业供销公司由北向南的3号门面。之后，部分获得门面的职工在退休后将门面转交本单位未退休职工。1996年12月，被告唐某平出资7000元，用于公司门面改造，获得了门面使用权，约定使用期3年。1997年，被告唐某平开始将门面出租收取租金。2015年9月，被告唐某平退休，但继续将门面出租给被告刘某艳收取租金。2018年6月4日，经炎陵县农业局同意，成立了炎陵县乡镇企业供销公司清算小组。清算小组要求收回门面，被告唐某平拒绝并仍将门面出租给被告刘某艳获取租金收益。本案的争议问题：一是本案是否已过诉讼时效。二是原告炎陵县乡镇企业供销公司清算小组是否具有诉讼主体资格。三是唐某平与刘某艳之间的租赁合同是否有效。

［**法院裁判**］法院裁决认为，一是本案为确认之诉，不适用诉讼时效规定，不存在超过诉讼时效的问题；二是提起诉讼的清算小组，其前身为炎陵县乡镇企业供销公司，经炎陵县农业局批准后成立了炎陵县乡镇企业供销公司清算小组，具有主体资格；三是被告唐某平于2015年9月退休，安置政策即已完成，之后被告唐某平仍将门面出租给被告刘某艳，其行为已侵

① 《洪某培等30户诉洪某祝、厦门市翔安区马巷镇市头社区居民委员会侵害集体经济组织成员权益纠纷案》，载北大法宝网，https://www.pkulaw.com，最后访问时间：2023年8月28日。

占了集体所有的财产，违反了法律的强制性规定。根据《民法典》第153条规定，“违反法律、行政法规的强制性规定的民事法律行为无效”。清算小组作为原告确认被告唐某平与被告刘某艳之间的租赁合同无效，人民法院应予支持。

［**裁判评析**］这个案例属于典型的城镇集体经济案例，年限跨度比较长，期间涉及多部法律的修订，主要涉及《民法典》第153条、第169条、第263条和第265条，《城镇集体所有制企业条例》第18条和第19条，以及《最高人民法院关于审理民事案件适用诉讼时效制度若干问题的规定》第1条[①]的相关规定。当事人可以对债权请求权提出诉讼时效抗辩，但对下列债权请求权提出诉讼时效抗辩的，人民法院不予支持：支付存款本金及利息请求权；兑付国债、金融债券以及向不特定对象发行的企业债券本息请求权；基于投资关系产生的缴付出资请求权；其他依法不适用诉讼时效规定的债权请求权。

本案涉及是否已过诉讼时效、企业清算小组是否具有原告资格，以及唐某平出租合同效力问题。本书观点略有不同。

首先，本案属于确认之诉，不适用诉讼时效。而本书认为本案属于返还之诉，既能适用诉讼时效，也没有超过法定诉讼时效。理由如下：一是清算小组要求唐某平返还2015年9月退休后的租金，且清算小组于2018年成立，按照《民法典》第188条规定，诉讼时效从权利人知道或者应当知道权利受到损害之日计算。因此，清算小组提出诉讼并没有超过诉讼时效。

其次，清算小组诉讼主体资格，虽然集体企业与公司属于两种法律主体形式，但本案中的集体企业进行了公司化改制，按照《公司法》第184条规定，清算组具有代表公司参与民事诉讼活动的职权。因此，清算小组具有诉讼主体资格。简言之，清算小组的诉讼主体资格并非因为行政审批而获得，而是依据《公司法》的规定而取得。

最后，合同效力问题。因为唐某平于2015年9月退休，按照退休职工安置预案协议，唐某平要将其占有的房屋返还。进而，此房屋属于企业集体所

---

① 《最高人民法院关于审理民事案件适用诉讼时效制度若干问题的规定》第1条规定：“当事人可以对债权请求权提出诉讼时效抗辩，但对下列债权请求权提出诉讼时效抗辩的，人民法院不予支持：（一）支付存款本金及利息请求权；（二）兑付国债、金融债券以及向不特定对象发行的企业债券本息请求权；（三）基于投资关系产生的缴付出资请求权；（四）其他依法不适用诉讼时效规定的债权请求权。”

有财产。根据《民法典》第263条和第265条规定，城镇集体所有的不动产和动产，依照法律、行政法规的规定由本集体享有、使用、收益和处分的权利，禁止任何组织或者个人侵占、哄抢、私分、破坏。因此，唐某平在退休后，占有门面且出租的行为属于违反法律强制性规定的无效民事法律行为。

（四）法律风险防范

城镇集体所有权的主体属性认定注意事项。城镇集体所有权的主体属于《民法典》第100条规定的城镇合作经济组织，属于特别法人。因此，适用于特别法人的相关规定。城镇集体所有权是集体所有、集体管理、集体经营，只能由城镇集体行使城镇集体所有权，而不能由个别集体成员独断专行。

随着社会主义市场经济的发展，城镇集体所有制也向多元化发展，如股份制、股份合作制、合伙制、合作基金制等形式。因此，城镇集体所有权认定比较复杂，如果城镇集体所有制企业已经改制为营利性法人或非法人组织的个人独资企业、合伙企业，则改制后的城镇集体所有制企业不再是《民法典》第100条所称的城镇集体，应按照《公司法》《合伙企业法》等法律规定进行规范。

第三节 遗失物纠纷

遗失物是由于物的所有人遗忘而丧失了控制和占有，并且没有明确占有人的物。遗失物仅限于动产，学界将其称为占有脱离物。"占有脱离"包含主观与客观两方面含义：客观方面，原权利人对特定动产丧失了控制、管领之力，既不享有直接占有，亦丧失对该物的间接占有；主观方面，占有与本权之脱离，并非原权利人的主观意愿，区别于委托、寄存之脱离原因，故遗失物与盗赃（失窃物）并称为占有脱离物。[①] 拾得人之拾得行为，是指发现他人遗失物而占有之事实行为，发现系指认识物之存在，占有系对标的物之事实上支配管领力。[②]《民法典》继续沿袭原《民法通则》关于找不到失主遗失物

① 江平：《中国物权法教程》，知识产权出版社2007年版，第23页。

② 谢在全：《民法物权论》（上册），中国政法大学出版社2011年版，第289页。

归属的规定，即找不到失主的遗失物一律归国家所有。

一、相关法条

《中华人民共和国民法典》（2020年5月28日）

第三百一十二条 所有权人或者其他权利人有权追回遗失物。该遗失物通过转让被他人占有的，权利人有权向无处分权人请求损害赔偿，或者自知道或者应当知道受让人之日起二年内向受让人请求返还原物；但是，受让人通过拍卖或者向具有经营资格的经营者购得该遗失物的，权利人请求返还原物时应当支付受让人所付的费用。权利人向受让人支付所付费用后，有权向无处分权人追偿。

第三百一十四条 拾得遗失物，应当返还权利人。拾得人应当及时通知权利人领取，或者送交公安等有关部门。

第三百一十五条 有关部门收到遗失物，知道权利人的，应当及时通知其领取；不知道的，应当及时发布招领公告。

第三百一十六条 拾得人在遗失物送交有关部门前，有关部门在遗失物被领取前，应当妥善保管遗失物。因故意或者重大过失致使遗失物毁损、灭失的，应当承担民事责任。

第三百一十七条 权利人领取遗失物时，应当向拾得人或者有关部门支付保管遗失物等支出的必要费用。

权利人悬赏寻找遗失物的，领取遗失物时应当按照承诺履行义务。

拾得人侵占遗失物的，无权请求保管遗失物等支出的费用，也无权请求权利人按照承诺履行义务。

第三百一十八条 遗失物自发布招领公告之日起一年内无人认领的，归国家所有。

二、要旨释义

（一）所有权人或其他权利人请求追回遗失物或损害赔偿的规范解释

所有权人或其他权利人行使请求追回遗失物或损害赔偿的权利，主要规定在《民法典》第312条。该条规定了两种对失主救济的方式：一是所有权人或者其他权利人向拾得人等无处分权人请求追回遗失物；二是在拾得人等无处分权人将遗失物转让给他人时，所有权人或者其他权利人可以向无处分权人请求损害赔偿，也可以在法定期间内向受让人请求返还原物，在受让人通过拍卖或者向具有经营资格的经营者购得该遗失物的情况下，还需向受让人补偿其所支付的费用。享有追回遗失物权利的主体有两类：一类是所有权人，即对遗失物享有占有、使用、收益和处分四项权能的人；另一类是虽不完全享有四项权能，但至少享有占有权的权利人。按照动产物权的公示公信原则，可推定占有人为物的所有权人。物被遗失后，占有人与所有权人一样享有损害赔偿请求权或返还原物请求权。损害赔偿请求权的基础是无处分权人擅自处分他人物的侵权行为，返还原物请求权的基础是占有脱离物的原所有权人选择返还原物，且自知道或者应当知道受让人之日起不超过两年时间。一般认为，货币或者无记名有价证券不属于能够追回的遗失物。因为货币或无记名有价证券被遗失时，原所有权人就丧失了所有权，即丧失了请求受让人返还原物的基础，此时只能向无处分权人请求损害赔偿。此外，如果受让人是从拍卖机构或者其他有经营资格的经营者处购得遗失物，因受让人对受让物是遗失物并不知情，因此法律规定权利人在请求返还原物时，应支付受让人所支付的费用。此费用的产生源于无处分权人的违法行为，故权利人可就此费用向无处分权人追偿。对《民法典》第 312 条分析可知，当权利人选择向无处分权人请求损害赔偿的情况下，或者自权利人知道或者应当知道受让人之日起满两年未请求返还物的，应认为受让人取得该遗失物的所有权。

（二）遗失物的返还、送交、发布招领公告的规范解释

遗失是一种非基于权利人意思而丧失占有的事实行为。拾得遗失物，是指拾得人发现遗失物并占有的事实。《民法典》第 314 条规定：“拾得遗失物，应当返还权利人。拾得人应当及时通知权利人领取，或者送交公安等有关部门。”这一规定将传统的道德规范上升为法律条文，要求拾得人履行将拾得物交还给失主的义务，在拾得人知道权利人是谁的情况下，应当及时通知权利人领取；若找不到失主的、也不知权利人是谁的情况下，如果有更方便找到失主的部门，可交由该部门返还给失主，如果没有，可交由公安机关寻找失主并予以返还。

《民法典》第 315 条规定的有关部门，是指最有可能找到失主的部门。比如，在某车站拾得遗失物的，拾得人可以将拾得物交给车站的管理部门，该

部门可以及时通过管理系统或传播媒介寻找失主，以便高效、及时地将遗失物返还给失主。《民法典》第315条规定的有关部门当然包括公安机关。在没有更方便寻找失主部门的情况下，最好的选择就是将拾得物交给公安机关。公安机关具有侦查设施和手段，能更快速地找到失主或在更大的范围发布招领公告，以便将遗失物返还给权利人。《民法典》第315条所谓“及时”，是指不耽误、不迟延，在有关部门正常工作秩序不受影响的情况下，尽早通知或发布招领公告。招领公告的方式不应拘泥于某种形式，可以为网络平台公告、通过报刊杂志发布公告、语音播报公告、在公共场所张贴公告等方式。公告的内容，原则上应当包括遗失物的品名、拾得的时间地点、遗失物的外部特征、遗失物保管的费用、1年公告期满无人认领的法律后果、认领的地点、公告的发布者、联系人、联系方式等。

（三）遗失物保管的规范解释

《民法典》第316条是关于拾得人及有关部门保管义务的规定。从拾得遗失物之时至返还权利人或送交给有关部门之日，拾得人负有妥善保管义务；从接受拾得人送交遗失物之时到将遗失物（包括变现之后）上缴国库或者权利人领取遗失物之日，有关部门负有妥善保管义务。妥善保管的义务，在诸如无因管理、提存、仓储保管等合同中比较常见，是指义务人应当按照物的特性采取相应的合理方式和途径进行保管，防止发生物的毁损、灭失。如果遗失物是鲜活物或其他不宜保存的物时，如何保管？《提存公证规则》第19条规定：“公证处有保管提存标的物的权利和义务。公证处应当采取适当的方法妥善保管提存标的，以防毁损、变质或灭失。对不宜保存的、提存受领人到期不领取或超过保管期限的提存物品，公证处可以拍卖，保存其价款。”这一法律规定可以理解为此处对遗失物可以作为对妥善保管的解释。拾得人往往是自然人个人，因其不存在监督机制，原则上不应允许拾得人处置不宜保管的遗失物。有关部门可以对遗失物是否不宜保管作出客观的判断，并在此基础上对遗失物进行公正变现，以保证失主的权利不受损害。所以，在遗失物为鲜活物或其他不宜保存的物时，允许公安机关等部门拍卖、变卖不宜保管的遗失物，保管现金，用来返还权利人，最大限度地保护权利人的合法权益。法律之所以规定只有当拾得人及有关部门系因故意或重大过失导致遗失物毁损、灭失时才承担民事责任，是因为拾得遗失物是一种事实行为，是与拾得人主观意愿无关的一种客观事实。拾得人及有关部门妥善保管遗失物并想方设法返还权利人，是值得肯定的一种积极社会行为，所以对拾得人及有关部门妥善保管义务的规定不宜过分苛责。若因一般过失导致遗失物损毁、灭失的，拾得人及有关部门不应承担民事责任。

（四）遗失物保管费用条文的解释

《民法典》第317条是关于遗失物保管费用的规定。拾得人或有关部门在履行保管或者保存法定义务时，通常会产生一定的费用。同时，拾得人或有关部门在寻找权利人或者发布招领公告时，也必然会产生一定的费用。这些费用均是为了维护权利人合法权益的支出，故权利人在领取遗失物时理应向拾得人或者有关部门支付前述费用。拾得人或有关部门享有上述费用的偿还请求权。依法理，如果领取人拒不支付上述费用，拾得人或有关部门可以留置遗失物，经过一定期间，权利人仍拒绝支付上述费用的，可以将留置物拍卖或变卖并就拍卖或变卖所得优先受偿所付出的保管费等费用。《民法典》第317条中“必要费用”，指的是为妥善保管遗失物、寻找权利人、发布招领公告应当支付的合理费用，即按客观的市场价格计算的费用。在判断是否必要的问题上，不可对拾得人或有关部门过于苛责。一般情况下，应充分信任拾得人及有关部门所付出的遗失物保管等费用是合理的、必要的。当然如有充分证据证明拾得人或有关部门故意支付不合理费用，造成权利人损失的，支付超出合理费用以外的费用，领取人可以拒绝负担。

权利人发布悬赏公告寻找遗失物，承诺若遗失物找到，给拾得人一定金钱或报酬的，应当除支付保管遗失物等必要费用外，兑现自己的承诺。《民法典》第499条规定：“悬赏人以公开方式声明对完成特定行为的人支付报酬的，完成该行为的人可以请求其支付。”据此规定，只要悬赏广告不构成无效或者依法被撤销，拾得人就有权得到悬赏广告中规定的报酬。

但如果拾得人拾得遗失物后的动机是据为己有，那么即便其尽到妥善保管的义务并为此支付了必要的费用，但因其并非为权利人的利益，而是为了谋取不法私利，故在拾得人被追索交出遗失物的情况下，其丧失遗失物保管费用请求权。如果权利人悬赏寻找遗失物，拾得人起初并不愿意交出遗失物，嗣后迫于法律责任的压力等原因被动交出遗失物的，也丧失请求权利人按照悬赏广告支付报酬的权利。

（五）公告期满无人认领的遗失物归属条文的解释

《民法典》第 318 条是对最终找不到失主的遗失物归属的规定。在拾得遗失物后不能找到失主，也无人来认领遗失物的情况下，应依法及时发布招领公告，如果自招领公告发布之日起 1 年无人认领的，遗失物归国家所有。原《物权法》第 113 条规定："遗失物自发布招领公告之日起六个月内无人认领的，归国家所有。"而《民法典》第 318 条规将 6 个月改为 1 年，延长了公告期，这实质上是延长了对权利人权利的保护期，体现立法加大了对私权利保护的力度。

三、典型案例

（一）江某 1、蒋某龙返还原物纠纷案[①]

［**基本案情**］蒋某龙于 2018 年 8 月 15 日在大上海钟表珠宝（香港）有限公司购买一只宝柏男装表，发票载明：手表型为 6654-3642-55B，编码为 2385，价格为港币 205 500 元。2020 年 8 月 30 日 15 时 20 分，蒋某龙向长沙市公安局芙蓉分局五里牌派出所报案称，其在长沙市餐厅就餐时发现自己佩戴的手表遗失，价值 20 余万元。派出所工作人员立即调取了安装在餐厅两个不同角度的监控录像视频，确定拾得手表的人为江某 1，并与江某 1 电话联系询问相关情况，江某 1 认可其在阿波罗商业广场休息区的按摩椅上拾得一块手表的事实，并陈述其将拾得的手表卖给了他人，得款 70 000 元。后江某 1 将其所得的 70 000 元支付给了蒋某龙，但不同意再对蒋某龙进行赔偿，双方协商未果后，蒋某龙向岳阳市岳阳楼区人民法院提起诉讼。蒋某龙在与江某 1 协商过程中，江某 1 提供了买表人的转款记录截屏，显示："收入 70 000 元""交易地点／附言 宝铂手表款""交易时间 2020.08.31 14：26：55""对方账户 6217 ＊＊＊ 6793 江某 2"。经网络查询，2018 年 8 月 15 日，港币对人民币汇率为：1 港元＝ 0.8783 人民币。据此可知，205 500 港元折合人民币为 180 491 元。

［**法院裁判**］根据长沙阿波罗商业广场餐厅的监控录像视频和江某 1 的自认，可以认定江某 1 拾得的手表是蒋某龙所遗失。拾得遗失物者负有通知或

① 参见湖南省岳阳市中级人民法院（2021）湘 06 民终 3464 号民事判决书。

移交公安等部门的义务。但江某1却未履行上述义务，而是将遗失物出卖给他人，其行为违反法律规定。2007年《物权法》第111条[①]规定："拾得人在遗失物送交有关部门前，有关部门在遗失物被领取前，应当妥善保管遗失物。因故意或者重大过失致使遗失物毁损、灭失的，应当承担民事责任。"江某1违反了上述法律规定，将遗失物出卖给他人，造成遗失物灭失不能追回，对蒋某龙构成侵权，应当承担赔偿责任。关于手表的价格，蒋某龙提交了购买手表的发票，对此予以采信，并认定手表购买时的价格为205 500港币，按当时的汇率，折合人民币为180 491元。鉴于手表遗失时，已使用两年，故应考虑正常折旧。酌情认定手表遗失时的价格按购买价的90%计算，即162 442元。岳阳市岳阳楼区人民法院判决：由江某1赔偿蒋某龙手表价款162 442元，扣减其已经支付的70 000元，还应赔偿92 442元。江某1不服一审判决，向岳阳市中级人民法院上诉，二审法院判决驳回上诉，维持原判。

［**裁判评析**］一审前，江某1自愿返还自己出卖遗失物手表所得的70 000元，一审判决江某1还应偿还其变卖款与手表实际价格之间的差价92 442元，二审维持了一审判决。法院判决的理由是遗失物的拾得人依法负有妥善保管遗失物的义务，并且有义务将遗失物返还给失主。如果拾得人基于故意或重大过失致使遗失物毁损、灭失的，应当承担民事责任。本案中拾得人江某1拾得他人的手表后，并非妥善保管且未返还给失主或送交有关部门或公安机关，而是为谋取自己的私利将手表卖给他人，其主观上是基于故意将遗失物转让给第三方。在这种情况下，根据《民法典》第312条的规定，权利人蒋某龙有权向江某1请求损害赔偿，或者在知道或者应当知道受让人（江某2）之日起两年内向受让人请求返还原物。本案中，蒋某龙选择了前者，其请求依法应当予以支持。但在适用法律条文上，应当适用的并非2007年《物权法》第111条，而是第107条[②]。

（二）齐某华与金某翔遗失物返还纠纷案[③]

［**基本案情**］2021年4月29日20时，金某翔在望京地铁站下车时，将

① 对应《民法典》第316条。

② 对应《民法典》第312条。

③ 参见北京市第三中级人民法院（2021）京03民终19333号民事判决书。

随身携带的手机遗落在座位上。齐某华乘本次地铁时发现并捡拾了金某翔遗失的手机。金某翔发现手机遗落后，在望京地铁站警务室报警。公安民警接警后进行调查，发现金某翔遗失的手机被齐某华捡拾，经与齐某华联系，齐某华确认捡拾物为手机，但称已遗失。金某翔委托诉讼代理人杨某婷提交杭州颐高数码科技市场新霞数码商行开具的收款收据、浙江通用（电子）发票，证明其遗失的手机品牌是华为 MateXs 折叠屏手机，购买日期是 2021 年 3 月 30 日，价格为 16 988 元。

［**法院裁判**］一审法院认为，拾得遗失物，应当返还权利人，或者送交公安等有关部门。因故意或者重大过失致使遗失物毁损、灭失的，应当承担民事责任。齐某华向一审法院递交的情况说明中，确认捡拾物为手机，但又以无兴趣查看为由，否认捡拾袋子内的手机是金某翔主张的华为折叠屏手机，其辩解理由，一审法院不予采信。金某翔购买手机不足一个月丢失，其主张全额赔偿，符合事实与法律规定，一审法院予以支持。北京市朝阳区人民法院判决：齐某华于判决生效之日起 10 日内赔偿金某翔 16 988 元。齐某华不服一审判决，向北京市第三中级人民法院上诉，二审法院认为，拾得遗失物，应当返还权利人，或者送交公安等有关部门。因故意或者重大过失致使遗失物毁损、灭失的，应当承担民事责任。齐某华在一审中称捡拾物为手机，但又以无兴趣查看为由，否认捡拾袋子内的手机是金某翔主张的华为折叠屏手机，其辩解理由前后矛盾，且与常理不符，法院不予采信。现金某翔提交购买收据、发票等证据用以证明其购买手机的费用，齐某华虽在上诉意见中主张涉案手机应为二手机，但其提供的现有证据不足以证明其主张内容成立，亦不足以据此推断金某翔购买手机的实际支出数额远低于收据载明价格。综合本案现有情况，金某翔主张相应赔偿内容具有充分依据，一审法院予以支持并无不当，齐某华的上诉意见无事实及法律依据。判决：驳回上诉，维持原判。

［**裁判评析**］本案是关于拾得人违反保管义务的法律责任的案例。齐某华拾得金某翔的手机后不慎又丢失，一审、二审法院均认为齐某华的行为属于故意或重大过失致使遗失物毁损、灭失，应当承担民事责任。故判决齐某华原价赔偿金某翔手机购机款。齐某华拾得他人手机后，应当妥善保管、寻找失主，或者第一时间将手机交给公安机关以找寻失主。本案中齐某华并没有将手机交给公安机关，也没有积极地去寻找失主，并且再次丢失了手机。对这种再次丢失手机的行为，不能认定其主观上有故意，而只能认定其有重大

过失。因重大过失导致遗失物毁损、灭失的，应当承担赔偿责任，故一审、二审判决认定事实清楚，适用法律正确。法院之所以认定齐某华具有可非难之处关键在于："金某翔发现手机遗落后，在望京地铁站警务室报警。公安民警接警后进行调查，发现金某翔遗失的手机被齐某华捡拾，经与齐某华联系，齐某华确认捡拾物为手机，但称已遗失。"如果齐某华是在积极寻找失主的过程中，或者是在将手机送交公安机关的路途中手机再次丢失，不宜判决其承担全额赔偿责任。

四、法律风险防范

根据遗失物的相关法律规定，拾得遗失物后，既不可以将其据为己有，也不可以将遗失物转让牟利，而应当将遗失物交还给失主，且在交还失主或送交有关部门或公安机关前，务必要妥善保管遗失物。在没有悬赏广告的情况下，拾得人在将遗失物交还失主时不得索要报酬。如果出现上述行为，可能会面临以下法律风险：第一，侵占遗失物，拾得人将丧失对失主请求必要费用的权利。第二，侵占遗失物，拾得人将丧失失主以悬赏广告承诺给付报酬的请求权。第三，如果拾得人以交还遗失物为条件，向失主强行索要一定金额的报酬，并言明，如不支付报酬就拒不返还遗失物，就有可能构成严重违法行为或敲诈勒索犯罪。第四，拾得遗失物以后，如果没有尽到妥善保管义务，且基于主观上的故意或重大过失导致遗失物毁损、灭失的，拾得人要对失主承担损害赔偿责任。

此外，还需注意拒不返还遗失物可能构成侵占罪的风险。《刑法》第270条规定："将代为保管的他人财物非法占为己有，数额较大，拒不退还的，处二年以下有期徒刑、拘役或者罚金；数额巨大或者有其他严重情节的，处二年以上五年以下有期徒刑，并处罚金。将他人的遗忘物或者埋藏物非法占为已有，数额较大，拒不交出的，依照前款的规定处罚。本条罪，告诉的才处理。"关于将拾得的遗失物据为己有，数额较大，拒不退还，是否构成侵占罪，在刑法学领域和司法实践中都是有争议的。理论上一般认为，遗忘物与遗失物是不同的概念，遗失物是指所有人或者持有人因为疏忽，偶然将其持有的财物失落在某处，以致脱离了自己的控制。遗失物与遗忘物不同，遗忘物的物主一经回忆较容易找回，遗失物的物主则很难知道遗失地点且难以找回。《刑法》只规定侵占遗忘物，而未规定侵占遗失物。《民法典》规定拾得遗失物，应当归还失主。侵占遗失物拒不退还的，只能追究其民事责任。但也有学者认为，遗忘物与遗失物没有区别。甚至还有学者认为，对遗忘物应作广义理解，包括遗失物。究竟应当如何理解，还有待进一步研究。[①]有学者甚至明确指出，不应区分遗忘物与遗失物，换言之，刑法上的遗忘物概念应当包含遗失物。[②]因此，将遗失物据为己有，拒不返还，还会面临构成侵占罪的风险。

① 高铭暄、马克昌：《刑法学》，北京大学出版社、高等教育出版社2011年版，第515页。
② 张明楷：《刑法学》，法律出版社2016年版，第969页。

第三章

业主的建筑物区分所有权纠纷

《民法典》第 271 条对建筑物区分所有权进行了概括性的规定。建筑物区分所有权，是指业主对建筑物内的住宅、经营性用房等专有部分享有所有权，对专有部分以外的共有部分享有共有和共同管理的权利。根据该条文规定，建筑物区分所有权包括三部分内容：一是业主专有权，二是业主共有权，三是业主共同管理权。在这三个部分中，业主专有权是基础，业主共有权和业主共同管理权都是基于专有权而产生的。业主专有权丧失，业主共有权和共同管理权也随之丧失，业主的共有权和共同管理权不能脱离专有权而单独存在。

业主有权依法行使专有权，但业主在行使专有权时不能侵害其他业主的利益。业主共同行使共有权和共同管理权，业主通过业主大会的表决和业主委员会的决定来实现对建筑区域内事项的管理，也就是通常所说的业主自治。在地方政府部门的指导和协助下，符合条件的小区设立业主大会并选举成立业主委员会。业主大会的决议和业主委员会的决定对全体业主有效，如果业主认为业主大会的决议或者业主委员会的决定损害其合法权益的，可以申请法院予以撤销。

业主可以自行管理建筑物及其附属设施，也可以委托物业服务企业或者其他管理人管理。物业服务企业或者其他管理人根据业主的委托，按照物业服务合同的约定，管理建筑区划内的建筑物及其附属设施，接受业主的监督，并及时答复业主对物业服务情况提出的问询。如果物业服务企业或者其他管理人不按照法律规定及合同约定及时答复业主提出的问询，业主可以依法提起诉讼，要求物业服务企业或者其他管理人进行答复和公示相关事项，并可以请求复制有关材料。

业主在行使专有权、共有权和共同管理权时，都可能引起纠纷。业主专有的房屋和附属设施与其他业主的房屋和附属设施是相连和相通的，业主在行使自己的专有权时可能损害其他业主的利益，也可能被其他业主损害。例如，楼上楼下的业主经常会因为漏水、噪声等发生纠纷。业主的共有权是一个集体性权利，在产权归属上容易与建设单位和其他业主发生权属争议。例如，在地下车库车位的权属问题、会所所有权问题、地下室管理权等问题上，经常出现业主与建设单位之间的纠纷。对建筑区划内建筑物及其附属设施的管理，业主通常要聘请物业服务企业或者其他管理人。业主和物业服务企业的矛盾在很多城市小区是普遍存在的，主要表现在业主大会和业主委员会的成立及业主大会的召开和表决、业主共有收益、维修资金的筹集和使用、物业管理等。为了避免纠纷的发生及纠纷产生后能及时有效的解决，需要完善业主自治的各项制度，规范业主和业主大会及业主委员会的行为，改善物业公司的服务，协调业主及业主委员会与物业公司、地方政府部门的关系。各方共同努力，才能建设一个安宁祥和的小区，共建业主美好的生活家园。

第一节　业主专有权纠纷

建筑物区分所有权下的业主专有权与单体建筑物的所有权是有所区别的，业主对建筑物及其附属设施的专有部分享有占有、使用、收益和处分的权利，业主专有权受到他人侵害时，有权要求其承担民事责任。但业主的专有部分与其他业主的专有部分、业主的共有部分毗连，业主不能擅自改变专有部分的结构和性质，不能危及建筑物的安全，在行使专有权时不能损害其他业主的利益及业主的共同利益。业主专有权纠纷既有所有权方面的纠纷，也有使用过程中的侵权纠纷。

一、相关法条

1.《中华人民共和国民法典》（2020 年 5 月 28 日）

第二百七十一条　业主对建筑物内的住宅、经营性用房等专有部分享有所有权，对专有部分以外的共有部分享有共有和共同管理的权利。

第二百七十二条　业主对其建筑物专有部分享有占有、使用、收益和处分的权利。业主行使权利不得危及建筑物的安全，不得损害其他业主的合法权益。

第二百七十九条 业主不得违反法律、法规以及管理规约，将住宅改变为经营性用房。业主将住宅改变为经营性用房的，除遵守法律、法规以及管理规约外，应当经有利害关系的业主一致同意。

第二百八十七条 业主对建设单位、物业服务企业或者其他管理人以及其他业主侵害自己合法权益的行为，有权请求其承担民事责任。

2.《最高人民法院关于审理建筑物区分所有权纠纷案件适用法律若干问题的解释》（2020 年 12 月 29 日）

第二条 建筑区划内符合下列条件的房屋，以及车位、摊位等特定空间，应当认定为民法典第二编第六章所称的专有部分：

（一）具有构造上的独立性，能够明确区分；

（二）具有利用上的独立性，可以排他使用；

（三）能够登记成为特定业主所有权的客体。

规划上专属于特定房屋，且建设单位销售时已经根据规划列入该特定房屋买卖合同中的露台等，应当认定为前款所称的专有部分的组成部分。

本条第一款所称房屋，包括整栋建筑物。

第四条 业主基于对住宅、经营性用房等专有部分特定使用功能的合理需要，无偿利用屋顶以及与其专有部分相对应的外墙面等共有部分的，不应认定为侵权。但违反法律、法规、管理规约，损害他人合法权益的除外。

第十条 业主将住宅改变为经营性用房，未依据民法典第二百七十九条的规定经有利害关系的业主一致同意，有利害关系的业主请求排除妨害、消除危险、恢复原状或者赔偿损失的，人民法院应予支持。

将住宅改变为经营性用房的业主以多数有利害关系的业主同意其行为进行抗辩的，人民法院不予支持。

二、要旨释义

（一）业主专有部分的范围

业主专有部分一般是指可以取得产权登记的特定空间，以及虽然不能进行产权登记，但规划上属于特定房屋且依照商品房买卖合同约定属于特定业主所有的附属部分。包括房屋、车库、车位、摊位、露台、杂物间等。

1. 住宅、经营性用房。《民法典》第 271 条规定，业主对建筑物内的住宅、经营性用房等专有部分享有所有权。这是业主专有部分中最主要的部分，也就是平常我们用于居住或者经营的部分。

2. 车位、摊位等特定空间。《最高人民法院关于审理建筑物区分所有权纠纷案件具体应用法律若干问题的解释》第 2 条第 1 款规定："建筑区划内符合下列条件的房屋，以及车位、摊位等特定空间，应当认定为民法典第二编第六章所称的专有部分：（一）具有结构上的独立性，能够明确区分；（二）具有利用上的独立性，可以排他使用；（三）能够登记成为特定业主所有权的客体。"根据该款规定，能够取得不动产登记证书的车位、摊位等空间，属于取得登记证书业主专有。这类空间要认定为业主的专有部分，要同时符合上述三个条件，缺一不可。

3. 露台等组成部分。《最高人民法院关于审理建筑物区分所有权纠纷案件具体应用法律若干问题的解释》第 2 条第 2 款规定："规划上属于特定房屋，且建设单位销售时已经根据规划列入该特定房屋买卖合同中的露台等，应当认定为前款所称的专有部分的组成部分。"根据该款规定，像露台这样的空间，在规划上属于特定的房屋，在建设单位限售时也作为一个卖点对外宣传，在商品房买卖合同中也约定为特定业主所有，但这种空间依附于特定房屋，不能单独进行所有权登记，而是特定房屋的组成部分。

（二）业主专有权的行使

1. 业主对专有部分的权利及行使。《民法典》第 272 条规定业主对其建筑物专有部分享有占有、使用、收益和处分的权利，业主在建筑物区分所有权条件下取得的专有权与单体建筑的所有权，在权能上并没有实质性区别，权利人都享有占有、使用、收益和处分的权利，其区别在于在使用上应顾及其他业主的利益。

2. 业主行使专有权的限制。在建筑物区分所有权条件下的业主专有权与业主独自拥有的整栋建筑在所有权上虽然没有实质性区别，但在对专有部分的使用上是有所区别的。业主专有部分是整栋建筑的一部分，与其他业主的专有部分紧密相连，与业主的共有部分也是互相依存的。因此，《民法典》第 272 条对业主行使专有权作了限制性规定，即业主行使权利时不能改变房屋的结构和性质、不得危及建筑物的安全，不得损害其他业主的合法权益。

3. 业主对损害其利益的请求权。业主专有部分会因为其他人的行为而受到损害，业主对他人侵害其权利的行为有权请求其承担责任。《民法典》第

287 条规定了业主请求权。业主对建设单位、物业服务企业或者其他管理人以及其他业主侵害自己合法权益的行为，有权请求其承担民事责任。

三、典型案例

杨某某与张某、南阳市成城物业管理有限公司财产损害赔偿纠纷案[①]

［**基本案情**］杨某某在南阳市 ×× 路诚发都市新城 2 号楼 13 楼 2 单元房刚刚装修完工，准备搬进居住。2020 年 8 月 26 日下午，原告接到成城物业公司的通知，告知杨某某家中进水，杨某某到现场后看到满屋漏水，厨房设备全部被水浸泡。成城物业公司人员告知，查到漏水的源头，系 2 号楼本楼 19 楼 2 号水龙头没有关紧所造成的。杨某某与成城物业公司人员一起到 19 楼 2 号，现场拍照保留证据，并视频拍下漏水情况。19 楼 2 号房屋系张某所有。杨某某认为因成城物业公司未履行物业服务义务，造成其财产受到损害，应当依法承担法律责任。遂向法院提起诉讼，请求判令杨某和成城物业公司支付原告因房屋漏水损坏的财产 15 987 元，施工费用 3000 元，共计 18 987 元。

［**法院裁判**］法院经过审理认为本案为财产损害赔偿纠纷，争议焦点为原告要求二被告赔偿损失能否得到支持？二被告是否构成共同侵权？本案中，被告张某作为南阳市 ×× 路都市新城 2 号楼 19 楼 2 号房产所有人，因其房屋内水龙头未关闭是导致原告财产受损的主要和直接原因，其自身存在过错，对原告造成的财产损失应当承担赔偿责任。被告张某辩称房屋内水龙头未关闭系成城物业公司工作人员所致，对此，被告成城物业公司不予认可，被告张某又无证据对该抗辩理由予以印证，故对该抗辩理由，证据不足，法院不予采信。同样，对原告请求以成城物业公司未履行物业服务义务，造成财产受到损害，应当依法承担法律责任的请求，证据不足，法院也不予采信。原告的各项损失为 13 940 元，已经河南勤政资产评估事务所有限公司评估，对此，原被告均无异议，法院予以支持，评估费为 1500 元，系原告支出的合理费用，法院也予以支持。

法院判决如下：被告张某于本判决生效后 10 日内赔偿原告杨某某财产损失、评估费合计 15 440 元；驳回原告杨某某的其他诉讼请求。

［**裁判评析**］本案是楼上业主张某在进行房屋装修时漏水，造成楼下业主杨某某房屋受损，属于对自己专有部分使用不当造成其他业主专有部分受损

① 参见河南省南阳市宛城区人民法院（2021）豫 1302 民初 2446 号民事判决书。

的侵权纠纷。一审法院判决楼上业主张某承担赔偿责任，却没有支持原告要求物业公司承担连带责任的诉求。根据《侵权责任法》的相关规定，被侵权人请求侵权人承担连带责任时，应证明存在共同侵权行为、侵权人有过错、侵权行为与损害结果之间存在因果关系。本案原告要求物业公司承担连带责任，但不能证明物业公司对原告的损失存在过错，一审法院没有判物业公司承担责任，正是基于原告举证不能而作出的。

四、法律风险防范

实务中，业主有权依法对其专有部分行使占有、使用、收益和处分的权利，但业主在行使专有权时不能侵害其他业主的合法权益，不能危害业主的共有权和共同管理权。因此，业主在行使这些权利时，要顾及其他业主的利益和公共利益，在使用自己的专有部分时不侵害他人的权利。这就要求业主专有权的行使要受到一定的限制，避免因使用不当而产生纠纷，具体应注意以下几点：（1）按照建筑物的正常功能使用，不擅自改变专有部分的用途；（2）保护建筑物的基础、结构及安全，不危及其他人的利益；（3）保护建筑物美学上的外观，不私搭乱建；（4）保护其他住宅所有权人的安全、安静及住宅环境秩序；（5）维护善良风俗、习惯及住宅居民的作息和名誉。

第二节　业主共有权纠纷

从《民法典》第271条、第274条、第281、第282的规定来看，业主的共有权包含三部分内容：一是对建筑物及其附属设施的共有权，二是对建设用地的共有使用权，三是共有财产权。由于业主共有权内容丰富，业主共有权纠纷也有多种类型。业主共有权纠纷是一个具体案由，因维修资金、业主共有收益引起的纠纷没有具体案由规定，多数情况下被归类为物业服务纠纷、知情权纠纷。

一、建筑物及其附属设施的共有权纠纷

《民法典》第271条规定业主对专有部分以外的共有部分享有共有和共同管理的权利。这是关于业主对建筑物及其附属设施的共有权的规定，建筑区

划内的建筑物及其附属设施不能证明属于业主专有的部分，就属于业主共有，即通常所说的“非专即共”。《民法典》第274条规定建筑区划内的其他公共场所、公用设施和物业服务用房，属于业主共有，该条是对业主共有部分所有权的特别规定，把物业服务用房明确规定为业主共有，解决了物业用房所有权归属问题。实务中，因共有权归属和使用、收益发生纠纷，主要发生在业主与建设单位、物业服务企业之间，也有一部分纠纷发生在业主与其他人之间。

（一）相关法条

1.《中华人民共和国民法典》（2020年5月28日）

第二百七十一条　业主对建筑物内的住宅、经营性用房等专有部分享有所有权，对专有部分以外的共有部分享有共有和共同管理的权利。

第二百七十三条　业主对建筑物专有部分以外的共有部分，享有权利，承担义务；不得以放弃权利为由不履行义务。

业主转让建筑物内的住宅、经营性用房，其对共有部分享有的共有和共同管理的权利一并转让。

第二百七十四条　建筑区划内的其他公共场所、公用设施和物业服务用房，属于业主共有。

2.《最高人民法院关于审理建筑物区分所有权纠纷案件适用法律若干问题的解释》（2020年12月29日）

第三条第一款　除法律、行政法规规定的共有部分外，建筑区划内的以下部分，也应当认定为民法典第二编第六章所称的共有部分：

（一）建筑物的基础、承重结构、外墙、屋顶等基本结构部分，通道、楼梯、大堂等公共通行部分，消防、公共照明等附属设施、设备，避难层、设备层或者设备间等结构部分；

（二）其他不属于业主专有部分，也不属于市政公用部分或者其他权利人所有的场所及设施等。

（二）要旨释义

《民法典》第271条规定了业主对建筑物及其附属设施共有权的范围，即对专有部分以外的共有部分享有共有和共同管理的权利，也就是通常所说的“非专即共”。司法实践中，业主主张对建筑物及其附属设施的所有权时要提供证据予以证明，业主证明不了的，应推定为业主共有。《民法典》第 273 条共有两款规定：第 1 款强调共有权利和义务的一致性。业主共有权的权利和义务是一体的，享有权利并承担义务，即使放弃了权利也应该承担相应的义务，不得以放弃权利为由不履行义务。这样规定实际是在强调业主的共同义务，以便更好地维护业主的共同权利。第 2 款规定了业主专有权和业主共有权的统一性，或者说业主共有权对于业主专有权具有从属性。业主转让建筑物内的住宅、经营性用房时，其对共有部分享有的共有和共同管理的权利应一并转让，不能仅转让专有权而保留共有权。

司法实务中，因业主共有权利产生的纠纷主要表现在两个方面：一方面是所有权的纠纷，主要是业主与建设单位或其他人对于建筑物的某些部分的权属纠纷，如会所、停车位、架空层等的权属纠纷等。另一方面是使用权的纠纷，主要是物业服务企业未经业主大会表决擅自使用、出租业主的共有部分，并将收益据为己有等。

（三）典型案例

陈某某诉中国铁塔股份有限公司珠海市分公司排除妨害纠纷案[①]

［**基本案情**］陈某某居住在位于香洲区某小区某栋楼，2020 年 12 月中旬，某栋楼业主偶然发现楼顶天台公共局域无端多了几个白色大箱。后经了解该白色箱子系中国铁塔股份有限公司珠海市分公司（以下简称铁塔公司）所有的移动基站设施。铁塔公司在某栋楼顶上安置的基站未取得本栋楼房任意一住户的同意。于是陈某某及某栋楼住户向华发新城三期管理处投诉，要求拆除违法建设的移动装置。在与小区管理处的三次会面中，未达成有效共识。后经某栋过半数业主签名，要求铁塔公司无条件拆除某栋楼顶全部移动基站设备。陈某某向法院提起诉讼，请求判决铁塔公司排除妨害，无条件拆除非法安装在珠海市香洲区南屏镇华发新城某栋楼房屋顶层的电信基站。

［**法院裁判**］法院审理认为，被告铁塔公司使用某栋楼顶用于设立案涉基站需依法经业主同意。根据《最高人民法院关于审理建筑物区分所有权纠纷案件具体应用法律若干问题的解释》第 14 条“建设单位或者其他行为人擅自占用、处分业主共有部分、改变其使用功能或者进行经营性活动，权利人请

① 参见广东省珠海市香洲区人民法院（2021）粤 0402 民初 5270 号民事判决书。

求排除妨害、恢复原状、确认处分行为无效或者赔偿损失的，人民法院应予支持”规定，原告作为业主，亦是共有部分的权利人，请求被告铁塔公司排除妨害，拆除被告安装的基站设备，理据充分，法院予以支持。一审法院判决如下：被告铁塔公司于本判决发生法律效力之日起30日内排除妨害、拆除设置于珠海市香洲区南屏镇华发新城某栋房屋顶层的电信基站。

［**裁判评析**］该案件系侵犯业主共有权的纠纷。业主对建筑物的共有部分拥有共有权，他人侵犯业主共有权时，业主可以要求停止侵害、排除妨碍，造成损失的还要赔偿损失。他人要使用业主共有的建筑物及其附属设施时，要征得法定比例的业主同意，未经符合法定条件的业主同意而擅自使用业主共有的建筑物，就构成侵权。因此，本案的争议焦点在于，被告铁塔公司珠海市分公司在某栋楼顶放置通信基站设备是否应当经过业主表决同意。由于被告没有证据能够证明其使用案涉建筑物经过相关业主同意，而原告提供了“双过半”的业主均不同意被告使用共同的房屋顶层放置电信基站的证据，被告的侵权有事实依据，法院依法判决支持了原告的诉讼请求。

（四）法律风险防范

业主对共同部分所有权的保护属于业主共同表决事项，需要经过业主大会的表决，由业主委员会负责实施。但实务中，很多小区并没有成立业主委员会和业主大会；有些小区虽然已经成立了业主大会和业主委员会，但运行并不顺畅，不能正常履行职责。为避免他人侵害业主共有权，要完善业主自治组织，加强对业主共有权保护的力度，调动业主保护共有权的积极性，在共有权受到侵害时及时采取保护措施。

首先，要完善业主自治机构。在小区里成立业主大会和业主委员会，依法对业主共同决定事项进行表决，避免物业服务企业、建设单位及其他业主擅自使用、出租业主的公共用房。其次，让业主广泛地参与小区的治理。业主主要监督业主大会和业主委员会，监督物业服务企业，对损害业主共有权的行为及时提出并制止。最后，完善诉讼主体。维护业主共同利益需要业主大会作出决议，由业主委员会具体实施，发生争议时由业主委员会依法提起诉讼，因为单个业主不是适格的诉讼主体。有些小区没有成立业主大会和业主委员会，或者虽然成立业主委员会但不能正常履行职责，在遇到侵害业主共有权的问题时，小区业主就要及时发起表决，提起诉讼，以便更好地维护业主的共同权利。

二、建设用地共有使用权纠纷

建筑物区分所有权既包括建筑区划内的建筑物及其附属设施所有权区分所有，也包括建设用地使用权。在不动产登记时，业主专有部分的房屋及附属设施所占用的土地使用权面积在产权证上登记为业主专有，在登记为业主专有国有土地使用权之外的建设用地使用权应归全体业主共有。《民法典》第274条及《最高人民法院关于审理建筑物区分所有权纠纷案件适用法律若干问题的解释》第3条第2款对建设用地使用权的归属作了明确规定。实务中，因建设用地使用权产生的纠纷，多表现为他人对业主共有绿地、共有道路及其他共有用地的侵占。

（一）相关法条

1.《中华人民共和国民法典》（2020年5月28日）

第二百七十四条 建筑区划内的道路，属于业主共有，但是属于城镇公共道路的除外。建筑区划内的绿地，属于业主共有，但是属于城镇公共绿地或者明示属于个人的除外。建筑区划内的其他公共场所、公用设施和物业服务用房，属于业主共有。

2.《最高人民法院关于审理建筑物区分所有权纠纷案件适用法律若干问题的解释》（2020年12月29日）

第三条第二款 建筑区划内的土地，依法由业主共同享有建设用地使用权，但属于业主专有的整栋建筑物的规划占地或者城镇公共道路、绿地占地除外。

（二）要旨释义

对规划区域内建设用地使用权问题，《民法典》第274条规定，建筑区划内的道路，属于业主共有，但是属于城镇公共道路的除外。建筑区划内的绿地，属于业主共有，但是属于城镇公共绿地或者明示属于个人的除外；并规定建筑区划内的其他公共场所属于业主共有。该条没有明确规定建筑区划内的建设用地归业主共有。《最高人民法院关于审理建筑物区分所有权纠纷案件适用法律若干问题的解释》第3条第2款则开宗明义地规定："建筑区划内的土地，依法由业主共同享有建设用地使用权。"明确了建筑区划内建设用地使用权的归属问题。同时规定了例外情况："但属于业主专有的整栋建筑物的规划占地或者城镇公共道路、绿地占地除外。”根据上述规定，可以明确建筑区划内建设用地使用权首先认定为全体业主共有，如有人主张建筑区划内建设用地使用权，应承担举证责任。

（三）典型案例

湖北荆牛房地产开发有限公司与荆门市半山豪苑业主委员会业主共有权纠纷案[①]

［**基本案情**］2016 年，荆门市政府启动襄荆高速公路出入口沿线路段整治工程施工建设工作，其中荆门市半山豪苑业主委员会（以下简称半山豪苑业委会）所在的小区半山豪苑门前的培公大道路段，也纳入了本次整治施工范围。为此，改造中占用了半山豪苑小区原建筑区划内的土地 253.69 平方米。半山豪苑业委会所在的半山豪苑小区系荆门市林江置业有限公司开发建设，该小区建设用地与案涉土地原为同宗土地，均登记在荆门市林江置业有限公司名下，土地的登记用途为城镇混合住宅用地。荆门市林江置业有限公司于 2011 年 10 月 10 日变更登记为湖北荆牛房地产开发有限公司（以下简称荆牛公司）。半山豪苑业委会向一审法院起诉请求：请求确认培公大道改造占用半山豪苑小区建筑区划内的 253.69 平方米的国有土地使用权原属于半山豪苑小区业主共有。

［**法院裁判**］一审法院认为，2007 年《物权法》第 73 条[②]规定：“建筑区划内的道路，属于业主共有，但属于城镇公共道路的除外。建筑区划内的绿地，属于业主共有，但属于城镇公共绿地或者明示属于个人的除外。建筑区划内的其他公共场所、公用设施和物业服务用房，属于业主共有。”案涉 253.69 平方米的土地属于半山豪苑小区建筑区划内的土地，该土地的登记用途为城镇混合住宅用地，该土地既不属于业主专有，也不属于城镇公共道路或者城镇绿地用地，半山豪苑业委会主张其属于业主共有于法有据。荆牛公司抗辩其与小区业主的购房合同约定了地上车位属荆牛公司所有，故案涉土地归荆牛公司所有。因荆牛公司若主张案涉土地使用权归其所有，则既需举证证明案涉土地原规划的用途为地上车位用地，又需举证证明案涉土地未纳

---

① 参见湖北省荆门市中级人法院（2017）鄂 08 民终 1260 号民事判决书；荆门市掇刀区人民法院（2017）鄂 0804 民初 766 号民事判决书。

② 对应《民法典》第 274 条。

入半山豪苑业主物业的公摊面积，但荆牛公司并未提交充分的证据予以证实，故其该抗辩不能成立。对荆门市半山豪苑业委会请求确认培公大道改造占用半山豪苑小区建筑区划内的 253.69 平方米的国有土地使用权原属于半山豪苑小区业主共有的诉讼请求予以支持。一审法院判决：确认培公大道改造占用的半山豪苑小区建筑区划内的 253.69 平方米的国有土地使用权原属于半山豪苑小区业主共有。

荆牛公司不服一审判决，提起上诉。二审法院经过审理，判决驳回上诉，维持原判。

［**裁判评析**］《民法典》第 274 条规定，建筑区划内的道路、绿地属于业主共有，但是属于城镇公共道路、城镇公共绿地或者明示属于个人的除外；并规定建筑区划内的其他公共场所属于业主共有。如果争议的土地不属于城镇绿地和道路，而有业主或者其他人主张对该道路或者绿地占有的土地拥有使用权，就要提供证据予以证明；如果证明不了，就要承担举证不能的责任，该土地就属于业主共有。本案中，被告不能举证证明其享有案涉土地使用权，法院确认培公大道改造占用的半山豪苑小区建筑区划内的 253.69 平方米的国有土地使用权原属于半山豪苑小区业主共有，是有事实依据的。这类案件诉讼的重点在于举证责任分配上，难点在于主张权利一方的举证能力上，一旦举证不能就要承担败诉的风险。

（四）法律风险防范

关于业主共有建设用地使用权的纠纷，《民法典》《最高人民法院关于审理建筑物区分所有权纠纷案件适用法律若干问题的解释》对建设用地使用权归属作了比较明确的规定，原则上属于全体业主共有，但属于市政道路、市政公共绿地或者能证明属于个人所有的除外。诉讼中，主张建筑区划内的建设用地属于其所有的人需要承担举证责任，若其举证不能，就推定建设用地属于业主共有。

但实务中也有一些情况比较复杂，有的建设单位未经规划而利用业主的共有绿地、道路或其他共有场地建造违章建筑。也有一些业主在小区里占用业主共有的建设用地私搭乱建等。此类情况单靠业主自身的监督很难解决，需要有关部门依法处理。业主可以向有关政府部门进行举报、投诉，有必要的情况下可以依法提起诉讼，以便维护业主的共同利益，建设整洁美好的共同家园。

三、业主共有财产权纠纷

建筑区划内属于业主共有的建筑物及其附属设施以及业主共有的建设用地，都需要进行维护和使用。《民法典》第 281 条规定，建筑物及其附属设施的维修资金属于业主共有。《民法典》第 282 条规定，建设单位、物业服务企业或者其他管理人等利用业主的共有部分产生的收入，在扣除合理成本之后属于业主共有。这两个条文明确了为公共部分维护而筹集的维修资金及因使用共有部分而产生的收益都归业主共同所有。因维修资金和业主公共收益而产生的纠纷，一般发生在业主与物业服务企业之间，业主一般是通过业主知情权纠纷诉讼、物业服务合同纠纷诉讼来主张权利的。

（一）相关法条

《中华人民共和国民法典》（2020 年 5 月 28 日）

第二百八十一条 建筑物及其附属设施的维修资金，属于业主共有。经业主共同决定，可以用于电梯、屋顶、外墙、无障碍设施等共有部分的维修、更新和改造。建筑物及其附属设施的维修资金的筹集、使用情况应当定期公布。

紧急情况下需要维修建筑物及其附属设施的，业主大会或者业主委员会可以依法申请使用建筑物及其附属设施的维修资金。

第二百八十二条 建设单位、物业服务企业或者其他管理人等利用业主的共有部分产生的收入，在扣除合理成本之后，属于业主共有。

第二百八十三条 建筑物及其附属设施的费用分摊、收益分配等事项，有约定的，按照约定；没有约定或者约定不明确的，按照业主专有部分面积所占比例确定。

（二）要旨释义

根据《民法典》第 281 条、第 282 条的规定，维修资金和公共收益都属于业主共同所有。维修资金和公共收益对小区建筑物的维修起着至关重要的作用，是业主共有部分得以长久养护的保证。

1. 维修资金。维修资金是业主交纳的用于维修建筑物及其附属设施的专项资金。根据《民法典》第 281 条规定，维修资金“可以用于电梯、屋顶、外墙、无障碍设施等共有部分的维修、更新和改造”。原《物权法》第 79 条规定维修资金“可以用于电梯、水箱等共有部分的维修”,《民法典》扩展了维修资金使用的范围，维修项目不局限于电梯、水箱，还包括了屋顶、外墙、无障碍设施等共有部分，以及建筑物及其附属设施的维修，而且使用范围不局限于维修，还包括更新改造。

对住宅专项维修资金应专款专用，专用于住宅共用部位、公用设施设备保修期满后的维修和更新、改造。维修资金的筹集和使用都有严格的条件和程序，原《物权法》第 76 条规定，维修资金的筹集和使用属于业主大会表决的重大事项，应当经专有部分占建筑物总面积 2/3 以上的业主且占总人数 2/3 以上的业主同意。《民法典》第 278 条对维修资金的筹集和使用进行了区别规定：维修资金的使用作为一般表决事项，应当经参与表决专有部分面积过半数的业主且参与表决人数过半数的业主同意；维修资金的筹集作为重大表决事项，应当经参与表决专有部分面积 3/4 以上的业主且参与表决人数 3/4 以上的业主同意。

维修资金的使用分为一般使用和紧急使用两种情况，一般情况下使用要严格遵循业主大会的表决程序，达到法定的建筑面积和业主人数的比例，才能动用维修资金。在紧急情况下使用维修资金条件则相对宽松许多，不需要业主大会的表决，而是由业主委员会申请使用，没有业主委员会的小区由物业服务企业申请使用。

2. 共有收益。《民法典》第 282 条规定建设单位、物业服务企业或者其他管理人等利用业主的共有部分产生的收入，在扣除合理成本之后，属于业主共有。原《物权法》对于业主的共有收益没有规定，共有收益属于业主共有是《民法典》的新增内容。《民法典》明确规定共有部分产生的收益归业主共有，改变了以往小区共有部分收益权属不明的状况，有利于解决小区里广泛存在的共有收益纠纷。

（三）典型案例

1. 上海市浦东新区荷五小区业主委员会与上海飞鸣物业管理有限公司物业服务合同纠纷案①

［基本案情］2016 年 12 月前，荷五小区一直由上海飞鸣物业管理有限

① 参见上海市第一中级人民法院民（2021）沪 01 民终 4673 号民事判决书；上海市浦东新区人民法院（2019）沪 0115 民初 33874 号民事判决书。

公司（以下简称飞鸣公司）提供物业管理服务。在此期间，飞鸣公司向荷五小区业主收取了维修基金，其中涉及443户商品房业主的维修基金数额合计824 040.34元，后飞鸣公司曾向其中部分商品房业主退还了维修基金共计54 800.82元，并于2007年10月22日又将其中的238 464.57元集中代缴至相关维修基金银行专户。

2016年12月8日，飞鸣公司退出荷五小区的物业管理服务业务后，上海市浦东新区荷五小区业主委员会（以下简称荷五小区业委会）认为原由飞鸣公司收取的维修基金应予返还，双方为此发生纠纷。荷五小区于2018年4月28日以书面征询意见书的方式召开业主大会，表决通过决议同意以荷五小区业委会名义起诉飞鸣公司，追索维修基金。荷五小区业委会向法院起诉请求：判令飞鸣公司返还维修基金824 040.34元，并支付利息（以824 040.34元为基数，按照同期银行存款利率自2003年6月3日起计算至实际还款之日止）。

［**法院裁判**］一审法院认为，建筑物及其附属设施的维修资金，属于业主共有；经业主共同决定，可以用于电梯、水箱等共有部分的维修。他人无权占有不动产或者动产的，权利人可以请求返还原物。但综合考虑相关款项的用途、发生时间、工程规模以及本案所涉维修基金的范围、业主情况，从公平合理的原则出发，一审法院酌定其中100 000元可从本案所涉维修基金中列支，从应当返还金额中扣除。据此，一审法院确认飞鸣公司应当返还的维修基金数额为419 643.62元。此外，荷五小区业委会还主张以实际应当返还的维修基金为基数、按照同期银行存款利率计算的自2003年6月3日起至实际还款之日止的利息，实系主张应当返还的维修基金的法定孳息，与法不悖。

一审法院审理后，于2020年12月31日作出判决：（1）飞鸣公司于判决生效之日起10日内将维修基金419 643.62元返还至荷五小区业委会的维修基金银行专户；（2）飞鸣公司于判决生效之日起10日内将以419 643.62元为基数、按同期中国人民银行公布的存款利率计算的自2003年6月3日起至实际还款之日止的孳息。飞鸣公司不服，提起上诉，要求撤销原判，依法改判驳回被上诉人荷五小区业委会一审诉讼请求或发回重审。二审法院经审理作出判决：驳回上诉，维持原判。

［**裁判评析**］因维修资金使用而发生的纠纷在很多小区都广泛存在，在没有成立业主委员会的小区，维修资金的使用一般是由物业公司来负责实施的。物业公司将其收取业主的维修资金据为己有，在维修资金使用过程中虚报维修项目、用少报多、中饱私囊等情况时有发生，并因此发生业主与物业公司

之间的纠纷。根据《民法典》第 281 条规定，建筑物及其附属设施的维修资金，属于业主共有。对维修资金的筹集和使用需要业主大会作出表决，并经过法定程序才能用于业主共有部分的维修。本案中，飞鸣公司作为小区的物业服务企业向 443 户商品房业主收取的维修基金数额合计 824 040.34 元，属于全体业主所有。扣除已经退还的 54 800.82 元、交至相关维修基金银行专户的 238 464.57 元，剩余部分应退还给业主，其余返还至荷五小区业委会的维修基金银行专户。由于飞鸣公司为小区的公共部分的维修支付了部分费用，一审法院在判决中酌情扣除 100 000 元，是一审法院行使自由裁量权的体现。荷五小区业委会没有对该部分提起上诉，表现了其对法院判决的接受。

2. 长沙市芙蓉区东城大厦业主委员会诉湖南东盛物业管理有限公司物业服务纠纷案[①]

［**基本案情**］长沙市芙蓉区东城大厦业主委员会（以下简称东城大厦业委会）2018 年 1 月起诉湖南东盛物业管理有限公司（以下简称东盛物业公司），要求被告支付原告小区的公共收益 562 500 元，东盛物业公司向东城大厦业委会公布其管理东城大厦期间（2005 年 1 月 1 日至 2016 年 3 月 24 日）的公共收益账目。

［**法院裁判**］一审法院经过审理，支持了原告的诉讼请求。被告不服提起上诉，二审法院经过审理，判决驳回上诉，维持原判。东盛物业公司不服二审判决，向湖南省高级人民法院申请再审。

法院经过再审查明，在东城大厦业委会起诉的 562 500 元公共收益中，有 82 849.7 元系东城大厦业委会自己收取，应该从 562 500 元公共收益中予以扣除，东城大厦业委会对该事实予以认可，因此东盛物业公司应该返还东城大厦业委会公共收益 479 650.3 元。法院经过再审判决东盛公司向东城大厦业委会支付公共收益 47 965.3 元，东盛物业公司向东城大厦业委会公布其管理东城大厦期间（2005 年 1 月 1 日至 2016 年 3 月 24 日）的公共收益账目。

［**裁判评析**］本案的案由是物业服务合同纠纷，实际上也包含物权保护的内容。本案虽然经过一审、二审和再审，但其法律关系和事实认定并不复杂。《民法典》第 282 条规定小区内的公共收益属于业主共同所有。东盛物业公司作为小区的物业服务企业，应该依法将其收取的公共收益依法交给业主，并向业主公示其提供物业服务期间的公共收益账目。物业公司不依法公示公共

---

① 参见湖南省长沙市中级人民法院（2021）湘 01 民再 181 号民事判决书。

收益账目，并将业主的公共收益据为己有，既是一种违约行为，又是一种侵权行为，构成对业主公共收益权的侵害。一审法院和二审法院判决均支持了业主委员会的诉求，是有事实和法律依据的。再审判决对二审判决作出部分改判，是因为应予扣除业委会自己收取部分的公共收益没有扣除，东城大厦业主委员会也予以认可，是根据查明的事实依法作出的裁判。本案一审、二审和再审判决既维护了业主的共同利益，也维护了物业服务企业的合法权益。

（四）法律风险防范

维修资金属于业主共同所有，专款专用于公共部位的维修、改造和更新。维修资金的合理使用有利于小区的正常运转，维修资金使用不当则有可能导致小区维修资金过早耗尽，造成之后无维修资金可用的局面。为了使小区的维修资金的使用公开透明，并保持维修资金充足，在实务中应采取必要的风险防范措施：（1）避免把维修资金用在不该用的地方。维修资金是专款专用，不能挪作他用。不是小区里的任何维修都需要动用维修资金，对一些“小修小补”可以从小区的公共收益中进行列支，只有大的维修才需要使用维修资金。（2）防止变相地将维修资金占为己有。维修资金的使用要经过严格的业主表决程序和充分的监督，防止某些单位或个人在维修资金的使用过程中变相地把维修资金据为己有，使其成为某些人牟利的工具。（3）及时向政府有关部门投诉或依法提起诉讼。对非法使用业主共有维修资金的行为，业主可以向政府部门反映和投诉，在必要的情况下可以依法提起诉讼。

公共收益属于业主共有，一般用于弥补维修资金的不足、冲抵物业费，或者由业主共同决定用于其他方面。实务中，很多小区的业主把大部分共有收益存入维修资金专户，充实维修资金，保证建筑物长期有充足的维修资金进行维修、改造和更新。但也有一些小区的业主共有收益长期被物业服务企业占有，既不向业主公示，也不交给业主。为避免小区业主公共收益被侵害，要做到以下三点：（1）尽早成立业主委员会，由业主委员会对业主共有部分进行监督管理，也可以由业主委员会对外签订场地、广告位等出租、使用合同，直接收取租赁和使用费。（2）业主积极监督。业主对小区的共有收益的收入、支出等相关情况有知情权，业主可以要求物业服务企业、业主委员会或者其他物业管理人公示业主共有收益。（3）规范物业服务企业的行为。物业服务企业作为建筑物及其附属设施的服务单位，在其代为管理业主共有部分、收取业主共有收益时，按照约定的比例扣除管理费用，其他部分全部归业主所有。（4）及时提起诉讼。如果物业服务企业长期占用业主共有收益，业主可以依法提起诉讼。

在保护业主共有财产时，也应注意防范诉讼中的风险。有关业主共有财产纠纷的诉讼是对业主共有财产的保护，在诉讼中会遇到两个问题：一是案由问题。二是诉讼主体问题。由于当前没有维修资金纠纷、共有收益纠纷这样的案由，业主因维修资金、共有收益提起的诉讼都是通过其他案由来进行的。例如，上述两个案件虽然是物业服务合同纠纷、知情权纠纷，但实际上是业主委员会要求物业公司返还原物的物权保护纠纷。业主在遇到这类纠纷时，根据实际情况确定相应的案由来提起诉讼是很有必要的。此外，此类诉讼还会遇到如何确定诉讼主体的问题，在成立业主委员会的小区提起返还维修资金的诉讼时，需要经过业主大会表决授权业主委员会进行诉讼。单个业主因为没有诉讼主体资格而不能提起诉讼，即便提起诉讼也会被法院以原告主体不适格为由驳回起诉。很多小区没有成立业主委员会，如果物业公司占用业主的专项维修资金和共有收益，业主就很难通过诉讼要求返还。对这类小区来说，虽然没有业主委员会，但可以发起业主表决，授权业主代表进行诉讼。

第三节　车位、车库纠纷

随着城市化的快速推进，城市里机动车的保有量越来越大，停车难、停车贵的现象普遍存在，这个现象也波及小区业主的停车问题。虽然大部分小区都有地面或者地下车位供业主停车，但很多小区仍然存在车位不足的问题，使得停车问题突出，车位的价值和停车费用也随之“水涨船高”，小区的“车位之争”也一直都是小区矛盾的一个触发点。

在有关建筑物区分所有权的纠纷中，因车位的权属和使用而发生的纠纷占了很大的比例。小区的车库、车位存在多种类型，由于现有法律关于车库、车位权属的规定不够明确，相关纠纷极容易发生。结合《民法典》规定与实践状况，车库、车位大致分为四个类型：一是经过规划的地面车位；二是地下车库、车位；三是“人防工程”车位；四是其他类型的车库、车位。

第一，地面车位。《民法典》第 275 条第 2 款规定“占用业主共有的道路或者其他场地用于停放汽车的车位，属于业主共有”，确定了业主共有车位的具体情况，也就是小区地面道路设置的停车位归业主共有。这类车位的权属比较明确，一般不会因为权属而发生纠纷。实务中，发生争议的原因往往是开发商将地面车位据为己有，或者物业公司用地面车位谋取个人利益，损害业主利益。

第二，经过规划的地下车库、车位。《民法典》第 275 条第 1 款规定了建筑区划内规划用于停放汽车的车库的归属，由当事人通过出售、附赠或者出租等方式约定，经过规划的地下车库如果能够办理产权登记，其产权明确，不易发生纠纷。《最高人民法院关于审理建筑物区分所有权纠纷案件适用法律若干问题的解释》第 2 条第 1 款规定："建筑区划内符合下列条件的房屋，以及车位、摊位等特定空间，应当认定为民法典第二编第六章所称的专有部分：（一）具有结构上的独立性，能够明确区分；（二）具有利用上的独立性，可以排他使用；（三）能够登记成为特定业主所有权的客体。"经过规划的车位显然不符合上述三个条件，一般无法办理产权登记。不能办理产权登记的规划车位属于业主所有还是属于物业公司所有，存在很大的争议，也是容易发生诉讼的地方。

第三，"人防车位"。《民法典》和相关法律、法规并没有规定"人防车位"这个概念，所谓"人防车位"是通俗的说法，是指利用小区地下人防工程设置的用于业主停放车辆的车位。小区业主和开发商之间经常因为"人防车位"的产权归属产生争议。在现实中开发商往往认为该类车位由自己投资建设，属于自己所有，自己有权对外出售、长期出租或者临时出租。业主则认为，业主共同购买建设单位的房屋，人防工程的建设成本在房屋销售时已经计入了建设成本，人防工程实际应该属于业主共有。开发商和业主之间因为"人防车位"纠纷而诉诸法院屡见不鲜，处理该类案件的难点在于法律对地下人防车库、车位的权属没有明确的规定，不同的法院对地下车库和车位的所有权归属可能有不同的认识，可能出现类案不同判的现象。

第四，其他车位。小区中不仅有地面车位、地下车库或车位、"人防车位"，还有其他类型的车位。例如，很多小区存在没有经过规划的地面车位和地下车位，这些车位有的是在原有规划车位基础上私自增加的车位，有的是建设单位或者物业公司利用业主的地面空地设置的车位。这类车位没有经过规划，办不了产权登记，处于不合法的状态。这类车位往往由物业公司进行管理、经营和收益，而这类车位占用的土地应该归业主共有。

司法实务中，车库、车位类案件的裁判结果取决于两个要素：一是举证责任分配问题；二是产权认定的法律适用问题。认定产权的归属，最直接的依据就是产权登记证书，但小区的地下人防车库、车位是没有产权证书的，如何认定这类案件的权属需要依据一定的规则。有的法院在审查证据时，如果开发商不能证明其对小区的“人防车位”拥有所有权，就要承担举证不能的后果，也就是说开发商要承担主要的举证责任。在法律适用上，有的法院根据《民法典》和《人民防空法》的相关规定，认为地下人防工程是依附结建式人防工程修建而来，是住宅建筑必备的附属公用配套设施，属于从物依附于住宅建筑，不占有土地容积率，所占空间属于住宅建筑物地表使用权的合理适度延伸使用范围。根据“房地产权地转房随、房转地随、房地一体”的特点，开发商作为人民防空工程建设的初始投资者，其投资者身份应随着房屋的售出理应转移给全体业主。在小区交付使用后，人防工程也就归全体业主所有。而有的法院则根据《民法典》第231条“因合法建造、拆除房屋等事实行为设立或者消灭物权的，自事实行为成就时发生效力”的规定，认为开发商虽然没有取得所有权登记证书，但基于合法建造事实取得了“人防车位”的所有权。这种认识把车库、车位等同于房屋，是值得商榷的。

一、相关法条

1.《中华人民共和国民法典》（2020年5月28日）

第二百七十五条 建筑区划内，规划用于停放汽车的车位、车库的归属，由当事人通过出售、附赠或者出租等方式约定。

占用业主共有的道路或者其他场地用于停放汽车的车位，属于业主共有。

第二百七十六条 建筑区划内，规划用于停放汽车的车位、车库应当首先满足业主的需要。

2.《最高人民法院关于审理建筑物区分所有权纠纷案件适用法律若干问题的解释》（2020年12月29日）

第五条 建设单位按照配置比例将车位、车库，以出售、附赠或者出租等方式处分给业主的，应当认定其行为符合民法典第二百七十六条有关“应当首先满足业主的需要”的规定。

前款所称配置比例是指规划确定的建筑区划内规划用于停放汽车的车位、车库与房屋套数的比例。

第六条 建筑区划内在规划用于停放汽车的车位之外，占用业主共有道路或者其他场地增设的车位，应当认定为民法典第二百七十五条第二款所称的车位。

二、要旨释义

《民法典》第275条规定了最常见的两类车库、车位。第一类是建筑区划内，规划用于停放汽车的车位、车库，其归属由当事人通过出售、附赠或者出租等方式约定。这类车位强调经过规划的车库和车位，没有经过规划的车库和车位应不在此列。第二类车位是占用业主共有的道路或者其他场地用于停放汽车的车位，属于业主共有。法律没有强调第二类车位需要经过规划，故此可以由业主通过依法表决将共有道路或者其他场地改造成停车位，这属于小区自治的事项。

《民法典》第276条规定了建筑区划内，规划用于停放汽车的车位、车库使用的原则，即业主优先原则。这些车位的配置比例范围应该首先满足业主的需要，车位的出售、出租应该以业主优先，只有在满足业主的需求之后，或者超过配置比例的车位，才能考虑对外出售或者出租。这也是车位作为小区的配套设施的性质所决定的，这一规定避免建设单位将车位、车库对外出售或者出租，牟取暴利而损害业主利益。

三、典型案例

（一）豪运公司与帝景豪苑业主委员会车位纠纷案[①]

［**基本案情**］豪运公司是重庆市九龙坡区西彭镇铝城北路8号帝景豪苑小区的建设单位。重庆市规划局向豪运公司颁发《建设工程规划许可证》，规划帝景豪苑项目停车位为地上393个，地面停车位均未计入建筑面积。

2015年3月27日，因豪运公司拟将部分车位出租，帝景豪苑业主委员会在小区张贴通告，内容为："各位业主：近日，小区物业管理公司张贴了租售小区地面和地下停车位使用权的通知。对此，我们郑重声明，此事未征得小区业主委员会的同意！我们认为，小区地面停车位是利用小区公共用地设立的，属于小区业主共同所有，开发商和物业公司均无权擅自出租或出售。"双方协商未果。2015年4月，豪运公司向一审法院提起本案诉讼，请求：依法确认重庆市九龙坡区帝景豪苑小区建筑区划内，规划用于停放汽车的地上停车泊位393个（每个停车泊位价值3万元，共计1179万元）的权属归豪运公

---

① 参见最高人民法院（2017）最高法民申2817号民事判决书。

司所有。

［**法院裁判**］一审法院审理认为，本案所涉及的停车位是地面停车位，并无建筑物，不能办理产权登记，其本质上属于土地使用权。地面停车位属于业主行使土地使用权的形式之一。开发商将开发的商品房向业主出售后，建设范围内的土地使用权归属全体业主。因此，地面停车位的权益应当归属于全体业主共同享有。开发商按照规划建设的地面停车位属于开发商建设的附属设施。该附属设施归属于全体业主，其性质与其他公共附属设施性质并无不同。规划从行政要求的角度确定了开发商的建设义务，开发商有义务按照规划修建小区附属设施，但并非依据规划建设的附属设施都归开发商。因此，本案地面停车位是由开发商依照行政规划建设的物业附属设施，属于业主共有的土地使用权的范畴，其权益归属于全体业主。案涉地面停车位不能办理产权登记，不能成为专有权属客体的地面停车位的本质为转移归业主共有的土地使用权范畴，开发商以约定方式，在销售商品房后仍保留该部分土地使用权，并无法律依据。故豪运公司诉称凭借该合同条款的约定就能判定地面停车位权属的理由不能成立，一审法院不予支持。判决如下：驳回豪运公司的全部诉讼请求。

豪运公司不服一审判决向重庆市高级人民法院提起上诉，二审法院经过审理驳回上诉，维持原判。豪运公司向最高人民法院申请再审，最高人民法院经过审理，裁定驳回重庆市豪运公司的再审申请。

［**裁判评析**］本案是因为地面车位所有权引起的争议，案件经过一审、二审、再审，法院均驳回了豪运公司的请求。关于地面车位权属问题，《民法典》第 275 条第 2 款（原《物权法》第 74 条第 3 款）明确规定，占用业主共有的道路或者其他场地用于停放汽车的车位，属于业主共有。本案所涉的车位就属于占有业主共有道路设置的车位，其所有权属于全体业主所有。作为建设单位的豪运公司之所以败诉，是因为其不能举证证明其拥有案涉车位的所有权。虽然地面车位经过规划而建设，但地面车位实际是在地面上划线而形成的车位。正如一审判决书所表述的那样，本案所涉及停车位是地面停车位，并无建筑物，不能办理产权登记，其本质上属于土地使用权。地面停车位属于业主行使土地使用权的形式之一，建设单位将所开发的商品房向业主出售后，建设范围内的土地使用权归属全体业主。因此，地面停车位的权益应当归属于全体业主共同享有。故案涉车位不符合《最高人民法院关于审理建筑物区分所有权纠纷案件适用法律若干问题的解释》第 2 条关于建筑区划

内车位条件，建设单位不能取得车位地面车位的专有权。车位依法属于业主共有，豪运公司的请求没有事实和法律依据，法院应予驳回。

（二）抚州市临川区凤凰城小区二期业主委员会与抚州市明恒置业有限公司建筑物区分所有权纠纷案[①]

［**基本案情**］抚州市明恒置业有限公司（以下简称明恒公司）于2007年左右以出让的方式取得了位于抚州市青云峰14号编号为P（2007）08号的地块使用权，之后经有关单位的审批，在该土地上投资开发建设了凤凰城小区，该小区占地面积为35 000平方米，建有28座大厦及地下人防工程，该人防工程建筑面积9274平方米，共计规划280个车位。2019年9月26日，抚州市临川区凤凰城小区二期业主委员会依法成立，小区业委会曾多次与明恒公司交涉要求其将地下人防工程的车位交付给业主委员会，明恒公司均拒绝交付。业主委员会提起诉讼，请求判令被告将地下室人防工程（含所有车位）返还原告；请求判令被告赔偿原告车位租金（2019年10月1日至2020年9月30日），每个车位按60元计算，赔偿金额为201 600元，之后的损失按此标准至交付日止。

［**法院裁判**］一审法院认为，本案的争议焦点是案涉凤凰城二期地下人防工程在商品房交付业主使用后，如何认定该工程的投资人、所有权人。根据《人民防空法》和《物权法》的相关规定，地下人防工程是依附结建式人防工程修建而来，是住宅建筑必备的附属公用配套设施，属于从物依附于住宅建筑，不占有土地容积率，所占空间属于住宅建筑物地表使用权的合理适度延伸使用范围。本案中，诉争的凤凰城小区二期地下人防工程也具有以上性质和特征。在本案审理过程中被告未提供证据证实其将案涉人防工程单独核算且未将该人防工程列入凤凰城小区二期开发建设总成本的事实，由被告承担举证不能的法律后果。推定案涉人防工程的建设费用已纳入了凤凰城小区二期建设项目的开发成本。鉴于“房地产权地转房随、房转地随、房地一体”的特点，开发商作为人民防空工程建设的初始投资者，其投资者身份是会随着房屋的售出转移且实际转移给全体业主，故原告凤凰城二期业主委员会是案涉地下人防工程的投资者。对原告抚州市临川区凤凰城小区业主委员会要求被告将凤凰城小区二期地下室人防工程（含所有车位）予以返还的诉请予

① 参见江西省抚州市中级人民法院（2021）赣10民终1033号民事判决书。

以支持。作出判决如下：被告抚州市明恒置业有限公司在本判决生效之日起15日内将凤凰城小区二期地下人防工程返还给原告抚州市临川区凤凰城小区二期业主委员会。

抚州市明恒置业有限公司不服一审判决，提起上诉。二审法院认为，因案涉地下“人防车位”固有的性质和特点，其投资主体会随着房屋的售出而实际地发生转移，其后续的实际投资者以及平时使用、管理和收益者应是全体业主。上诉人明恒置业公司的上诉理由不能成立，不予采纳。一审判决认定事实清楚，适用法律正确，应予以维持。判决如下：驳回上诉，维持原判。

［裁判评析］本案的争议焦点是案涉凤凰城二期地下人防工程在商品房交付业主使用后，如何认定工程的投资人和使用权人。由于案涉人防工程车位办理不了所有权登记，法院在审理时不能直接依据产权登记作出判断，而是依据投资成本的承担主体、人防工程的使用主体、“人防车位”的性质及相关法律规定作出裁判。

因案涉地下人防工程固有的性质和特点，其投资主体会随着房屋的售出而实际地发生转移，房屋交付后的实际投资主体转为全体业主，平时使用、管理和收益也应是全体业主。一审法院认为，被告作为开发商，在本案审理过程中未提供证据证实其将人防工程单独核算且未将该人防工程列入凤凰城小区二期开发建设总成本的事实，被告提供的其出资整改地下车库的合同、支付整改工程款项等证据也不能证实上述事实，故此应由被告承担举证不能的法律后果。二审法院认为，因案涉地下“人防车位”固有的性质和特点，其投资主体会随着房屋的售出而实际地发生转移，其后续的实际投资者以及平时使用、管理和收益者应是全体业主。一审、二审法院根据双方的举证情况，在被告不能提供产权证或者人防工程使用证，也无法证明其将人防工程单独核算且未将该人防工程列入凤凰城小区二期开发建设总成本的事实的情况下，判决其应承担举证不能的后果。

关于地下人防工程归属的争议在很多小区中都存在，因地下人防工程或者人防工程所涉车位提起的诉讼也时有发生，各地法院的判决结果也不尽相同。有的法院判决地下人防工程由建设单位投资，根据“谁投资谁受益”的原则，地下人防工程应该属于建设单位所有。有的法院判决则认为，根据人防工程的性质及投资回收情况，建设单位已经将建设成本计入房价中，其实际已经收回投资，随着房屋的交付，人防工程的使用人为全体业主，其使用权归全体业主所有。笔者赞成人防工程及“人防车位”的使用权属于全体业主所有。

四、法律风险防范

当事人在购买车库和车位时要特别注意以下风险防范：

首先，要签订完善的合同。有的当事人购买车位手里只有一张付款的收据，没有签订买卖合同，双方的法律关系不明确，一旦发生纠纷不能有效地维护自己的权益；有的业主与开发商签订的是长期租赁合同并不是车位买卖合同，这是开发商明知车库产权存在问题而提前设计好的圈套，以长期租赁合同代替买卖合同。不签订合同或者签订租赁合同都是有很大风险的，为了规避风险，一定要签订正式的买卖合同。即使车位买卖合同可能是无效的，也能成为发生纠纷后最直接有力的证据，使法院可以根据合同规则来有效解决纠纷。

其次，应对合同内容作出详细的约定。对权属不明的车库、车位一般不要购买，即使买卖，也要作出具体而明确的约定，如果车库确实属于开发商所有，只是暂时不能办理产权证，买卖合同是合法有效的，要督促开发商及时办理产权过户手续；如果开发商没有所有权而导致合同被解除或者无效，开发商要赔偿业主的损失。

再次，尽量不购买人防工程车位。主流的观点认为，开发商对“人防车位”没有所有权，无权对外出售，就该类车位所签订的买卖合同为无效合同的，容易发生纠纷。

最后，尽量不购买地面停车位。占用业主共有的道路或者其他场地用于停放汽车的车位，属于业主共有，开发商无权出售。

第四节 业主自治纠纷

本节内容是有关业主自治的内容，是业主共同管理权的重要部分。业主进行自治的机关是业主大会和业主委员会，业主通过业主大会行使表决权，对小区的重大事项进行表决。经过业主大会表决通过的事项，由业主委员会负责具体实施。业主大会或者业主委员会的决定对业主具有法律约束力。业主大会或者业主委员会作出的决定侵害业主合法权益的，受侵害的业主可以请求人民法院予以撤销。业主、业主大会、业主委员会“三位一体”，形成一个完整的小区治理运行体系。

根据《民法典》《物业管理条例》的规定，业主自治有较为完善的治理机构，有完善的表决和运行机制。但在实务中却存在一些问题，使法律规定难以落到实处。业主大会和业主委员会成立难，业主大会召开难、表决难，业主委员会运行难等问题长期困扰着广大业主，也因此引发了不少矛盾和纠纷。其中原因是多方面的，有业主的权利意识淡薄的原因，也有地方政府部门未能有效指导、协助的原因，还有建设单位与物业服务企业为了自身利益而阻止业主委员会成立的原因。就这些问题而言，需要在业主自治实践的基础上，逐步完善立法、改善司法、强化政府指导和协助，提高业主的法律意识和治理能力，使业主自治能够落到实处，建设安宁祥和的小区。

一、相关法条

1.《中华人民共和国民法典》（2020年5月28日）

第二百七十七条 业主可以设立业主大会，选举业主委员会。业主大会、业主委员会成立的具体条件和程序，依照法律、法规的规定。

地方人民政府有关部门、居民委员会应当对设立业主大会和选举业主委员会给予指导和协助。

第二百七十八条 下列事项由业主共同决定：

（一）制定和修改业主大会议事规则；

（二）制定和修改管理规约；

（三）选举业主委员会或者更换业主委员会成员；

（四）选聘和解聘物业服务企业或者其他管理人；

（五）使用建筑物及其附属设施的维修资金；

（六）筹集建筑物及其附属设施的维修资金；

（七）改建、重建建筑物及其附属设施；

（八）改变共有部分的用途或者利用共有部分从事经营活动；

（九）有关共有和共同管理权利的其他重大事项。

业主共同决定事项，应当由专有部分面积占比三分之二以上的业主且人数占比三分之二以上的业主参与表决。决定前款第六项至第八项规定的事项，应当经参与表决专有部分面积四分之三以上的业主且参与表决人数四分之三以上的业主同意。决定前款其他事项，应当经参与表决专有部分面积过半数的业主且参与表决人数过半数的业主同意。

第二百八十条 业主大会或者业主委员会的决定，对业主具有法律约束力。

业主大会或者业主委员会作出的决定侵害业主合法权益的，受侵害的业主可以请求人民法院予以撤销。

第二百八十六条 业主应当遵守法律、法规以及管理规约，相关行为应当符合节约资源、保护生态环境的要求。对于物业服务企业或者其他管理人执行政府依法实施的应急处置措施和其他管理措施，业主应当依法予以配合。

业主大会或者业主委员会，对任意弃置垃圾、排放污染物或者噪声、违反规定饲养动物、违章搭建、侵占通道、拒付物业费等损害他人合法权益的行为，有权依照法律、法规以及管理规约，请求行为人停止侵害、排除妨碍、消除危险、恢复原状、赔偿损失。

业主或者其他行为人拒不履行相关义务的，有关当事人可以向有关行政主管部门报告或者投诉，有关行政主管部门应当依法处理。

2.《物业管理条例》（2018 年 3 月 19 日）

第十五条 业主委员会执行业主大会的决定事项，履行下列职责：

（一）召集业主大会会议，报告物业管理的实施情况；

（二）代表业主与业主大会选聘的物业服务企业签订物业服务合同；

（三）及时了解业主、物业使用人的意见和建议，监督和协助物业服务企业履行物业服务合同；

（四）监督管理规约的实施；

（五）业主大会赋予的其他职责。

3.《最高人民法院关于审理建筑物区分所有权纠纷案件适用法律若干问题的解释》（2020 年 12 月 29 日）

第十二条 业主以业主大会或者业主委员会作出的决定侵害其合法权益或者违反了法律规定的程序为由，依据民法典第二百八十条第二款的规定请求人民法院撤销该决定的，应当在知道或者应当知道业主大会或者业主委员会作出决定之日起一年内行使。

二、要旨释义

《民法典》第 277 条规定业主可以设立业主大会，选举业主委员会。业主大会、业主委员会成立的具体条件和程序，依照法律、法规的规定。地方人民政府有关部门、居民委员会应当对设立业主大会和选举业主委员会给予指导和协助。该条是业主自治最基本的规定，包含三个方面的内容：一是业主进行自治的机构是业主大会和业主委员会；二是业主大会、业主委员会的成立需要符合法定的条件和法定的程序；三是设立业主大会和业主选举委员会需要地方人民政府有关部门、居民委员会指导和协助。基于这一规定，业主大会和业主委员会的成立取决于三个因素：第一，业主是否能够发起设立业主大会；第二，是否符合法定的条件和程序；第三，地方政府部门和居委会是否积极指导和协助。实务中，这三个方面存在问题，会导致业主大会和业主委员会不能依法成立，或者即使成立也难以运行。

《民法典》第 278 条第 1 款规定了业主共同表决事项，第 2 款规定了所有表决事项都应当由专有部分面积占比 2/3 以上的业主且人数占比 2/3 以上的业主参与表决，被称为“双三分之二参与”。这是《民法典》新增的内容，之前《物权法》没有参与人数的规定。该条第 2 款还规定决定前款第 6 项至第 8 项规定的事项，“应当经参与表决专有部分面积四分之三以上的业主且参与表决人数四分之三以上的业主同意。决定前款其他事项，应当经参与表决专有部分面积过半数的业主且参与表决人数过半数的业主同意”。该款对之前的《物权法》的规定作了重大修改，原《物权法》第 76 条规定表决重大事项“应当经专有部分占建筑物总面积三分之二以上的业主且占总人数三分之二以上的业主同意”，表决一般事项的“应当经专有部分占建筑物总面积过半数的业主且占总人数过半数的业主同意”。有学者认为，《民法典》规定的参与表决的业主人数和专有部分面积占比的双重多数决，使第 1 款第 1 项至第 6 项的比例降低至专有部分面积占比和业主总人数是“双二分之一”，而其余事项则变成了“双三分之一”，极大地降低了表决通过的比例要求。[①] 但该条规定在实务中的应用并不理想，特别是对业主大会和业主委员会的成立实际上是形成了新的障碍，根据原《物权法》第 76 条规定，设立业主大会选举成立业主委员会仅需要“双过半”的业主同意就行，而《民法典》第 279 条要求“双三分之二”业主参与，提高了业主参与人数的门槛，增加了设立业主大会和业主委员会的难度。故此，业主大会和业主委员会在《民法典》的规定下反而

---

① 参见孙宪忠、朱广新主编：《民法典评注：物权编 · 2》中国法制出版社 2020 年版，第 129 页。

更难成立。

《民法典》第 280 条规定了业主大会决议和业主委员会决定的效力，即对全体业主有效。该条第 2 款规定了业主的撤销权，即业主大会或者业主委员会作出的决定侵害业主合法权益的，受侵害的业主可以请求人民法院予以撤销。《最高人民法院关于审理建筑物区分所有权纠纷案件适用法律若干问题的解释》第 12 条规定了业主行使撤销权的条件和期限，在《民法典》规定的基础上将"违反了法律规定的程序"作为业主可以申请撤销的一个条件，行使撤销权的期间为 1 年。根据上述规定，业主行使撤销权是有条件的：（1）业主大会或者业主委员会作出的决定"侵害业主合法权益""违反了法律规定的程序"；（2）"受侵害的业主"可以请求人民法院予以撤销；（3）在法定期限内提出，即在知道或者应当知道业主大会或者业主委员会作出决定之日起 1 年内提出。这里的 1 年期限是除斥期间，不存在中断或者中止的情况。只有在符合上述前两个条件的情况下，业主才能行使撤销权，并且要在法定期间内及时行使权利，如果不符合前两个条件，业主仅对业主大会的决议或者业主委员会的决定不满，或者超过法定期限行使撤销权，都不会得到法院的支持。

《民法典》第 281 条规定了业主的义务及业主大会、业主委员会的管理职权。对小区内存在危害损害他人或者业主共同权利的行为，业主委员会有权依照法律、法规以及管理规约，请求行为人停止侵害、排除妨碍、消除危险、恢复原状、赔偿损失。

三、典型案例

（一）太原市金林佳园业主委员会、太原市杏花岭区敦化坊街道办事处、太原市杏花岭区人民政府不履行法定职责案[①]

［基本案情］2015 年 6 月 23 日，金林佳园小区业主代表赵某等四人向太原市杏花岭区房产局、敦化坊街道办事处提交申请书，申请成立小区业主大会。2016 年 11 月 25 日，敦化坊街道办事处发布《关于太原市杏花岭区金林佳园小区项目首次业主大会会议筹备组组成人员名单公告》，成立首次业主大会筹备组。2017 年 5 月 19 日、2017 年 9 月 29 日、2017 年 9 月 29 日，敦化

① 参见山西省太原市晋源区人民法院（2019）晋 0110 行初 11 号行政判决书。

坊街道办事处先后发布《关于太原市金林佳园小区业主大会会议讨论事项公告》《关于太原市金林佳园小区业主委员会委员候选人产生办法的公告》《关于太原市金林佳园小区项目业主委员会委员候选人名单的公示》，对首次业主大会的召开进行指导。之后，小区业主大会通过书面方式审议通过了《管理规约》和《业主大会议事规则》，选举出牛某等五人为业主委员会委员，成立了业主委员会。金林佳园业主委员会成立后，向敦化坊街道办事处提出备案申请，敦化坊街道办事处以业主委员会选举程序违法为由对备案申请不予办理。金林佳园业主委员会不服，向杏花岭区人民政府申请行政复议。2018 年 12 月 4 日，杏花岭区人民政府作出《行政复议决定书》，以金林佳园业主委员会未按法定程序成立、不具有合法主体资格为由，驳回了复议申请。金林佳园业主委员会遂提起行政诉讼，请求：（1）确认敦化坊街道办事处不予备案行为违法；（2）撤销杏花岭区人民政府作出的《行政复议决定书》；（3）判决敦化坊街道办事处履行备案的法定职责；（4）判决杏花岭区人民政府重新作出行政复议决定。

［**法院裁判**］太原市晋源区人民法院审理认为：敦化坊街道办事处未能提交相关证据证明金林佳园业主委员会的选举过程不合法，故金林佳园业主委员会自选举产生之日起具备原告主体资格。敦化坊街道办事处对金林佳园小区成立业主大会和选举业主委员会具有指导、协助并予以备案的法定职责，其根据业主代表的申请成立了首次业主大会筹备组，并对筹备组组成人员名单、业主大会讨论事项、业主委员会候选人产生办法、业主委员会委员候选人名单等事项进行了公示，履行了部分指导、协助职责。之后，敦化坊街道办事处对金林佳园业主委员会选举过程不参与、不监督，却以选举过程不合法为由，对该业主委员会备案申请既不盖章也不书面答复，构成行政不作为。杏花岭区人民政府在敦化坊街办未提交任何证据的情况下，即认定金林佳园业主委员会未按法定程序成立，不具有合法的主体资格，决定驳回复议申请亦不符合法律规定，应予撤销。法院作出判决：（1）责令敦化坊街办事处自判决生效之日起 30 日内对金林佳园业主委员会是否符合备案条件进行审核，并作出书面答复；（2）撤销杏花岭区人民政府作出的《行政复议决定书》。一审判决后，当事人均未提起上诉。

［**裁判评析**］本案是因业主委员会备案而引起的行政诉讼案件。《民法典》第 277 条规定："地方人民政府有关部门、居民委员会应当对设立业主大会和选举业主委员会给予指导和协助。"《物业管理条例》第 10 条规定："同一个

物业管理区域内的业主，应当在物业所在地的区、县人民政府房地产行政主管部门或者街道办事处、乡镇人民政府的指导下成立业主大会。”根据上述规定，街道办事处作为地方政府部门，对小区设立业主大会、选举成立业主委员会具有指导和协助的职责。

小区成立业主委员会是业主自治的基础和基本保证，涉及小区广大业主的根本利益。作为地方政府部门的街道办事处应该依法履行职责，积极指导、协助成立业主委员会。在业主委员会成立后，需要依法向街道办事处申请备案登记。为业主委员会办理备案登记手续也是街道办事处指导、协助业主委员会成立的一部分，街道办事处不依法进行备案登记，是行政不作为的表现，业主委员会可以申请行政复议或者依法对其提起行政诉讼。在复议或者诉讼过程中，如果街道办事处不能提供证据证明业主大会的选举程序不合法，上级行政部门或者人民法院应该支持业主委员会的相关请求，要求街道办事处依法履行职责。

（二）杜某杰与亿达物业服务集团有限公司大连分公司物业服务合同纠纷案[①]

［基本案情］2018 年 2 月 12 日，大连市沙河口区德源小区第二届业主委员会与亿达物业服务集团有限公司大连分公司签订《德源小区物业服务合同》，约定由原告为德源小区提供物业服务，服务期限为自合同签订之日起至 2022 年 12 月 31 日止，德源小区二期住宅物业费 2.5 元 / 月 / 平方米，电梯费 12 元 / 户 / 月。业主杜某杰未向原告支付自 2019 年 1 月 1 日至 2021 年 3 月 31 日的物业费（含电梯费）3428.33 元。亿达物业服务集团有限公司大连分公司向法院提起诉讼，要求杜某杰交纳亿达物业服务集团有限公司大连分公司自 2019 年 1 月 1 日至 2021 年 3 月 31 日的物业费（含电梯费）3428.33 元。

［法院裁判］一审法院认为，《民法典》第 939 条规定，“业主委员会与业主大会依法选聘的物业服务人订立的物业服务合同，对业主具有法律约束力”。本案中，德源小区业主委员会与原告签订的《德源小区物业服务合同》系双方真实意思表示，内容不违反法律、行政法规的强制性规定，合法有效，对原告（物业服务企业）、被告（业主）均具有约束力，双方均应依约履行。一审法院经过审理作出如下判决：（1）被告杜某杰于判决生效之日起 10 日内

① 参见辽宁省大连市中级人民法院（2021）辽 02 民终 5248 号民事判决书。

给付原告亿达物业服务集团有限公司大连分公司自2019年1月1日至2021年3月31日的物业费（含电梯费）3428.33元；（2）驳回原告亿达物业服务集团有限公司大连分公司的其他诉讼请求。

杜某杰不服一审判决提起上诉。二审法院认为，业主委员会有权代表业主与物业服务企业签订物业服务合同，该合同是签订双方的真实意思表示，内容不违反法律、行政法规的强制性规定，当属有效。二审法院作出判决：驳回上诉，维持原判。

［**裁判评析**］“选聘和解聘物业服务企业或者其他管理人”是业主重要的权利，业主通过业主大会选举产生业主委员会后，业主委员会是业主大会的执行机关。业主大会通过选聘物业公司的决议后，由业主委员会代表全体业主与物业公司签订物业服务合同，业主委员会的行为对全体业主具有约束力。本案中，在业主大会聘请物业服务企业的决议未被撤销的情况下，对全体业主有效，业主委员会所签订的物业服务合同也是合法有效的。业主拖欠物业服务费构成违约，法院应该支持物业公司的诉讼请求。

（三）冯某、孙某某与海天名人广场小区业主大会业主撤销权案[①]

［**基本案情**］2018年9月20日，烟台市莱山区人民政府黄海路街道办事处建设监督管理办公室向小区全体业主对海天名人广场小区业主大会临时会议筹备组（以下简称筹备组）工作人员名单进行公示。同年10月27日，公告选举产生筹备组人员名单。2018年12月30日，海天名人广场小区业主大会临时会议在东方海天大酒店举行。同年12月31日，筹备组公告：海天名人广场小区业主大会临时会议已于2018年12月30日在东方海天大酒店成功举行，本次会议应到业主户数504户，实到276户，经核实有效274户，其中业主本人参加95户，委托179户，参加本次会议户数占业主总数的55%。会议就表决通过了《海天名人广场小区业主大会议事规则》和《海天名人广场小区管理规约》，7位业主当选海天名人广场小区新一届业主委员会成员。本届业主委员会委员任期3年，自2018年12月30日起至2021年12月29日止。

业主冯某、孙某某向一审法院起诉，请求撤销2018年12月31日被告作出的选举成立第二届业主委员会的决定；撤销本次业主大会选举产生的业主

① 参见山东省烟台市中级人民法院（2020）鲁06民终6930号民事判决书。

委员会；撤销2018年12月30日海天名人广场小区业主大会临时会议作出表决通过《海天名人广场小区业主大会议事规则》及《海天名人广场小区管理规约》的决定。

［**法院裁判**］一审法院认为，根据当事人提供的证据，可以确认2018年12月30日海天名人广场小区业主大会临时会议召开流程未违反法律规定。故该次会议根据各候选人得票数量多少选举产生的业委会委员，未违反法律规定。原告要求撤销2018年12月30日业主大会作出的选举成立新一届业主委员会的决定，一审法院不予支持。一审法院于2020年6月2日作出判决：驳回原告冯某、孙某某的诉讼请求。

二原告不服一审判决提起上诉。二审法院认为，根据被上诉人提供的临时会议筹备组根据参会资格审核登记表制作的载明业主姓名、房号、面积的业主大会资格审核表及出席会议业主专用面积统计情况，统计到会业主专有面积为51 182.34平方米。根据会议通过的议事规则，弃权票从多，故弃权票从同意票，因此同意票专有面积为51 182.34平方米，达到面积过半数。未违反法律规定，并无不当，所作判决正确，应予维持。二审法院作出判决：驳回上诉，维持原判。

［**裁判评析**］本案争议的关键点是2018年12月30日海天名人广场小区业主大会临时会议召开流程是否违反法律规定，业主大会的表决是否有效。本案所涉业主大会的召开发生在《民法典》实施之前，应当适用2007年《物权法》关于业主大会表决程序的相关规定。《物权法》第76条[①]规定，选举业主委员会和表决通过业主大会议事规则及小区管理规约，“应当经专有部分占建筑物总面积过半数的业主且占总人数过半数的业主同意”，也就是通常所说的要达到“双过半”的标准。本案小区召开临时业主大会进行表决的事项均达到了“双过半”的要求，程序合法有效，原告的起诉没有事实和法律依据。本案中，有效票的认定和统计的问题是很多小区召开业主大会时都会遇到的，其中主要争议是委托投票、弃权票、未参加投票业主票数等问题。对委托投票的形式及弃权票和未参加投票业主票数的计算，《业主大会议事规则》中有规定的，按照规定来处理，没有规定的按照法律规定处理。一般小区的《业主大会议事规则》都会把弃权票及未参加投票业主的票数计入已经投票的多数票，即“从多原则”。本案所涉小区的《业主大会议事规则》也有类似的规

① 对应《民法典》第278条。

定，法院依据议事规则认定弃权票为赞成票，作出业主大会决议有效的认定。一审法院判决驳回原告诉讼请求，二审判决驳回上诉、维持原判是有事实和法律依据的。

四、法律风险防范

业主大会和业主委员会是业主的自治组织，小区成立业主大会和业主委员会是业主自治的起点，对小区来说极为重要。但很多小区面临业主大会和业主委员会不能正常成立的局面，其原因是多方面的：有业主的不积极，有来自开发商和物业公司的阻碍，也有地方政府部门的不作为或滥作为。为了使小区的业主大会和业主委员会能够顺利成立，业主大会和业主委员会的表决和决定能够得到有效实施，避免发起成立业主大会的努力半途而废，避免业主大会的表决及业主委员会的决定被撤销，需要业主的积极参与、地方政府部门的依法指导，以及业主大会的依法召开。

首先，业主要积极参与。小区设立业主大会并选举成立业主委员会，事关小区全体业主的共同利益。发起设立业主大会的每一个环节都需要有热心业主的积极参与和推进，在召开业主大会的过程中需要有足够数量的业主参与表决，业主的积极参与是业主大会依法顺利召开的前提条件。

其次，地方政府部门依法指导、协助。地方政府部门依法指导、协助是业主委员会是否能依法成立的主要原因之一，也是业主大会是否能够依法设立的最大的不确定性因素。如果地方政府部门能够积极指导，业主大会就容易顺利召开，业主委员会也能够顺利选举产生并依法备案；如果地方政府部门不仅不积极指导，反而设置一些障碍，首次业主大会很难顺利召开，业主大会和业主委员会难以正常产生。为了使小区的业主大会和业主委员会能够正常成立，业主要做好与地方政府部门的沟通工作，得到当地政府部门的指导和协助。

再次，依法召开业主大会。业主发起设立业主大会、每年定期召开业主大会以及临时业主大会，都需要依法依规进行，任何一个环节的违法都可能导致大会的决议被撤销，引起各种纠纷。在所有程序都合法的情况下，地方政府部门也没有理由拒绝指导业主大会和业主委员会的成立，在所有程序都合法的情况下，也不用担心业主大会的表决会被撤销。

最后，要注意保留证据。在发起成立业主大会和业主委员会的过程中，需要经过很多环节，有很多内容需要依法公告，筹备组要依法公示，确保程序的合法性。在与地方政府部门的沟通中要尽量以书面形式进行，并要保留相关证据，以便在发生纠纷时有证据依法提起诉讼或者依法应诉。

第五节　物业管理纠纷

物业管理是小区最重要的事项之一，根据《民法典》第284条，小区的物业管理形式有两种：一种是业主自行管理，另一种是委托物业服务企业或者其他管理人进行管理。业主自行管理简称业主自管。业主自管是由业主自己进行物业管理，或者由业主直接雇佣相关人员或者聘请专业的人员或单位对业主的共有部分进行管理。适合实行业主自管的建筑物或者小区，一般有两大类：一个是业主人数少的小区，另一个是建筑规模小的小区。规模太大，或者业主人数太多的小区一般不太适合业主自管。当前，绝大多数小区都是聘请物业服务企业对业主共有部分进行管理。由物业服务企业对业主共有部分进行管理，可适用于绝大多数小区，是物业管理的常态。由物业服务企业进行物业管理有其显著的优势，可以实现专业化、精细化、差异化的服务。但不足之处也很明显，如物业服务企业容易偷工减料、降低服务标准、侵占业主的公共收益、侵害业主的合法权益等。物业服务纠纷是业主自治过程中经常发生的纠纷，该纠纷具有多发性、复杂性、综合性。

物业服务纠纷可能发生在物业服务的全过程，物业公司的选聘、解聘、物业费收取、业主知情权等各个方面都可能发生纠纷。最常见的有物业公司解聘纠纷、业主知情权纠纷、收取物业费纠纷、上涨物业费纠纷、公共收益纠纷、维修资金使用纠纷等。矛盾比较尖锐的纠纷主要发生在物业公司撤场发生的纠纷、业主知情权纠纷、公共收益纠纷、维修资金使用纠纷等。可以说在物业服务的任何一个环节都有可能发生纠纷，引起诉讼。

物业公司和业主之间是物业服务合同关系，物业服务纠纷表面看就是一个简单的合同纠纷，实际上物业服务纠纷的产生远比表面上所看到的情况要复杂得多。按照物业服务合同的约定，物业公司的主要义务是提供物业服务，主要权利是收取物业服务费。但实际上，物业公司在小区里可能获得的收益不仅包括物业服务费，还会有业主的共有收益、使用维修资金时暗中获得的好处、停车场的管理费、减少服务人员节省的开支等，这些费用甚至远大于物业费的收入。物业公司为了获得这些收益，往往极力阻碍业主委员会的成立，在物业服务合同到期后不愿意退出小区。物业公司往往存在“三不”：（1）不愿意撤离小区；（2）不配合办理移交手续；（3）不返还公共收益。小区业主为了实现物业公司的新旧交替，往往需要与原物业公司进行长时间的交涉，甚至长期办理不了移交和退出手续，使业主不得不提起诉讼。

物业服务合同纠纷的诉求具有综合性，在一个物业服务合同纠纷中，往往包含好几个诉讼请求，少的有两三项，多的有七八项。在业主起诉服务公司的诉讼中，很少有仅提出单一诉讼请求的。比如，在要求物业公司退出小区的诉讼中，业主委员会的诉求一般会包括要求物业公司退出小区、移交物业用房、移交相关资料、返还业主共有收益、恢复绿地、修复损坏的设备等。一个诉讼包含多项内容是物业服务合同的重要特点，也进一步反映出物业服务纠纷的复杂性和易发性。

一、相关法条

1.《中华人民共和国民法典》（2020 年 5 月 28 日）

第二百八十四条 业主可以自行管理建筑物及其附属设施，也可以委托物业服务企业或者其他管理人管理。

对建设单位聘请的物业服务企业或者其他管理人，业主有权依法更换。

第二百八十五条 物业服务企业或者其他管理人根据业主的委托，依照本法第三编有关物业服务合同的规定管理建筑区划内的建筑物及其附属设施，接受业主的监督，并及时答复业主对物业服务情况提出的询问。

物业服务企业或者其他管理人应当执行政府依法实施的应急处置措施和其他管理措施，积极配合开展相关工作。

2.《最高人民法院关于审理建筑物区分所有权纠纷案件适用法律若干问题的解释》（2020 年 12 月 29 日）

第十三条 业主请求公布、查阅下列应当向业主公开的情况和资料的，人民法院应予支持：

（一）建筑物及其附属设施的维修资金的筹集、使用情况；

（二）管理规约、业主大会议事规则，以及业主大会或者业主委员会的决定及会议记录；

（三）物业服务合同、共有部分的使用和收益情况；

（四）建筑区划内规划用于停放汽车的车位、车库的处分情况；

（五）其他应当向业主公开的情况和资料。

二、要旨释义

管理建筑区划内的建筑物及其附属设施、公共场所等业主共有部分，被称为物业管理。物业管理是业主共同管理权的一部分，也是业主共同的权利和义务。根据《民法典》第284条规定，业主进行物业管理有两种形式：一种是业主自行管理，另一种是聘请物业服务企业或者其他管理人进行管理。实务中，通常都是聘请物业公司进行物业管理，业主自管的情况相对较少。聘请物业服务企业提供服务也有两种形式：第一种是在房屋交付前由建设单位聘请的物业服务企业，被称为前期物业；第二种是房屋交付后由业主共同聘请的物业服务企业。现阶段，业主和前期物业公司的矛盾较为突出，原因是前期物业服务企业很多是建设单位自持的物业，受建设单位实际控制，在业主与建设单位的权属之争中容易与建设单位一起侵害业主的利益。另外，在前期物业服务期间小区一般都没有成立业主大会和业主委员会，在小区自治机关不健全的情况下，前期物业公司也比较容易侵害业主的共有利益，如擅自动用业主共有的维修资金、将业主共有收益据为己有等。《民法典》第284条第2款规定的业主可以更换建设单位聘请的物业公司，就是为了避免前期物业长期侵害业主利益。

《民法典》第285条规定了业主的监督权和知情权，业主对物业服务企业的服务依法进行监督，并可以提出询问，物业服务企业应该予以答复。

三、典型案例

（一）亿兴房地产公司与张某某、张某好、郭某某侵权纠纷案[①]

[基本案情] 亿兴房地产公司（以下简称亿兴公司）诉称：其开发建设了偃师市滨河明珠小区，2013年起业主开始陆续入住，因亿兴公司发生意外事件，未能及时为业主办理房产证。三被告以此为由多次煽动群众闹事，霸占暖气、水电等公共设施，并把亿兴公司办公室和物业办公室门锁砸坏，将相关物品办公家具扔到楼下，将两个公司的人员赶出小区。三被告霸占亿兴公

① 参见河南省郑州市中级人民法院（2021）豫民终1065号民事判决书；河南省偃师市人民法院（2020）豫0381民初4110号民事判决书。

司地下车位145个，以业主委员会的名义收取车位租金据为已有。三原告还霸占属于亿兴公司的一层商铺3间、门岗室2间、热力泵房设备间1间、二楼办公室2间及小区地下全部车位。为了维护自己的合法权益，亿兴公司向法院提起诉讼：（1）判令被告停止侵权行为，腾出其非法占有的一层商铺3间、门岗室2间、热力泵房设备间1间、二楼办公室2间及小区地下全部车位。（2）判令被告赔偿因其侵权行为给原告造成的损失1 478 458元。

［**法院裁判**］一审法院认为，亿兴公司对一层商铺3间、二楼办公室3间及小区地下车位具有所有权，被告张某某、张某好作为业主委员会成员，其行为已经超越了业主委员会赋予的职责和权利，其行为应该视为个人行为，行为的法律后果应该由其个人承担。其行为侵害了原告的合法权益，应依法停止侵权行为，腾出上述侵占的房产及车位。门面房的损失，按照同地段的租金标准50元/平方米计算，600平方米每月租金损失为28 500元；145个车位按照出租率50%计算，每个车位每月租金为90元，地下车位的租金为每月6525元。两项赔偿费用均计算至被告停止侵权之日止。

一审法院判决：（1）张某某、张某好停止侵权行为，腾出其非法侵占的亿兴公司的一层商铺3间、门岗室2间、热力泵房设备间1间、二楼办公室3间及小区地下全部车位并交还给原告。（2）张某某、张某好赔偿亿兴公司门市房租金损失每月28 500元，自2019年10月21日起，至被告停止侵权、排除妨碍之日止。（3）张某某、张某好赔偿亿兴公司地下车位租金损失每月28 500元，自2019年10月21日起，至被告停止侵权、排除妨碍之日止。

张某某、张某好不服一审判决提起上诉。二审期间，张某某和张某好向法院提交了新证据，证明小区于2018年11月17日、2019年6月25日两次召开业主大会，由业主大会表决对小区物业进行自管，业主大会委托张某好为小区物业自管的负责人。二人认为其行为是职务行为，二人不是本案适格的被告。并且所谓的“门面房”是亿兴公司占用业主的共有绿地建造的违章建筑，亿兴公司没有所有权，并且所谓“门市房”一直由亿兴自己锁住大门，二人从未占用过所谓的“门面房”；小区门岗室是小区建筑的附属设施，属于业主共有；二人也没有占用过一个地下车位，不存在侵权行为。二审法院审理后认为，本案因亿兴公司与滨河明珠业主委员会对滨河明珠小区内物业管理问题引起的争议，不能证明亿兴公司所主张的侵权行为系张某某、张某好的个人行为。二审法院判决：撤销一审判决，驳回亿兴公司的诉讼请求。

［**裁判评析**］案涉小区实行的是物业自管，小区内的物业管理有业主委员

会及业主大会授权的业委会成员张某好进行管理。张某某作为业主委员会主任，张某好作为自管物业的负责人，所实施的物业管理行为是职务行为，因物业服务过程中引起的纠纷，不应该由其个人承担责任。本案还反映出另外一些问题，像本案所涉的物业服务用房、门岗室、热力泵房等建筑物和附属设施应该属于业主共有，一审法院不应认定为建设单位所有；对损失的计算也应该是已经产生的租金损失或者将来必然要发生的租金损失，案涉门面房和地下车位没有对外出租过，不存在实际的租金损失，一审判决是以假设的数据来推算损失，缺乏事实依据。一审法院在张某某和张某好没有直接侵权行为，且原告没有实际损失的情况下，突破职务行为，判决二人承担责任，属于事实不清，证据不足。二审法院在查清案件事实的基础上，撤销一审判决，驳回原告的诉讼请求，是有事实和法律依据的。

（二）刘某某与河南丹尼尔物业管理有限公司物业服务合同纠纷案[①]

［**基本案情**］刘某某是郑州市银基花园一二期小区的业主，其在购买房屋时与被告河南丹尼尔物业管理有限公司（以下简称丹尼尔公司）签订了《前期物业管理服务协议》，该协议约定：物业管理费收取标准按照建筑面积1.3元/平方米，合同约定前期物业至业主委员会与物业管理企业签订《物业管理合同》生效时止。该小区至今没有成立业主委员会，丹尼尔公司应该继续按照1.3元/平方米收取物业费。但在2020年12月29日刘某某去交物业费时，丹尼尔公司要求按照1.86元/平方米交纳物业费。刘某某要求继续按照1.3元/平方米收取物业费，丹尼尔公司拒绝收费。刘某某认为丹尼尔公司违反的《前期物业管理服务协议》的约定，构成违约。向法院提起诉讼：要求判令被告丹尼尔公司按照双方签订的《前期物业管理服务协议》约定的每月每平方米1.3元的标准继续向刘某某收取2021年以后的物业服务费。丹尼尔公司辩称，其在2020年9月向银基一二期的业主发放了《银基一二期物业费调整征求意见表》表决票，至2020年10月14日，已有712户在表决票上签署同意将物业费标准由原来的1.3元/平方米调整为1.86元/平方米，达到总户数（1348户）的52.81%。刘某某对被告提交的表决票提出质疑，认为物业公司涉嫌伪造业主签名，表决票不真实，并对表决票上的签字业主进行核实，

① 参见河南省郑州市中级人民法院（2021）豫01民终16200号民事判决书；河南省偃师市人民法院（2021）豫0105民初12185号民事判决书。

随后提交了100多户业主认为不是其本人签名的核实结果。一审法官到小区进行走访，对表决情况进行核实，有确切证据证明的至少有50户业主签名非其本人所签。

［**法院裁判**］一审法院认为，本案的焦点是上调物业费用标准是否合法有效。涉及物业费收费标准的调整，应当由业主共同决定，并经专有部分占建筑物总面积过半数的业主且总人数过半数的业主同意。被告提交了712份征求意见表，证明超过50%的业主同意上涨物业费，但经法院核实发现，部分代签字人员并未得到业主授权，部分业主签字同意上涨物业费附有条件，部分业主否认签名真实性，部分业主不同意上涨物业费。另，被告也认可部分代业主签订意见表无法提供出具委托的原始短信、微信凭证。另外该征求意见表上没有不同意上涨物业费的选项，实质上是让业主在两个已经确定的物业费上涨金额中选择其一。被告作为案涉小区的物业公司，自行发起本次物业费涨价征求意见，整个签字缺乏监督，且存在大量物业公司员工代签或者他人代签的情况，最终表决结果没有向居委会和街道办事处进行报告。一审法院作出判决：被告丹尼尔公司继续履行双方签订的《前期物业管理服务协议》的约定，即按照每月每平方米1.3元的标准继续收取2021年之后的物业服务费。

丹尼尔公司不服一审判决提起上诉，二审法院经过审理作出判决：驳回上诉，维持原判。

［**裁判评析**］上涨物业费属于业主共同表决事项，应该经过业主大会表决通过。根据原《物权法》第77条规定上涨物业费，应该经专有部分占建筑物总面积过半数的业主且总人数过半数的业主同意。《民法典》第278条规定上涨物业费应当由“双三分之二”业主参与，且经参与表决的业主“双过半”业主数同意。本案中，案涉小区上涨物业费，其主体、方式等都是不合法的。上涨物业费是业主共同表决事项，应该由业主发起表决，由街道办事处和居委会进行监督，表决票应该有同意、不同意、弃权三个选项。而案涉小区上涨物业费，是由物业公司单方面发起表决的，且所谓“表决票”上只有两个已经确定物业费上涨金额的选项，业主只能二选一，没有不同意上涨或者弃权的选项，剥夺了业主的选择权。此外，有大量所谓“表决票”是由物业公司员工代签，事后大量业主否认签名的真实性和代签的真实性。该次上涨物业费表决程序、表决过程、表决结果均是违法的，不能作为上涨物业费的依据。本案件说明，物业公司上涨物业费要依法合规，否则可能会没有效力。

（三）赵某某等43名业主诉南京栖霞建设物业服务股份有限公司业主知情权纠纷案[①]

［**基本案情**］赵某某等43人名业主系南京市建邺区云锦美地住宅小区业主，南京栖霞建设物业服务股份有限公司（以下简称栖霞物业公司）是为云锦美地小区提供物业服务的物业管理企业。赵某某等43名业主于2020年6月11日向法院起诉，提出四项诉讼请求：（1）判令被告公开公示南京市建邺区云锦美地住宅小区2003年5月至2020年6月公计31日的期间内公共收益、成本支出、结余明细以及上述收益的合同、发票等，包括但不限于小区公共车位停车费、电梯广告费、户外灯箱广告费、丰巢等快递柜进场费、摊位进场费、雨污分流、移动公司、联通公司、电信公司在小区施工的工程配合费等；（2）判令被告公示建邺区云锦美地小区历年来小区会所、游泳池、幼儿园、花卉市场的租赁合同、租金及物业费收缴情况；（3）判令被告公示建邺区云锦美地小区路边停车位收费业主同意签名表；（4）判令被告公示历年来建邺区云锦美地小区公摊水电费发票、水电费的收缴以及结余情况。

［**法院裁判**］法院经审理认为，业主对居住小区公共事务和物业管理事项享有知情权，业主可以按照《最高人民法院关于审理建筑物区分所有权纠纷案件具体应用法律若干问题的解释》第13条规定要求物业公司公开相关情况和资料。本案中43名原告因系不同时间段入住涉案小区成为业主，故各43位原告享有的小区公共事务和物业管理事项的知情权利的开始日应以其入住并缴纳物业费为起始日。

法院经过审理作出如下判决：（1）被告南京栖霞建设物业服务股份有限公司应于本判决生效之日起30日内向原告公示小区2003年5月至2020年6月共计31日的期间内的公共收益包括但不限于小区公共车位停车费、电梯广告费、户外灯箱广告费、丰巢等快递柜进场费、摊位进场费。并提供上述收益相关的合同、发票等，成本支出、结余明细，由原告用以查阅。（2）被告南京栖霞建设物业服务股份有限公司应于本判决生效之日起30日内向原告公示云锦美地小区路边停车位收费业主同意签名表或对路边停车位收费情况作出说明。（3）原告于本判决生效之日起30日内，可凭各自签订的《房屋买卖

---

① 参见南京市中级人民法院（2021）苏01民终3525号民事判决书；南京市建邺区人民法院（2020）苏0105民初3951号民事判决书。

合同》或缴纳物业费时的凭证查阅其在南京市建邺区云锦美地小区水电费的收缴以及结余明细。

栖霞物业公司不服一审判决，提起上诉。二审法院认为，当事人对自己的主张，有责任提供证据。栖霞物业公司称已在小区中公示了公共收益、向业主出示财务票据可能影响其经营，但二审法院认为，业主对公共收益的整体情况及具体开支明细均有知情权。上诉人未能提供证据证明其已经公示了公共收益开支情况，在本案中向数名被上诉人提供公共收益汇总表，亦不能等同于向小区全体业主进行公示。二审法院经过审理后作出判决：驳回上诉，维持原判。

［**裁判评析**］知情权是物业服务合同纠纷中业主最基本、最重要的权利，是业主对物业公司进行监督的重要表现形式。物业服务合同纠纷中，就很多事项提起诉讼都需要业主大会表决，授权业主委员会进行诉讼，单个业主没有诉讼主体资格。业主对物业服务最重要的权利就是知情权，物业公司如果不作为，单个业主或者部分业主可以行使知情权，并有权依法提起诉讼。在小区没有成立业主委员会的条件下，业主通过知情权对物业公司进行日常监督和依法诉讼，是保护业主共有利益的重要保障。知情权纠纷属于物业服务纠纷的一部分，有的法院把案由定为业主知情权纠纷，有的法院则按照物业服务合同纠纷来处理。业主知情权诉讼的特点之一是业主的举证责任相对较轻，而物业公司的举证责任相对较重。原因在于，依法公示物业管理事项是物业公司法定的义务，了解物业服务情况是业主的法定权利。在举证责任分配上，如果物业公司认为其不应该履行公示义务，就要举证证明该事项不属于公示的范围或者物业公司已经依法进行了公示，如果物业公司举证不能，就要依法进行公示，并提供相关材料供业主查阅和复制。业主对公共收益等有全面的知情权，可以查阅合同、账册、原始凭证，物业公司以公示相关内容涉及其他业主隐私、影响自己正常经营等作为抗辩理由，都是不能成立的。本案中，法院经过审理支持了业主的大部分诉讼请求，物业公司的抗辩理由不能成立，法院判决其依法履行公示义务。

四、法律风险防范

物业管理的好坏对小区生活极其重要，其直接关系小区的品质，关系小区业主生活的安宁、安全和幸福感，也关系小区公共收益的归属与合理使用，以及小区房屋的保值增值。为避免由于物业管理不善而损害业主权益，业主应该完善管理模式，成立业主委员会，规范物业公司的行为，并且主动参与小区的管理及对物业公司进行有效监督。

（一）采取适合本小区的管理模式

小区业主对小区的管理有两种模式：一种是业主自行管理，另一种是聘请物业公司进行管理。对于业主人数较少的小区可以实行业主自行管理，之前机关单位的家属院基本都是业主自行管理的模式，由业主直接聘请相关人员进行管理。目前对于业主人数较少或者规模较小的小区，也有实行业主自管的。小区自管不是从字面意义上理解为业主亲自管理，而是由业主委员会或者业主共同决定聘请相关专业的单位或者个人进行管理。聘请物业公司对小区进行管理，是目前小区管理最常见的模式。聘请物业公司进行管理有两种模式：一种是包干制，就是把小区的物业管理打包承包给某一个物业公司进行管理，不对物业公司的人员报酬进行约定；另一种是薪酬制，业主或者业主委员会聘请物业公司，对于物业公司的人员按标准支付报酬，除了人员工资外给物业公司一定比例的利润。

无论业主自管，还是实行包干制、薪酬制进行物业管理，都各有利弊，每个小区应该根据本小区的具体情况，采取适合本小区的管理模式。

（二）完善业主自治组织

小区物业管理的乱象中存在物业公司侵犯业主利益的行为，最重要的原因是小区没有成立业主委员会，不能对物业公司形成有效的监管。按照现行法律规定，在业主委员会成立之前小区都处于前期物业管理阶段，即使有个别小区通过业主表决更换了前期物业，但在实践中数量极少，不是常态。前期物业管理是小区矛盾的重要根源所在，前期物业公司与地产商有着千丝万缕的联系，与一般物业相比，其在小区里的身份和地位特殊。前期物业公司一方面是业主的管家，另一方面又是建设单位实际控制的人员，其很大一部分精力是放在为建设单位而非业主服务上。及早结束前期物业，是维护小区业主权益重要的一步。

（三）提高业主参与管理积极性

建筑区划内的共有部分属于业主共有，小区事务由业主共同决定，业主应该主动积极参与小区的管理。但很多小区的业主对自身有哪些权利并不了解，对于如何行使管理权也一无所知。很多业主认为，小区就应该由物业公司进行管理。甚至有些小区的业主抵制成立业主委员会，认为业主委员会是和物业公司对立的，业主委员会成立后就会解聘物业公司，导致小区无人管理。有的物业公司为了分化小区的业主，也会进行宣传误导，使业主认为业主委员会的成员会获得很多好处，损害其他业主的利益。在小区成立业主委员会的过程中，要对业主进行权利意识的引导，提高他们参与小区事务的积极性和主动性。

（四）改善业主和物业公司的关系以减少纠纷的发生

现实中，小区的主要矛盾之一就是物业公司与业主的矛盾，物业公司与业主矛盾最主要的表现是物业服务质量问题，以及物业公司对于小区公共收益的非法占有问题。为了改善业主物业公司的关系，双方应该积极履行合同义务，业主按时交纳物业费，并对物业公司依法进行监督；物业公司也要为业主提供优质的物业服务，接受业主的监督，及时公示相关信息，不侵占业主利益。促使物业公司与业主之间真正成为平等主体的合同关系，彼此遵守契约精神，各自履行相应的义务，享有相应的权利，各尽所能，各得其所，避免纠纷发生，共同努力把小区建设得更加美好。

第四章

相邻关系纠纷

相邻关系主要包括用水、排水的相邻关系，通行相邻关系，弃置、排放有害物质相邻关系，因建造、修缮建筑物及铺设管线所形成的相邻关系，通风、采光和日照的相邻关系，不可量物侵入的相邻关系，防险相邻关系，避免损害相邻关系等。在处理相邻关系纠纷时，要善于运用利益衡平方法，兼顾双方当事人的权益。相邻当事人对自己不动产的利用行为，负有限制义务；对对方利用不动产的行为，负有容忍义务。文明、和谐、诚信、友善等社会主义核心价值观，与处理相邻关系的基本原则“有利生产、方便生活、团结互助、公平合理”，具有很多相同之处。法院在处理相邻关系纠纷时，要善于运用社会主义核心价值观，进行充分的说理。法院要善于运用经验法则，就案件事实认定及法律适用事项进行权衡，综合考虑法律效果和社会效果，妥当行使自由裁量权。

第一节　用水、排水相邻关系纠纷

用水和排水是一个事物的两个方面，水源不足往往产生截水、蓄水等相邻用水纠纷，水源过剩则会产生相邻排水纠纷。《民法典》第 290 条第 1 款明确规定了用水、排水相邻关系的基本规则，不动产权利人要为相邻权利人提供必要的便利。如果不提供必要的便利，相邻一方可以请求排除妨害、消除危险、赔偿损失。《民法典》第 290 条第 2 款明确规定了自然流水的利用和排放的基本规则。对自然流水的利用，应当在不动产的相邻权利人之间合理分配。对自然流水的排放，应当尊重自然流向。对自然流水之外的人工流水，要遵循提供必要便利的原则。

一、相关法条

《中华人民共和国民法典》（2020 年 5 月 28 日）

第二百九十条 不动产权利人应当为相邻权利人用水、排水提供必要的便利。

对自然流水的利用，应当在不动产的相邻权利人之间合理分配。对自然流水的排放，应当尊重自然流向。

二、要旨释义

（一）相邻用水关系的规范解释

无论是地上水还是地下水，相邻各方均可使用，不动产权利人应当尊重水的自然流向，水流经过地的相邻各方，应当依据“由近到远、由高到低”的原则使用，不得擅自垄断对水的使用权，也不得妨碍邻人用水。因一方擅自改变、堵截或独占自然水流而影响他方正常生产活动的，他方有权请求排除妨碍，造成损失的，有权请求赔偿损失。

1. 地表水的利用

以目的为标准，用水可以分为家庭用水、市政用水、灌溉用水、工业用水、水力用水、航运用水、竹木流放用水、稀释用水、娱乐用水等。为了更好地规范取水问题，《水法》《取水许可和水资源费征收管理条例》《取水许可管理办法》等一系列法律法规从资源配置和行政管理的角度对取水权的取得、行使、转让等作了系统的规定。我国对水资源的利用，采用的是行政许可。从权利的角度看，就是取水权。取水权，是指权利人利用取水工程或者设施直接从江河、湖泊或者地下取用水资源的权利。取水权的实质是赋予取水权人以财产权，从而促使人们珍惜和合理利用水资源。[①] 我国取水权分为特许取水权和法定取水权。前者是指按照《水法》等相关法律法规规定，国家对水资源依法实行取水许可制度和有偿使用制度。法定取水权主要是指在法定

---

① 陈广华、黄野:《民法典视阈下水权制度之检讨与重构》，载《西部法学评论》2018 年第 2 期。

情况下不需要申请领取取水证的权利。其中，法定情况主要是下列三种情况：农村集体经济组织及其成员使用本集体经济组织的水塘、水库中的水的；家庭生活和零星散养、圈养畜禽饮用等少量取水；为保障矿井等地下工程施工安全和生产安全必须进行临时应急取（排）水的和为消除对公共安全或者公共利益的危害临时应急取水的。

跨行政区域的自然流水的使用，要遵从政府的行政调配，不跨区域的自然流水的利用，要适用在不动产的相邻权利人之间合理分配的规定。[①]《水法》第45条规定："调蓄径流和分配水量，应当依据流域规划和水中长期供求规划，以流域为单元制定水量分配方案。跨省、自治区、直辖市的水量分配方案和旱情紧急情况下的水量调度预案，由流域管理机构商有关省、自治区、直辖市人民政府制订，报国务院或者其授权的部门批准后执行。其他跨行政区域的水量分配方案和旱情紧急情况下的水量调度预案，由共同的上一级人民政府水行政主管部门商有关地方人民政府制订，报本级人民政府批准后执行。水量分配方案和旱情紧急情况下的水量调度预案经批准后，有关地方人民政府必须执行。在不同行政区域之间的边界河流上建设水资源开发、利用项目，应当符合该流域经批准的水量分配方案，由有关县级以上地方人民政府报共同的上一级人民政府水行政主管部门或者有关流域管理机构批准。"

2. 地下水的利用

2016年修改后的《水法》第36条规定："在地下水超采地区，县级以上地方人民政府应当采取措施，严格控制开采地下水。在地下水严重超采地区，经省、自治区、直辖市人民政府批准，可以划定地下水禁止开采或者限制开采区。在沿海地区开采地下水，应当经过科学论证，并采取措施，防止地面沉降和海水入侵。"2015年制定的《陕西省地下水条例》第27条规定："开采矿藏或者建设地下工程必须疏干排水的，采矿单位或者建设单位应当向县级以上水行政主管部门报送疏干排水方案，并按照批准的疏干排水方案进行疏干、回收利用或者排放，不得擅自扩大疏干区域和变更排放地点。鼓励采矿单位或者建设单位采取人工回灌、回收利用等技术措施，优先利用矿坑水和施工排水，无法全部利用的，应当处理达标后排放。因疏干排水导致

① 全国人大常委会法制工作委员会民法室编：《〈中华人民共和国物权法〉条文说明、立法理由及相关规定》（第二版），法律出版社2017年版，第171页。

地下水水位下降、水源枯竭或者地面塌陷的，采矿单位或者建设单位应当及时采取工程技术措施，予以补救；给他人生活和生产造成损失的，依法给予补偿。”

（二）相邻排水关系的规范解释

相邻排水关系，包含相邻自然排水和相邻人工排水两种。

1. 自然排水

对自然流水的排放，应当尊重自然流向。低地权利人有承水、过水的义务，从高地自然流至之水，低地权利人不得妨害。不动产权利人有容忍自然流水的义务（承水义务），即由邻地自然流至之水。就相邻不动产权利人而言，则享有自然排水权。负有承水义务的不动产权利人违反承水义务，加以妨阻的，享有排水权的相邻不动产权利人可以请求除去。

在排水关系中，水流上游要照顾下游用水；低地需水，高地邻人应当允许流水通过自己使用的土地，让高处的水流向低地；上游和高地的邻人，不能擅自截留流水影响下游和低地的邻人用水；水源不足时，应当按照：“由近到远，由高到低”的原则，通过各方，合理分配，共同使用；水涝成患或防水排放已经形成自然道的，下游低地的邻人应当允许上游或高地流水通过自己使用的土地，不得擅自堵截；流水与排水一方如果需要改变水的自然流向，应征得相邻他方的同意，不能任意控制水源，或排除水患而损害他方的权益。①

“对自然流水的排放，应当尊重自然流向”的理解，应注意四个问题：其一，此项排水，以自然流水为限，如泉水、雨水、雪水等，非自然流水如水利机构之水渠的流水等，邻人无承水义务，从而也无《民法典》第290条之适用；其二，此所谓“自然排水”，虽以高地流入低地为常，但水流来自地势相同之地，甚或因潮汐涨满，河水泛滥而逆流至高地者，亦应适用《民法典》第290条之规定；其三，若因承水义务人的某种设备致自然流水无法排除时，无论系出于故意、过失或其他目的，均应认为违反承水义务，享有排水权的人有权请求予以除去，直至可以自然排水为止；其四，邻地所有人和使用人的承水义务，仅系消极的不作为义务，如水流于邻地内被阻塞时，邻地所有

① 高富平：《物权法讲义》，法律出版社2011年版，第194页。

人或使用人不负有疏通义务。[①]

2. 人工排水

人工排水，是指自然流水借助人工设施排放水流。雨水虽为自然水，但非自然流动，而系由人工导引的，低地所有人或使用人即无承水义务。屋檐滴水，性质上属于人工排水。建造建筑物时应注意不得设置屋檐或其他物品，使雨水注入邻人的不动产。我国台湾地区“民法”第777条规定：“土地所有人，不得设置屋檐、或其他工作物，使雨水直注于相邻之不动产。”现代家庭生活中使用的冷气机排出的水滴、抽油烟机排除的油滴等，发生直注于相邻不动产的情形。从法律适用看，这些新情况可以适用《民法典》第290条的规定，将“排水”的外延予以适当的扩张。在苗某与张某鹏相邻关系纠纷中，被告因使用空调时外挂机出现漏水，导致原告房屋东侧阳台外窗台及西侧房间外窗台处产生积水，侵犯了原告的相邻权，因此法院判决被告本判决生效之日起立即停止对原告房屋东侧阳台外窗台及西侧房间外窗台处滴水的妨碍行为。[②]

高地权利人为使其浸水之地干涸，或者排泄家用、农工业用水至公共排水通道时，可以使其水通过低地。但应选择于低地损害最小的处所和方法为之。在对低地有损害的情况下，应给予补偿。[③]相邻排水人不得向邻地排放法律禁止排放的污水。有学者认为，在排污权已经成为独立的权利的背景下，相邻排水关系原来包括排污权的内容应分离出来，归入排污权制度中。[④]这种观点有一定道理，但不能一概而论。在农村，因养殖等排放污水继而引发的纠纷时有发生。例如，根据云南省曲靖市中级人民法院（2018）云03民终1731号民事判决书，王某荣家猪圈后墙脚外有一排水口，高出王老四家大房子地面约有0.8米，王老四家房屋内受潮严重，因此法院判王某荣家在诉争位置清理出阴沟，为王老四家排水提供必要的便利。

在城市中由于市政供水和市政排水管道建设已经很完备，几乎不涉及相邻用水排水的相关问题。2013年国务院颁布的《城镇排水与污水处理条例》

---

① 梁慧星：《中国民法典草案建议稿附理由·物权编》，法律出版社2013年版，第205页。

② 参见辽宁省沈阳市和平区人民法院（2018）辽0102民初9862号民事判决书。

③ 全国人大常委会法制工作委员会民法室编：《〈中华人民共和国物权法〉条文说明、立法理由及相关规定》（第二版），法律出版社2017年版，第170页。

④ 崔建远：《物权：规范与学说——以中国物权法的解释论为中心》（上册），清华大学出版社2011年版，第450页。

第21条规定："从事工业、建筑、餐饮、医疗等活动的企业事业单位、个体工商户（以下称排水户）向城镇排水设施排放污水的，应当向城镇排水主管部门申请领取污水排入排水管网许可证。城镇排水主管部门应当按照国家有关标准，重点对影响城镇排水与污水处理设施安全运行的事项进行审查。排水户应当按照污水排入排水管网许可证的要求排放污水。"

三、典型案例

（一）杨某军与永平县博南镇东庄村委会上火烧营村民小组相邻用水纠纷案[①]

［基本案情］杨某军系永平县博南镇东庄村委会上火烧营村的相邻村村民。因原有的家庭生活水源干涸，2017年11月21日，杨某军在自家承包的大平坦林地内水源点，用型号为6分的水管接了一股自来水到家饮用。杨某军的取水点也是火烧营村的生产、生活用水水源。诉争取水点由附近不同三个村民小组林地内水源汇入，沟内水流较大。2017年11月28日12时，上火烧营村负责人施某其及其村民20多人，将杨某军户接好的水管500米左右全部取走，并将取走的水管存放于施某其家中，导致杨某军无法取水饮水。杨某军向法院提起诉讼，要求判令上火烧营村民小组停止侵害，并赔偿其恢复饮水管损失8000元。

［法院裁判］本案争议的水源系自然流水，该水资源属国家所有，任何单位和个人不得因引水而损害公共利益和他人的合法权益。杨某军和上火烧营村民小组因居住、生活已形成了相邻关系。杨某军生活水源干涸，其居住在山脚下河沟水源距离较远，需用电抽取，且扬程太大，无法实现取水，现已无其他取水点可供取水饮用。为家庭生活用水方便，杨某军有权取水，上火烧营村民小组应当允许，并停止对原告取水权的侵害。鉴于杨某军的水管尚未被毁坏，故对杨某军请求赔偿的诉讼请求不予支持。据此，法院判决上火烧营村民小组于本判决生效之日起停止对杨某军取水权的侵害；上火烧营村民小组于本判决生效之日起10日内返还杨某军全部水管；杨某军按原有取水方式自行恢复取水；驳回其他诉讼请求。

［裁判评析］在实践中，往往是不同村的村民之间、不同姓氏的村民之

① 参见云南省大理白族自治州中级人民法院（2018）云29民终606号民事判决书。

间，因自然流水的利用发生纠纷。本案就是不同村的村民发生的争议，要充分考虑历史因素和现状。杨某军原有的家庭生活水源干涸，有权从其他相邻地方取水。

水资源系国家所有，杨某军与上火烧营小组均有合理利用自然流水的权利。上火烧营小组制止、干涉杨某军合理利用该自然流水的行为不当，但杨某军亦应当注意自己的取水行为不能妨碍上火烧营小组对该水源的利用。法院根据具体情况，对当事人因自然流水产生的取水纠纷予以裁判。需要指出的是，《水法》《取水许可和水资源费征收管理条例》《取水许可管理办法》等一系列法律法规对较大河流的取水等采取了行政审批的管理手段，确保了上下游水资源利用的公平。

（二）谢某国、卫某琴与谢某松相邻排水纠纷案[①]

[基本案情] 谢某国、卫某琴住处的自然地势位于斜坡上，自然排水要从谢某松耕种的土地与路之间排出。2019 年 9 月，谢某松因耕种的土地的地理位置原因，在雨季会被雨水淹没，故用砖将与谢某国、卫某琴相邻处修砌，并运土将土地填高。因谢某松将土地填高，导致谢某国、卫某琴户住处的雨水不能及时排出，造成谢某国、卫某琴户住处被淹。谢某国、卫某琴向法院提起诉讼，要求法院判令谢某松立即停止侵害并排除妨碍，将（长 20 米、宽 1 米）的污水排水沟恢复原状，并赔偿其因排水沟堵塞造成的 4000 元经济损失。

[法院裁判] 不动产的权利人应与相邻方团结互助，在不对相邻方的生产、生活等造成影响的前提下、合理利用和行使权益。谢某松在回填自留地及修建堡坎改善自身生产条件的过程中，应当兼顾相邻权不动产人排水、通行等便利。虽然谢某松将土地填高是为了预防和避免在雨季遭受水淹，但由于其实施的填高行为会对同样位于该地段的不动产相邻方谢某国户的排水等造成影响。谢某松在未与谢某国户形成统一意见及采取合理措施的情况下，用砖修砌后将土地填高，导致不动产相邻方谢某国户自然排水不畅，积水导致谢某国户受淹。法院根据现场勘查情况，从既能保障谢某国、卫某琴的权利又不扩大损失的方面考虑，酌情判令谢某松将修砌在兴国、卫某琴房屋旁的排水沟口处的砖墙底部拆除长、宽、高不少于 30 厘米的豁口，并

---

① 参见贵州省贵阳市中级人民法院（2021）黔 01 民终 2337 号民事判决书。

从该豁口处顺原自然地势恢复宽度不少于30厘米水沟延伸至原土地自然地势处，保证谢某国、卫某琴的正常排水。对谢某国、卫某琴请求的4000元赔偿的主张，因并未举证证实因排水不畅造成的实际损失，故法院不予支持。

［**裁判评析**］谢某国、卫某琴的诉讼请求是停止侵害、恢复污水排水沟（长20米、宽1米）原状。法院的裁判结果是在砖墙底部拆除长、宽、高不少于30厘米的豁口，并从该豁口处顺原自然地势恢复宽度不少于30厘米的水沟。这种裁判结果，不拘泥于当事人的诉讼请求，从问题解决的诉讼目的出发，充分考虑了历史因素和目前现状，兼顾了相邻各方的权益，展示了高超的司法技能。需要指出的是，法院进行了认真细致的现场勘查，这是能够作出公平裁判的前提和基础。

（三）高某才与高某林相邻排水纠纷案①

［**基本案情**］高某才、高某林、高某会的老房为土木结构瓦房，连体同排，坐西北朝东南，高某才房屋位于北面，高某会房屋位于南面，高某林位于中间。2016年，高某林在争议房屋西北侧建盖新房、修建场院，并在争议房屋后墙处搭建简易车棚，该车棚西南角红砖支柱高2.66米、宽0.36米，位于涉案房屋后墙滴水中段，高某才认为车棚影响房屋滴水及排水，双方发生纠纷。2017年，高某林拆除简易车棚与高某才房屋后墙相连接的一部分，留出0.65米后墙滴水，并在该位置砌了长3.4米、宽0.65米的“L”形红砖围墙，该围墙0.65米宽的部分阻断了争议房屋后墙滴水的排水走向。高某才向法院提起诉讼，要求判令高某林拆除侵犯其权益的红砖墙部分及清除堵塞排水的障碍物，排除妨碍。

［**法院裁判**］双方当事人房屋相邻，房屋均为土木结构房屋，后墙墙体为土基，从有利于双方生产生活，确保房屋安全的角度出发，双方均应为对方的排水提供必要的便利。高某林在高某才住房后墙滴水下修建围墙，一旦下雨，屋面雨水下落时可能与围墙相撞，飞溅高某才房屋的后墙墙体，造成房屋安全隐患，同时，两墙之间间距狭仄，雨量过大时，一旦排水不畅，极易造成雨水聚集，浸蚀墙体，影响房屋安全。争议的房屋滴水系高某林、高某才及案外人高某会老屋共同的排水系统。房屋滴水的排水系统是不可分

---

① 参见云南省曲靖市中级人民法院（2021）云03民终114号民事判决书。

割的整体，所有的权利人均有义务保持排水畅通。高某林的场院与高某才房屋后墙滴水相连，高某林应当提供排水便利，不得堵塞。但高某林在该房屋滴水处建盖简易车棚及垒砌红砖围墙，经现场查看确认，简易车棚西南角的红砖支柱及红砖围墙宽 0.65 米的部分，明显处于滴水位置，影响涉案房屋后墙滴水的排放，应予以拆除。因此，判决高某林于判决生效后 15 日内拆除高某才老房后墙处红砖围墙宽 0.65 米的部分及高某林简易车棚西南角高 2.66 米、宽 0.36 米的红砖支柱，并留出涉案房屋后墙滴水 0.65 米的部分。

［**裁判评析**］二审法院认为，一审判决没有查明妨碍物的具体位置和全部事实，未向原告高某才释明其具体的诉讼请求，仅判决红砖围墙外移 20 厘米，并未解决房屋后墙排水问题。二审法院以事实不清，处理不当为由，对此进行了改判。然而，需要指出的是，原告高某才并没有上诉，只有被告高某林上诉。从形式上来看，既然当事人没有上诉，法院就不应当予以处理。然而，相邻纠纷比较特殊，如果只是机械性地适用法律，必将增加诉累，更不利于纠纷的解决。就本案而言，如果二审法院不纠正一审法院的错误，高某才按照法律规定，要走审判监督程序或者申诉程序，这势必增加了解决问题的难度。因此，二审法院从一审法院没有让当事人释明诉讼请求的角度出发，依法进行改判，具有法律的依据，也基于政策的考虑。

四、法律风险防范

用水和排水是一个事物的两个方面，水源不足往往产生截水、蓄水等相邻用水纠纷，水源过剩产生相邻排水纠纷。对自然流水的利用，应当在不动产的相邻权利人之间合理分配。对自然流水的排放，应当尊重自然流向。对于自然流水之外的人工流水，要遵循提供必要便利的原则。在杨某肉与郭某明相邻用水、排水纠纷案中，法院认为当地的地势是西、北方地势高，东、南方地势低，杨、郭两家房屋布局是杨家在郭家的西北方，因此不动产权利人郭某明应当为杨某肉房屋排水提供必要的便利。[①] 从城乡差别来看，农村出现排水、用水纠纷的概率远大于城市。南方水源大多来自江流，北方的水源多为浅层地下水，因此用水和排水纠纷南方多于北方。云南和广西等南方地区，该类问题更多。

---

① 参见山西省晋城市中级人民法院（2018）晋 05 民再 3 号民事判决书。

根据最高人民法院梳理的司法裁判经验，不动产权利人是否负有提供便利的义务，应根据以下标准予以判断：第一，是否有条件向相邻权利人提供便利。受客观环境的影响，不动产权利人具有某种地理上的优势，能够制约相邻权利人用水、排水。因此，其负有向相邻权利人提供便利的义务。第二，是否负有向相邻权利人履行补救或补偿的义务。本来不动产权利人有义务向相邻权利人提供用水、排水的便利，但为了实现某种目的不能提供，影响相邻权利人的利益，就负有采取补救措施或者予以补偿的义务。[①] 当事人可以据此防范法律风险，该提供便利的要提供便利，该采取补救措施的要采取补救措施，避免承担民事责任。

第二节 通行相邻关系纠纷

不动产权利人对相邻权利人因通行等必须利用其土地的，应当提供必要的便利。这是不动产权利人的权利限制和相邻不动产权利人的权利扩张，旨在解决对土地的任意支配权与排他权的冲突。通行相邻关系主要发生于一方的不动产被其他不动产围绕而无法通往公共道路时，该不动产所有人或使用人为了通往公路，有权从邻人不动产通行。一方不“提供必要的便利”的，另一方可以诉请法院予以支持。因侵害必要通行给相邻不动产权利人造成损害的，应当予以赔偿。行使必要通行权一般是无偿的，在行使通行权时应当采用对不动产损害最小的方法。

一、相关法条

《中华人民共和国民法典》（2020 年 5 月 28 日）

第二百九十一条 不动产权利人对相邻权利人因通行等必须利用其土地的，应当提供必要的便利。

---

① 最高人民法院物权法研究小组编著：《〈中华人民共和国物权法〉条文理解与适用》，人民法院出版社 2007 年版，第 277 页。

二、要旨释义

（一）“通行等”的解释适用

《民法典》第 291 条所称的“通行”等，不仅是指“人”的通行，还包括牲畜、机动车等设备的通行，但不包括地下污水管道的通行。因为地下管道的通行，是铺设管线形成的相邻关系，《民法典》第 293 条已经对此作了专门的规定。加装电梯是实践中通行的新问题。在潘某泉等人诉何某、黎某妹相邻关系纠纷案中，法院认为，住宅楼加建电梯需经过专有部分占建筑物总面积 2/3 以上的业主且占总人数 2/3 以上的业主同意，并已经过行政机关审查许可取得“建设工程规划许可证”的，业主享有加建电梯的合法权利，加建电梯必须利用相邻土地、建筑物的，该土地、建筑物的权利人应当提供必要的便利。①

《民法典》第 291 条规定“因通行等必须利用其土地的”中的“等”字，需要科学解释。基于不动产所有权或使用权的固有特性，权利人有权禁止他人进入其地内。参考大陆法系一些国家和地区的法律规定，本条中的“等”大致还包括以下两种情形：第一，依当地习惯，许可他人进入未设围障的土地刈除杂草，采集枯枝、枯干，采集野生植物，或放牧牲畜等。第二，他人物品或者动物偶然失落于其土地时，应允许他人进入其土地取回。②

（二）“必须利用”的解释适用

不动产权利人必须为邻人因通行而使用其不动产提供必要的便利。土地、建筑物所有人或使用人享有必要的通行权，邻地所有人或使用人负有容忍通行的义务。所谓“必要通行权”，学说与他国立法例又称为袋地通行权。所谓“袋地”，是指土地被他人土地包围，与公路没有适宜的联络，致使不能正常使用土地。根据法律规定，“袋地”的土地权利人可以通行周围的土地以达到公路。“袋地”的权利人通行于周围的土地以达到公路，是法律赋予其应享有的权利，是其所有权或使用权的延伸。法律强制“袋地”周围土地的权利人必须为“袋地”的权利人提供通行便利。如果拒绝，“袋地”权利人可以以自

---

① 参见广东省广州市中级人民法院（2013）穗中法民五终字第 133 号民事判决书。

② 全国人大常委会法制工作委员会民法室编：《〈中华人民共和国物权法〉条文说明、立法理由及相关规定》（第二版），法律出版社 2017 年版，第 177 页。

己土地的所有权或使用权的行使受到妨碍为由，请求相邻土地的权利人排除妨害。[①]《法国民法典》第682条规定：地产被其他地产包围，没有通向公共道路的任何通道或者通道不足时，该地产的所有权人，为农业、工业或商业生产经营活动，或者为进行建筑或区分所有权建筑，有权要求对相邻人的土地享有充分的通行权，以确保其通达本人的土地，但是，应当对由此造成的损害按比例给予补偿。[②]

（三）"土地"的解释适用

《民法典》第291条所称的"土地"，包括城镇用地、农田、宅基地、林地、草原、山岭和其他土地。相邻一方的走廊、隧道、涵洞等，也属于土地范畴。从立法目的看，有必要将"土地"解释为"不动产"，包括房屋等建筑物。1988年最高人民法院通过的《关于贯彻执行〈中华人民共和国民法通则〉若干问题的意见》第101条规定："对于一方所有的或者使用的建筑物范围内历史形成的必经通道，所有权人或者使用权人不得堵塞。因堵塞影响他人生产、生活，他人要求排除妨碍或者恢复原状的，应当予以支持。但有条件另开通道的，也可以另开通道。"

（四）"应当提供必要的便利"的解释适用

如何对相邻通行权中的"必要"进行认定，应当根据不动产周围的地理状况、与道路的距离和相邻不动产利用人的利害得失等情况具体问题具体分析。在不动产周围的条件发生变化的情况下，通行权人此时通行的必要性会发生变化，在此情况下，应该依据变化了的实际情况对通行人是否继续享有相邻通行权进行分析。因通行给土地所有人或使用人造成损失的，应当支付补偿金。例如，可在荒地上开辟道路，就不可于邻人农田里通行，踩坏地里的农作物时应当对邻人进行补偿。因该通行权的基础为土地所有权或使用权，只要通行权人的土地与公路无适宜之联络，其通行权始终存在，即并不因未支付补偿金而消灭。此时，被通行土地的所有人或使用人，仅可依债务不履行的规定，请求其给付该项偿金。关于什么是"损害最少的处所及方法"，因

---

① 全国人大常委会法制工作委员会民法室编：《〈中华人民共和国物权法〉条文说明、立法理由及相关规定》（第二版），法律出版社2017年版，第176页。

② 《法国民法典》（上册），罗结珍译，法律出版社2004年版，第537页。

有时不易判定，故在周围土地所有人或使用人有异议时，赋予有通行权之人及异议人均可申请法院以判决决定之权。[1]

三、典型案例

（一）李某与李某福相邻通行纠纷案[2]

［**基本案情**］李某、李某福系上下坎邻居关系。2011年政府实施“一事一议”政策，由政府出资，群众出力，对农村村寨道路进行硬化建设，在李某家居住的现房屋坐向左侧档头和李某福家坐向左侧档头旁之间进行了水泥路面硬化，形成3米左右宽的水泥路。该硬化的水泥路主要系李某家生产、生活出入的通道，硬化时和硬化后，从未发生过任何纠纷，李某福家也未提出过任何异议。2018年，李某福家将其祖籍修建的旧房拆除，重新在原旧房的宅基地上修建为现在的木质结构房屋。2020年12月5日、12月10日，李某福以建设需要，擅自将自己房屋坐向左侧档头的后坎（2011年硬化进入李某家的水泥路）部分路面挖掉。经实地勘验，所挖毁路面长度为4.45米，宽度为0.4米、1米、1.2米不等，厚度为0.1米至0.95米不等。经村委调处未果，李某则向麻江县人民法院提起民事诉讼，请求判令李某福停止妨害，恢复毁坏的道路，保证原告相邻通行的权利。

［**法院裁判**］村民对村寨道路享有通行的权利，任何人不得干涉和毁损。李某、李某福既是家族，又是上下坎邻居，应当按照“有利生产、方便生活、团结互助、公平合理”的原则，正确处理通行等方面的相邻关系。李某、李某福所在村寨为改变家居环境，建设家园，共同对入户道路进行了拓宽和硬化，通往李某家已硬化的水泥通道，已形成李某家生产、生活及村民们共同行走的村寨通道。对已修建好的道路应当共同通行和维护，不应当因其他矛盾而随意阻塞和毁损。李某福以建设所需擅自挖毁原告已硬化行走多年的道路，其既没有建设用地批准手续，又毁坏了行走多年的道路，损害了李某家正常通行的权利。据此，法院判令李某福立即停止侵害，不得挖毁通往原告李某住宅硬化的水泥通道，用沙石、水泥砂浆恢复毁损位于李某房屋坐向左侧档头与李某福新修木质结构房屋坐向左侧档头后坎通往李某住宅的水泥通

---

① 梁慧星：《中国民法典草案建议稿附理由·物权编》，法律出版社2013年版，第223页。

② 参见贵州省黔东南苗族侗族自治州中级人民法院（2021）黔26民终1680号民事判决书。

道长为4.45米，宽度为0.4米、1米、1.2米不等，厚度为0.1米至0.95米不等的路面，恢复道路通行。

[**裁判评析**]处理相邻通行关系，关键是尊重历史。在本案中，诉争道路在2011年硬化时和硬化后，从未发生过任何纠纷，李某福家也未提出过任何异议。李某家走这条路通行已有十余年时间，形成了“历史通道”。根据法律规定，已形成历史通道的，任何一方不得擅自改变现状。李某福以建设所需擅自挖毁李某家行走多年的道路，其既没有建设用地批准手续，又毁坏了行走多年的道路，损害了李某家正常通行的权利。因此，法院判决：李某福停止侵害，恢复道路通行。

对于历史形成的通道、桥梁、渡口、道路、堤坝等，任何人不得堵塞、设置障碍，妨碍他人正常的通行。在桂某昌、杨某国相邻通行纠纷案中，法院认为，桂某昌新建房屋与杜某飞房屋之间原有一条通道，杨某国从该条通道通行至桂某昌房后进行管理该土地，最为方便安全，但桂某昌在该通道底端堆砌围墙，将杨某国通往其土地的通行路段予以阻断，影响了杨某国的正常生产活动，其行为违背了法律规定的相邻关系原则。虽杨某国可以从田坝中绕行至土地中，也可从杜某海家院坝通行至其土地中，但上述方式所通行道路并非历史形成的通道，且采取其他方式（如搭架子、垫水泥砖）前往其土地进行生产并不便利。因此，桂某昌砌筑围墙堵住通道的行为不利于生产，也侵害了杨某国的通行权，故杨某国要求桂某昌拆除围墙的诉讼请求，理由正当。①

（二）吴某仁与吴某鑫相邻通行纠纷案②

[**基本案情**]吴某鑫家房屋与案外人覃某宽家房屋之间有一条历史通道，该通道系吴某仁家进出的必经道路。自2017年开始，吴某鑫家拆除老房修建新房。在重建的过程中，吴某鑫将其地基抬高近1米，故其院坝与通往其房屋的小路之间形成坡度。吴某鑫遂修建了一处斜坡连接其院坝与小路，即在争议路的入口处形成一处斜坡，给吴某仁通行带来不便，双方由此发生争议。经现场勘验，吴某鑫修建的斜坡位于争议路入口处，高约60厘米、长约3.6米，争议路凹凸不平、宽窄不一，仅能供行人通行，车辆不能通过。吴某仁

① 参见贵州省黔西南布依族苗族自治州中级人民法院（2019）黔23民终1465号民事判决书。
② 参见贵州省黔西南布依族苗族自治州中级人民法院（2021）黔23民终1518号民事判决书。

请求法院判令吴某鑫恢复道路原状，拆除吴某鑫房屋座向右山墙外的长 18 米的堡坎（保护墙）、拆除其房屋坐向右侧的简易房屋。

［**法院裁判**］经实际勘查，吴某仁无其他道路可方便通行，该路确为吴某仁回家的必经之路。吴某鑫修建新房已经改变了争议路的历史状态，其修建的斜坡位于争议路入口处，高低不平，且砂石路与吴某鑫房屋的石围墙之间形成落差约为 30 厘米的沟壑，给吴某仁的通行带来不便且存在安全隐患。吴某鑫作为相邻权利人，应当给吴某仁的通行提供方便。法院结合现场勘验情况，判决吴某鑫切割影响争议路通行的斜坡，切割范围：以目前覃某宽房屋凸起处至斜坡形成的尖点处 2 米的位置再延伸 40 厘米、从石围墙脚至水泥路与斜坡的交界处的斜坡至与砂石路持平，并将其房屋石围墙与砂石路之间形成的沟壑回填至与砂石路持平。

［**裁判评析**］在本案中，吴某仁的诉讼请求之一是要求判令吴某鑫恢复道路原状。然而，何为原状，吴某仁和吴某鑫的认识就不一致。因吴某仁、吴某鑫提交的照片均不能证明原始争议路的具体宽度，在无法恢复原状的情况下，法院按照“有利生产、方便生活、团结互助、公平合理”的原则，通过现场勘验，确立了一个合理的标准。

四、法律风险防范

《民法典》第 291 条规定：“不动产权利人对相邻权利人因通行等必须利用其土地的，应当提供必要的便利。”这是不动产权利人的权利限制和相邻不动产权利人的权利扩张，旨在解决对土地的任意支配权与排他权的冲突。一方不“提供必要的便利”的，另一方可以诉请法院予以支持。因侵害必要通行给相邻不动产权利人造成损害的，应当予以赔偿。

对相邻权利人通行提供必要便利，是不动产权利人的法定义务。不动产权利人应当全面履行义务，防范法律风险，避免不必要的损失。在郑某达、郑某禄因与郑某爱、郑某和相邻关系纠纷案中，法院认为，从现场情况看，案涉房屋与郑某爱、郑某和的 18 号房屋之间原有一条道路通往后山，且该通道为唯一通往后山的道路，历史上该处亦有一条通道通往后山，供该村村民通行使用。但该通道现被郑某爱、郑某和修砌砖墙、石头墙等全部堵住，致使郑某达、郑某禄及其他村民无法通往后山。为保障相邻权人的权利，法院判决郑某爱、郑某和应在判决生效后 3 个月内将案涉房屋（郑某达、郑某禄房屋）与郑某爱房屋之间所修砌的砖墙、石头墙、混泥土墙拆除，以确保通往后山的道路畅通。[①] 郑某爱、郑某和改变了道路现状，损害了郑某达、郑某禄的相邻权益，承担了不利后果。

不动产相邻一方提供的通行条件是法律要求的最低标准。相邻关系属于不动产利用最小限度的调整，是实现相邻不动产和谐利用的必要前提，认识相邻关系的关键在于如何判断最小限度的利用。[②] 相邻关系制度的精髓在于“相邻关系中的冲突表现了最微小的利益和最重大利益的混合”。对相邻一方提出超出过高的通行要求，法院不会支持，要承担败诉的法律风险。童某新与童某泉、余某姣相邻关系纠纷案中，法院认为，童某泉、余某姣对案涉地并不具有通行必要性。从地理状况看，童某泉现所住房屋，与公共道路（村道）有两条适宜的联络途径：其房西侧向南行走，与通往村坊直行村道相接；其房屋东侧，则为村干道，两条道路均可通行。从道路状况看，其房屋前西侧向南道路便于生活通行，其房屋东侧道路既便于生活通行，又适用于一般生产通行。童某泉、余某姣称其房屋东侧道路因有陡坡，随其年岁增长，已不便于其拉运东西及通行。但从实际情况来看，该段道路系硬化道路，坡势也非特别陡峭，对常人并不构成生活通行困难；至于是否实际影响童某泉夫妻之生产与生活，即使是事实，也主要是因当事人自身身体原因所致，而非因道路状况发生严重恶化，因此并未能改变其所住房屋之通行条件，也不构成其得以借他人土地通行之理由。年岁增长导致不便从事生产或生活行走困难，宜采取他人替代或帮扶等方法解决，而非必要采用改道方式。因此，法院驳回童某泉、余某姣要求被告童某新停止侵害、排除妨碍的诉讼请求。[③]

第三节　建造、修缮建筑物等形成的相邻关系纠纷

《民法典》第 292 条规定了建造、修缮建筑物等形成的相邻关系。相邻不动产权利人因建造、修缮建筑物以及铺设电线、电缆、水管、暖气和燃气管线等，难免需要临时或长期利用邻地。从立法目的看，一方面要维护不动产

① 参见福建省三明市中级人民法院（2019）闽 04 民终 1831 号民事判决书。
② 朱岩、高圣平、陈鑫：《中国物权法评注》，北京大学出版社 2007 年版，第 301 页。
③ 参见浙江省衢州市中级人民法院（2019）浙 08 民再 11 号民事判决书。

权利人最基本的生产和生活条件，另一方面也要维护社会公共利益，促进资源更有效地利用。

一、相关法条

《中华人民共和国民法典》（2020 年 5 月 28 日）

第二百九十二条 不动产权利人因建造、修缮建筑物以及铺设电线、电缆、水管、暖气和燃气管线等必须利用相邻土地、建筑物的，该土地、建筑物的权利人应当提供必要的便利。

二、法条释义

（一）因建造、修缮建筑物形成的相邻关系

不动产权利人因建造、修缮建筑物，必须利用相邻土地、建筑物的，该土地、建筑物的权利人应当提供必要的便利。例如，甲的四合院背山面湖，西侧与丙的四合院相连，这三面均无法放置建筑材料和涂料，必须暂时利用乙的部分宅基地，乙应当允许，并提供必要的便利。必须利用相邻土地、建筑物，是指除使用相邻土地或建筑物外，便无以完成建造或修缮建筑物之工作，若只是为了减少工作的时间或费用，则不能认为有使用的便利。要斟酌建造或修缮建筑物的规模、社会价值、紧急性、邻地之使用状况、所受到损害的性质与程度、有无其他办法等综合情况予以考虑。[①] 实践中，不动产权利人因修建施工需要利用相邻权利人土地的情况比较多，利用相邻权利人的建筑物的情况则相对较少。利用相邻权利人土地、建筑物的情况包括临时通行，搭建脚手架、工棚、工作平台，堆放建筑材料、挖掘管线地沟等。利用相邻权利人的建筑物部位和面积酌情而定，不限于外墙和屋顶。必要时，也可以临时利用相邻权利人空闲的仓库、房屋等。[②]

（二）铺设电线、电缆、水管、暖气和燃气管线等形成的相邻关系

从建筑工程学角度讲，土地权利人，非经邻人的土地而不能安设电线、水管、煤气管等管线，而此等管线又为土地权利人所必需，该土地权利人有

---

① 谢在全：《民法物权论》（上册），中国政法大学出版社 2010 年版，第 214 页。

② 最高人民法院物权法研究小组编著：《〈中华人民共和国物权法〉条文理解与适用》，人民法院出版社 2007 年版，第 281 页。

权通过邻人土地的上下安设，但应选择损害最小的处所及防范安设，仍有损害的，应支付补偿金。[①]在任某清、国网天津市电力公司城南供电分公司等排除妨害纠纷案中，被告城南供电分公司按照被告保利融创公司选址在原告所有房屋楼外院落公共绿地处安装的电表箱和电缆分线箱，经过国家电控配电设备质量监督检验中心检测合格，箱体密封带锁。因此，被告行为未对原告的房屋及人身安全造成极大安全隐患，妨害未超过合理限度，作为相邻方的原告，有容忍的义务。[②]

三、典型案例

（一）李某山与李某环相邻关系纠纷案[③]

［**基本案情**］2021 年，李某山欲对其西房和北房进行装修，需利用李某环家天井等进行搭架，李某环拒绝为其装修搭架提供便利。李某山请求法院判令李某环对李某山利用其天井等对西房和北房进行装修、搭架提供必要便利，不得阻碍施工。

［**法院裁判**］法院经勘查认为，李某山要对其西房和北房的墙面进行装修，必然利用到李某环的土地使用权范围和被告东房的瓦屋面。虽然李某环认为李某山建房时已将其滴水全部占用，但这也并不影响李某山要求李某环为其装修提供便利的权利。法院判令李某环户应为李某山户为其西房和北房进行装修、搭架利用其天井、东房瓦屋面及双方滴水冲等提供便利，不得阻碍李某山户的施工。

［**裁判评析**］调解为主，是最高人民法院处理相邻纠纷的司法政策。相邻关系案件裁判后，存在执行困难。当事人的诉讼请求很多是停止侵害、排除妨碍，这涉及对房屋及其附属设施的案件的改造、修复、拆除、清理等。有的当事人在判决生效后不主动履行；有的当事人履行了部分义务，其余则不履行。有的被执行人在面对执行人员时会将违章部分进行拆除，但当执行人员离开后，则会予以恢复，当事人只得重新申请执行或重新起诉。有的判决中仅用“恢复原状”作为裁判主文，导致执行标准不明确。《最高人民法院

---

① 全国人大常委会法制工作委员会民法室编：《〈中华人民共和国物权法〉条文说明、立法理由及相关规定》（第二版），法律出版社 2017 年版，第 181 页。

② 参见天津市河西区人民法院（2015）西民二初字第 183 号民事判决书。

③ 参见云南省鹤庆县人民法院（2021）云 2932 民初 623 号民事判决书。

关于人民法院进一步深化多元化纠纷解决机制改革的意见》（法发〔2016〕14号）第27条规定："有条件的基层人民法院对家事纠纷、相邻关系、小额债务、消费者权益保护、交通事故、医疗纠纷、物业管理等适宜调解的纠纷，在征求当事人意愿的基础上，引导当事人在登记立案前由特邀调解组织或者特邀调解员先行调解。"

在本案中，李某山与李某环多次发生相邻纠纷。2008年，李某山与李某环曾因滴水问题发生纠纷，经村民小组长调解，双方达成协议并约定双方之间留1.6尺滴水，各占8寸，后原告按协议建盖了西房。2014年3月，李某山拆除其北平房、东厩房和大门重建，在建设过程中李某环认为李某山的新建北房基础未按约定留足两户间1.6尺滴水，双方为此再次发生纠纷。后李某环诉至云南省鹤庆县人民法院，经云南省鹤庆县人民法院主持调解双方达成了协议。2021年，李某山欲对其西房和北房进行装修，便要求李某环为其装修搭架提供便利。李某环认为李某山建房时已将其滴水全部占用，拒绝为李某山装修搭架提供便利，为此双方再次发生纠纷。李某山建房时虽然已将其滴水全部占用，但法院基于"有利生产、方便生活、团结互助、公平合理"的原则，判决李某环户应为李某山房屋装修提供必要的便利。法院在裁判文书中还进一步明确指出，李某山在利用李某环土地等搭架过程中给李某环造成损失，李某山应承担相应的责任。该裁判说理是提醒当事人应善意行使权利，避免再次发生纠纷。法院的裁判结论是："被告李某环户应为原告李某山户为其西房和北房进行装修、搭架利用其天井、东房瓦屋面及双方滴水冲等提供便利，不得阻碍原告李某山户的施工。"该裁判结论从正、反两面明确了被告李某环户的义务，特别是用了"应"和"不得"的情态动词，凸显相邻义务的法定性。

张某某诉朱某某相邻关系纠纷案是广东省高级人民法院2016年发布弘扬社会主义核心价值观十大典型案例之一。在此案的裁判要旨指出，在邻里关系中，每个人如果都能抱持"以和为贵""远亲不如近邻"的传统美德，多进行换位思考，设身处地为对方着想，便能减少许多的纷争，构建和谐邻里关系。[①]

---

① 参见《广东高院首次发布弘扬社会主义核心价值观十大典型案例》，载《南方日报》2016年10月24日。

（二）1 楼业主反对单元楼加装电梯引发纠纷案[①]

［**基本案情**］2020 年 11 月，位于包河区美菱大道 155 号绿园小区的居民因为加装电梯产生了纠纷。12 户业主中有 1 户业主对加装电梯的事情选择弃权，2 户业主反对，9 户业主已经签字同意，达到了 2/3 以上业主有加装意向相关规定。但在 2020 年 11 月，电梯公司施工时遭到了一楼两户业主的现场阻挠。在街道办事处多次介入调解未果的情况下，绿园小区 6 号楼一单元 3 楼及以上共 7 户业主向包河区人民法院提出诉讼请求，要求判令一楼业主停止对绿园小区 6 号楼加装电梯工程的阻挠行为，不得组织、妨碍、破坏绿园小区 6 号楼加装电梯工程的正常施工。

［**法院裁判**］包河区人民法院一审审理后，判决被告 1 楼业主于该判决生效之日起停止对合肥市包河区美菱大道 155 号绿园小区 6 号楼电梯安装施工的阻挠、妨碍。此后，涉事一楼两户业主认为一审判决不合理提起了上诉。合肥市中级人民法院经二审审理后认为，国家对既有住宅加装电梯总的方针和宗旨是"服务老龄社会，鼓励加装电梯"，案涉小区 6 号楼加装电梯极大地方便了楼上业主的通行，特别是解决了老年人出行难的问题，原被告为楼上楼下相互毗邻的邻居，相邻各方之间形成了相互给予便利和接受限制而产生的权利义务关系，应当本着友睦邻里、团结互助和互让互谅的原则，对加装电梯工程施工提供必要的便利和配合，一审判决并无不当。二审驳回上诉，维持原判。

［**裁判评析**］在老旧小区加建电梯，属于《民法典》第 292 条中的"修缮建筑物"，即使认为加建电梯不属于"修缮建筑物"，也属于"建造、修缮建筑物以及铺设电线、电缆、水管、暖气和燃气管线等"中"等"的范畴。是否加装电梯，要根据《民法典》第 278 条的规定进行民主决策，一楼住户也要服从业主大会决定。如果加装电梯等行为确实影响低层住户的通风、采光等，可以要求高层住户予以赔偿。

四、法律风险防范

因建造、修缮建筑物以及铺设电线、电缆、水管、暖气和燃气管线等必

① 参见《维持原判！合肥首例"电梯加装遇阻案"终审判决结果出来了》，载安徽网，http://www.ahwang.cn/newsflash/20210916/2287801.html，最后访问时间：2021 年 10 月 7 日。

须利用相邻土地、建筑物的一方当事人，要举证证明另一方当事人应当提供必要便利的基本事实。如果不能证明这种利用是必须的，就应当承担损害赔偿的法律责任。即使利用相邻一方应当提供必要的便利，建造、修缮建筑物以及铺设电线、电缆、水管、暖气和燃气管线的一方也不能拖延施工的进程。没有正当的理由，拖延施工，超过必要的限度，同样要承担损害赔偿责任。例如，在翟某、四川省兴惠丰房地产开发有限责任公司财产损害赔偿纠纷一案中，四川省兴惠丰房地产开发有限责任公司虽将其所围范围的土地改造成停车场且曾向相关部门办理了临时占用证，但从拆除旧房到办理建设工程规划、施工许可证期间，长达 4 年 5 个月，仍占用公共人行道致使人行道较窄，对行人的通行和相邻门面生意产生了一定影响，其行为并不符合 2007 年《物权法》第 84 条和第 88 条[①]中规定的“公平合理”的原则以及“临时利用”和“必须利用”的特点，已导致了翟某的商铺价值贬损，租金降低，严重影响其商铺出租，侵害了其合法财产权益，翟某主张赔偿租金损失，符合法律规定，法院应予支持。[②]

第四节　通风、采光和日照相邻关系纠纷

《民法典》第 293 条是关于通风、采光和日照相邻关系的原则性规定。随着城市土地价值的提高和高层建筑物的增多，建筑物的通风、采光和日照问题，越来越突出。良好的通风、采光和日照，是人民群众对美好生活的期盼，是衡量一个人居住质量的重要标准。我国幅员辽阔，各地的经济发展不平衡，区域差别较大，《民法典》很难规定具体的标准。《民法典》第 293 条只是原则性规定，具体适用要参考国家有关工程建设标准。通风、采光和日照受到妨碍的一方当事人，可以请求排除妨害或损害赔偿。包括全部或部分拆除相邻一方所有或使用的影响他方通风、采光的房屋或其他工作物，刈除影响他人通风、采光的树枝等。

① 分别对应《民法典》第 288 条和第 292 条。

② 参见四川省高级人民法院（2018）川民再 512 号民事判决书。

一、相关法条

1.《中华人民共和国民法典》(2020 年 5 月 28 日)

第二百九十三条　建造建筑物，不得违反国家有关工程建设标准，不得妨碍相邻建筑物的通风、采光和日照。

2.《城市居住区规划设计标准》(2018 年 7 月 10 日)

第 4.0.9 条住宅建筑的间距应符合表 4.0.9 的规定；对特定情况，还应符合下列规定：

1. 老年人居住建筑日照标准不应低于冬至日日照时数 2h;
2. 在原设计建筑外增加任何设施不应使相邻住宅原有日照标准降低，既有住宅建筑进行无障碍改造加装电梯除外;
3. 旧区改建项目内新建住宅建筑日照标准不应低于大寒日日照时数 1h。

二、要旨释义

(一) 相邻建筑物通风、采光和日照的国家规定、地方规定

建筑间距，是指由于使用、卫生、防火、施工以及安全等方面的要求，相邻基地上的建筑物应保持的适当距离。建筑间距分为五种:（1）卫生间距。指建筑物之间的阳光遮挡及自然通风等因素要求的间距。(2）使用间距。指建筑物周围的人行道、车行道，以及建筑物之间为避免声音、视线等干扰所需的间距。(3）防火间距。指发生火警时，保证邻近房屋安全需要间隔的距离，以及保证消防车辆能够直接到达各幢建筑物近旁的间距。(4）施工间距。指施工起重吊运设备、外脚手架等设备安置所需要的间距。(5）安全间距。指在相邻的新、旧房屋地基之间，为保证原有房屋的安全所必需的间距。①

1. 与通风相关的国家有关工程建设标准

建筑物的通风、采光和日照主要与相邻建筑物之间的间距以及高度有关。对采光和日照，相关部门都制定了国家标准。对通风问题，没有明确的国家标准。原则上，只要满足了日照间距和采光要求，通风一般情况下也是可以满足的。在特殊案件中，法院要根据生活经验予以判断，不能因无国家标准而一概驳回。存在强制性国家标准的，优先适用强制性国家标准；没有强制

① 杜豫苏主编:《物权纠纷裁判依据新释新解》，人民法院出版社 2014 年版，第 239~240 页。

性国家标准的，可以参照适用行业标准。没有行业标准，可遵循生活经验的一般要求。需要指出的是，住房与城乡建设部发布的国家标准《民用建筑供暖通风与空气调节设计规范》（编号为 GB 50736—2012），涉及民用建筑物在特定领域的通风问题。

2. 与采光相关的国家有关工程建设标准

《民法典》第 293 条中的“采光”，通常是指建筑物的所有人或使用人享有从室外取得适度光源，不同于“日照”。日照就是物体表面被阳光直接照射的现象，建筑日照就是阳光直接照射建筑物地段、建筑围护结构表面和房屋内部的现象。[①]2013 年 5 月，住房和城乡建设部批准的《建筑采光设计标准》（编号为 GB 50033—2013）开始实施。其中，第 4.0.1 条、第 4.0.2 条、第 4.0.4 条、4.0.6 条为强制性条文，必须严格执行。其中 4.0.1 条规定：“住宅建筑的卧室、起居室（厅）、厨房应有直接采光。”第 4.0.2 条规定：“住宅建筑的卧室、起居室（厅）的采光不应低于采光等级Ⅳ级的采光标准值，侧面采光的采光系数不应低于 2.0%，室内天然光照度不应低于 300lx。”第 4.0.4 条规定：“教育建筑的普通教室的采光不应低于采光等级Ⅲ级的采光标准值，侧面采光的采光系数不应低于 3.0%，室内天然光照度不应低于 450lx。”第 4.0.6 条规定：“医疗建筑的一般病房的采光不应低于采光等级Ⅳ级的采光标准值，侧面采光的采光系数不应低于 2.0%，室内天然光照度不应低于 300lx。”

3. 与日照相关的国家有关工程建设标准

2005 年建设部发布的《住宅建筑规范》（编号为 GB 50368—2005）第 4.1.1 条规定：“住宅间距，应以满足日照要求为基础，综合考虑采光、通风、消防、防灾、管线埋设、视觉卫生等要求确定。住宅日照标准应符合表 4.1.1 的规定；对于特定情况还应符合下列规定：1. 老年人住宅不应低于冬至日日照 2h 的标准；2. 旧区改建的项目内新建住宅日照标准可酌情降低，但不应低于大寒日日照 1h 的标准。”2014 年 1 月 9 日，住房和城乡建设部批准《建筑日照计算参数标准》为国家标准，编号为 GB/T 50947—2014，自 2014 年 8 月 1 日起实施。2018 年 7 月，住房和城乡建设部发布国家标准《城市居住区规划设计标准》（编号为 GB 50180—2018），自 2018 年 12 月 1 日起实施，原国家标准《城市居住区规划设计规范》（编号为 GB 50180—93）同时废止。其中，第 3.0.2、4.0.2、4.0.3、4.0.4、4.0.7、4.0.9 条为强制性条文，必须严格执

---

① 刘琦、王德华：《建筑日照》，知识产权出版社 2016 年版，第 1 页。

行。第 4.0.9 条规定:“住宅建筑的间距应符合表 4.0.9 的规定;对特定情况,还应符合下列规定:1. 老年人居住建筑日照标准不应低于冬至日日照时数 2h;2. 在原设计建筑外增加任何设施不应使相邻住宅原有日照标准降低,既有住宅建筑进行无障碍改造加装电梯除外;3. 旧区改建项目内新建住宅建筑日照标准不应低于大寒日日照时数 1h。”

4. 与通风、采光和日照相关的地方工程建设标准

2013 年 4 月,长春市人民政府颁布的《长春市生活居住建筑日照管理暂行办法》第 5 条规定:“生活居住建筑日照标准应当符合下列要求:(一)住宅的卧室、起居室(厅)的日照应当满足大寒日不低于 2 小时的标准;(二)托儿所、幼儿园中的活动室及寝室的日照应当满足冬至日不低于 3 小时的标准。活动场地应当有不少于 1/2 的活动面积在标准的建筑日照阴影线之外;(三)老年人居住建筑的卧室、起居室(厅)的日照应当满足冬至日不低于 2 小时的标准;(四)中、小学校普通教室冬至日满窗日照不低于 2 小时的标准。操场应当有不少于 1/2 的活动面积在标准的建筑日照阴影线之外;(五)医院、疗养院半数以上的病房和疗养室的日照应当满足冬至日不低于 2 小时的标准;(六)集体宿舍半数以上的居室日照应当满足大寒日不低于 2 小时的标准。”第 6 条规定:“旧城区主日照面为东、西向的既有住宅和改建项目内新建住宅的日照标准可适当降低,但不应低于大寒日 1 小时的日照标准。对历史文化街区进行更新改造时,更新改造范围内的生活居住建筑日照标准可以适当降低。住宅的主日照面指卧室、起居室(厅)房间居多的建筑外墙面。”第 7 条规定:“对不满足本办法日照标准的既有生活居住建筑,不得因新建建筑遮挡降低其原有日照时数。”第 8 条规定:“住宅只考虑主日照面的日照要求,每套住宅按照南、东、西的主次顺序认定一个主日照面。山墙不得认定为主日照面。”

《上海市日照分析规划管理办法》(沪规土资建规〔2016〕100 号)第 6 条规定:“在计算范围内受高层建筑遮挡的低层独立式住宅的居室冬至日满窗日照的有效时间不少于连续两小时,即其主要朝向每层如有两个以上居室受遮挡的,则最少应有一个居室满足冬至日满窗日照有效时间不少于连续两小时的日照时间规定。低层独立式住宅改为多户共用的,除符合上述的日照时间规定外,还应保证主要朝向受遮挡的每户有一个居室冬至日满窗日照有效时间不少于连续一小时。在计算范围内受高层建筑遮挡的其他居住建筑的居室冬至日满窗日照的有效时间不少于连续一小时。在计算范围内受遮挡的文教卫生建筑,应保证冬至日满窗日照的有效时间不少于累计 3 小时;浦西内环线以内地区，应保证冬至日满窗日照的有效时间不少于累计 2 小时，最小累计时间段为 5 分钟。普通中小学校的体育场地和幼儿园、托儿所的室外游戏场地应保证有一半以上的面积冬至日日照有效时间不少于累计 2 小时。保障性住房等本市另有规定的，按有关规定执行。”

（二）通风、采光和日照相邻关系与国家规定、行政许可的关系

1. 通风、采光和日照相邻关系与国家规定的关系

根据《民法典》第 293 条的规定，国家有关工程建设标准是通风、采光和日照相邻关系处理的依据。建造建筑物违反了国家有关工程建设标准的，应当视为超出了社会一般人的容忍限度，受害人可以主张排除妨碍和损害赔偿。反之，符合国家建设标准的，即使对邻近建筑的通风、采光和日照造成一定程度的妨碍，也应当视为未超出容忍限度，相邻建筑物的所有人或利用人负有容忍义务。[①] 例如，李某嘉与上海信达房地产开发有限公司相邻采光日照纠纷一案中，法院认为，信达公司燕宁苑小区的建造给李某嘉造成一定的影响，但李某嘉居室的日照时间满足的国家标准及上海市当地标准。随着城市建设的发展，新造房屋对相邻房屋采光或多或少会产生影响，相邻居民对此应承担必要的容忍义务。此种容忍义务的界限即为国家标准，超出标准系构成违法，标准以内应认定为合法，信达公司无须承担损害赔偿责任。[②]

实践中，一些法院认为，不违反国家规定，只是不承担侵权责任，但影响日照采光的，还要承担补偿的责任。在张某刚、束某菊与临沂日升置业有限公司相邻采光、日照纠纷一案中，法院认为，对客观存在遮挡日照的建设行为，在未违反国家和临沂市相关规定的前提下，被遮挡的房屋所有权人对此负有容忍义务。被告建设金都上城高层住宅项目已经蒙阴县有关部门审核批准，并不存在违法之处。但是，原告房屋因被告建造建筑物而导致相应损失确为客观事实，该损失在本案中主要体现为日照采光影响，日照采光的减少对原告的居住舒适度、房屋价值等确有一定影响。原告于 2008 年扩建为现有四层楼房，被告于 2016 年开工建设，原告土地利用在先，被告土地利用在后，基于既得权不可侵的原则，原告的采光利益受到影响应予成立。因此，

---

① 最高人民法院物权法研究小组编著：《〈中华人民共和国物权法〉条文理解与适用》，人民法院出版社 2007 年版，第 283~284 页。

② 参见上海市第二中级人民法院（2017）沪 02 民终 9762 号民事判决书。

法院酌定被告补偿原告房屋贬值等损失的比例为5%。[①]

2. 通风、采光和日照相邻关系与行政许可的关系

建造方违反关于建筑物间距的国家标准的强制性规定，即可认定对相对不动产权利人的相邻权构成了侵害，应当承担侵权责任。虽然取得建筑规划许可证，但确实存在由于建筑物间距原因导致的相对不动产权利人相邻权受到侵害的情况下，应适用相应的国家标准的强制性规定进行处理，由建造方承担侵权赔偿责任。[②]

孟某风、孔某平诉江苏省省级机关事务管理局相邻采光纠纷案的裁判要旨为合法行政规划许可等行政行为的存在，并不能当然地称为相关民事争议的预决事实或前提条件，当事人并非采取先行后民等诉讼对策。在采光、日照民事诉讼中，行政规划许可证只是法官据以裁量是否构成妨碍的一种书证，法官应根据具体案情对其证据效力进行裁量。住宅建筑日照标准属于法定的强制标准，在裁量争议建筑是否符合相应建筑设计标准时，行业标准、地方标准只有在与国家标准不发生抵触的情况下才能适用；是否构成采光侵害，并不以侵害人有过错为前提；采光损害的赔偿标准，可以根据房屋采光实际受到的侵害程度、当事人的主观过错程度、房屋的实际价值等因素综合认定。[③]

在邵某昶诉北京市双建房地产开发有限公司相邻通风、采光纠纷案中，法院认为，规划许可建筑影响相邻不动产采光的，规划许可建筑物权利人应当作出相应补偿。采光体现为一种利益而并非法律上的权利；规划许可建筑影响相邻不动产的采光并不构成侵权行为，但被遮挡不动产权利人的采光利益应当得到适当保护，规划许可建筑物权利人应当作出相应的补偿，具体补偿数额可以参照相邻建筑物所在城市的经济水平、生活水平、采光利益受妨碍的程度等因素确定。[④]

在罗某芬等诉四川泸州市松鹤房地产开发有限公司相邻关系纠纷案中，法院认为，施工方依据规划建设主管部门批准的设计方案进行施工影响相邻不动产通风、采光的，应当承担赔偿责任。规划建设主管部门的行政批准行为并不能排除建设单位对在建设过程中产生的民事责任的承担。建设公司依据规划建设主管部门批准的设计方案进行施工，但在施工过程中未能充分考

① 参见山东省临沂市中级人民法院（2019）鲁13民终7009号民事判决书。

② 杜豫苏主编:《物权纠纷裁判依据新释新解》，人民法院出版社2014年版，第242页。

③ 参见江苏省南京市中级人民法院（2001）宁民终字第745号民事判决书。

④ 参见北京市第二中级人民法院（2009）二中民终字第4191号民事判决书。

虑到房屋的通风、采光，客观上对房屋所有人的正常生活造成影响的，应当承担赔偿责任。[①]

（三）通风、采光和日照损害赔偿的司法裁判

在刘某、甘肃省农业机械总公司与陇南市农业机械总公司相邻纠纷案中，原告房屋西侧和东侧立面大寒日的日照时间不足 1 小时，未达到《城市居住区规划设计规范》规定的相关标准，被告侵犯了原告的采光权。原告主张的诉讼请求：房屋贬值损失 10 万元；补救措施费 5 万元；电费增加 2 万元；健康补偿费 2 万元；视觉及空气污染补偿费 2 万元；交通费、住宿费、误工费、邮费等 38 996 元；日照分析报告费 5000 元。结合原告房屋的现状及徽县当地的物价水平等因素，按照公平公正的原则综合考虑，由被告向原告刘某赔偿房屋贬值损失和电费增加费用等经济损失共计 40 000 元，健康补偿费 2 万元和视觉补偿费 2 万元并无相应专业评估机构出具的鉴定评估意见，其所主张的补救措施费 5 万元及其他费用也未提交相应证据加以证明，对此请求法院不予支持。[②]

江某祥、黄石鑫宝置业发展有限公司相邻关系纠纷案中，黄石市方兴城市规划咨询中心于 2010 年 7 月出具的日照分析报告显示，湖南郡项目楼房建设前江某祥所居住房屋的两个窗户在大寒日的连续日照时间均为 4 小时 47 分，该项目建成后为 51 分和 54 分。综合鑫宝公司侵犯采光权的原因、方式和江某祥房屋的实际居住、采光情况，法院酌定由鑫宝公司赔偿江某祥因采光、采暖、照明增加的损失 8000 元。至于江某祥主张的房屋贬值损失及精神损害抚慰金因无事实和法律依据，对此不予支持。[③]

三、典型案例

（一）尹某民与尹某荣相邻关系纠纷案[④]

［基本案情］2017 年尹某荣在自家院落内新建楼房，尹某民认为自家采光受到影响。经鉴定，不考虑尹某荣建筑影响，尹某民房屋南向各居室窗户的日

---

① 参见四川省泸州市中级人民法院（2006）泸民再终字第 94 号民事判决书。

② 参见甘肃省陇南市中级人民法院（2020）甘 12 民终 73 号民事判决书。

③ 参见湖北省黄石市中级人民法院（2019）鄂 02 民终 1594 号民事判决书。

④ 参见北京市第二中级人民法院（2021）京 02 民终 5257 号民事判决书。

照时数满足每套住宅至少有一个居住空间满足大寒日 2 小时日照的国家标准，考虑尹某荣建筑影响后，尹某民房屋南各居室窗户的日照时数均减少至 1 小时以下，不满足居住空间日照的国家标准。尹某民请求法院判令拆除影响尹某民房屋及院落正常采光、日照的建筑部分，并赔偿尹某民日照采光、取暖损失。

［**法院裁判**］根据案件合法有效的证据可以认定，尹某荣所建的涉案建筑确使尹某民家采光时间减少，尹某荣存在侵权事实。按照鉴定报告中的拆除方案，尹某荣建设的涉案建筑超过建筑整体高度 6.7 米的部分应当予以拆除。尹某民主张的采光、取暖损失理由正当，法院综合考虑尹某荣侵权的影响，结合鉴定报告中关于尹某民住宅采光减少的时间长度等因素，酌定每年采光、取暖损失为 2000 元。

［**裁判评析**］对日照问题，更多地需要鉴定机构进行鉴定。在本案中，法院委托的国家建筑工程质量监督检验中心司法鉴出具了《鉴定检验报告书》。鉴定意见为考虑尹某荣建筑影响后，尹某民房屋南各居室窗户的日照时数均减少至 1 小时以下，即窗位 1，日照时间（时：分）08：06–08：54，总有效日照（时：分）00：48；窗位 2，日照时间（时：分）08：15–09：14，总有效日照（时：分）00：59；窗位 3，日照时间（时：分）10：20–11：01、15：04–15：32，总有效日照（时：分）01：09；窗位 4，日照时间（时：分）15：19–15：42，总有效日照（时：分）00：23。不满足《城市居住区规划设计规范》（GB 50180—93）（2016 版）和《民用建筑设计通则》（GB 50352—2005）规定的每套住宅至少有一个居住空间满足大寒日 2 小时日照标准的要求。该报告书对尹某荣的建筑还进行了拆除分析，提供了二种参考方案：一是整体拆除。拆除后建筑整体高度不能超过 6.70 米。二是错层拆除。综合本案实际情况，结合《鉴定检验报告书》，法院判决尹某荣建设的涉案建筑超过建筑整体高度 6.7 米的部分应当予以拆除。法院还进一步指出，本案系在民事诉讼范围内，结合现有证据对尹某民要求尹某荣拆除涉案建筑进行认定，本案的处理结果不影响行政机关对尹某荣违反行政管理规定的违法行为进行处理。

（二）吴某忠与吴某英相邻关系纠纷案[①]

［**基本案情**］2015 年，吴某忠家修建水泥墙，吴某英家翻修厨房后修建了冲凉房。吴某忠家的屋檐滴水线为 1.4 米，吴某英家的冲凉房与原告家的房屋

① 参见贵州省黔东南苗族侗族自治州中级人民法院（2021）黔 26 民终 1930 号民事判决书。

相距 0.6 米，与吴某忠家的房屋石砌堡坎相距 0.17 米，已伸进吴某忠家的屋檐滴水线内；吴某忠家的水泥墙与被告家的厨房紧挨，已超出吴某忠家的屋檐滴水线。吴某忠以吴某英家冲凉房影响其房屋滴水为由，请求法院判令吴某英停止建造并拆除该冲凉房。吴某英以吴某忠家水泥墙影响其厨房采光及通风为由，反诉请求法院判令拆除该水泥墙。

［**法院裁判**］吴某英所修建的冲凉房与吴某忠的房屋相距仅为 0.6 米，冲凉房虽然没有占用吴某忠家的房屋地基，但已伸进吴某忠家的屋檐滴水线内，继续升高和盖瓦势必使吴某忠家的屋檐滴水反弹到其家房屋，长久以往将会损毁原告房屋板壁。考虑到停止对冲凉间继续修建后就不会再对吴某忠家的房屋造成影响和损害，故法院判决吴某英停止对其冲凉房继续往上修建，保持现状。吴某忠所修建的水泥墙，已超出吴某忠家的屋檐滴水线，并与吴某英家的厨房紧挨，严重影响吴某英厨房一楼的通风和采光，也给清理水沟中的垃圾、杂物造成不便，不利于排水沟的日常管理，给吴某英家的生产、生活带来不便，故法院判决吴某忠以吴某英房屋背后厨房所对准水泥墙的范围拆除该水泥墙。

［**裁判评析**］在相邻关系纠纷中，法院的裁判结果要明确、具体。当事人的诉讼请求不明确，法院要引导予以确定。在本案中，法院通过现场勘查，综合村委会的情况说明等因素，判决吴某英应停止对其冲凉房继续往上修建，保持现状，判决吴某忠在本判决生效之日起 30 日内拆除其修建的水泥墙，以吴某英房屋背后厨房所对准水泥墙的范围为拆除范围，具有较强的参考意义。

四、法律风险防范

当行为人违反国家有关工程建设标准建造建筑物，妨碍相邻建筑物的通风、采光和日照，受害人应当及时行使权利。《民法典》第 236 条规定："妨害物权或者可能妨害物权的，权利人可以请求排除妨害或者消除危险。"《民法典》第 1167 条规定："侵权行为危及他人人身、财产安全的，被侵权人有权请求侵权人承担停止侵害、排除妨碍、消除危险等侵权责任。"受害人主张停止侵害、排除妨碍、消除危险，是一种事前的救济，可以避免建筑物已经建成、不宜拆除的法律风险。在吴某忠与吴某英相邻关系纠纷案中，被告吴某英所修建的冲凉房与原告吴某忠的房屋相距仅为 0.6 米，冲凉房虽然没有占用原告家的房屋地基，但已伸进原告家的屋檐滴水线内，继续升高和盖瓦势必使原告家的屋檐滴水反弹到自家房屋，长久以往将会损毁原告房屋板壁。因此，原告诉请停止建设的主张，有事实和法律依据，证据和理由充分，法院予以支持。[①]

第五节　弃置、排放有害物质相邻关系纠纷

《民法典》第294条是弃置、排放、施放有害物质相邻关系的规定。不可量物侵害，系德国和瑞士民法上的概念，是指噪音、煤烟、震动、臭气、尘埃、放射性等不可量物质侵入邻地造成的干扰性妨害或损害，在性质上属于物权法上相邻关系的一种类型。[②]采用“不可量物侵害”的表达，具有相当的优势，更能突出其与传统相邻关系的不同，同时也突出了现代社会相邻关系的新发展。《民法典》第294条不完全都是“不可量物侵害”的规定，还有“不得违反国家规定弃置固体废物”等规定。物的概念在不断变化，“不可量物”同样是“物”的范畴。物的形态有多种多样，污染物也有各种各样的类型，因此根据汉语的表达方式，将《民法典》第294条概括为“弃置、排放有害物质相邻关系”的规定，更具有科学性。《民法典》第294条旨在赋予不动产权利人禁止相邻权利人违反国家规定弃置、排放、施放有害物质的权利，保护生态环境。《环境保护法》《固体废物污染环境防治法》《大气污染防治法》《水污染防治法》等，对固体废物、大气污染物和水污染物的防治，作了更为具体的规定。这些法律涉及很多公法规范，也涉及很多管理规范。《民法典》第294条是从私法的角度所作出的原则性规定。

一、相关法条

1.**《中华人民共和国民法典》**（2020年5月28日）

第二百九十四条　不动产权利人不得违反国家规定弃置固体废物，排放大气污染物、水污染物、土壤污染物、噪声、光辐射、电磁辐射等有害物质。

第一千二百二十九条　因污染环境、破坏生态造成他人损害的，侵权人应当承担侵权责任。

---

① 参见北京市第二中级人民法院（2021）京02民终5257号民事判决书。

② 陈华彬：《物权法原理》，国家行政学院出版社1998年版，第391页。

第一千二百三十条 因污染环境、破坏生态发生纠纷，行为人应当就法律规定的不承担责任或者减轻责任的情形及其行为与损害之间不存在因果关系承担举证责任。

2.《中华人民共和国固体废物污染环境防治法》（2020年4月29日）

第二十条 产生、收集、贮存、运输、利用、处置固体废物的单位和其他生产经营者，应当采取防扬散、防流失、防渗漏或者其他防止污染环境的措施，不得擅自倾倒、堆放、丢弃、遗撒固体废物。

禁止任何单位或者个人向江河、湖泊、运河、渠道、水库及其最高水位线以下的滩地和岸坡以及法律法规规定的其他地点倾倒、堆放、贮存固体废物。

3.《中华人民共和国水污染防治法》（2017年6月27日）

第十二条 国务院环境保护主管部门制定国家水环境质量标准。省、自治区、直辖市人民政府可以对国家水环境质量标准中未作规定的项目，制定地方标准，并报国务院环境保护主管部门备案。

4.《中华人民共和国土壤污染防治法》（2018年8月31日）

第二条第二款 本法所称土壤污染，是指因人为因素导致某种物质进入陆地表层土壤，引起土壤化学、物理、生物等方面特性的改变，影响土壤功能和有效利用，危害公众健康或者破坏生态环境的现象。

5.《广播电视设施保护条例》（2000年11月5日）

第十一条 广播电视信号发射设施的建设，应当符合国家有关电磁波防护和卫星标准；在已有发射设施的场强区内，兴建机关、工厂、学校、商店、居民住宅等设施的，除应当遵守本条例有关规定外，还应当符合国家有关电磁波防护和卫生标准。

6.《上海市环境保护条例》（2022年7月21日）

第六十五条 本市严格控制建筑物外墙采用反光材料。建筑物外墙采用反光材料的，生态环境部门应当按照规定组织光反射环境影响论证，住房城乡建设行政管理部门应当加强对建筑物外墙采用反光材料建设的监督管理。

道路照明、景观照明以及户外广告、户外招牌等设置的照明光源不符合照明限值等要求的，设置者应当及时调整，防止影响周围居民的正常生活和车辆、船舶安全行驶。本市住房城乡建设、绿化市容行政管理部门应当按照职责加强监督管理。

本市公安、交通等行政管理部门在监控设施建设过程中，应当推广应用微光、无光技术，防止监控补光对车辆驾驶员和行人造成眩光干扰。

二、要旨释义

（一）违反国家规定弃置、排放有害物质的责任承担

违反国家规定弃置固体废物，排放大气污染物、水污染物、土壤污染物、噪声、光辐射、电磁波辐射等有害物质，不动产权利人有权要求侵害人停止侵害、消除危险、排除妨碍、赔偿损失。除《民法典》第294条明文规定的外，不得违反国家规定弃置、排放、施放的其他有害物质还有很多。如根据《环境保护法》第42条第1款，有害物质还包括粉尘、恶臭气体、振动等。粉尘，是指悬浮在空气中的固体微粒。习惯上对粉尘有许多名称，如灰尘、尘埃、烟尘、矿尘、砂尘、粉末等，这些名词没有明显的界限。国际标准化组织规定，粒径小于75μm的固体悬浮物定义为粉尘。1993年颁布的《恶臭污染物排放标准》（GB 14554–93），将恶臭定义为一切刺激嗅觉器官引起人们不愉快及损坏生活环境的气体物质。2018年天津市印发《恶臭污染物排放标准》（DB12/ 059–2018），在保留原标准6个控制项目基础上，增加了11项恶臭污染物排放控制项目。振动污染，是指振动源所产生的振动超过相关的标准限值，影响周围环境，干扰人们正常生活、工作和学习的现象。环境振动污染的控制标准，应适用《城市区域环境振动标准》（GB 10070–88）和《城市区域振动测量方法》（GB 10071–88）的规定。

《民法典》第294条中的"国家规定"也包括地方规定。2004年由上海市市容环境卫生管理局会同上海市照明学会起草，并经上海市质量技术监督局批准发布的《城市环境（装饰）照明规范》，是中国首部限制光污染的地方性标准，是全国第一个地方性的技术规范。据此，居住区住宅窗户上的光照强度（单位：勒克司）傍晚不得超过25勒克司，23时后则不能超过4勒克司，即在深夜其亮度仅为傍晚时的1/6左右；即使在繁华商业中心区的住宅23时前也不得超过50勒克司，23时后要降至25勒克司以下。上海市2012年修订的《城市环境（装饰）照明规范》的"适用范围"增加"广告、招牌和标识、灯光小品和雕塑、节庆彩灯"等各类景观照明设计、安装以及相关管理工作的有关规范。2016年修改后的《上海市环境保护条例》第57条规定："本市严格控制建筑物外墙采用反光材料。建筑物外墙采用反光材料的，应当符合国家和本市有关标准；环保部门应当组织光反射环境影响论证，住房城乡建

设行政管理部门应当加强对建筑物外墙采用反光材料建设的监督管理。室外灯光广告、照明设备应当符合本市环境照明技术规范的要求，不得影响周围居民的正常生活。未按照技术规范要求使用的，由绿化市容、住房城乡建设行政管理部门责令限期改正。”

《民法典》第 294 条是规范弃置、排放、施放有害物质相邻关系，而不是规定环境污染侵权损害赔偿责任。《民法典》第 1229 条规定：“因污染环境、破坏生态造成他人损害的，侵权人应当承担侵权责任。”以上两个条文是竞合关系，一般情况下当事人可以择一行使。若妨害尚未达到损害的程度，当事人可依据《民法典》第 294 条主张其诉讼请求。如已经造成了人身损害，当事人宜通过《民法典》第 1229 条予以救济。《民法典》第 294 条更多的是保护不动产相邻权利人的权益，而《民法典》第 1229 条还可以维护社会公共利益。

（二）弃置、排放有害物质没有违反国家规定的责任争议

1. 没有国家规定的司法裁判

没有国家标准，也没有地方标准，如何处理纠纷成为实践中的难题。没有国家标准或地方标准，法院要根据日常生活经验予以裁判。例如，在排除妨害纠纷一案中，被上诉人建立厕所距离上诉人家外墙距离 4.8 米，距离上诉人家水源位置 16 米，位置较近，厕所建成使用后其排泄物势必对周边及地下水环境形成污染，危及、侵害上诉人合法权益，因此法院支持了消除危险、排除妨害的上诉请求。[①] 对农村建厕所的位置，法律没有规定，也很难规定。2019 年 12 月 26 日，最高人民法院审判委员会讨论通过了的指导案例 128 号——李某诉华润置地（重庆）有限公司环境污染责任纠纷案。该案的裁判要旨强调，不能因为没有明确的国家或地方标准，就不支持当事人的诉讼请求。法院要根据是否干扰他人正常生活、工作和学习，以及是否超出公众可容忍度等进行综合认定。[②]

2. 不违反国家规定，原则上不承担责任

通常情况下，在国家规定的范围内，不动产权利人有容忍的义务。遭受来自相邻污染物侵害时，如果此种侵害是轻微的，或者按照习惯不构成损害

---

① 参见河北省承德市中级人民法院（2020）冀 08 民终 434 号民事判决书。

② 参见《指导案例 128 号：李某诉华润置地（重庆）有限公司环境污染责任纠纷案》，载最高人民法院网，http：//www.court.gov.cn/shenpan-xiangqing-216901.html，最后访问时间：2020 年 4 月 6 日。

的，则应当容忍，不能阻止相邻权利人弃置、排放、施放污染物。这符合“有利生产、方便生活、团结互助、公平合理”处理相邻关系的基本原则。所谓轻微妨害，是指未造成严重损害。例如，邻人白日演奏乐器。所谓依不动产坐落情况符合习惯的情形。例如，不动产位于高速公路旁，故其权利人不得不容忍一定的噪声、废气等不可量物的侵入。“容忍”程度要从侵害的发生程度、侵害的结果等方面，由法官结合具体案件加以判断。若该行为超过了一般公众普遍可容忍的范围，也可认定为构成了不可量物侵害。①

我国立法没有明确规定容忍义务，但司法实践予以认可。例如，在王某福与周某发相邻污染侵害纠纷案中，周某发养猪是否排放相关有害物质，侵害相邻人王某福的身体健康和生活环境，成为争议的焦点。法院认定的事实是周某发修建化粪池和排污管道，经采取相关措施后，猪圈无污水、粪便渗出，猪圈干净整洁。法院最后判决认为，周某发养猪不可避免产生的一定气味，但王某福与周某发作为相邻关系人，应从互利互让和尊重当地习惯角度出发，给予周某发生存发展权利延伸一定程度的容忍，因此其对周某发拆除家中全部猪舍的诉讼请求不予支持。法院在判后语中进一步指出，周某发虽然在自家院子养猪未违反法律规定，但其在享受王某福给予便利的同时，也应当充分尊重王某福享有呼吸新鲜空气和享受宁静生活环境的权利，除做好污水、粪便、猪圈卫生的处理外，还应当采取一切合理必要措施控制气味飘散，适当减少出栏量，以免影响他人实际生活。②

3. 不违反国家规定，有时亦要承担法律责任

违反国家规定，是判定弃置、排放、施放有害物质行为是否合法的重要依据，但不是唯一的依据。从文义看，《民法典》第 294 条的确将“违反国家规定”作为承担民事责任的前提。这种表达方式反映了传统私法上的相邻关系与环境保护法律法规逐步接轨的趋势，具有一定合理性。然而，这种表达方式完全排除符合环保法律规定排放污染物却构成侵害相邻关系的可能性，过于绝对化，过分限制了法律适用中应有的弹性。③“国家规定”包括效力层次高低不一的行政法规、部门规章、地方规章等。从法律解释的角度看，《民法典》第 294 条规定的只是违反国家规定弃置、排放、施放有害物质的相邻

① 梁慧星、陈华彬：《物权法》（第六版），法律出版社 2016 年版，第 188 页。
② 参见海南省高级人民法院（2015）琼民申字第 356 号民事判决书。
③ 韩松、姜战军、张翔：《物权法所有权编》，中国人民大学出版社 2007 年版，第 284 页。

关系。不违反国家规定的弃置、排放、施放有害物质的相邻关系，可以适用《民法典》第288条“有利生产、方便生活、团结互助、公平合理”的原则处理。不可量物的侵入在客观上已经造成了巨大的损害，远超过一个理性的人可容忍的程度，就应当视为法定义务的违反。

实践中，法院认为，无论侵权人设施排放的噪声是否符合国家有关排放标准，只要其事实上造成了损害结果，即应承担损害赔偿责任。依据《民法典》第1229条的规定，污染环境侵权责任采取的是无过错归责原则。例如，在刘某诉某超市等噪声污染责任纠纷案中，2011年刘某入住新购房屋。半年后，相邻10米的超市开业，室外制冷机组排放噪声形成污染成讼。超市以两次大的改造之后降低了噪声，且最新监测结论符合国家标准为由主张不应承担侵权责任。法院认为，噪声污染侵权纠纷，不以排放行为是否违法为前提。本案中，超市制冷机组运行中产生噪声给刘某生活造成影响，应排除妨害或根据妨害实际情况给予经济赔偿，具体赔偿金额根据刘某收到噪声对其生活造成的影响程度予以确定。法院判决超市30日内将制冷机组在运行过程中产生的噪声标准达到国家城市环境噪声一类标准，超市赔偿刘某20 000元及检测费3200元。[①]

三、典型案例

（一）李某诉华润置地（重庆）有限公司环境污染责任纠纷案[②]

[基本案情] 万象城购物中心与原告住宅之间无其他遮挡物。在正对原告住宅的万象城购物中心外墙上安装有一块LED显示屏用于播放广告等，该LED显示屏广告位从2014年建成后开始投入运营，每天播放宣传资料及视频广告等，其产生强光直射入原告住宅房间，给原告的正常生活造成影响。

[法院裁判] 重庆市江津区人民法院于2018年12月28日作出（2018）渝0116民初6093号判决：（1）被告华润置地（重庆）有限公司从本判决生效之日起，立即停止其在运行重庆市九龙坡区谢家湾正街万象城购物中心正对原告李某位于重庆市九龙坡区谢家湾正街 × 小区 × 幢住宅外墙上的一块LED显示屏时对原告李某的光污染侵害：①前述LED显示屏在5月1日

① 参见北京大兴法院（2012）大民初字第09974号民事判决书。

② 参见《指导案例128号：李某诉华润置地（重庆）有限公司环境污染责任纠纷案》，载最高人民法院网，http：//www.court.gov.cn/shenpan-xiangqing-216901.html，最后访问时间：2020年4月6日。

至 9 月 30 日开启时间应在 8：30 之后，关闭时间应在 22：00 之前；在 10 月 1 日至次年 4 月 30 日开启时间应在 8：30 之后，关闭时间应在 21：50 之前。②前述 LED 显示屏在每日 19：00 后的亮度值不得高于 600cd/m^2。（2）驳回原告李某的其余诉讼请求。一审宣判后，双方当事人均未提出上诉，判决已发生法律效力。

［**裁判评析**］由于光污染对人身的伤害具有潜在性、隐蔽性和个体差异性等特点，人民法院认定光污染损害，应当依据国家标准、地方标准、行业标准，是否干扰他人正常生活、工作和学习，以及是否超出公众可容忍度等进行综合认定。对公众可容忍度，可以根据周边居民的反映情况、现场的实际感受及专家意见等判断。①

（二）重庆煜辰体育俱乐部有限公司与重庆元康体育文化传播有限公司相邻污染侵害纠纷案②

［**基本案情**］煜辰公司承租万象里商业负一楼商铺从事青少年乒乓球培训，元康公司承租另一商铺从事青少年篮球培训，两商铺大门斜对，相距约 10 米。2019 年 7 月 1 日，元康公司在装修时未关门，散发的刺激性气味影响了煜辰公司的乒乓球培训班正常上课。2019 年 7 月 2 日，煜辰公司向部分报暑期班的学生家长告知因元康公司在装修时散发刺激性气味，导致学员、家长、教练出现不同程度的身体不适，统一安排 7 月 1 日、7 月 2 日到店人员去医院做身体检查，并垫付医药费用，并从 7 月 2 日开始全面停课。之后，部分学生家长因无法正常上课与煜辰公司协商退款。经检测为 TVOC 超标，专家表示，TVOC 的主要来源就是建筑装修材料，其中地胶材料就是一种典型的 TVOC 来源，因为装修时现场的辅料（如胶水、油漆、涂料等）也会释放出 VOCs。在一定浓度和暴露时间，挥发性有机物会对皮肤、眼睛、呼吸道黏膜有刺激。吸入过量会有头晕、胸闷、乏力、恶心等症状。煜辰公司请求法院判令元康公司赔偿煜辰公司因空气污染造成的经济损失和合理支出共计 10 万元（包括学员体检费、商铺租金、物业费、教练工资、7 名学生的退费、其余利润损失）。

［**法院裁判**］元康公司在培训场地装修中排放的刺激性气体污染物为

---

① 参见重庆市江津区人民法院（2018）渝 0116 民初 6093 号民事判决书。

② 参见重庆市第五中级人民法院（2020）渝 05 民终 8609 号民事判决书。

TVOC，该污染物系法律禁止或限制排放的严重影响室内空气质量的有害物质，且其含量已超国家标准。结合案件证据，可以认定煜辰公司的停业是因受元康公司装修污染行为影响所致，元康公司的污染行为与煜辰公司的停业损失之间具有因果关系。由于双方相邻经营场所均地处空气流动性较差的负一层相对密闭空间，特别是双方均系从事青少年培训工作的经营机构，对其正常经营所需空气质量应有较高要求。考虑到 TVOC 对人类的呼吸、神经系统危害较大，而儿童是 TVOC 的易感人群，故元康公司在选择室内装修材料及工艺时，应注意采取措施避免或减轻室内空气污染，避免影响相邻方经营、损害儿童健康的情况，其未尽到必要的注意义务，未采取必要措施避免或者减轻空气污染，对损害后果的发生在主观上存在明显过错。考虑该刺激性气体的危害程度、受害群体及社会一般人的容忍义务范围，元康公司的行为已构成相邻污染侵害。法院对煜辰公司在合理停业时间范围内的经营利润损失、商铺租金、员工工资、学员退费损失请求予以支持，判令元康公司赔偿煜辰公司 37 551 元。

［**裁判评析**］没有国家相关规定时如何裁判，是司法实践中的疑难问题。在本案中，法院认为，考虑到 TVOC 对人类的呼吸、神经系统危害较大，而儿童是 TVOC 的易感人群，但现有的室内空气质量标准是根据成年人的易感程度制定，现在还没有针对儿童的标准，儿童即使在没有超标的情况下，也可能对其健康产生影响。法院认定排放刺激性气体是否构成环境侵权，应当参照我国住房和城乡建设部《民用建筑工程室内环境污染控制规范》《室内空气质量标准》等国家标准（TVOC 等污染物含量是否超标），并结合其是否超出一般公众可容忍度范围、是否对未成年人等特殊易感人群造成不良反应、是否对事发区域不特定多数人的正常生产生活造成严重影响等多种因素进行综合判定。对是否超出一般公众可容忍度范围，可以根据一般公众因刺激性气体出现身体不适、儿童等特殊易感人群就医证明及参考专家意见等因素认定。法院这一说理的过程，具有重大的类案指导意义。

法院引用《未成年人保护法》第 3 条第 1 款进行说理，特别强调了未成年人权益的保护。法院指出，未成年人享有生存权、发展权、受保护权、参与权等权利，国家根据未成年人身心发展特点给予特殊、优先保护，保障未成年人的合法权益不受侵犯。一个社会对儿童的态度在一定程度上代表一个社会的文明程度，不能为追求经济上的利益，要求任何人在牺牲儿童健康的情况下冒险经营，这样的要求既冷酷无情，也与文明相悖。关于 TVOC 虽有相关国家标准，但现有国家标准是针对成年人对 TVOC 的敏感度制定的，而未成年人对 TVOC 的容忍度相对更低，从保护未成年人身心健康的角度理应具有更高标准。

损害赔偿数额的计算也是司法实践中的难题。在本案中，煜辰公司主张赔偿因空气污染造成的经济损失和合理支出共计 10 万元（学员体检费 108 元，7 月的租金 6320.4 元，物业费 4213.6 元，3 个教练的工资 21 483 元，7 名学生的退费 17 423 元，其余利润损失 50 452.2 元）。而法院判决认为，煜辰公司可主张的损失包含已支付的学员体检费，合理停业期间的租金、员工基本工资、经营利润损失，已付款的学生家长解除合同的损失。煜辰公司已支付的学员体检费为每人 54 元，已支付的 7 月租金为 6320.4 元、已支付员工的 7 月基本工资为 13 480 元（李某洲 3000 元，谭某 8000 元，邹某 2480 元），因员工基本工资、租金只在 18 天的合理停业时间由元康公司承担赔偿责任，故元康公司应赔偿的合理停业时间内的员工基本工资及租金共计为 11 497 元 =［（13 480 元 +6320.4 元）÷31 天 ×18 天］。至于因空气污染导致煜辰公司合理停业 18 天的经营利润损失，根据本案所涉店铺所在商圈的商业状况、煜辰公司的经营情况、儿童培训机构的经营特点等，法院酌定其合理的停业期间经营利润损失为 18 000 元。已付款的学生家长因室内空气污染解除培训合同，共退费 17 523 元，但退费中未扣除教练课时费、器材、租金、水电等经营成本，解除合同产生的损失应为扣除经营成本后的利润损失，故法院酌定其因解除合同产生的利润损失为 8000 元（已酌情扣除停业期间经营利润损失与其重复计算部分）。综上所述，元康公司应赔偿煜辰公司遭受的合理损失共计 37 551 元 =54 元 +11 497 元 +18 000 元 +8000 元。

（三）陈某与刘某相邻关系纠纷案[①]

［**基本案情**］陈某与刘某分别为 103 房、104 房业主。刘某家厨房邻前院，装修后从厨房沿架设往前院外伸孔径约 15 厘米的白色塑料管，长约 5.5 米，离地高约 3.2 米，用于排放厨房油烟。陈某认为该出烟口离其 103 房距离较近，陈某及其家属经常被油烟熏呛，刘某排放的油烟对陈某及其家属的生活环境造成污染，严重影响正常生活，故请求法院判令刘某拆除该排烟管道。

［**法院裁判**］刘某在 104 房北向前院，架设排放厨房油烟管道虽在自有前

① 参见广东省花都区人民法院（2021）粤 0114 民初 268 号民事判决书。

院范围内，结合生活经验，必然是为在烹饪时通过设备抽吸后，向室外排放厨房内产生的油烟污染物和高温气体，而该油烟污染物和高温气体又必然会影响毗邻东侧陈某的103房的居住体验。刘某并非受到既定住宅建筑结构的客观限制，而必须在北向前院范围内，架设排放厨房油烟管道。刘某改变排放厨房油烟管道，而由原本与此无关联的毗邻的陈某来忍受外来油烟污染物和高温气体带来的不适体验，不符合公平的原则。为此，陈某没有忍受外来油烟污染物和高温气体带来的不适体验的容忍义务。结合实际情况，法院判令刘某拆除该排烟管道。

［**裁判评析**］司法裁判要准确阐明事理，详细释明法理，积极讲明情理，力求讲究文理，综合考量法、理、情等因素。2021年1月最高人民法院印发《关于深入推进社会主义核心价值观融入裁判文书释法说理的指导意见》第1条规定，深入推进社会主义核心价值观融入裁判文书释法说理，要将法律评价与道德评价有机结合，深入阐释法律法规所体现的国家价值目标、社会价值取向和公民价值准则，实现法治和德治相辅相成、相得益彰。在本案中，法院在裁判文书的最后，增加了社会主义核心价值观融入裁判文书释法说理的表达，具有较强的参考意义。法院指出，我国已全面建成小康社会，并始终把不断增强人民群众的获得感、幸福感、安全感作为追求的目标。居住舒适、安宁，就是人民群众切实感受获得感、幸福感、安全感的重要因素之一。《民法典》第288条规定，不动产的相邻权利人应当按照“有利生产、方便生活、团结互助、公平合理”的原则，正确处理相邻关系。陈某与刘某作为不动产的权利人，均享有追求居住舒适、安宁的合法权利，但同时作为不动产的相邻权利人，也均负有正确处理相邻关系的法律义务。相邻关系中，首先应当睦邻友好、团结互助，如不能睦邻友好、团结互助的，至少应当互谅互解、和平共处，而非以邻为敌、相互挑剔，这不符合我国倡导的精神文明建设以及社会主义核心价值观。如此，于己、于人、于社会，均有所裨益。

四、法律风险防范

行为人违反了国家规定的弃置固体废物，排放大气污染物、水污染物、土壤污染物、噪声、光辐射、电磁辐射等有害物质，受害人要及时采取措施，并保留相关的证据。在煜辰公司与元康公司相邻污染侵害纠纷案中，案件受理时案发现场的刺激性气体已逐渐挥发、消散，无法通过法官的现场感受进行判断。法院认为，由于刺激性气体对人身的伤害具有敏感性、潜在性和个体差异性等特点，不同人群对 TVOC 敏感度均不完全相同，且随时间变化其浓度也会发生衰减，对 TVOC 含量是否超标进行准确检测或鉴定具有较大难度。[①] 在该案中，法院根据煜辰公司提供的微信聊天记录、2019 年 8 月 14 日的协调会录音、证人证言等证据，足以认定元康公司 2019 年 7 月 1 日在进行装修时，未封闭店铺大门，挥发出的刺激性气味造成室内空气污染，影响煜辰公司商铺的正常经营。煜辰公司及时通知华润置地（成都）物业服务有限公司重庆分公司，并对与元康公司协商解决问题的过程进行录音，保留了必要的证据，维护了自己的合法权益。

① 参见重庆市第五中级人民法院（2020）渝 05 民终 8609 号民事判决书。

第五章

土地承包经营权纠纷

土地承包经营权属于用益物权的一种，也是中国土地改革所特有的一种权利制度，农村集体经济组织实行家庭承包经营为基础、统分结合的双层经营体制。农民集体所有和国家所有由农民集体使用的耕地、林地、草地以及其他用于农业的土地，依法实行土地承包经营制度。此项经济制度为《宪法》《民法典》《农村土地承包法》《村民委员会组织法》《草原法》《土地管理法》《农业法》《黑土地保护法》等法律所确认。

首先，《宪法》从根本法视角对土地承包经营制度作出明确规定。1993 年《宪法修正案》增加“农村中的家庭联产承包为主的责任制”的内容，第一次提出，农村中的家庭联产承包为主的责任制是社会主义的劳动群众集体所有制经济。1999 年《宪法修正案》将“农村集体经济组织实行家庭承包经营为基础、统分结合的双层经营体制”写入《宪法》。随后 2004 年和 2018 年修正案保留此表达，即“农村集体经济组织实行家庭承包经营为基础，统分结合的双层经营体制”。

其次，《民法典》“总则编”“物权编”和“婚姻家庭编”等分别对土地承包经营权作出制度安排。例如，“总则编”第 55 条对农村承包经营户内涵作出界定，即农村集体经济组织的成员，依法取得农村土地承包经营权，从事家庭承包经营的，为农村承包经营户。又如，“物权编的所有权分编”第 261 条对土地承包方案作出细化规定。其中，土地承包方案以及将土地发包给本集体以外的组织或者个人承包，以及个别土地承包经营权人之间承包地的调整，应当依照法定程序经本集体成员决定。同时，在“物权编的用益物权分编”第 11 章土地承包经营权，通过 14 个法条对土地承包经营权基础法律制度作出规定。又如，“民法典婚姻家庭编”第 1087 条对夫或妻在家庭土地承包经营中所享有的权益作出规定。

再次，以《农村土地承包法》对农村土地承包权作出系统的制度安排。2018 年修订的《农村土地承包法》从总则、家庭承包、其他方式的承包、争议的解决和法律责任和附则五方面对农村土地承包权作出宏观架构，并细化了发包方和承包方的权利和义务、承包期限和承包合同、土地承包经营权的保护和互换等微观制度，同时对土地经营权人的权限作出制度安排。

最后，其他法律对农村土地承包制度作出特别补充。例如，《村民委员会组织法》（2018 年修正）第 8 条第 3 款明确规定了村民委员会应当尊重集体经济组织开展经济活动的自主权，维护家庭承包经营制度，保障承包经营户的合法权益。并在第 24 条明确规定承包方案需要经村民会议讨论决定后方可办理。在第 34 条对承包合同和土地发包方案应建立村务档案作出明确规定。为避免村民委员会以权谋私，第 35 条规定，村民委员会成员实行会期和离任经济责任审计，其中一项便是“资源的承包”。再如，《土地管理法》（2019 年修订）及《土地管理法实施条例》（2021 年修正）的相关规定。《土地管理法》第 13 条明确规定农民集体所有和国家所有依法由农民集体使用的耕地、林地、草地，以及其他依法用于农业的土地，原则上采取农村集体经济组织内部的家庭承包方式承包，例外情况可以采取招标、拍卖、公开协商等方式承包，并对承包期限作出规定。《土地管理法实施条例》第 12 条规定，国家对耕地实施特殊保护，严守耕地保护红线，严格控制耕地转为林地、草地、园地等其他农用地，并建立耕地保护补偿制度。非农业建设必须节约使用土地，可以利用荒地的，不得占用耕地，可以利用劣地的，不得占用好地。禁止占用耕地建窑、建坟或者擅自在耕地上建房、挖砂、采石、采矿、取土等。禁止占用永久基本农田发展林果业和挖塘养鱼。

综上分析可以看出，土地承包经营权纠纷解决，并非仅依据《民法典》或者《农村土地承包法》，其往往会涉及多部法律的综合运用。本章以土地承包经营权生命周期为轴，分别对土地承包经营权设立纠纷、承包地征收补偿纠纷和土地经营权纠纷进行剖析，并对相关法律风险防范提出建议。

第一节　土地承包经营权设立纠纷

土地承包经营权在中国广大地区成功运转，实现了农村土地生产、财产与保障功能，在维护农村稳定的基础上，全面推动了中国农业持续发展，赋予农民长期而有保障的土地承包，在一定程度上促进了农业、农村经济发展和农业社会稳定。按照现行《民法典》的规定，土地承包经营权涉及权利内容、设立方式、权利设立年限、权利设立登记、设立后的权限调整以及设立后发包方义务等六方面法律问题。

一、土地承包经营权的内容

土地承包经营权作为一项民事权利，其主要内容是土地承包经营权人对其承包的土地依法享有占用、使用和收益等权利。这些具体权利属于土地承包经营权人的法定权利，任何组织和个人不得剥夺和侵害。

（一）相关法条

1.《中华人民共和国民法典》（2020 年 5 月 28 日）

第三百三十一条　土地承包经营权人依法对其承包经营的耕地、林地、草地等享有占有、使用和收益的权利，有权从事种植业、林业、畜牧业等农业生产。

2.《中华人民共和国农村土地承包法》（2018 年 12 月 29 日）

第十七条　承包方享有下列权利：

（一）依法享有承包地使用、收益的权利，有权自主组织生产经营和处置产品；

（二）依法互换、转让土地承包经营权；

（三）依法流转土地经营权；

（四）承包地被依法征收、征用、占用的，有权依法获得相应的补偿；

（五）法律、行政法规规定的其他权利。

3.《中华人民共和国黑土地保护法》（2022年6月24日）

第五条 黑土地应当用于粮食和油料作物、糖料作物、蔬菜等农产品生产。

黑土层深厚、土壤性状良好的黑土地应当按照规定的标准划入永久基本农田，重点用于粮食生产，实行严格保护，确保数量和质量长期稳定。

4.《最高人民法院关于审理森林资源民事纠纷案件适用法律若干问题的解释》（2022年6月13日）

第二条 当事人因下列行为，对林地、林木的物权归属、内容产生争议，依据民法典第二百三十四条的规定提起民事诉讼，请求确认权利的，人民法院应当依法受理：

（一）林地承包；

（二）林地承包经营权互换、转让；

（三）林地经营权流转；

（四）林木流转；

（五）林地、林木担保；

（六）林地、林木继承；

（七）其他引起林地、林木物权变动的行为。

当事人因对行政机关作出的林地、林木确权、登记行为产生争议，提起民事诉讼的，人民法院告知其依法通过行政复议、行政诉讼程序解决。

（二）要旨释义

土地承包经营权包括占有、使用和收益等权能。其中，占用权能是土地经营权人对其承包的土地具有事实上的管领，具有支配性和排他性。占有是土地承包经营权人实施使用和收益的前提。

使用权能是土地承包经营权持续存续的基本权能，只有权利主体在不改变土地的农业用途的前提下，在承包土地上进行耕作、养殖或畜牧等农业生产，才能使土地承包经营权动态运营。因此，现行法律对土地承包经营权的使用权能保障的精神内核主要集中在“依法自治”。依法自治，是指权利主体在实施土地承包经营权过程中，在法律保障范围内从事农业生产的方式、种类等均由权利主体自行决定，不受任何主体的侵犯。其中，“在法律保障范围内”，是指有些法律对农业活动有特殊规定的，需要按照法律特殊规定从事农业生产。例如，根据《土地管理法》第33条规定，经国务院农业农村主管部门或县级以上地方人民政府批准，有些永久基本农田，只能从事粮、棉、油、糖等重要农产品耕种。按照《黑土地保护法》的规定，黑土地的主要使用范围就是用于粮食和油料作物、糖料作物、蔬菜等农产品生产。

收益权能是权利主体实施土地承包经营权的主要目标，是权利人获取承包地上产生的收益的权利。其中，收益既包括权利主体从事农业生产的收益，也包括土地经营权流转的收益。前者主要体现在《民法典》第321条第1款的规定，天然孳息应归土地承包经营权人所有。后者主要体现在《农村土地承包法》第39条规定，即土地经营权流转的价款，应当由当事人双方协商确定。流转的收益归承包方所有，任何组织和个人不得擅自截留、扣缴。收益权是土地承包经营权人获取承包地上产生收益的权利，是用益物权人一项重要的权能。提高农民收益也是国家近些年系列改革的目标之一。例如，2017年党的十九大《决胜全面建成小康社会 夺取新时代中国特色社会主义伟大胜利》报告中提出"保障农民财产收益"是实施乡村振兴战略之一。2019年中央一号文件提出发展壮大乡村产业，拓宽农民增收渠道。2020年中央一号文件提出"发展富民乡村产业……建立健全农民分享产业链增值收益机制。"2021年中央一号文件提出"要调动农民种粮积极性，稳定和加强种粮农民补贴。"2022年中央一号文件提出"要合理保障农民种粮收益。"2022年中共中央、国务院发布《关于做好2022年全面推进乡村振兴重点工作的意见》明确指出，合理保障农民种粮收益，实现三大粮食作物完全成本保险和种植收入保险主产省产粮大县全覆盖。永久基本农田重点用于粮食生产，高标准农田原则上全部用于粮食生产。

土地承包经营权包括占有、使用和收益等权能中的"等"属于"等外等"，根据《民法典》和《农村土地承包法》相关规定，这个"等"还包括但不限于以下权利：承包期满，按照国家规定继续承包的权利。放弃土地承包经营权获得合理补偿的权利。被征收、征用、占用时获得相应补偿的权利等。

（三）典型案例

李应某、魏某某土地承包经营权纠纷案[①]

［基本案情］原告李应某向双江自治县大文乡大忙蚌村大忙蚌三组承包了

① 参见云南省双江拉祜族佤族布朗族傣族自治县人民法院（2022）云0925民初108号民事判决书。

坐落于大忙蚌三组的一块基本农田，农村土地承包经营权证代码：5309×××××××××××008J。该耕地小地名为巴响田，地块代码为5309××××××××××××0210，登记面积为0.47亩，使用期限为30年，使用期终止日期为2028年12月31日，四至界限为东至魏老三、林地，南至魏老三，西至魏某光，北至林地。原告于2021年12月至2022年1月初对该地块进行推挖、平整，准备用于种植甘蔗，被告魏某某于2022年1月19日种植甘蔗并对该地块进行管理。本案原告李应某与被告魏某某争议的地块系该农村土地承包经营权证的范围内，应由原告李应某管理使用。

［**法院裁判**］法院认为，原告李应某系本案争议耕地的使用权人，对其承包经营的耕地享有占有、使用和收益的权利。原告已管理使用该地块30余年，期间被告未提出异议，确权时被告亦未提出异议，现仅因想起20余年前老人告诉自己该地块属于自己家的便想要将该地块要回。诉讼中，被告魏某某未提交证据加以证明。根据《最高人民法院关于适用〈中华人民共和国民事诉讼法〉的解释》第90条第2款"在作出判决前，当事人未能提供证据或者证据不足以证明其事实主张的，由负有举证证明责任的当事人承担不利的后果"之规定，由被告魏某某承担举证不能的不利后果。因本案在大文乡司法所和大忙蚌村委会调解期间，大文乡司法所工作人员已告知双方当事人在纠纷未处理之前暂时不能对该地块进行耕种，但被告魏某某于2022年1月19日种植甘蔗，被告魏某某对争议地进行耕种的行为属于侵权行为，应停止侵害并返还占用的土地。故原告要求被告返还土地的诉讼请求，符合法律规定，法院予以支持。根据《民法典》第331条、第179条，《最高人民法院关于适用〈中华人民共和国民事诉讼法〉的解释》第90条之规定，被告魏某某于本判决生效后5日内返还原告李应某诉争的土地。

［**裁判评析**］本案涉及两个问题：一是法院是否具有管辖权；二是土地承包经营权权属判断依据。对法院具有管辖权的问题评析如下：

按照《土地管理法》第14条规定，土地使用权争议，由当事人协商解决，协商不成的，由人民政府处理。当事人对有关人民政府的处理决定不服的，可以自接到处理决定通知之日起30日内，向人民法院起诉。本案原告与被告之间土地承包经营权争议已经过乡级人民政府处理，因此法院具有管辖权。本案的争议也不属于《最高人民法院关于审理涉及农村土地承包纠纷案件适用法律问题的解释》第1条第2款规定的案例，即农村集体经济组织成员因未实际取得土地承包经营权提起民事诉讼的，人民法院应当告知其向有关行政主管部门申请解决。本案诉争虽然是土地承包经营权的确权，但这个确权不属于“没有取得土地承包经营权，通过诉讼要求确定成员应取得土地承包经营权”案件，而是土地承包经营权权属确认的案件。因此，法院无论是案由的确定，还是案件事实的认定及法律适用都非常准确。

至于土地承包经营权权属判断依据。既不能简单地以占有这种事实作为判断依据，也不能僵化地以“土地承包经营权证”来判断，还需要考量土地承包经营权取得方式，如果是原始取得，还需要考量承包经营合同与土地承包经营权证之间的关联关系。如果是继受取得，还要考量承包方转让土地承包经营权是否经发包方同意，如果在发包方无错的情况下，没有经发包方同意，则转让合同无效，继受方没有取得土地承包经营权，同时还要考量继受取得方的取得期限是否超过承包期的剩余期限等因素。本案法院充分考量了土地承包经营权权属证明的多方因素，最终因被告没有提出相应证据证明其具有土地承包经营权，而认定土地经营权归属原告，适用法律完全正确。

（四）法律风险防范

本条款在适用过程中主要的法律风险有四方面：

1. 土地承包经营权的使用权能的理解。一般情况下，人们认为土地承包经营权的使用权能仅限于传统意义上的耕作、种植等。事实上，法律对使用权能表述为“农业生产”，此种的农业生产还包括因耕作、种植而修建必要的附属设施。例如，建造水井等构筑物；再如，在一般耕地上（不包括永久基本农田），进行养殖。

2. 土地承包经营权人滥用土地承包经营权的风险。土地承包经营权人在没有经过法定程序批准的情况下，不得在承包土地上从事非农生产经营。如果从事非农生产经营，发包人可以根据《农村土地承包法》第 63 条规定，县级以上地方人民政府有关主管部门依法予以处罚。

3. 土地承包经营权人提起诉讼是否受理的风险。根据《最高人民法院关于审理涉及农村土地承包纠纷案件适用法律问题的解释》第 1 条规定，农村集体经济组织成员因承包经营权侵权、流转、征收费用分配等纠纷提起诉讼的，人民法院应当依法受理。因未实际取得土地承包经营权提起民事诉讼的，人民法院应当告知其向有关行政主管部门申请解决。针对农村集体经济组织成员的收益权，如果此收益权为期待状态，即针对用于分配的土地补偿费数额提起民事诉讼的，人民法院不予受理。

4. 农村土地承包经营权纠纷仲裁与诉讼衔接的风险。根据《农村土地承包经营纠纷调解仲裁法》第 18 条规定，农村土地承包经营权人申请仲裁的时效期间为二年，计算时间自当事人知道或者应当知道其权利被侵害之日起计算。如果农村土地承包经营权人没有在此期间内提出仲裁，根据《最高人民法院关于审理涉及农村土地承包经营纠纷调解仲裁案件适用法律若干问题的解释》第 1 条规定，可以就同一纠纷提起诉讼的，人民法院应予受理。如果当事人在收到农村土地承包仲裁委员会作出的裁决书之日起 30 日后或者签收农村土地承包仲裁委员会作出的调解书后，就同一纠纷向人民法院提起诉讼的，根据《最高人民法院关于审理涉及农村土地承包经营纠纷调解仲裁案件适用法律若干问题的解释》第 2 条规定，人民法院裁定不予受理；已经受理的，裁定驳回起诉。如果当事人在收到农村土地承包仲裁委员会作出的裁决书之日起 30 日内，向人民法院提起诉讼，请求撤销仲裁裁决的，根据《最高人民法院关于审理涉及农村土地承包经营纠纷调解仲裁案件适用法律若干问题的解释》第 3 条规定，人民法院应当告知当事人就原纠纷提起诉讼。如果当事人对发生法律效力的调解书、裁决书，应当依照规定的期限履行。一方当事人逾期不履行的，另一方当事人可以向被申请人住所地或者财产所在地的基层人民法院申请执行，根据《农村土地承包经营纠纷调解仲裁法》第 49 条规定，受理申请的人民法院应当依法执行。

二、土地承包经营权设立方式

土地承包经营权设立方式为合同形式，由于法律并没有明文规定必须或应当是"书面合同"，因此合同形式的理解可以是书面合同，也可以是口头合同，无论哪一种合同类型，最终在纠纷解决过程中，都需要当事人提供相应的证据来进行佐证。

（一）相关法条

1.《中华人民共和国民法典》（2020 年 5 月 28 日）

第三百三十三条 土地承包经营权自土地承包经营权合同生效时设立。

登记机构应当向土地承包经营权人发放土地承包经营权证、林权证等证书，并登记造册，确认土地承包经营权。

2.《中华人民共和国农村土地承包法》（2018 年 12 月 29 日）

第二十三条 承包合同自成立之日起生效。承包方自承包合同生效时取得土地承包经营权。

第二十四条 国家对耕地、林地和草地等实行统一登记，登记机构应当向承包方颁发土地承包经营权证或者林权证等证书，并登记造册，确认土地承包经营权。

土地承包经营权证或者林权证等证书应当将具有土地承包经营权的全部家庭成员列入。

3.《最高人民法院关于审理涉及农村土地承包纠纷案件适用法律问题的解释》（2020年12月29日）

第一条第二款 农村集体经济组织成员因未实际取得土地承包经营权提起民事诉讼的，人民法院应当告知其向有关行政主管部门申请解决。

第七条 承包合同约定或者土地承包经营权证等证书记载的承包期限短于农村土地承包法规定的期限，承包方请求延长的，应予支持。

4.《最高人民法院关于审理涉及农村集体土地行政案件若干问题的规定》（2011年8月7日）

第二条 土地登记机构根据人民法院生效裁判文书、协助执行通知书或者仲裁机构的法律文书办理的土地权属登记行为，土地权利人不服提起诉讼的，人民法院不予受理，但土地权利人认为登记内容与有关文书内容不一致的除外。

第六条 土地权利人认为乡级以上人民政府作出的土地确权决定侵犯其依法享有的农村集体土地所有权或者使用权，经复议后向人民法院提起诉讼的，人民法院应当依法受理。

法律、法规规定应当先申请行政复议的土地行政案件，复议机关作出不受理复议申请的决定或者以不符合受理条件为由驳回复议申请，复议申请人不服的，应当以复议机关为被告向人民法院提起诉讼。

5.《最高人民法院关于审理森林资源民事纠纷案件适用法律若干问题的解释》（2022年6月13日）

第二条第二款 当事人因对行政机关作出的林地、林木确权、登记行为产生争议，提起民事诉讼的，人民法院告知其依法通过行政复议、行政诉讼程序解决。

第三条 当事人以未办理批准、登记、备案、审查、审核等手续为由，主张林地承包、林地承包经营权互换或者转让、林地经营权流转、林木流转、森林资源担保等合同无效的，人民法院不予支持。

因前款原因，不能取得相关权利的当事人请求解除合同、由违约方承担违约责任的，人民法院依法予以支持。

第五条 当事人以违反法律规定的民主议定程序为由，主张集体林地承包合同无效的，人民法院应予支持。但下列情形除外：

（一）合同订立时，法律、行政法规没有关于民主议定程序的强制性规定的；

（二）合同订立未经民主议定程序讨论决定，或者民主议定程序存在瑕疵，一审法庭辩论终结前已经依法补正的；

（三）承包方对村民会议或者村民代表会议决议进行了合理审查，不知道且不应当知道决议系伪造、变造，并已经对林地大量投入的。

第七条 当事人就同一集体林地订立多个经营权流转合同，在合同有效的情况下，受让方均主张取得林地经营权的，由具有下列情形的受让方取得：

（一）林地经营权已经依法登记的；

（二）林地经营权均未依法登记，争议发生前已经合法占有使用林地并大量投入的；

（三）无前两项规定情形，合同生效在先的。

未取得林地经营权的一方请求解除合同、由违约方承担违约责任的，人民法院依法予以支持。

（二）要旨释义

《民法典》第 333 条与原《物权法》第 127 条相比较，仅是将“县级以上地方人民政府”改为“登记机构”。主要涉及土地承包经营权设立和登记两方面制度。

土地承包经营权自土地承包经营权合同生效时设立，无须备案和批准。这样规定主要考量两方面因素：一是法律表达体系性需求。《农村土地承包法》属于土地承包经营权的特别法，明确规定承包合同生效时取得土地承包经营权。同时，《民法典》第 209 条和第 214 条明确规定，不动产物权的设立、变更、转让和消灭，依法登记，发生效力，未经登记，不发生效力，但是法律另有规定的除外。这个“法律另有规定除外”的表述，将土地承包经营权取得方式纳入《民法典》规范范围内，体现了法律本身的自洽性。二是契合村民生活环境需求。村民之间处于熟人社会，彼此熟悉了解，承包地块情况人所共知，具有公示作用，签订土地承包经营权合同的农民既没有将土地承包经营权登记的意识，也不存在将土地承包经营权登记生效的制度诉求。而且，按照《农村土地承包法》第20条的规定，签订农村土地承包合同需要履行一定的程序，而这个程序也具有一定公示作用，即本集体经济组织成员的村民会议选举产生承包生产小组，承包工作小组依照法律、法规的规定拟订并公布承包方案，依法召开本集体经济组织成员的村民会议，讨论通过承包方案，公开组织实施承包方案，最后签订承包合同。

土地承包经营权设立登记具有公示效力，至于这个公示是否具有对抗效力，学界具有不同的认知。有的学者认为，设立登记的权属证书仅证明土地承包经营权人的权利并对其进行保护的手段，不同于土地承包经营权转让、互换登记，土地承包经营权转让、互换登记会使相关权利人的权利获得对抗善意第三人的效力。① 也有的学者认为登记具有对抗主义。② 笔者赞成后者意见。虽然《民法典》没有明确规定设立登记具有对抗效力，但《农村土地承包法》第35条以明示的方式规定，土地承包经营权互换、转让登记具有对抗善意第三人效力，但没有任何法律规定，设立登记的土地承包经营权证与互换与转让登记的土地承包经营权证存在差异性，且《农村土地承包法》第24条和《不动产登记暂行条例》第5条并没有对土地承包经营权设立登记与转让互换登记作出分别规定。因此，从法律的体系性视角来分析，土地承包经营权设立登记也具有对抗善意第三人效力。

（三）典型案例

江某某、杜某某土地承包经营权纠纷案 ③

[**基本案情**] 杜某某、江某某均系东台市五烈镇原大同村一组（现大同村六组）的村民。1998年农村土地二轮承包后，杜某某的丈夫过世，杜某某种植困难。2000年杜某某将案涉2.13亩土地交回原大同村一组，但未书面通知发包方五烈镇大同村村民委员会。原大同村一组将案涉2.13亩土地交给江某某耕种，未签订书面合同，后案涉2.13亩土地一直由江某某耕种。

2016年8月7日，东台市五烈镇大同村村民委员会（甲方、发包方）与

---

① 孙宪忠、朱广新：《民法典评注：物权编·3》，中国法制出版社2020年版，第65页。

② 高圣平：《土地承包经营权制度与民法典物权编编纂——评〈民法典物权编（草案二次审议稿）〉》，载《法商研究》2019年第6期。

③ 参见江苏省盐城市中级人民法院（2022）苏09民终1312号民事判决书。

杜某某（乙方、承包方）签订农户土地家庭承包合同，约定甲方将东台市五烈镇原大同村第一村民小组农村集体所有的二轮承包合同总面积6.7亩、实测面积7.01亩的土地发包给乙方承包经营，承包地共4块，承包土地名称、坐落和面积详见“承包地块情况表”和“承包地块位置图”，承包期限为30年，自1998年10月1日至2028年9月30日止，六组河西地块，地块缩略码00047，东至江某安，南至河流，西至刘某荣，北至机耕路，合同面积2亩，实测面积2.13亩。双方还约定了其他事项。

2016年11月21日，东台市人民政府颁发了政农地承包权（2016）第232631号中华人民共和国农村土地承包经营权证，该证载明承包方代表姓名杜某某，承包期限为1998年10月1日至2028年9月30日，承包地二轮合同总面积6.7亩，承包地实测面积7.01亩，并明确了承包地块四至地址。2020年，杜某某要求江某某返还案涉承包地，双方因此发生争执并报警处理未果。杜某某为此诉至一审法院。

2016年，东台市人民政府颁发给江某某的《中华人民共和国农村土地承包经营权证》中没有案涉土地。现江某某在争议的土地上种植了麦子。

［**法院裁判**］一审法院认为，《农村土地承包法》第30条规定，承包期内，承包方可以自愿将承包地交回发包方。承包方自愿交回承包地的，可以获得合理补偿，但是应当提前半年以书面形式通知发包方。承包方在承包期内交回承包地的，在承包期内不得再要求承包土地。国家保护承包方的土地承包经营权，任何组织和个人不得侵犯。土地承包经营权采取转让方式流转，当事人双方应当签订书面合同，由受让方与发包方确立新的承包关系，原承包方与发包方在该土地上的承包关系才终止。杜某某提供的《中华人民共和国农村土地承包经营权证》等证据能够证明其依法享有诉争地块承包经营权。江某某未提供与发包方就案涉土地确立新的承包关系而签订书面承包合同，亦未办理土地承包经营权变更登记，虽然江某某实际一直由其耕种，但并不能证明案涉土地承包经营权归其所有或者案涉地块土地承包经营权已经发生变更。

根据庭审中双方的陈述及双方提供的证据，虽能证明案涉争议土地由江某某代种，但并未订立书面合同，未约定具体代种的起止时间，杜某某可随时要求江某某返还土地，但必须给予合理期限。对杜某某要求江某某返还案涉地块的诉讼请求，一审法院依法予以支持。二审法院对一审法院认定的事实予以确认，并认定一审法院认定的事实清楚，适用法律正确。

[裁判评析] 本案涉及争议焦点有两点：一是杜某某向村小组交回承包地的行为是否有效；二是江某某从村小组获得土地耕种是否属于土地承包经营权。根据《最高人民法院关于审理涉及农村土地承包纠纷案件适用法律问题的解释》第10条规定，承包方交回承包地需要履行《农村土地承包法》第29条规定的程序，如果没有履行法定程序，不认定承包方的行为属于自愿交回。从此条规定可以推导出杜某某交回承包地的行为不具有法律效力。因此，杜某某仍具有农村土地承包经营权。由于杜某某仍具有农村土地承包经营权，且在2016年又进行了确权登记，因此，杜某某具有争议土地的农村土地承包经营权，村小组没有处置争议土地的权利。因此，江某某虽然一直使用土地，但没有任何合同证明其具有土地承包经营权，江某某的行为符合代耕构成要件，因此江某某需要在合理期限内将土地归还杜某某。

（四）法律风险防范

本条款在适用过程中需要注意的法律风险主要有：

1. 多个土地承包经营权竞合时的处理机制。土地承包经营权于承包合同签订时成立，在实践中，会出现同一处农村土地上存在多个“土地承包经营权”的情形，那么，实践中应如何操作，才能避免土地承包经营权因为多权冲突而使自己权益受损失的风险？在此，需要清楚现行法律对土地承包经营权发生冲突时的处理原则，《最高人民法院关于审理涉及农村土地承包纠纷案件适用法律问题的解释》第19条建立登记优先原则、生效优先原则、先行合法占有原则和使用优先原则。具体表述如下：发包方就同一土地签订两个以上承包合同，承包方均主张取得承包经营权的，按照下列情形，分别处理：一是已经依法登记的承包方，取得土地经营权；二是均未依法登记的，生效在先合同的承包方取得土地经营权；三是依前两项规定无法确定的，已经根据承包合同合法占有使用承包地的人取得土地经营权，但争议发生后一方强行先占承包地的行为和事实，不得作为确定土地经营权的依据。在此需要特殊注意，林地承包经营权竞合时，处理顺序略有不同。根据《最高人民法院关于审理森林资源民事纠纷案件适用法律若干问题的解释》第7条规定，处理顺序如下：一是林地经营权已经依法登记的；二是林地经营权均未依法登记，争议发生前已经合法占有使用林地并大量投入的；三是无前两项规定情形，合同生效在先的。

2. 林地、林木土地承包权确权案件定性为行政案件。根据《最高人民法院关于审理森林资源民事纠纷案件适用法律若干问题的解释》第 2 条第 2 款，当事人因对行政机关作出的林地、林木确权、登记行为产生争议，提起民事诉讼的，人民法院告知其依法通过行政复议、行政诉讼程序解决。

3. 审批手续未履行不影响相关合同的效力。根据《最高人民法院关于审理森林资源民事纠纷案件适用法律若干问题的解释》第 3 条规定，当事人以未办理批准、登记、备案、审查、审核等手续为由，主张林地承包、林地承包经营权互换或者转让、林地经营权流转、林木流转、森林资源担保等合同无效的，人民法院不予支持。

4. 缺乏承包民主议定程序，原则上集体林地承包合同无效，但符合《最高人民法院关于审理森林资源民事纠纷案件适用法律若干问题的解释》第 5 条规定的例外情形的，合同有效。主要情形有三方面：一是合同订立时，法律、行政法规没有关于民主议定程序的强制性规定的；二是合同订立未经民主议定程序讨论决定，或者民主议定程序存在瑕疵，一审法庭辩论终结前已经依法补正的；三是承包方对村民会议或者村民代表会议决议进行了合理审查，不知道且不应当知道决议系伪造、变造，并已经对林地大量投入的。

三、土地承包经营权设立年限

（一）相关法条

1.《中华人民共和国民法典》（2020 年 5 月 28 日）

第三百三十二条　耕地的承包期为三十年。草地的承包期为三十年至五十年。林地的承包期为三十年至七十年。

前款规定的承包期限届满，由土地承包经营权人依照农村土地承包的法律规定继续承包。

2.《中华人民共和国农村土地承包法》（2018 年 12 月 29 日）

第二十一条　耕地的承包期为三十年。草地的承包期为三十年至五十年。林地的承包期为三十年至七十年。

前款规定的耕地承包期届满后再延长三十年，草地、林地承包期届满后依照前款规定相应延长。

第六十六条　本法实施前已经按照国家有关农村土地承包的规定承包，包括承包期限长于本法规定的，本法实施后继续有效，不得重新承包土地。

未向承包方颁发土地承包经营权证或者林权证等证书的，应当补发证书。

3.《最高人民法院关于审理涉及农村土地承包纠纷案件适用法律问题的解释》（2020 年 12 月 29 日）

第七条 承包合同约定或者土地承包经营权证等证书记载的承包期限短于农村土地承包法规定的期限，承包方请求延长的，应予支持。

4.《最高人民法院关于审理森林资源民事纠纷案件适用法律若干问题的解释》（2022 年 6 月 13 日）

第十一条 林地经营权流转合同约定的流转期限超过承包期的剩余期限，或者林地经营权再流转合同约定的流转期限超过原林地经营权流转合同的剩余期限，林地经营权流转、再流转合同当事人主张超过部分无效的，人民法院不予支持。

第十二条 林地经营权流转合同约定的流转期限超过承包期的剩余期限，发包方主张超过部分的约定对其不具有法律约束力的，人民法院应予支持。但发包方对此知道或者应当知道的除外。

林地经营权再流转合同约定的流转期限超过原林地经营权流转合同的剩余期限，承包方主张超过部分的约定对其不具有法律约束力的，人民法院应予支持。但承包方对此知道或者应当知道的除外。

因前两款原因，致使林地经营权流转合同、再流转合同不能履行，当事人请求解除合同、由违约方承担违约责任的，人民法院依法予以支持。

（二）要旨释义

土地承包经营权是一种有期限物权，土地承包期，是指农村土地承包经营权存续的期间。在此期间内，承包人享有土地承包经营权，依照法律的规定和合同的约定，行使权利和承担义务。土地承包期是土地承包制度的一项重要内容，享有较长的承包期也是承包经营权中的一项重要权利。这一点关系农民是否可以得到长期而有保障的承包经营权，关涉以家庭承包经营为基础、统分结合的双层经营体制的稳定和完善，同时还会影响乡村振兴战略的实施以及农村社会和谐稳定。为此，我国多项中央政策对土地承包期作出引导性规定。例如，党的十九大提出，保持土地承包关系稳定并长久不变，第二轮土地承包到期后再延长 30 年。2020 年中央一号文件强调："开展第二轮土地承包到期后再延长 30 年试点，在试点基础上研究制定延包的具体办法。"2021 年中央一号文件再次强调，坚持家庭承包经营基础性地位不动摇，有序开展第二轮土地承包到期后再延长 30 年试点，保持农村土地承包关系稳定并长久不变，健全土地经营权流转服务体系。2022 年中央一号文件提出，“开展第二轮土地承包到期后再延长 30 年整县试点。巩固提升农村集体产权制度改革成果”。

同时，鉴于《民法典》基本法地位，以及其与《农村土地承包法》特别法适用衔接关系，《民法典》去除“特殊林木承包期”的表述，只对土地承包期的一般规定作出回应，至于土地承包期到期后是否需要延长等特殊问题，采取“特别法优先条款”的方式进行规定。例如，按照《农村土地承包法》第 21 条第 2 款规定，耕地承包期届满后再延长 30 年，草地、林地承包期届满后依照草地、林地法定承包期规定相应延长。

（三）典型案例

江苏省淮安市盱眙县某社区居委会、江苏某公司合同纠纷案[①]

[基本案情] 2017 年 2 月 23 日，原、被告商谈并签订《盱眙县太和街道某社区鱼塘组大塘承包合同》（甲方为某社区，乙方为某公司），约定被告江苏某公司承包原告某社区约 110 亩水塘，用于种植、养殖、观光等项目的生产经营，承包经营期限为 30 年，即自 2017 年 2 月 26 日至 2047 年 2 月 25 日，承包金 10 万元于 2017 年 2 月 26 日一次性付清。合同第 5.1 条第 2 项约定：在合同有效期内，甲方不得中断乙方的承包经营权，不得提高承包金；合同第 5.1 条第 3 项约定：甲方有义务保障乙方自主经营权，不得侵犯乙方的合法权益。合同第 5.2 条第 1 项约定：乙方有权按照合同的约定用途和期限，依法利用和经营所承包的大塘；合同第 5.2 条第 2 项约定：乙方享有承包大塘上的收益权和按照合同约定兴建、购置财产的所有权。合同第 6 条约定：本合同一经签订，即具有法律约束力，任何单位和个人不得随意变更或者解除。经双方协商一致签订书面协议方可变更或解除本合同。本合同期满，同等条件下乙方享有优先承包权。合同第 7 条约定，由于原承包方还有 4 年未到期尚需补偿费用，另外鱼塘已年久失修，淤塞面积较大，需要推土、整理，费用由乙方处理，两项费用如下：转让及补偿费用 35 万元……大塘升级改造费用……总投资额不低于 30 万元，乙方以自有资金处理。合同第 8 条约定：在合同履行期间，双方必须严格遵守合同约定条款，不得违反合同约定的权利

① 参见江苏省盱眙县人民法院（2021）苏 0830 民初 5330 号民事判决书。

和义务。如有违约，违约方需双倍承担对方可预见的经济损失。合同签订前，原告于2017年1月20日组织2/3以上村民代表讨论通过相应方案。合同签订后，被告按约定交付10万元租金，原告将涉案水塘交付被告使用。被告还承包了大塘附近的其他土地，并开发经营牡丹园。近期，原告发现涉案承包合同租期超过法律规定的最长期限20年，与被告商谈超过20年部分的租期约定无效未果，提起本案诉讼。

上述事实，有当事人陈述，原告提交《盱眙县太和街道某社区鱼塘组大塘承包合同》、会议记录，被告提交补偿原承包方费用单据、大塘升级改造费用等证据，经庭审质证无异议或异议不能成立，应予确认。

［**法院裁判**］本案争议焦点是法律适用问题，原告认为双方是租赁合同，适用《民法典》第705条“租赁期限不得超过二十年。超过二十年的，超过部分无效。租赁期限届满，当事人可以续订租赁合同；但是，约定的租赁期限自续订之日起不得超过二十年”，要求确认双方签订承包合同中超过20年租赁期限的约定无效，被告对此有异议，辩称本案案由是农村承包合同，承包年限为30年。《民法典》第331条规定：“土地承包经营权人依法对其承包经营的耕地、林地、草地等享有占有、使用和收益的权利，有权从事种植业、林业、畜牧业等农业生产。”第332条规定：“耕地的承包期为三十年。草地的承包期为三十年至五十年。林地的承包期为三十年至七十年。前款规定的承包期限届满，由土地承包经营权人依照农村土地承包的法律规定继续承包。”本案是农村承包合同，原告在签订合同之前对原承包方尚有4年进行了35万元合理补偿费用，后期升级改造费用投资不低于30万元，而原告在合同签订前组织2/3以上村民代表讨论通过发包方案，合同签订后双方各自履行了相应义务，因此该合同合法有效并实际履行。原告庭审中以《民法典》租赁合同约定要求确认超过20年租赁期限的约定无效，与实际事实不符，法院不予采纳。

［**裁判评析**］土地承包经营合同与土地租赁合同属性的识别，常成为农村土地使用过程中纠纷的焦点。有的法院常以主体来识别，认为如果主体是农村集体经济组织内部的家庭，则是土地承包经营合同，耕地承包期限为30年，如果是农村集体组织以外的主体，则认定为租赁，按照《民法典》第705条规定，租赁期为20年。然而，根据《农村土地承包法》第52条规定，土地承包经营权的主体不仅局限于农村集体组织的家庭，还可以是农村集体组织以外的主体。本案法院没有根据主体来简单判断合同属性，而是从合同签

订的过程和合同内容进行识别，作出客观公正的裁决，以公正司法来增进农村土地投资者信心，塑造良好的营商司法环境。租赁合同属于债权，是一种使用收益权。而土地承包经营权是用益物权，前者的权利义务主要依赖合同约定，而后者不仅受合同约定约束，还需要遵守法律的相关规定。例如，土地承包经营权合同订立需要村民按照法定程序，通过法定表决来保障村民对承包土地的知情权，土地承包经营合同履行过程还需要接受发包人的监督等。

（四）法律风险防范

农村土地承包期的法律风险主要有四个方面：

一是土地承包经营权因承包客体不同，承包的期限也存在差异化。然而，现实生活中，存在退耕还林的情况，此时农村土地承包经营权期限应如何计算？按照《民法典》第 335 条规定，耕地的承包期为 30 年。林地的承包期为 30 年至 70 年。如果按照耕地来计算，则不符合林业生长周期长的自然属性。因此，对退耕还林这一动态变化的承包期限计算，不应静态地以签订承包合同时的“耕地”来界定承包期，而是在转化为“林地”后，重新界定承包期限，按照同等地段的林业区来重新计算承包期。

二是承包主体约定的土地承包期短于法定承包期，按照《最高人民法院关于审理涉及农村土地承包纠纷案件适用法律问题的解释》第 7 条规定，如果承包期届满后，土地承包经营权人请求延长承包期限，可以得到法律的支持。

三是林地承包主体约定的土地承包期长于法定承包期的法律风险。《最高人民法院关于审理森林资源民事纠纷案件适用法律若干问题的解释》第 11 条规定，林地经营权流转合同约定的流转期限超过承包期的剩余期限，或者林地经营权再流转合同约定的流转期限超过原林地经营权流转合同的剩余期限，林地经营权流转、再流转合同当事人主张超过部分无效的，人民法院不予支持。

四是《民法典》与《农村土地承包法》《土地管理法》等特别法衔接适用问题，以耕地承包期为例，如《民法典》规定耕地的承包期是 30 年，承包期限届满，土地承包经营权人依照农村土地承包的法律规定继续承包。此时，需要与《农村土地承包法》第 21 条规定进行衔接，第 21 条第 2 款规定，耕地承包期届满后再延长 30 年。

四、土地承包经营权设立后的互换与转让

土地承包经营权设立后，土地承包经营权人可以依据法律规定对土地承包经营权进行互换和转让，但互换与转让后未经依法批准，不得将承包地用于非农建设。由于互换与转让涉及土地承包经营权权属的变动，因此，《民法典》鼓励互换与转让的权利主体进行土地承包经营权变更登记，未登记者不得对抗善意的第三人。《民法典》调整土地承包经营权设立后的权限调整的条款主要是第 334 条和第 335 条。

（一）相关法条

1. 土地承包经营权设立后的互换与转让

（1）《中华人民共和国民法典》（2020 年 5 月 28 日）

第三百三十四条　土地承包经营权人依照法律规定，有权将土地承包经营权互换、转让。未经依法批准，不得将承包地用于非农建设。

（2）《中华人民共和国农村土地承包法》（2018 年 12 月 29 日）

第三十三条　承包方之间为方便耕种或者各自需要，可以对属于同一集体经济组织的土地的土地承包经营权进行互换，并向发包方备案。

第三十四条　经发包方同意，承包方可以将全部或者部分的土地承包经营权转让给本集体经济组织的其他农户，由该农户同发包方确立新的承包关系，原承包方与发包方在该土地上的承包关系即行终止。

（3）《中华人民共和国土地管理法》（2019 年 8 月 26 日）

第四条第一款、第二款　国家实行土地用途管制制度。

国家编制土地利用总体规划，规定土地用途，将土地分为农用地、建设用地和未利用地。严格限制农用地转为建设用地，控制建设用地总量，对耕地实行特殊保护。

第三十条　国家保护耕地，严格控制耕地转为非耕地。

国家实行占用耕地补偿制度。非农业建设经批准占用耕地的，按照“占多少，垦多少”的原则，由占用耕地的单位负责开垦与所占用耕地的数量和质量相当的耕地；没有条件开垦或者开垦的耕地不符合要求的，应当按照省、自治区、直辖市的规定缴纳耕地开垦费，专款用于开垦新的耕地。

省、自治区、直辖市人民政府应当制定开垦耕地计划，监督占用耕地的单位按照计划开垦耕地或者按照计划组织开垦耕地，并进行验收。

第三十八条 禁止任何单位和个人闲置、荒芜耕地。已经办理审批手续的非农业建设占用耕地，一年内不用而又可以耕种并收获的，应当由原耕种该幅耕地的集体或者个人恢复耕种，也可以由用地单位组织耕种；一年以上未动工建设的，应当按照省、自治区、直辖市的规定缴纳闲置费；连续二年未使用的，经原批准机关批准，由县级以上人民政府无偿收回用地单位的土地使用权；该幅土地原为农民集体所有的，应当交由原农村集体经济组织恢复耕种。

在城市规划区范围内，以出让方式取得土地使用权进行房地产开发的闲置土地，依照《中华人民共和国城市房地产管理法》的有关规定办理。

（4）《最高人民法院关于审理涉及农村土地承包纠纷案件适用法律问题的解释》（2020 年 12 月 29 日）

第一条 下列涉及农村土地承包民事纠纷，人民法院应当依法受理：

……

（四）承包经营权互换、转让纠纷。

第八条 承包方违反农村土地承包法第十八条规定，未经依法批准将承包地用于非农建设或者对承包地造成永久性损害，发包方请求承包方停止侵害、恢复原状或者赔偿损失的，应予支持。

第十三条 承包方未经发包方同意，转让其土地承包经营权的，转让合同无效。但发包方无法定理由不同意或者拖延表态的除外。

（5）《最高人民法院关于审理森林资源民事纠纷案件适用法律若干问题的解释》（2022 年 6 月 13 日）

第六条 家庭承包林地的承包方转让林地承包经营权未经发包方同意，或者受让方不是本集体经济组织成员，受让方主张取得林地承包经营权的，人民法院不予支持。但发包方无法定理由不同意或者拖延表态的除外。

第十条 林地承包期内，因林地承包经营权互换、转让、继承等原因，承包方发生变动，林地经营权人请求新的承包方继续履行原林地经营权流转合同的，人民法院应予支持。但当事人另有约定的除外。

2. 农村土地承包经营权设立后的互换与转让登记

（1）《中华人民共和国民法典》（2020 年 5 月 28 日）

第三百三十五条 土地承包经营权互换、转让的，当事人可以向登记机构申请登记；未经登记，不得对抗善意第三人。

第二百零九条 不动产物权的设立、变更、转让和消灭，经依法登记，发生效力；未经登记，不发生效力，但是法律另有规定的除外。

（2）《中华人民共和国农村土地承包法》（2018 年 12 月 29 日）

第三十三条 承包方之间为方便耕种或者各自需要，可以对属于同一集体经济组织的土地的土地承包经营权进行互换，并向发包方备案。

第三十四条 经发包方同意，承包方可以将全部或者部分的土地承包经营权转让给本集体经济组织的其他农户，由该农户同发包方确立新的承包关系，原承包方与发包方在该土地上的承包关系即行终止。

第三十五条 土地承包经营权互换、转让的，当事人可以向登记机构申请登记。未经登记，不得对抗善意第三人。

（3）《最高人民法院关于审理涉及农村土地承包纠纷案件适用法律问题的解释》（2020 年 12 月 29 日）

第十三条 承包方未经发包方同意，转让其土地承包经营权的，转让合同无效。但发包方无法定理由不同意或者拖延表态的除外。

（4）《最高人民法院关于审理森林资源民事纠纷案件适用法律若干问题的解释》（2022 年 6 月 13 日）

第三条 当事人以未办理批准、登记、备案、审查、审核等手续为由，主张林地承包、林地承包经营权互换或者转让、林地经营权流转、林木流转、森林资源担保等合同无效的，人民法院不予支持。

因前款原因，不能取得相关权利的当事人请求解除合同、由违约方承担违约责任的，人民法院依法予以支持。

第十条 林地承包期内，因林地承包经营权互换、转让、继承等原因，承包方发生变动，林地经营权人请求新的承包方继续履行原林地经营权流转合同的，人民法院应予支持。但当事人另有约定的除外。

（二）要旨释义

土地承包经营权互换与转让是土地承包经营权物权流转方式，是农村集体经济组织成员之间自主协调土地，改变地块细碎化、低效化的经营局面，通过此种方式来促进农村土地向集约化、专业化和现代化发展。这两种土地流转模式也得到国家政策的大力支持。例如，中共中央办公厅、国务院办公厅于 2019 年 2 月印发《关于促进小农户和现代农业发展有机衔接的意见》，提出“引导小农户开展合作与联合。支持小农户通过联户经营、联耕联种、组建合伙农场等方式联合开展生产……共享市场资源，实现互补互利……共同对接市场，提升市场竞争能力”。2019 年 11 月，中共中央、国务院发布《关于保持土地承包关系稳定并长久不变的意见》，提出“各地可在农民自愿前提下结合农田基本建设，组织开展互换并地，发展连片种植”。

土地承包经营权互换流转，主要是指同一集体经济组织的承包方，为方便耕种或者各自需要，在向发包方备案的前提下，将其拥有的土地承包经营权进行相互交换的法律行为。互换从表面上看是地块的交换，但从性质上看，是由交换承包的土地引起的权利本身的交换，由于互换后，原有的发包人与承包人的关系变为发包人与互换后承包人的关系，涉及原有承包权利义务的主体的变更，因此应当报发包人备案。

土地承包经营权转让流转，是指承包方征得发包方同意，将其拥有的未到期的全部或部分地的承包经营权让与给本集体经济组织其他农户的法律行为。全部转让土地承包经营权，承包人与发包人的土地承包关系即行终止，转让人也不再享有该土地承包经营权。这一点与互换不同，互换土地承包经营权，承包人与发包人的关系虽有变化，但互换土地承包经营权的双方只不过是对土地承包经营权进行了置换，并未丧失该权利。

虽然土地承包经营权转让或者互换的行为是在同一农村集体经济组织内部进行，但并不代表从事土地承包经营权转让或者互换行为后的农村土地承包经营权人，可以在转让或互换的土地上从事任何行为。因为从事土地承包经营权转让或者互换行为的土地承包经营权人仍然是集体经济组织的承包方，按照《农村土地承包法》第 11 条规定，农村土地承包经营未经依法批准不得将承包地用于非农建设。同时该法第 18 条明确规定，承包方具有维持土地的农业用途，未经批准不得用于非农建设。从这个推导可以看出，《民法典》“物权编”作出的“未经依法批准，不得将承包地用于非农建设”制度设计，并不是《民法典》创新性规定，而是《农村土地承包法》不同法条整合之结果。

互换和转让涉及农村土地经营权主体的变更，为便于市场主体识别土地承包经营权的权利外观，现行《民法典》鼓励人们在互换与转让之后进行登记，以便其他市场主体能够通过登记识别土地的客观情况。但考虑农村社会因素等各种客观现状，现行立法对土地承包经营权互换和转让是否登记这一问题上，赋予当事人自愿选择权。之所以如此进行制度设计，原因有四方面：一是土地承包经营权互换和转让行为发生在本集体经济组织成员之间，农村集体经济组织成员处于熟人社会，人们彼此之间相互了解，且乡规民约也是约束人们行为的主要规范之一，基于此，人们对登记制度诉求的意愿不是很强烈。二是根据《农村土地承包法》第33条和第34条规定，土地承包经营权互换需要到发包方备案，土地承包经营权转让需要经发包方同意。从农村集体经济组织成员的视角来理解发包方“备案行为”与“同意行为”，作为发包方的集体经济组织、村民委员会或者村民小组具有“登记”权威公示的效果。三是变更土地承包经营权登记要履行一定的法律手续，因此产生时间成本和其他费用成本，在一定程度上增加了农民的负担。四是作为专门规范农村土地承包经营权的农村土地承包法在登记这一问题上选择了自愿原则，《民法典》物权编遵循法律统一性和体系性。因此，按照《农村土地承包法》第35条的规定，赋予土地承包经营权人从事互换和转让行为登记选择权。同时，为了鼓励人们从事土地承包经营权物权变动登记行为，明确规定了土地承包经营权登记具有对抗作用。

（三）典型案例

侯某某、杨某某排除妨害纠纷案[①]

[基本案情] 原告杨某某与被告侯某某系同村村民。原、被告位于其村西北的承包地相邻，原告承包地为1.28亩，被告承包地为1.65亩。2014年，原告因建设大棚需要，与被告协商将其二人位于村西北的相邻的承包土地进行互换，原告用其1.28亩土地与被告的1.65亩地进行互换，被告多出的承包地，原告支付被告租金或用其自有的别处的承包地补足，被告也表示同意，为此原、被告达成口头土地承包互换协议。2019年秋季，在河湖拆除过程中，杨某某所建大棚被责令拆除，镇政府将拆除大棚的补偿款划拨给了杨某某。2019年原告要求将原被告互换的土地换回来，被告要求再继续种植，2020年秋后，原告再次找到被告要求换回承包地，未协商成功。2021年8月，原被告因换地事宜产生争执后报警，最终处理未果。

原、被告对土地互换期限未作出约定，也未对互换的土地办理农村土地承包经营权证变更登记手续，原告称当时没有说准怎么换地，不是1∶1换地，被告则称当时口头约定双方将地永久互换，原、被告对其主张均未提交证据证明。

---

① 参见山东省聊城市中级人民法院（2022）鲁15民终562号民事判决书。

[**法院裁判**] 一审法院认为，土地互换，是指承包方之间为方便耕作或各自需要，对属于同一集体经济组织的承包地块进行交换，同时交换相应的土地承包经营权。本案原、被告系同一村集体成员，二人自愿达成口头协议，将其相邻的承包土地进行互换，原告称没有约定怎么换地，被告称该土地互换系永久置换，不再换回来，双方均未提交证据证明，一审法院认为，原被告虽然对承包地进行了互换，但未约定互换的期限，也未对原、被告互换的土地办理农村土地承包经营权证变更登记手续，涉案土地的承包经营权仍由原告享有，故原告有权要求换回与被告互换的土地，原告多次与被告协商要求换回互换的土地，被告均未同意，仍在原属原告的承包地上进行种植，于法无据，故对于原告要求被告返还原告承包地 1.28 亩的诉讼请求依法应予支持。鉴于农作物种植的季节性和连续性，且双方未约定土地互换期限，现土地生长农作物收益还应归各种植者所有，一审法院酌定，原、被告应待本季度农作物收割完成后，于 2022 年 6 月 6 日前将互换的土地换回，被告返还原告的承包土地。

二审法院认为，二审期间，双方当事人均未提交新证据。法院对一审查明的事实予以确认。总结二审争议焦点问题为：一审判决认定上诉人（原审被告：侯某某）与被上诉人（原审原告：杨某某）互换的承包地未约定互换期限是否正确，一审判决适用法律是否正确，上诉人的诉讼请求是否能够成立。双方当事人在当初互换承包地时未就互换期限作出书面约定，且没有对互换的承包地进行农村土地承包经营权证书变更，不能认定上诉人对涉案土地享有承包经营权。一审法院考虑农作物种植的季节性和连续性，判决待本季度农作物收割完成后，于 2022 年 6 月 6 前将互换的土地换回，并无不当。因此，二审法院认为上诉请求不能成立，应予驳回；一审判决认定事实清楚，适用法律正确，应予维持。

[**裁判评析**] 本案涉及土地承包经营权互换行为法律效力的问题。本案当事的互换既没有签订书面合同，也没有到集体经济组织备案。根据《农村土地承包法》第 33 条规定，互换需要向发包方备案，如果土地承包经营权人没有备案，是否影响互换行为法律效力，现行法律没有直接作出规定，但可以参酌《最高人民法院关于审理涉及农村土地承包纠纷案件适用法律问题的解释》第 14 条规定进行推导，备案与否不影响互换行为的法律效力。因此，一审法院认定互换行为有效，但由于双方没有任何证据来证明，双方约定了互换时限，也没有任何证据能够证明互换的方式，因此，双方互换法律行为属

于期限约定不明合同，按照《民法典》第 510 条和第 511 条规定，首先由双方协商，双方协商不成，则随时履行，但要根据交易习惯，给对方一定的准备时间。同时参酌《最高人民法院关于审理涉及农村土地承包纠纷案件适用法律问题的解释》第 17 条规定。因此，一审法院将互换土地恢复原状的时间，界定至本季度农作物收割完毕。二审法院肯定了一审法院对事实的认定及法律的适用。

（四）法律风险防范

本条在适用过程中的法律风险主要有四点：

一是土地承包经营权互换与转让后，如果承包方将承包地用于非农建设或者对承包地造成永久性损害，发包方请求承包方停止侵害、恢复原状或者赔偿损失的，人民法院应予以支持。

二是如果承包方未经发包方同意，采取转让方式流转其土地承包经营权的，转让合同无效。但发包方无法定理由不同意或者拖延表态的除外。由于现行法律并没有对发包方同意的时间作出限制，因此，即使此类案件被人民法院受理，发包方才表态同意的，也不会影响承包合同效力。在此需要特殊注意的是，虽然《最高人民法院关于审理森林资源民事纠纷案件适用法律若干问题的解释》第 6 条没有明确规定发包方同意对林地转让合同效力的影响，但从司法解释的表述可以推导出，只要承包转让合同没有经过发包方同意，转让合同无效。

三是《民法典》与《农村土地承包法》相关法条适用衔接问题。按照《农村土地承包法》规定，互换应当报发包方备案。然而，当事人向发包方备案与《民法典》第 335 条的“可以向登记机构申请登记”属于两类法律行为。农村土地承包法的备案是发包人作为承包合同当事人对承包合同动态履行情况掌握的民事行为，而登记是登记机关对土地权属发生变动进行记载的行政行为，具有公示公信的效力。

四是土地承包经营权互换备案是否可以对抗善意第三人问题。虽然《农村土地承包法》对土地承包经营权互换进行备案是否可以对抗善意第三人没有规定。但可以参照变更登记的相关规定，即土地承包经营权互换仅发生农村集体组织成员之间。因此，备案具有内部公示的效力，可以对抗善意第三人。

五、土地承包经营设立后的发包人义务

土地承包经营权设立之后，由于土地承包经营权客体是农村土地，涉及耕地、草地和林地等的使用与收益，避免承包方在使用过程中改变农业用途，未经依法批准用于非农建设，或者没有保护和合理利用土地，给土地造成永久性损害。发包方还具有监督承包方依照承包合同约定的用途合理利用和保护土地等权利，同时，又避免发包方利用监督职权，违法侵害了承包方的生产经营活动。现行法律规定了承包期内发包人的义务，即不得随意调整或收回承包地，以激励承包方开展长期投资生产活动。《民法典》涉及承包期发包人义务主要有第336条和第337条。

（一）相关法条

1.发包人不得随意调整承包地义务

（1）《中华人民共和国民法典》（2020年5月28日）

第三百三十六条 承包期内发包人不得调整承包地。

因自然灾害严重毁损承包地等特殊情形，需要适当调整承包的耕地和草地的，应当依照农村土地承包的法律规定办理。

（2）《中华人民共和国农村土地承包法》（2018年12月29日）

第二十八条 承包期内，发包方不得调整承包地。

承包期内，因自然灾害严重毁损承包地等特殊情形对个别农户之间承包的耕地和草地需要适当调整的，必须经本集体经济组织成员的村民会议三分之二以上成员或者三分之二以上村民代表的同意，并报乡（镇）人民政府和县级人民政府农业农村、林业和草原等主管部门批准。承包合同中约定不得调整的，按照其约定。

第二十九条 下列土地应当用于调整承包土地或者承包给新增人口：

（一）集体经济组织依法预留的机动地；

（二）通过依法开垦等方式增加的；

（三）发包方依法收回和承包方依法、自愿交回的。

（3）《最高人民法院关于审理涉及农村土地承包纠纷案件适用法律问题的解释》（2020年12月29日）

第五条 承包合同中有关收回、调整承包地的约定违反农村土地承包法第二十七条、第二十八条、第三十一条规定的，应当认定该约定无效。

第六条 因发包方违法收回、调整承包地，或者因发包方收回承包方弃耕、撂荒的承包地产生的纠纷，按照下列情形，分别处理：

（一）发包方未将承包地另行发包，承包方请求返还承包地的，应予支持；

（二）发包方已将承包地另行发包给第三人，承包方以发包方和第三人为共同被告，请求确认其所签订的承包合同无效、返还承包地并赔偿损失的，应予支持。但属于承包方弃耕、撂荒情形的，对其赔偿损失的诉讼请求，不予支持。

前款第（二）项所称的第三人，请求受益方补偿其在承包地上的合理投入的，应予支持。

2. 发包人不得随意收回承包地义务

（1）《中华人民共和国民法典》（2020 年 5 月 28 日）

第三百三十七条 承包期内发包人不得收回承包地，法律另有规定的，依照其规定。

（2）《中华人民共和国农村土地承包法》（2018 年 12 月 29 日）

第二十七条 承包期内，发包方不得收回承包地。

国家保护进城农户的土地承包经营权。不得以退出土地承包经营权作为农户进城落户的条件。

承包期内，承包农户进城落户的，引导支持其按照自愿有偿原则依法在本集体经济组织内转让土地承包经营权或者将承包地交回发包方，也可以鼓励其流转土地经营权。

承包期内，承包方交回承包地或者发包方依法收回承包地时，承包方对其在承包地上投入而提高土地生产能力的，有权获得相应的补偿。

第三十条 承包期内，承包方可以自愿将承包地交回发包方。承包方自愿交回承包地的，可以获得合理补偿，但是应当提前半年以书面形式通知发包方。承包方在承包期内交回承包地的，在承包期内不得再要求承包土地。

第三十一条 承包期内，妇女结婚，在新居住地未取得承包地的，发包方不得收回其原承包地；妇女离婚或者丧偶，仍在原居住地生活或者不在原居住地生活但在新居住地未取得承包地的，发包方不得收回其原承包地。

（3）《最高人民法院关于审理涉及农村土地承包纠纷案件适用法律问题的解释》（2020 年 12 月 29 日）

第五条 承包合同中有关收回、调整承包地的约定违反农村土地承包法

第二十七条、第二十八条、第三十一条规定的，应当认定该约定无效。

第六条 因发包方违法收回、调整承包地，或者因发包方收回承包方弃耕、撂荒的承包地产生的纠纷，按照下列情形，分别处理：

（一）发包方未将承包地另行发包，承包方请求返还承包地的，应予支持；

（二）发包方已将承包地另行发包给第三人，承包方以发包方和第三人为共同被告，请求确认其所签订的承包合同无效、返还承包地并赔偿损失的，应予支持。但属于承包方弃耕、撂荒情形的，对其赔偿损失的诉讼请求，不予支持。

前款第（二）项所称的第三人，请求受益方补偿其在承包地上的合理投入的，应予支持。

第九条 发包方根据农村土地承包法第二十七条规定收回承包地前，承包方已经以出租、入股或者其他形式将其土地经营权流转给第三人，且流转期限尚未届满，因流转价款收取产生的纠纷，按照下列情形，分别处理：

（一）承包方已经一次性收取了流转价款，发包方请求承包方返还剩余流转期限的流转价款的，应予支持；

（二）流转价款为分期支付，发包方请求第三人按照流转合同的约定支付流转价款的，应予支持。

（二）要旨释义

有恒产者有恒心。由于农村土地对农民而言，既是基本的生产资料又是重要的生活保障。因此，《民法典》规定承包期内发包方不得调整和收回承包地。

为了不断强化稳定的承包关系。国家在政策层面不断推出相关政策来引导“农户承包地要保持稳定”。例如，2020年至2022年连续三年中央一号文件均强调土地承包到期后延期30年，并要求试点地区研究延包的具体办法。同时，国家在法律上不断强化此项制度。《农村土地承包法》第27条规定，承包期内，发包方不得收回承包地。《民法典》第336条结合农村土地承包法的相关规定，对“承包期内发包人不得调整土地”作出重述性规定，强调此项制度的基本法地位，之所以对承包期内发包方的调整权作出制度约束，主要原因有两方面：一是如果没有这项制度约束，土地承包经营权人因频繁受到发包方的干涉，而无法正常行使土地承包经营权，破坏了土地承包经营权独立财产权属性。二是如果没有这项制度约束，承包方可能因发包方频繁调整土地而从事过度使用土地的短期经营行为，进而导致土地地力急剧下降，不能满足农地长期经营客观需求，甚至导致土地生产力的破坏。

同时，考虑到土地承包经营权在特殊情况下，对调整和收回也会产生制度诉求。因此，2018 年修订的《农村土地承包法》等法律明确了发包方调整的法定情形及程序，以避免出现恣意调整的行为。

首先，发包方调整土地的法定情形。总结相关法律，发包方调整土地需要满足四方面要求：一是调整土地的类型限于耕地和草地；二是承包期内，因自然灾害严重毁损承包地等特殊情形；三是对个别农户之间承包的耕地和草地进行调整，而不能对所有农户进行普遍调整；四是承包合同中没有禁止调整的约定。如果承包合同约定不得调整的，按照其约定。

其次，发包方调整土地需要履行的程序。为避免发包方随意调整，现行法律还规定了调整的法定程序，未经法定程序不得进行调整。根据《农村土地承包法》第 28 条第 2 款规定，承包期内，确实需要调整土地的，必须经本集体经济组织成员的村民会议 2/3 以上成员或者 2/3 以上村民代表的同意，并报乡（镇）人民政府和县级人民政府农业农村、林业和草原等主管部门批准。其中，"本集体经济组织成员的村民会议"的含义是如果土地是由村集体经济组织或者村民委员会发包的，这里的"村民会议"应当指村集体经济组织成员组成的村民会议；如果土地是由村内各集体经济组织或者村民小组发包的，这里的"村民会议"应当指村民小组成员组成的村民会议。如果集体经济组织成员比较多，那么，也可以选举代表，应当由村民代表组成的村民会议的全体代表的 2/3 以上代表同意通过。

最后，规范发包人收回承包地的法定情形。法定情形主要有：一是《农村土地承包法》规定的法定情形。进城落户的承包方可以在本集体经济组织内部转让土地承包经营权，也可以将承包地交回发包方，还可以鼓励其流转土地经营权。简言之，只有进城落户的承包方自愿将承包地交回发包方时，发包方才能实施收回承包地的行为。同时，立法者考虑到承包方为了提高承包地的生产能力而对承包地进行养护方面的投入，在立法上明确规定发包方收回承包地，承包方有权获得相应的补偿。二是《土地管理法》规定的法定情形。《土地管理法》并没有以"土地承包经营权"为规范对象规定发包方收回承包地的法定形式，而是以"土地使用权"为规范对象。《土地管理法》第 66 条收回土地使用权的法定情形同样适用于土地承包经营权，主要有三种情形：为乡（镇）村公共设施和公益事业建设，需要使用土地的；不按照批准的用途使用土地的；因撤销、迁移原因而停止使用土地的。考虑到第一种情形是因为公共利益而实施的收回土地行为，对土地使用人给予适应补偿。三是《基本农田保护条例》从行政管理视角规定了土地使用权的收回权。根据《基本农田保护条例》第18条规定，连续2年未使用的，经国务院批准，由县级以上人民政府无偿收回用地单位的土地使用权。

（三）典型案例

廖四某、廖丁某等与东安县井差距圩镇廖家村第十六村民小组土地承包经营权纠纷案①

［**基本案情**］廖荣某系东安县井头圩镇廖家村五组村民（现更名为廖家村第十六组）的村民，廖荣某与陈桂某结婚后生育了廖雁某（又名廖艳某）、原告廖四某、廖丁某。廖雁某于1981年参加招干时将户口从井头圩镇廖家村迁出，1982年廖雁某与原告陈凤某结婚，后廖雁某到永州市公路建设养护中心参加工作（现已退休）。廖荣某与陈桂某、原告廖四某、廖丁某以家庭为单位参与了被告东安县井头圩镇廖家村第十六村民小组（原东安县井头圩镇廖家村第五村民小组）集体土地的承包。原告廖四某于1986年出嫁至东安县，原告廖丁某于1988年嫁到井头圩镇大树脚村5组（现更名为凤凰村16村）。1994年东安县土地延包调整时，原告廖四某、廖丁某在嫁入地分得田地，但未分得林地，其二人在东安县井头圩镇廖家村五组所分田地被调整给本组其他组民，林地承包未作调整。廖荣某去世后，陈桂某一人承包了东安县井头圩镇廖家村五组的两处林地，分别为长冲岭（小班37，油茶1亩）、鹿马山和将军岭（小班32，油茶3亩），2010年11月东安县政府、东安县林业局为上述承包林地颁发林证字（2010）第4310××××8995号林权证，林地所有权人为廖家村五组，林地使用权人、林木所有权人为陈桂某，林地使用期为70年（终止日期为2079年10月31日）。2014年，陈桂某因病去世。

2021年7月12日至14日，被告东安县井头圩镇廖家村第十六村民小组（原廖家村五组）召开村民大会，讨论“户口迁出或绝户的家庭承包的茶山归集体所有还是归个人所有”，参会村民共25户，缺席8户，会议形成统一意见：收回廖雁某等4户承包的山、田归组集体所有。2021年7月14日，被告

① 参见湖南省东安县人民法院（2021）湘1122民初2568号民事判决书。

东安县井头圩镇廖家村第十六村民小组（原廖家村五组）向东安县井头圩镇政府提交《报告》，请求镇政府研究并同意被告东安县井头圩镇廖家村第十六村民小组（原廖家村五组）收回已故承包户周妹某、廖荣某、廖光某、廖某祥、廖某昌家庭承包的土地归集体重新发包。原告廖四某、廖丁某认为其没有在嫁入地分得林地，而原告陈凤某系农村居民，应有权继承其母亲陈桂某的林地承包经营权，被告东安县井头圩镇廖家村第十六村民小组（原廖家村五组）将陈桂某承包的林地直接收回组集体侵犯三原告的权利，遂诉至法院请求确认原告继续享有林证字（2010）第4310××××8995号林权证确定的林地承包经营权。

［**法院裁判**］本案是农村土地承包经营权纠纷，农村土地承包经营权，是指承包户以与农村集体经济组织签订的土地承包经营合同为基础，对集体经济组织的土地、山岭、荒地、滩涂等自然资源享有承包经营和收益的权利。本案的争议焦点有两点：一是本案原告是否有权继承讼争的陈桂某名下林证字（2010）第4310××××8995号林权证确定的林地承包经营权；二是被告东安县井头圩镇廖家村第十六村民小组（原东安县井头圩镇廖家村第五村民小组）作为发包方能否按照法律和司法解释规定的程序收回了陈桂某名下林证字（2010）第4310××××8995号林权证确定的林地承包经营权。其中，焦点二涉及土地承包地收回问题。因此，在此仅分析争议焦点二，被告东安县井头圩镇廖家村第十六村民小组（原东安县井头圩镇廖家村第五村民小组）作为发包方是否按照法律和司法解释规定的程序调整、收回了陈桂某、廖雁某户的承包地。

根据《民法典》第337条规定，承包期内发包人不得收回承包地。《农村土地承包法》第28条第2款规定，承包期内，因自然灾害严重毁损承包地等特殊情形对个别农户之间承包的耕地和草地需要适当调整的，必须经本集体经济组织成员的村民会议2/3以上成员或者2/3以上村民代表的同意，并报乡（镇）人民政府和县级人民政府农业等行政主管部门批准。承包合同中约定不得调整的，按照其约定。

2021年7月，被告东安县井头圩镇廖家村第十六村民小组（原廖家村五组）召开村民大会，讨论决定收回廖雁某等四户承包的山、田归组集体所有。经查，被告调整（收回）原告的承包地虽经本集体经济组织成员的村民会议2/3以上成员或者2/3以上村民代表的同意，并报乡（镇）人民政府请示，但并未征得东安县井头圩镇政府和县级人民政府农业等行政主管部门的批准。由于被告没能按照法律规定的程序收回并重新发包林证字（2010）第4310××××8995号林权证确定的林地，其单方面解除与陈桂某一户的承包合同关系不符合法律规定，应当认定原告廖四某、廖丁某有权继续承包林证字（2010）第4310××××8995号林权证所记载的东安县井头圩镇廖家村长冲岭（小班37，油茶1亩）、鹿马山和将军岭（小班32，油茶3亩）林地。

[**裁判评析**]本案涉及承包期内土地承包经营权人死亡后，农村集体经济组织是否有权收回承包土地的问题。首先，法院根据调查的事实，明确了此承包地仍在承包期内。那么，按照《民法典》明确规定在承包期内发包人不得收回承包地。《农村土地承包法》第27条规定，承包期内，发包方不得收回承包地。并在第58条对承包合同约定的收回条款也作了效力性规定，即承包合同中违背承包方意愿或者违反法律、行政法规有关不得收回、调整承包地等强制性规定的约定无效。其次，法院认为集体经济组织收回原告承包地不符合法律规定，是因为集体经济组织没有履行完毕法定程序，没有征得乡（政）人民政府和县级人民政府农业等部门批准，最终认定收回行为无效。最终裁判结论是正确的。但法院的逻辑推理和适用法律有些偏失。理由如下：

一是集体经济组织收回承包地必须要有法定理由，本案承包人陈桂某死亡，那么，集体经济组织能否收回承包地，完全取决于承包人所在家庭是否还有其他家庭成员，显然，本案中的陈桂某还有其他家庭成员。因此，集体经济组织不能收回承包地。

二是《农村土地承包法》第28条规定，集体经济组织需对集体组织内部成员之间调整土地的，需要报乡（镇）人民政府和县级人民政府等农业部门批准，但《农业土地承包法》第28条并没有规定收回承包地需要报乡（镇）人民政府和县级人民政府等农业部门批准。那么，集体经济组织收回承包地是否需要乡（镇）人民政府和县级人民政府农业部门的批准吗？回答是需要批准，但需要依据《土地管理法》第66规定，满足法定情形，并报原批准用地的人民政府批准，才能收回土地使用权。其中，法定情形主要有：为乡（镇）村公共设施和公益事业建设，需要使用土地的；不按照批准的用途使用土地的；因撤销、迁移等原因而停止使用土地的。本案所诉争的承包地并没有满足法定条件，因此，农村集体经济组织不得收回承包地。

（四）法律风险防范

本条在适用过程中法律风险主要有四方面：

一是调整承包地后，因再行发包产生的法律问题。根据《最高人民法院关于审理涉及农村土地承包纠纷案件适用法律问题的解释》第6条规定，承包期内发包方对承包地进行调整，如果发包方未将承包地另行发包，承包方请求返还承包地的，应予以支持。如果发包方已将承包地另行发包给第三人，承包方以发包方和第三人为共同被告，请求确认其所签订的承包合同无效、返还承包地并赔偿损失的，应予以支持。但属于承包方弃耕、撂荒情形的，对其赔偿损失的诉讼请求，不予支持。

二是发包方在承包期内调整土地必须有法定原因且履行法定程序，无故且没有履行法定程序调整土地，则需要承担调整行为无效的法律风险。

三是如果发包方收回承包地前，承包方已经以出租、入股或者其他形式将其土地经营权流转给第三人，且流转期限尚未届满，因流转价款收取产生的纠纷，按照下列两种情形，分别处理：情形一，承包方已经一次性收取了流转价款，发包方请求承包方返还剩余流转期限的流转价款的，应予支持；情形二，流转价款为分期支付，发包方请求第三人按照流转合同的约定支付流转价款的，应予支持。

四是《农村土地承包法》还对承包期内妇女因为婚姻变动而导致土地经营权收回法律问题进行特别规定，即《农村土地承包法》第31条规定，承包期内，妇女结婚，在新居住地未取得承包地的，发包方不得收回其原承包地；妇女离婚或者丧偶，仍在原居住地生活或者不在原居住地生活但在新居住地未取得承包地的，发包方不得收回其原承包地。

第二节 承包地征收补偿纠纷

土地承包经营权虽然是他物权，但此物权也受法律保护。承包地被征收是国家凭借公权力取得土地所有权或者其他土地物权，是国家公权力对私权利的强制剥夺，[①]不需要原土地权利人具有转移土地权利的意思表示。因此，土地征收属于非依法律行为发生的物权变动，由于其涉及法律个体私权的消灭或减损，因此现行法律对征收补偿项目和计算标准都作了细化规定。例如，

① 孙宪忠、朱广新主编：《民法典评注：物权编·3》，中国法制出版社2020年版，第95页。

《民法典》第243条对土地征收补偿项目作出规定，土地承包经营权人可以请求支付的费用涉及土地补偿费、安置补助费、地上附着物和青苗的补偿费用以及社会保障费用。再如，《土地管理法》第48条对土地征收补偿计算标准作出细化规定，征收土地应当给予公平、合理的补偿，保障被征地农民原有生活水平不降低、长远生计有保障。征收土地应当依法及时足额支付土地补偿费、安置补助费以及农村村民住宅、其他地上附着物和青苗等的补偿费用，并安排被征地农民的社会保障费用。征收农用地的土地补偿费、安置补助费标准由省、自治区、直辖市通过制定公布区片综合地价确定。制定区片综合地价应当综合考虑土地原有用途、土地资源条件、土地产值、土地区位、土地供求关系、人口以及经济社会发展水平等因素，并至少每3年调整或者重新公布一次。

一、相关条文

1.《中华人民共和国民法典》（2020年5月28日）

第一百一十七条 为了公共利益的需要，依照法律规定的权限和程序征收、征用不动产或者动产的，应当给予公平、合理的补偿。

第二百四十三条 为了公共利益的需要，依照法律规定的权限和程序可以征收集体所有的土地和组织、个人的房屋以及其他不动产。

征收集体所有的土地，应当依法及时足额支付土地补偿费、安置补助费以及农村村民住宅、其他地上附着物和青苗等的补偿费用，并安排被征地农民的社会保障费用，保障被征地农民的生活，维护被征地农民的合法权益。

征收组织、个人的房屋以及其他不动产，应当依法给予征收补偿，维护被征收人的合法权益；征收个人住宅的，还应当保障被征收人的居住条件。

任何组织或者个人不得贪污、挪用、私分、截留、拖欠征收补偿费等费用。

第三百二十七条 因不动产或者动产被征收、征用致使用益物权消灭或者影响用益物权行使的，用益物权人有权依据本法第二百四十三条、第二百四十五条的规定获得相应补偿。

第三百三十八条 承包地被征收的，土地承包经营权人有权依据本法第二百四十三条的规定获得相应补偿。

2.《中华人民共和国土地管理法》（2019年8月26日）

第四十八条 征收土地应当给予公平、合理的补偿，保障被征地农民原有生活水平不降低、长远生计有保障。

征收土地应当依法及时足额支付土地补偿费、安置补助费以及农村村民住宅、其他地上附着物和青苗等的补偿费用，并安排被征地农民的社会保障费用。

征收农用地的土地补偿费、安置补助费标准由省、自治区、直辖市通过制定公布区片综合地价确定。制定区片综合地价应当综合考虑土地原用途、土地资源条件、土地产值、土地区位、土地供求关系、人口以及经济社会发展水平等因素，并至少每三年调整或者重新公布一次。

征收农用地以外的其他土地、地上附着物和青苗等的补偿标准，由省、自治区、直辖市制定。对其中的农村村民住宅，应当按照先补偿后搬迁、居住条件有改善的原则，尊重农村村民意愿，采取重新安排宅基地建房、提供安置房或者货币补偿等方式给予公平、合理的补偿，并对因征收造成的搬迁、临时安置等费用予以补偿，保障农村村民居住的权利和合法的住房财产权益。

县级以上地方人民政府应当将被征地农民纳入相应的养老等社会保障体系。被征地农民的社会保障费用主要用于符合条件的被征地农民的养老保险等社会保险缴费补贴。被征地农民社会保障费用的筹集、管理和使用办法，由省、自治区、直辖市制定。

第四十九条 被征地的农村集体经济组织应当将征收土地的补偿费用的收支状况向本集体经济组织的成员公布，接受监督。

禁止侵占、挪用被征收土地单位的征地补偿费用和其他有关费用。

3.《中华人民共和国村民委员会组织法》（2018 年 12 月 29 日）

第二十四条 涉及村民利益的下列事项，经村民会议讨论决定方可办理：

……

（七）征地补偿费的使用、分配方案；

4.《中华人民共和国农村土地承包经营纠纷调解仲裁法》（2009 年 6 月 27 日）

第二条 农村土地承包经营纠纷调解和仲裁，适用本法。

农村土地承包经营纠纷包括：

（一）因订立、履行、变更、解除和终止农村土地承包合同发生的纠纷；

（二）因农村土地承包经营权转包、出租、互换、转让、入股等流转发生的纠纷；

（三）因收回、调整承包地发生的纠纷；

（四）因确认农村土地承包经营权发生的纠纷；

（五）因侵害农村土地承包经营权发生的纠纷；

（六）法律、法规规定的其他农村土地承包经营纠纷。

因征收集体所有的土地及其补偿发生的纠纷，不属于农村土地承包仲裁委员会的受理范围，可以通过行政复议或者诉讼等方式解决。

5.《最高人民法院关于审理涉及农村土地承包纠纷案件适用法律问题的解释》（2020 年 12 月 29 日）

第一条 下列涉及农村土地承包民事纠纷，人民法院应当依法受理：

（一）承包合同纠纷；

（二）承包经营权侵权纠纷；

（三）土地经营权侵权纠纷；

（四）承包经营权互换、转让纠纷；

（五）土地经营权流转纠纷；

（六）承包地征收补偿费用分配纠纷；

（七）承包经营权继承纠纷；

（八）土地经营权继承纠纷。

农村集体经济组织成员因未实际取得土地承包经营权提起民事诉讼的，人民法院应当告知其向有关行政主管部门申请解决。

农村集体经济组织成员就用于分配的土地补偿费数额提起民事诉讼的，人民法院不予受理。

第二十条 承包地被依法征收，承包方请求发包方给付已经收到的地上附着物和青苗的补偿费的，应予支持。

承包方已将土地经营权以出租、入股或者其他方式流转给第三人的，除当事人另有约定外，青苗补偿费归实际投入人所有，地上附着物补偿费归附着物所有人所有。

第二十一条 承包地被依法征收，放弃统一安置的家庭承包方，请求发包方给付已经收到的安置补助费的，应予支持。

第二十二条 农村集体经济组织或者村民委员会、村民小组，可以依照法律规定的民主议定程序，决定在本集体经济组织内部分配已经收到的土地补偿费。征地补偿安置方案确定时已经具有本集体经济组织成员资格的人，请求支付相应份额的，应予支持。但已报全国人大常委会、国务院备案的地方性法规、自治条例和单行条例、地方政府规章对土地补偿费在农村集体经济组织内部的分配办法另有规定的除外。

二、要旨释义

土地征收补偿制度，不仅涉及农村集体经济组织成员私权保障，而且还涉及社会公共利益的实现。因此，承包地被征收时，实现公共利益的同时，还需要对土地承包经营权人给予相应补偿，以弥补私权让渡公共利益所受到的损失。由于《民法典》第243条仅对征收集体所有土地的补偿问题作出规范，因此，《民法典》第327条采取准用性规则的模式，对土地承包经营权人的承包地被征收或征用时的权益保障作出规定，补偿标准依照《民法典》第243条的具体规定，即依法及时足额支付土地补偿费、安置补助费以及农村村民住宅、其他地上附着物和青苗等的补偿费用，并安排被征地农民的社会保障费用，保障被征地农民的生活，维护被征地农民的合法权益。

除《民法典》相关规定外，《农村土地承包法》和《土地管理法》等法律也对征收征用补偿作了有针对性的制度安排。例如，《农村土地承包法》第17条也将获得征收补偿定位于承包方应有的权利之一，同时，在第40条对土地经营权流转过程中的土地补偿费用作出明确规定，如果土地经营权流转，则需要在土地经营权流转合同中明确土地被依法征收时有关补偿费的归属问题。为了保障权利人能够及时获得土地征收补偿费用，在其第62条明确规定了贪污、挪用土地征收、征用补偿费用的法律责任。再如，《土地管理法》对农村土地征收补偿在补偿原则、补偿标准定位、补偿方案听证程序和补偿款的落实等方面作了体系性制度安排。

三、典型案例

谷永某、廖丁某等与东安县井头圩镇廖家村第十六村民小组土地承包经营权纠纷案①

[基本案情] 谷永某、衡关某、衡某1、衡某2户籍登记在濮阳县产业集聚区××村。濮阳县人民法院于2011年4月28日作出（2011）濮民初字第43号、（2011）濮民初字第47号、（2011）濮民初字第49号民事判决书：认定衡关某与谷永某结婚，婚后一直在大屯村居住生活，其子女即衡某1、衡某

① 参见河南省濮阳市中级人民法院（2022）豫09民终771号民事判决书。

2亦在大屯村居住生活。因此，应当认定衡关某、衡某1、衡某2今后的生活的来源确实应依靠大屯村第四村民小组的土地收益，属于真正需要获得今后生活供养的村民。谷永某、衡关某、衡某1、衡某2均常年在大屯村居住、生活。

大屯村土地自2007年陆续被征用，自2017年以来多次分配补偿款，对被征收的井台、荒地等于2017年至2021年5月6日多次分配征地补偿款；另对每户被征收的承包地分配有补偿款。第四村民小组以谷永某系出嫁女为由拒绝发放给谷永某等四人征地补偿款。谷永某等四人认为，其属村集体成员，耕种有已被征收的1.6亩土地；第四村民小组拒绝分配其耕种的1.6亩土地补偿款及井台、荒地等补偿款的行为侵犯了其合法权益。

2005年中秋节左右，第四村民小组分了一次承包地，之后该小组未再统一分地。本次分地时，第四村民小组选取了代表，制订了分地方案，先后召开了三次群众会，确定出嫁的女儿即使户口在本组也不给地，小孩没有户口也不分地。本次分地完毕后，在谷永某之父谷双某分得土地边剩余的路边的荒地1.6亩，经代表们商量，考虑到谷永某患有××，该1.6亩荒地就由谷永某家四口人耕种，作为谷永某一家四口人的生活来源。当时小组未考虑将来土地被征收时，土地征收补偿款如何分配。

2011年之后，该1.6亩土地被征收。第四村民小组对于被征收的土地没有书面分配方案，经过代表开会，决定谁用地给谁征地补偿款。一审中，第四村民小组称该1.6亩土地征收补偿款已经分给本组成员，但未分给谷永某一家四口补偿款。谷永某一家四口人没有该1.6亩土地的种粮补贴。

［**法院裁判**］一审法院认为，《最高人民法院关于审理涉及农村土地承包纠纷案件适用法律问题的解释》第1条规定，“承包地征收补偿费用分配纠纷”属于农村土地承包民事纠纷，人民法院应当依法受理。本案关于土地补偿费分配资格产生的纠纷，属于民事法律关系调整的范围，应予以受理。谷永某等四人是否能取得土地补偿费用分配资格，关键在于四人是否具有大屯村集体经济组织成员资格。

经查，谷永某为大屯村村民，其结婚后，户籍并未迁出，且其丈夫衡关某及子女的户籍均登记在大屯村，并在大屯村居住生活，谷永某等四人为大屯村村集体经济组织成员，其要求被告平等分配土地补偿款，对谷永某等四人诉求的按人口分配的井台、荒地等补偿款的请求，予以支持。谷永某等四人诉求1.6亩承包地征地补偿款，根据谷永某等四人提交的证据不足以证明该1.6亩土地系其承包地，被告方亦不认可谷永某等四人耕种的土地为其承包地，故谷永某等四人要求1.6亩承包地征地补偿款的诉求，不予支持。

二审法院认为，谷永某等四人请求分配承包地征收补偿，第四村民小组辩称“代表们分完地后，剩余大概1.6亩的荒地，让谷永某先种着，但是这1.6亩地并不是给谷永某一家的承包地，谷永某一家四口也没有种粮补贴”。但是根据一审中，时任第四村民小组的组长谷令某证明，2005年中秋节分地时，经代表们商量，已经该1.6亩荒地分给谷永某一家四口，且事实上谷永某一家也一直在耕种该块土地，虽然其四口人没有种粮补贴，但也不能否定谷永某一家四口人实际分得并承包该1.6亩土地的事实。谷永某等四人系第四村民小组的成员，其应当享有该小组成员的相关权利，尤其是谷永某系××人，其合法的民事权益更应当予以保护，当谷永某一家赖以生存的土地被征收，谷永某一家人在失去土地后，依法应当享有相应的补偿，故谷永某等四人对第四村民小组上诉请求理由成立，二审法院予以采纳。

［**裁判评析**］本案的主要焦点问题在于集体经济组织的荒地由集体经济组织安排，由集体经济组织某成员耕种，这种行为是否属于土地承包行为，是否获得承包地的征收补偿款。按照《农村土地承包法》第22规定，发包方应当与承包方签订书面承包合同，并以示例的形式，列出承包合同的一般性条款。同时，在第23条规定，承包合同自成立之日起生效。承包方自承包合同生效时取得土地承包经营权。简言之，土地承包经营权取得的基础是书面的承包合同生效。然而，本案所涉及的谷永某实际耕种的1.6亩土地，并不存在承包经营合同。在此，便涉及一个问题，即谷永某为集体经济组织成员，并且有证人谷令某证明，村集体经济组织代表们在会议上已经明确表明将“1.6亩荒地分给谷永某一家四口”，根据《村民委员会组织法》第24条规定，土地承包经营方案属于涉及村民利益的事项，需要经村民会议讨论决定方可办理。由此可见，谷永某耕种1.6亩土地一事，已经过村民会议讨论，履行了相应的程序，同时谷永某一家也从2005年以来一直在耕种这1.6亩耕地，仅是欠缺书面承包合同这一形式要件，那么，能否因形式要件的欠缺而否定承包经营法律行为？按照《民法典》第153条规定，违反法律、行政法规的强制性规定的民事法律行为无效。但是，该强制性规定不导致该民事法律行为无效的除外。从这些规定可以推导出，本案中谷永某欠缺书面承包合同，并不能推导出谷永某承包行为不存在或无效。同时，根据《最高人民法院关于适用〈中华人民共和国民事诉讼法〉的解释》第108条可以推导出，对负有举证证明责任的当事人提供的证据，人民法院经审查并结合相关事实，确信待

证事实的存在具有高度可能性的，应当认定该事实存在。因此，谷永某与农村集体经济组织之间已经建立了承包关系，理应获得相应的土地征收补偿款。

四、法律风险防范

《民法典》第327条在适用中的法律风险在于未经批准在一般耕地建立的养殖场，在承包地征收时是否能够获得相关的补偿？在此，需要正确识别承包土地上的"农业生产"的界定。如果承包人占有一般耕地来建造养殖场，在此强调，一般耕地不是永久基本农田，那么，按照2019年《自然资源部、农业农村部关于设施农业用地管理有关问题的通知》的规定，设施农业属于农业内部结构的调整，可以使用一般耕地，其中，设施农业包括农业生产中直接用于作物种植和畜禽水产养殖的设施用地。因此，在一般耕地上建造养殖场不属于非法占用土地进行非农业建设，承包地征收时，理应获得补偿。

《民法典》第327条在司法审判中需要注意三方面风险问题：一是补偿费不予支持的情形。集体经济组织成员就"用于分配的土地补偿费数额"提起民事诉讼的，不予支持。二是补偿费诉求予以支持的情形。如果农村集体经济组织等发包方决定在本集体经济组织内部分配已经收到的土地补偿费，则征地补偿安置方案确定时已经具有本集体经济组织成员资格的人，请求支付相应份额的，应予支持。三是补偿费诉讼请求是否得到支持，需要考量地方立法相关规定。如果地方立法已报全国人大常委会、国务院备案，那么，地方性法规、自治条例和单行条例、地方政府规章对土地补偿费在农村集体经济组织内部的分配办法另有规定的，从其规定。

第三节　土地经营权纠纷

土地经营权属于《民法典》新增权利，那么，土地经营权属于用益物权，还是其他权利，有些学者认为，《民法典》将土地经营权放置在"用益物权"项下，显然，土地经营权的属性是用益物权。[①] 但也有学者持否定意见，认为

① 张宇：《论土地经营权的生成进路和体系定位》，载《西北农林科技大学学报（社会科学版）》2022年第6期。

土地经营权属于债权。[①] 认为如果将土地经营权界定为用益物权，则同一块土地上存在两个用益物权，出现用益物权竞合状态。土地经营权因土地动态经营而派生于农村土地承包经营权，按照现行法律规定，与土地经营权同时存在的是“土地承包权”，而非土地承包经营权。因此，不会出现两个用益物权在权利行使中的竞合状态，故土地经营权的属性应该定位于“用益物权”，现行《民法典》从土地经营权产生方式、土地经营权内容、土地经营权登记和土地经营权流转四方面对土地经营权基础法律问题进行规范，并对可能产生的纠纷作出制度性安排。

一、土地经营权产生方式

（一）相关条文

1.《中华人民共和国民法典》（2020 年 5 月 28 日）

第三百三十九条 土地承包经营权人可以自主决定依法采取出租、入股或者其他方式向他人流转土地经营权。

2.《中华人民共和国农村土地承包法》（2018 年 12 月 29 日）

第三十六条 承包方可以自主决定依法采取出租（转包）、入股或者其他方式向他人流转土地经营权，并向发包方备案。

第三十八条 土地经营权流转应当遵循以下原则：

（一）依法、自愿、有偿，任何组织和个人不得强迫或者阻碍土地经营权流转；

（二）不得改变土地所有权的性质和土地的农业用途，不得破坏农业综合生产能力和农业生态环境；

（三）流转期限不得超过承包期的剩余期限；

（四）受让方须有农业经营能力或者资质；

（五）在同等条件下，本集体经济组织成员享有优先权。

3.《最高人民法院关于审理涉及农村土地承包纠纷案件适用法律问题的解释》（2020 年 12 月 29 日）

第十一条 土地经营权流转中，本集体经济组织成员在流转价款、流转期限等主要内容相同的条件下主张优先权的，应予支持。但下列情形除外：

① 袁野：《土地经营权债权属性之再证成》，载《中国土地科学》2020 年第 7 期。

（一）在书面公示的合理期限内未提出优先权主张的；

（二）未经书面公示，在本集体经济组织以外的人开始使用承包地两个月内未提出优先权主张的。

第十二条 发包方强迫承包方将土地经营权流转给第三人，承包方请求撤销其与第三人签订的流转合同的，应予支持。

发包方阻碍承包方依法流转土地经营权，承包方请求排除妨碍、赔偿损失的，应予支持。

第十五条 因承包方不收取流转价款或者向对方支付费用的约定产生纠纷，当事人协商变更无法达成一致，且继续履行又显失公平的，人民法院可以根据发生变更的客观情况，按照公平原则处理。

第十六条 当事人对出租地流转期限没有约定或者约定不明的，参照民法典第七百三十条规定处理。除当事人另有约定或者属于林地承包经营外，承包地交回的时间应当在农作物收获期结束后或者下一耕种期开始前。

对提高土地生产能力的投入，对方当事人请求承包方给予相应补偿的，应予支持。

第十七条 发包方或者其他组织、个人擅自截留、扣缴承包收益或者土地经营权流转收益，承包方请求返还的，应予支持。

发包方或者其他组织、个人主张抵销的，不予支持。

（二）要旨释义

《民法典》第359条主要规范土地经营权流转制度，主要涉及两方面法律内容：一是土地承包经营权人具有流转土地经营权的自主权；二是土地经营权流转方式。

2018年修订《农村土地承包法》以专节的形式对土地经营权作出规范，本条对土地经营权的基础制度做出回应。土地承包经营权人对流转土地经营权具有自主权。根据《民法典》第359条以及《农村土地承包法》的相关规定，如果采取家庭承包方式，承包方承包土地后，享有土地承包经营权，可以自己经营，也可以保留土地承包权，依法自主采取出租（转包）、入股或者其他方式向他人流转其承包地的土地经营权，由他人经营。简言之，土地承包经营权人既具有决定是否流转土地经营权的自我决策权，又具有自主决定将土地经营权流转至何种主体。

至于土地承包经营权人采取何种方式来流转土地经营权，土地承包经营权人具有独立的、排他性的和自主性的决定权。无论是当下政策还是现行法律，都对土地承包经营权人流转土地经营权的自主权作出制度安排。例如，2018 年 12 月农业农村部等六部委发布《关于开展土地经营权入股发展农业产业化经营试点的指导意见》，明确指出土地经营权入股要因地制宜推进，循序渐进发展……不搞强迫命令、盲目攀比和“一刀切”。2021 年 9 月，农业农村部、国家市场监督管理总局印发《农村土地经营权出租合同（示范文本）》和《农村土地经营权入股合同（示范文本）》（农政改发〔2021〕3 号），在合同中引导土地经营权平等自主流转。2022 年 4 月，农业农村部、国家乡村振兴局联合印发《社会资本投资农业农村指引（2022 年）》，提出鼓励农民以土地经营权、水域滩涂、劳动、技术等入股，支持农村集体经济组织通过股份合作、租赁等形式，参与村庄基础设施建设、农村人居环境整治和产业融合发展。《农村土地承包法》第 38 条规定，土地经营权流转应当遵循依法、自愿、有偿原则，任何组织和个人不得强迫或者阻碍土地经营权流转。同时考虑到土地承包经营权人流转土地经营权涉及农村土地的耕种以及农村土地上所赋予的社会使命，对土地承包经营权人流转土地经营权作出原则性限制：一是不得改变土地所有权的性质和土地的农业用途，不得破坏农业综合生产能力和农业生态环境；二是流转的期限不得超过承包期的剩余期限；三是受让方须有农业经营能力或资质；四是同等条件下，本集体经济组织成员享有优先权。

（三）典型案例

王永某、田增某等农业承包合同纠纷案[①]

［基本案情］2000 年 4 月 10 日，马杜村民委员会与田增某签订《马杜屯村池塘承包合同》一份，约定马杜村委会将本村的村南池塘共占地 32 亩，其中水面 15 亩、池塘 5 个承包给本村村民田增某，承包期自 2001 年至 2031 年。2004 年 3 月 6 日，马杜村委会与田增某签订协议书一份，约定上述承包的 32 亩池塘因县里搞万亩灌溉占用了 3.5 亩，村委会免交田增某 25 年承包费共计 7500 元。2004 年 3 月 26 日，田增某与王永某签订《池塘地转包合同》两份，约定田增某将其于 2000 年 4 月 10 日与村委会签订的池塘承包合同中的 6 亩地及 1 个废旧坑塘转包给王永某，转包期限自 2004 年 3 月 26 日至

① 参见山东省德州地区（市）中级人民法院（2022）鲁 14 民终 524 号民事判决书。

2031年3月26日。2005年7月15日，田增某将村西南角的南半部池子及坡和树作价500元转让给王永某，直至合同到期。以上王永某转包的土地共计11.5亩，含有水面3.96亩。王永某已将上述土地自2004年至2031年的租赁费都向田增某交纳了。2018年6月，涉案土地通过土地流转的方式被醇源牧场占用。王永某（一审原告，二审上诉人）和田增某、齐河县晏北街道马杜村民委员会和齐河县晏北街道马杜村民委员会第五村民小组（一审被告、二审被上诉人）因第一年占用土地及池塘水面补偿款和转包剩余期限的补偿款产生争议。

［**法院裁判**］一审法院认为，马杜村委会与田增某签订的《马杜屯村池塘承包合同》系双方的真实意思表示，内容亦不违反法律法规的规定，为有效合同。该合同虽约定了田增某可与他人合伙开发、共同经营，但是田增某与王永某之间签订的池塘地转包合同属于田增某在取得涉案土地承包经营权后部分转包或转租的行为，不符合合伙开发经营的法律特征。田增某与马杜村委会第五小组已于2015年7月10日自愿同意终止田增某与马杜村委会2000年4月10日签订的《马杜屯村池塘承包合同》，上述事实业已经山东省高级人民法院（2017）鲁民再416号生效民事判决书予以认定，一审法院不再赘述。上述承包合同和田增某与王永某之间的转包合同系两个相对独立的合同，在涉案承包合同终止或解除的情形下，田增某与王永某之间的转包合同丧失了履行基础，亦应于2015年7月10日终止。故涉案土地在2018年6月被占用后，原告请求被告支付涉案土地的相关占地补偿款没有事实及法律依据，一审法院不予支持。综上所述，一审法院判决：驳回原告王永某的诉讼请求。

二审中，当事人没有提交新证据。一审法院查明的事实，二审法院依法予以确认。二审法院认为，本案二审当事人争议的焦点问题为上诉人王永某主张三位被上诉人应给付补偿款有无事实及法律依据。案件审理中就三位被上诉人应如何承担上诉人所要求的补偿款支付责任的问题，上诉人以占用款已经发放到村委会为由要求马杜村委会进行支付。二审法院认为，田增某与马杜村委会签订的《马杜屯村池塘承包合同》与田增某与上诉人王永某签订的《池塘地转包合同》系两个相对独立的合同，合同的履行及相关违约责任应当在合同相对人之间承担。上诉人王永某与马杜村委会之间没有合同关系，且由于田增某与马杜村委会之间的合同已于2015年终止履行，一审认定上诉人与田增某之间的合同失去了履行基础并无不当，上诉人向马杜村委会主张补偿款没有事实依据。关于上诉人主张在2018年马杜村委会曾向其给付苗木补偿的问题。二审法院认为，在上诉人与马杜村委会之间没有合同关系的情况下，基于上诉人占用土地的事实，马杜村委会向其支付相关苗木补偿的行为不在双方之间产生其他合同效力。有关上诉人主张的补偿款，上诉人认可该补偿款系马杜村委会与案外人协商确认的占地补偿费用，二审法院认为，基于合同相对性原则该补偿费与上诉人无关，上诉人不能基于获取过苗木补偿款而要求马杜村委会向其支付其主张的占地补偿款。关于上诉人主张已经将承包费交至合同届满的问题，属于上诉人与被上诉人田增某履行合同过程中存在的争议，与本案上诉人主张的补偿款无关，当事人可另行处理。综上所述，上诉人王永某的上诉请求不能成立，应予驳回。

[**裁判评析**]本案对类似实务问题具有很大的指导意义。其涉及承包期内流转土地经营权，而承包期提前终止，对土地经营权相关权限影响及相应补偿费支付的问题。本案涉及两个合同，一个是农村村民委员会与田增某土地承包合同；另一个是王永某与田增某转包合同。前一个合同在履行过程中于2015年提前终止。王永某又实际使用了土地至2018年，2018年土地被醇源牧场占有使用。那么，前一个土地承包合同终止是否导致后一个土地经营权合同无效？土地承包经营权主体田增某主动与村民委员会提前终止承包合同，这是土地承包经营权主体自主处理私权，属于合法行为。田增某与村民委员会提前终止承包合同，致使田增某的土地承包经营权消灭，按照《民法典》第339条规定，土地经营权派生于土地承包经营权。因此，王永某的土地经营权于2015年随着田增某的土地承包经营权消灭而消灭。简言之，土地承包经营权合同提前终止，导致土地经营权合同也提前终止，而不是无效。基于此，王永某需要根据合同相对性，向田增某主张赔偿，维护合法权益。因此，一审与二审法院判决完全正确。

至于王永某于2015年至2018年实际使用土地这三年，其与村民委员会构成了临时租赁法律关系，基于此，村民委员会参酌[①]《最高人民法院关于审理涉及农村土地承包纠纷案件适用法律问题的解释》第20条第2款规定，将青苗补偿费归实际投入人王永某所有，地上附着物补偿费归附着物所有人所

① 在此用“参酌”二字，主要是因为《最高人民法院关于审理涉及农村土地承包纠纷案件适用法律问题的解释》对这种承包关系提前终止而产生“事实上使用土地而产生的土地经营法律关系”的补偿问题，并没有作出明确规定，因此参酌此司法解释第20条规定来定分止争。

有。法院对此行为定性判断完全正确，并无不当，如果能够附上裁判结论的法律推理与法律依据，则能达到更好的普法效果。

（四）法律风险防范

本条在适用过程中主要存在七个方面的法律风险：

一是与《农村土地承包法》具体制度的衔接适用。虽然《民法典》仅规定了土地承包经营权人可以通过出租、入股等方式流转土地经营权，但不是土地经营权生成过程中还有一些原则性规定需要遵守。例如，土地承包经营权人流转土地经营权时需要遵守《农村土地承包法》第 38 条土地经营权流转的原则性规定：不得改变土地所有权的性质和土地的农业用途，不得破坏农业综合生产能力和农业生态环境；流转期限不得超过承包期的剩余期限；受让方须有农业经营能力或者资质；在同等条件下，本集体经济组织成员享有优先权。

二是土地经营权流转过程中，如何兼顾本集体经济组织成员的“同等条件下优先购买权”的法律风险。“同等条件”的判断标准，主要参照《最高人民法院关于审理涉及农村土地承包纠纷案件适用法律问题的解释》第 11 条的规定，“流转价款、流转期限”等主要内容相同的条件，但是考虑到土地经营权流转的经济效率问题，司法解释对优先购买权的期间作出限定，即在书面公示的合理期限内提出优先权，或者虽没有经过书面公示，在本集体经济组织以外的人开始使用承包地两个月内提出优先权主张。

三是发包方在土地承包经营权人流转土地经营权时应注意的法律风险，尊重土地承包经营权人流转土地经营权的自主权。参照《最高人民法院关于审理涉及农村土地承包纠纷案件适用法律问题的解释》第 12 条的规定，即发包方不得胁迫承包方将土地经营权流转给第三人，否则，承包方可以请求撤销其与第三人签订的流转合同。

四是土地承包经营权人流转土地经营权的期限没有约定或约定不明时的法律风险。此法律风险的解决需要参考《最高人民法院关于审理涉及农村土地承包纠纷案件适用法律问题的解释》第 16 条的规定，即流转期限没有约定或者约定不明的，双方补充协议，如果不能达成补充协议，则按照合同相关条款或者交易习惯来确定，如果按照合同相关条款或者交易习惯也不能确定，则视为不定期，当事人可以随时解除合同，但承包地交回的时间应当在农作物收获期结束后或者下一耕种期开始前。

五是土地承包经营权人流转土地经营权的收益权可能遭遇的法律风险。在司法审判过程中要参照《最高人民法院关于审理涉及农村土地承包纠纷案件适用法律问题的解释》第15条和第17条规定来解决相关纠纷，即如果土地承包经营权与土地经营权人因不收流转价款或者土地经营权人支付费用的约定产生纠纷，双方协商变更无法达成一致，且继续履行又显示公示的，则人民法院可以根据发生变更的客观情况，按照公平原则处理；如果发包方或者其他组织、擅自截留、扣缴承包收益或者土地经营权流转收益，则土地承包经营权人可以要求返还，如果发包方或者其他组织、个人主张抵销的，则不能得到法律的支持。

六是土地承包经营权人流转土地经营权的行为是否合法不仅要参照《民法典》和《农村土地承包法》的相关规定，在司法审判时还要考量国务院行政法规和部门规章以及地方立法的规定。《农村土地承包法》第45条将规范土地经营权流转的部分权限赋予其他政府部门，即县级以上地方人民政府应当建立工商企业等社会资本通过流转取得土地经营权的资格审查、项目审核和风险防范制度。

七是林地经营权流转合同终止时，对林地经营权人种植地上林木影响的处理。主要依据《最高人民法院关于审理森林资源民事纠纷案件适用法律若干问题的解释》第13条规定，即林地经营权流转合同终止时，对于林地经营权人种植的地上林木，按照下列情形处理：合同有约定的，按照约定处理，但该约定依据《民法典》第153条的规定应当认定无效的除外；合同没有约定或者约定不明，当事人协商一致延长合同期限至轮伐期或者其他合理期限届满，承包方请求由林地经营权人承担林地使用费的，对其合理部分予以支持；合同没有约定或者约定不明，当事人未能就延长合同期限协商一致，林地经营权人请求对林木价值进行补偿的，对其合理部分予以支持。

二、土地经营权内容

（一）相关条文

1.《中华人民共和国民法典》（2020年5月28日）

第三百四十条　土地经营权人有权在合同约定的期限内占有农村土地，自主开展农业生产经营并取得收益。

2.《中华人民共和国农村土地承包法》（2018年12月29日）

第三十七条 土地经营权人有权在合同约定的期限内占有农村土地，自主开展农业生产经营并取得收益。

第四十六条 经承包方书面同意，并向本集体经济组织备案，受让方可以再流转土地经营权。

第四十七条第一款 承包方可以用承包地的土地经营权向金融机构融资担保，并向发包方备案。受让方通过流转取得的土地经营权，经承包方书面同意并向发包方备案，可以向金融机构融资担保。

3.《最高人民法院关于审理涉及农村土地承包纠纷案件适用法律问题的解释》（2020年12月29日）

第十六条 当事人对出租地流转期限没有约定或者约定不明的，参照民法典第七百三十条规定处理。除当事人另有约定或者属于林地承包经营外，承包地交回的时间应当在农作物收获期结束后或者下一耕种期开始前。

对提高土地生产能力的投入，对方当事人请求承包方给予相应补偿的，应予支持。

（二）要旨释义

本条主要涉及土地经营权人占有权、使用权和收益权三方面内容。

结合《农村土地承包法》相关规定，土地经营权人主要有两类：一类是家庭承包模式下，土地承包经营权人采取出租、入股、转包等流转承包地产生的土地经营权人；另一类是其他承包模式下，直接承包其他农业用地所产生的土地经营权人。虽然这两类土地经营权人对约定期限内的农村土地均具有占有、使用和收益权，但是法律对两者行使权利的限制规定存在一定差异性。

1. 家庭承包模式下土地承包经营权人权限

（1）土地经营权人的占有权。占有权是使用权和收益权的基础，没有对承包地的占有，就无法谈及使用，如果土地经营权人不使用承包地，那么承包地就很难形成收益，因此，《农村土地承包法》第37条规定，土地经营权人有权在合同约定的期限内占有农村土地。

（2）土地经营权人的使用权。土地经营权人对承包地具有使用权，但是这个使用权限于“合理”使用。主要表现在法定禁止行权和行权受限两方面。首先，《农村土地承包法》对土地经营权人禁止行权的规定。主要有四方面：

一是擅自改变土地的农业用途；二是弃耕抛荒连续两年以上；三是给土地造成严重损害或者严重破坏土地生态环境；四是从事其他违约行为。其次，《农村土地承包法》对土地经营权人行权限制的规定。主要有三方面：一是如果土地经营权人依法投资改良土壤，建设农业生产附属、配套设施，则需要经承包方同意。二是如果土地经营权人再流转土地经营权，则需要经承包方书面同意，并向本集体经济组织备案。三是如果土地经营权人向金融机构融资担保，则需要经承包方书面同意并向发包方备案。

（3）土地经营权人的收益权。收益权是土地经营权人必备权利之一，土地经营权人经营土地的最终目的是获得合理收益。因此，《农村土地承包法》第37条明确规定，土地经营权人有权在合同约定的期限内占有农村土地，自主开展农业生产经营并取得收益。

2. 其他承包模式下的土地经营权人的权限

对于家庭承包模式的土地经营权人的权利限制，现行法律对“其他方式承包农村土地的土地经营权人”的权限给予很大的自治空间，明确规定由当事人签订承包合同，承包方取得土地经营权。土地经营权人的权利和义务、承包期限等，由双方协商确定，但是土地经营权人应依法经营，防止承包地水土流失，保护生态环境。

（三）典型案例

凌海市双羊镇四方村民委员会、宋银某物权保护纠纷案[①]

［基本案情］2002年1月7日，原告凌海市双羊镇四方村村民委员会（甲方）（二审上诉人）与宋成某（乙方）签订《高速公路西侧杨树承包合同》，将沈山高速公路四方村段新栽杨树承包给宋成某，为四组高速公路北侧东边，长340米，宽30米，面积为15亩，双方约定：“一、承包期限十五年，承包费每亩每年40元，合计每亩收承包费600元；乙方须一次付清，总合计金额为玖仟元整（9000元）；承包地内有杨树704棵、柳树176棵。二、承包十五年为二个承包期，如伐树提前一年，甲方每亩向乙方退款40元，如过期一年，乙方向甲方每亩补交40元；如十五年后上级部门不让伐树，村则不再要承包费。三、第一合同期伐完树后，乙方需要重新种植树木。植树时所花费用一律由乙方负责支付，并要求乙方必须按照上级有关部门即凌海市委、凌

① 参见辽宁省大连市中级人民法院（2022）辽07民终983号民事判决书。

海市林业局、双羊镇政府的要求和指导进行重植……”

合同签订后，双方按约履行，在履行过程中宋银某（一审被告，二审被上诉人）将原所承包的树木在到达砍伐期时进行砍伐，之后在原告的指导下，按照合同的约定又重新进行了栽植，现新栽植的树木尚需3~4年左右的时间到砍伐期。另查明，被告宋银某系宋成某妹妹。2006年9月，宋成某死亡后，其承包的土地由宋成某妻子王小某分包9亩（已退还原告），由宋成某父母分包6亩。2008年10月，宋成某父亲去世，其父母分包的6亩土地由被告宋银某代管。再查明，2017年1月即承包期届满前期，被告宋银某找村时任书记李冠某商议续租事宜，双方未达成协议。被告宋银某继续在该承包地上种植树木，因原告凌海市双羊镇四方村村民委员会想要收回该承包地，未收取被告承包费。现原告凌海市双羊镇四方村村民委员会主张承包合同已期满，解除原告与被告宋银某的林地承包合同，将土地归还给原告。

［**法院裁判**］一审法院认为，原告与被告兄长宋成某于2002年1月7日签订的《承包高速公路西侧杨树合同》合法有效，该合同的第1款虽然约定了承包期为15年，但第2条又约定承包15年为两个承包期，如伐树提前一年，原告向被告每亩退款40元，如延期一年，被告向原告每亩补交40元，如果15年后上级部门不让伐树，原告则不再要承包费，合同第3条又约定第一合同期伐完树后，被告需要重新种植树木，植树时所花费费用一律由被告方负责支付，并且被告方必须按照上级有关部门和凌海市委、凌海市林业局、双羊镇政府的要求和指导进行重植。

从上述合同的几条约定来看，该约定相互之间有些冲突和不明确。在合同实际履行中，被告在原承包的树木砍伐后，在原告的指导下，按合同约定又进行了重植，现重植的树木尚未到砍伐期，尽管按照合同第1条的承包期应该于2017年1月到期，但是综合考虑合同的第2条、第3条及被告所重植的树木尚未到砍伐期的实际情况，以暂不终止合同双方继续履行合同到现有树木的砍伐期以便尽量减少损失，实现经济利益最大化为宜。但从2017年2月起，被告应当向原告交纳林地占用期间的承包费，其具体数额双方可以协商或者另行依法处理。综上所述，依照《民法典》第3条、第6条、第323条、第325条、第340条、第502条、第509条之规定，判决驳回原告凌海市双羊镇四方村村民委员会要求与被告宋银某终止承包合同的诉讼请求。

经审查，杜某的合同中约定：“承包期为15年，如伐树提前一年，甲方每亩向乙方退款40元；如延期一年，乙方向甲方每亩补交40元；如果十五年后上级部门不让伐树，村则不再要承包费。”从该条约定来看，同被上诉人与上诉人所签订的合同约定完全一致，并未有承包期最多延长一年的约定。故对其所证二审法院不予采信。

一审法院查明事实属实，二审法院予以确认。

二审法院认为，当对合同条款的文义解释与对合同内容的整体性解释相矛盾时，应综合运用文义解释、目的解释等方法，确定合同的真实意思。当合同约定过于简单而无法仅依据文义解释时，可通过合同的目的、交易习惯及诚信原则等来确定该条款的真实意思。

本案中，双方争议的焦点是合同约定的期限最多延长一年还是可以超过一年的问题。案涉《承包高速公路西侧杨树合同》第2条约定“承包十五年为二个承包期，如伐树提前一年，甲方每亩向乙方退款40元，如延期一年，乙方向甲方每亩补交40元……”。该合同为2002年签订，到2017年，15年承包期满。从该约定来看，对合同期满后是否交还承包地的情况作了约定，即根据树木成长情况可提前或延长，但延长多长时间并不明确。综合合同目的及树木能否采伐情况，涉合同约定的“如延期一年”并非专指最多延长一年。虽然合同约定承包期为15年，但双方用附条件的约定使15年承包期变成不确定，应当按照约定和树木的可采伐时间来决定承包期限。一审法院认为，当承包地上的杨树达到可以砍伐的状态予以砍伐后，由被上诉人交还该承包地并无不当。

综上所述，上诉人的上诉请求无事实依据，应当予以驳回。原审判决认定事实清楚，适用法律正确，应当予以维持。

［**裁判评析**］土地经营权人有权在合同约定的期限内占有农村土地，自主开展农业生产经营并取得收益。本案中涉及土地经营权合同约定期限不明如何认定的问题，其中，期限涉及土地经营权人从事农业生产经营权的规划。本案一审法院以承包合同涉及的树木没有到砍伐期，为尽量减少损失，实现经济利益最大化为视角，直接根据《民法典》第340条和第509条等条款，驳回原告凌海市双羊镇四方村村民委员会要求与被告宋银某终止承包合同的诉讼请求。仅从现有的裁判文书来看，一审法院欠缺法律逻辑推理。如果一审法院根据《民法典》第340条规定进行分析，土地经营权人具有在合同约定的期限内占有农村土地，自主开展农业生产经营并取得收益的权利，但本案约定的承包期限不明，按照《民法典》第509条第3款规定，当事人在履行合同过程中，应当避免浪费资源，污染环境和破坏生态。同时，根据《民

法典》第510条的规定，可以按照“交易习惯”来确定承包期。本案根据树木的可采伐时间来决定承包期限，符合合同当事人订立合同的目的，这也是二审法院对合同目的解释方法的运用，则使本案当事人能够通过法条与事实结合的逻辑推理，认可法院的裁判，进而也达到了司法与普法同构的最优实效。

（四）法律风险防范

土地经营权人占有权、使用权和收益权，在适用中可能产生的法律风险有两方面：

一是注意《民法典》第340条与《农村土地承包法》等其他特别法适用衔接适用可能产生的制度运用风险。例如，按照《民法典》第340条规定，土地经营权人有权在合同约定的期限内占有农村土地，自主开展农业生产经营并取得收益。然而，土地经营权人行使使用权权能时，同时还需要遵守《农村土地承包法》第43条的规定，经承包方同意，可以依法投资改良土壤，建设农业生产附属、配套设施。简言之，土地经营权人依法从事改良土壤等行为，如果没有征得承包方同意，还可能因从事改良土壤而产生法律纠纷。

二是家庭承包模式与其他承包模式下土地经营权人行权权限的差异性。前者行权不得改变土地所有权的性质和土地的农业用途，不得破坏农业综合生产能力和农业生态环境。后者应当遵守有关法律、行政法规的规定，防止水土流失，保护生态环境。家庭承包模式下通过流转取得土地经营权的土地经营权人从事“擅自改变土地的农业用途”等法律禁止行为，承包方提出解除合同的，法院应予以支持。至于其他承包模式承包合同对土地经营权人权限的约定是否合法，需要法院结合案件事件及相关法律规定进行裁决。

三、土地经营权设立及登记

（一）相关条文

1.《中华人民共和国民法典》（2020年5月28日）

第三百四十一条　流转期限为五年以上的土地经营权，自流转合同生效时设立。当事人可以向登记机构申请土地经营权登记；未经登记，不得对抗善意第三人。

2.《中华人民共和国农村土地承包法》（2018 年 12 月 29 日）

第四十条第一款 土地经营权流转，当事人双方应当签订书面流转合同。

第四十一条 土地经营权流转期限为五年以上的，当事人可以向登记机构申请土地经营权登记。未经登记，不得对抗善意第三人。

第四十五条 县级以上地方人民政府应当建立工商企业等社会资本通过流转取得土地经营权的资格审查、项目审核和风险防范制度。

工商企业等社会资本通过流转取得土地经营权的，本集体经济组织可以收取适量管理费用。

具体办法由国务院农业农村、林业和草原主管部门规定。

第四十六条 经承包方书面同意，并向本集体经济组织备案，受让方可以再流转土地经营权。

第四十七条 承包方可以用承包地的土地经营权向金融机构融资担保，并向发包方备案。受让方通过流转取得的土地经营权，经承包方书面同意并向发包方备案，可以向金融机构融资担保。

担保物权自融资担保合同生效时设立。当事人可以向登记机构申请登记；未经登记，不得对抗善意第三人。

实现担保物权时，担保物权人有权就土地经营权优先受偿。

土地经营权融资担保办法由国务院有关部门规定。

（二）要旨释义

本条属于《民法典》物权编新增条款。本条涉及两方面内容：一是土地经营权设立；二是土地经营权登记。

1. 土地经营权设立

《民法典》第 341 条与《农村土地承包法》第 40 条和第 41 条相比，两部法律在土地经营权设立表述上存在一定的差别，按照《农村土地承包法》第 40 条规定，土地经营权流转，当事人双方应当签订书面流转合同，只有承包方将土地交由他人代耕不超过 1 年的，可以不签订书面合同。而本条规定流转期限为 5 年以上的土地经营权，自流转合同生效时设立。那么流转期限不满 5 年的，土地经营权应何时设立？如果与流转期限为 5 年以上的土地经营权一样，自流转合同生效时设立，那么，为什么还要在《民法典》第 341 条设置"五年"这个时间节点？显然，《民法典》第 341 条的表述没有《农村土地承包法》表述严谨且具有逻辑性。结合《农村土地承包法》第 40 条和第 41

条的规定可以推导出土地经营权自流转合同生效时成立，而土地经营权流转期限在5年以上的，可以向登记机构申请登记，未经登记，不得对抗善意第三人。

2. 土地经营权登记

从《民法典》第341条和《农村土承包法》第41条规定可以看出，现行立法对土地经营权登记采取登记对抗主义。简言之，土地经营权登记具有对抗善意第三人的效力。根据《农村土地承包法》第45条、第46条和第47条的相关规定，土地经营权人可以将土地经营权出资工商企业，也可以经承包方同意并向本集体经济组织备案再流转土地经营权，还可以经承包方书面同意并向发包方备案，更可以向金融机构融资担保。如果土地经营权具有公示性，则会有利于这些市场行为的开展。以土地经营权出资工商企业为例，土地经营权人将土地经营权出资某公司，按照现行《公司法》规定，需要将土地经营权过户至公司名下，如果土地经营权没有进行登记，那么，需要土地经营权人与公司签订权利变更合同，而合同本身不具有公示性，很可能出现土地经营权人将土地经营权出资多家公司，而这些公司无法识别土地经营权的状态，进而出现"一权多处出资"的局面，为了避免此类现象发生，土地经营权人将土地经营权进行登记，产生公示公信力，也促进了土地经营权市场化流转。

（三）典型案例

梁某、张子某等借款合同纠纷执行复议案[①]

［基本案情］安徽省萧县人民法院（以下简称萧县法院）查明，申请执行人张子某、李秀某、王某、胡广某、王九某、李玉某与被执行人李玉某借款合同纠纷一案中，萧县法院作出（2020）皖1322执658号执行裁定，查封了被执行人李玉某在江苏省铜山县村民委员会拥有的土地使用权。

萧县法院认为，梁某称与李玉某于2021年4月25日达成了执行和解协议，其根据执行和解协议已取得土地使用权，可对抗法院的强制执行。根据《最高人民法院关于执行和解若干问题的规定》的相关规定，执行和解协议，是指在执行程序中，当事人自愿协商达成的和解协议，依法变更生效法律文书确定的权利义务主体、履行标的、期限、地点和方式等内容。被执行人一

① 参见安徽省宿州市中级人民法院（2022）皖13执复26号执行复议执行裁定书。

方不履行执行和解协议的，申请执行人可以申请恢复执行原生效法律文书，也可以就履行执行和解协议向执行法院提起诉讼。当事人达成以物抵债执行和解协议的，人民法院不得依据该协议作出以物抵债裁定。又根据《民法典》第229条的规定，因人民法院、仲裁机构的法律文书或者人民政府的征收决定等，导致物权设立、变更、转让或者消灭的，自法律文书或者征收决定等生效时发生效力。另根据《最高人民法院关于适用〈中华人民共和国民法典〉物权编的解释（一）》第7条的规定，人民法院在执行程序中作出的拍卖成交裁定书、变卖成交裁定书、以物抵债裁定书，应当认定为《民法典》第229条所称导致物权设立、变更、转让或者消灭的人民法院的法律文书。根据以上法律规定，执行和解协议不属于《民法典》第229条规定的能导致物权变动的生效法律文书，当事人如要通过执行和解协议取得物权，应符合《民法典》关于物权取得的相关规定。根据《民法典》第341条的规定，流转期限为5年以上的土地经营权，自流转合同生效时设立。当事人可以向登记机构申请土地经营权登记；未经登记，不得对抗善意第三人。根据该规定，如异议人通过执行和解协议取得了土地使用权，应办理相关物权登记，否则不得对抗善意第三人，也不得对抗法院的强制执行。综上，梁某的异议理由不成立。依照2017年《民事诉讼法》第225条[①]之规定，法院裁定：驳回梁某的异议请求。

为此，梁某向安徽省宿州市中级人民法院提起复议，主张：（1）梁某与被执行人李玉某于2015年11月达成执行和解协议，李玉某自愿提供连带担保责任。截至2021年4月25日，李玉某应连带清偿梁某借款本息共计60万元。在萧县法院的主持下，双方达成执行和解协议，协议约定李玉某将其在江苏省铜山县村民委员会拥有的7亩土地使用权转让给梁某，用于偿还上述担保债务。协议签订后，李玉某即将该土地交付梁某使用至今。梁某认为上述执行和解协议不违反法律规定，应予支持。（2）李玉某在该地块总计有13.5亩土地使用权，扣除梁某享有的7亩土地使用权，尚有6.5亩土地使用权，申请执行人张子某、李秀某等人可以查封剩余的6.5亩土地使用权。（3）受历史遗留及政府政策影响，李玉某2013年1月14日以租赁方式取得案涉土地使用权，但至今未能办理土地经营权登记证书，梁某与李玉某达成和解协议后多次要求李玉某协助办理土地经营权证书，李玉某在积极协调办理中。因

① 对应《民事诉讼法》（2023年修正）第236条。

案涉土地使用权一直没有登记在李玉某名下，萧县法院对该土地也无权查封。（4）梁某与李玉某达成执行和解协议在萧县法院查封该案涉7亩土地使用权之前，且仅涉及其中的7亩土地使用权，因此，梁某对该7亩土地使用权应优先于张子某、李秀某等人。综上，请求撤销萧县法院（2021）皖1322执异128号执行裁定，并按梁某与李玉某达成执行和解协议继续履行。

张子某、李秀某、王某等称，李玉某租赁铜山县××村委会土地的大部分租金是张子某等四人支付，租赁了共计40余亩土地，后转租28亩，转租的租金支付给大刘村委会一部分，另一部分偿还了张子某等人。张子某等人与李玉某于2012年达成协议，梁某与李玉某于2015年达成和解协议，其达成协议在后，梁某的请求不应支持。

［**法院裁判**］安徽省宿州市中级人民法院认为，《最高人民法院关于人民法院办理执行异议和复议案件若干问题的规定》第8条规定，案外人基于实体权利既对执行标的提出排除执行异议又作为利害关系人提出执行行为异议的，人民法院应当依照《民事诉讼法》第227条[①]规定进行审查。案外人既基于实体权利对执行标的提出排除执行异议又作为利害关系人提出与实体权利无关的执行行为异议的，人民法院应当分别依照《民事诉讼法》第227条和第225条[②]规定进行审查。

本案中，梁某在萧县法院提出执行异议认为，其与李玉某达成了执行和解协议，和解协议约定李玉某将其在铜山县大××村委会拥有的7亩上地使用权转让给梁某，梁某因此取得了案涉7亩土地的使用权，进而认为萧县法院的查封侵害了其对7亩土地的使用权。从梁某提出执行异议依据的基础权利来看，是认为其实体权利受到侵害，其异议指向的是7亩土地的使用权，其目的是排除对该7亩土地使用权的执行。因此，对梁某提出的执行异议应适用《民事诉讼法》第227条进行审查。如案外人、当事人对审查后作出的裁定不服，应告知其可以自裁定送达之日起15日内向人民法院提起诉讼，而不是告知其向上一级人民法院申请复议。

综上，依照《最高人民法院关于人民法院办理执行异议和复议案件若干问题的规定》第23条第1款第5项之规定，裁定如下：撤销安徽省萧县人民法院（2021）皖1322执异128号执行裁定，发回安徽省萧县人民法院重新作

---

① 对应《民事诉讼法》（2023年修正）第238条。

② 对应《民事诉讼法》（2023年修正）第236条。

出裁定。

［**裁判评析**］本案是执行异议案件，虽然最终裁定依据《最高人民法院关于人民法院办理执行异议和复议案件若干问题的规定》第 23 条第 1 款第 5 项规定，撤销原法院执行异议裁定，发回原法院重新作出裁定。但本案折射出一个焦点问题，本案的裁定对其他类似案件具有很大的借鉴意义，即执行和解协议是否具有对没有登记的土地经营权的效力？

首先，需要甄别执行和解协议的性质是否属于《民法典》第 229 条规定的法律文书的物权变动效力。《民法典》第 229 条涉及的文书主要有人民法院、仲裁机构的法律文书或者人民政府的征收决定等，其中这个“等”是“等外等”还是“等内等”，法院根据《最高人民法院关于适用〈中华人民共和国民法典〉物权编的解释（一）》第 7 条规定进一步进行推导，人民法院在执行程序中作出的拍卖成交裁定书、变卖成交裁定书、以物抵债裁定书，应当认定为《民法典》第 229 条所称导致物权设立、变更、转让或者消灭的人民法院的法律文书。简言之，《民法典》物权编对“等”进行了列举性解释，而这个解释中并没有“执行和解协议”，据此可知，可以推导出“梁某的执行和解协议”不具有物权变动效力。

其次，需要分析不具有物权变动效力的“执行和解协议”，需要参照《民法典》第 341 条的规定，流转期限为 5 年以上的土地经营权，自流转合同生效时设立。当事人可以向登记机构申请土地经营权登记；未经登记，不得对抗善意第三人。梁某通过执行和解协议取得了土地经营权，应该办理相关物权登记，否则不得对抗善意第三人，也不得对抗法院的强制执行。对此，一审法院展开了逻辑严谨且周密的分析，对没有登记的土地经营权与法院具有物权变动效力的裁判文书的关系进行了有理有据的分析。这一点对类似案件实体权利印证具有借鉴意义。

（四）法律风险防范

本条在适用过程中很可能出现以下两方面法律风险：

一是流转期限为 5 年以下的土地经营权何时成立的问题。结合《农村土地承包法》第 40 条规定，土地经营权自流转合同生效时成立，除了由他人代耕不超过 1 年的，可以不签订书面合同，其他流转形式都需要签订书面合同。简言之，流转期限为 5 年以下的土地经营权无须签订流转合同，流转的事实行为也能生成土地经营权。简言之，流转期限 5 年以上的土地经营权具有登记能力，5 年以下的土地经营权不具有登记能力。[①]

二是土地经营权未登记而出现“一权多处流转”时，应如何界定权属的问题。对于此类案例可以参照最高人民法院在 2020 年修订的《关于审理买卖合同纠纷案件适用法律问题的解释》第 6 条至第 7 条相关规定来处理。如果土地经营权处于签订有效合同，且土地经营权均未登记，承包人均要求实际履行合同的，应按照下列情况处理：先行受领交付的承包人优先获得土地经营权；如果土地经营权的承包人均未受领交付，则先行支付价款的承包人优先获得土地经营权；如果均未受领交付，又未支付价款，依法成立在先合同的承包人可以请求合同相对方履行交付土地经营权。

四、其他方式承包的土地经营权流转

（一）相关条文

1.《中华人民共和国民法典》（2020 年 5 月 28 日）

第三百四十二条　通过招标、拍卖、公开协商等方式承包农村土地，经依法登记取得权属证书的，可以依法采取出租、入股、抵押或者其他方式流转土地经营权。

2.《中华人民共和国农村土地承包法》（2018 年 12 月 29 日）

第四十八条　不宜采取家庭承包方式的荒山、荒沟、荒丘、荒滩等农村土地，通过招标、拍卖、公开协商等方式承包的，适用本章规定。

第四十九条　以其他方式承包农村土地的，应当签订承包合同，承包方取得土地经营权。当事人的权利和义务、承包期限等，由双方协商确定。以招标、拍卖方式承包的，承包费通过公开竞标、竞价确定；以公开协商等方式承包的，承包费由双方议定。

第五十条　荒山、荒沟、荒丘、荒滩等可以直接通过招标、拍卖、公开协商等方式实行承包经营，也可以将土地经营权折股分给本集体经济组织成员后，再实行承包经营或者股份合作经营。

承包荒山、荒沟、荒丘、荒滩的，应当遵守有关法律、行政法规的规定，防止水土流失，保护生态环境。

---

① 参见黄薇主编：《中华人民共和国民法典解读 · 物权编》（精装珍藏版），中国法制出版社 2020 年版，第 439~440 页；陈耀东、高一丹：《土地经营权的民法典表达》，载《天津法学》2020 年第 3 期。

第五十一条 以其他方式承包农村土地，在同等条件下，本集体经济组织成员有权优先承包。

第五十二条 发包方将农村土地发包给本集体经济组织以外的单位或者个人承包，应当事先经本集体经济组织成员的村民会议三分之二以上成员或者三分之二以上村民代表的同意，并报乡（镇）人民政府批准。

由本集体经济组织以外的单位或者个人承包的，应当对承包方的资信情况和经营能力进行审查后，再签订承包合同。

第五十三条 通过招标、拍卖、公开协商等方式承包农村土地，经依法登记取得权属证书的，可以依法采取出租、入股、抵押或者其他方式流转土地经营权。

第五十四条 依照本章规定通过招标、拍卖、公开协商等方式取得土地经营权的，该承包人死亡，其应得的承包收益，依照继承法的规定继承；在承包期内，其继承人可以继续承包。

3.《最高人民法院关于审理森林资源民事纠纷案件适用法律若干问题的解释》（2022年6月13日）

第十三条 林地经营权流转合同终止时，对于林地经营权人种植的地上林木，按照下列情形处理：

（一）合同有约定的，按照约定处理，但该约定依据民法典第一百五十三条的规定应当认定无效的除外；

（二）合同没有约定或者约定不明，当事人协商一致延长合同期限至轮伐期或者其他合理期限届满，承包方请求由林地经营权人承担林地使用费的，对其合理部分予以支持；

（三）合同没有约定或者约定不明，当事人未能就延长合同期限协商一致，林地经营权人请求对林木价值进行补偿的，对其合理部分予以支持。

林地承包合同终止时，承包方种植的地上林木的处理，参照适用前款规定。

（二）要旨释义

关于其他方式承包的土地经营权流转的规定。与原《物权法》第133条相比，有三处改动：一是将“承包荒地等农村土地”改为“承包农村土地”；二是将取得权属证书的法律依据改为“依法”；三是将原《物权法》“其土地承包经营权可以转让、入股、抵押或者以其他方式流转”改为“可以依法采取出租、入股、抵押或者其他方式流转土地经营权”。

《民法典》第342条与《农村土地承包法》第53条的表述完全一致。土地经营权登记，不仅使土地经营权人的土地经营权具有符合其他市场主体认知的信赖外观，而且还能促进土地经营权采取多种方式进行流转，进而使土地资源与其他市场要素相结合，推动农业向集约化、现代化、专业化和规模化发展。

通过招标、拍卖、公开协商等方式承包农村土地的承包方不局限于农村集体经济组织内部成员，农村集体经济组织成员以外的自然人、法人和其他组织可以依照法律规定或合同约定取得土地经营权。其中，招标、拍卖、公开协商均是市场经济条件下促进效率、优化资源配置的一种交易方式，通过招标、拍卖等公开交易的过程，在社会监督之下，从中选择资信情况良好和经营能力强的农业经营者作为承包方，既有利于调动农民和社会资金与力量，又有利于农用地资源优化配置。

（三）典型案例

赵洪某、张振某土地承包经营权纠纷案①

［基本案情］2018年5月18日，赵洪某与张振某签订《土地转让协议书》，张振某为甲方（转让方）（一审被告，二审被上诉方）、赵洪某为乙方（受让方）（一审原告，二审上诉方），协议约定：甲方自愿将自家盖州市东城办事处外环原新华土地6亩（有土地局调规手续）及80KV变压器产权转让给乙方；自转让之日起，该土地经营所有权归乙方所有；转让费40万元，乙方先付10万元、余款30万元分三次10月、11月、12月各10万元全部付清，不得违约；转让年限为永久转让，若有政策变动，按政策规定执行，所有权归乙方所有。土地确权以后还归乙方所有；转让期间若有国家征地或者其他征用，土地及附着物补偿归乙方所有；甲方同意转让于乙方，并保证其土地没有个人经济纠纷；转让后，80KV变压器甲、乙双方永久共同使用，共同维护等。双方实际转让费为60万元，赵洪某已给付。另查，盖州市东城管理区新华村民委员会于2009年3月5日出具情况说明：盖州市东城办事处新华村小外环东侧有三类地（可用于居住用地、住宅、工业、混合区域）约10亩，可转让，户籍不限，但必须等相关手续、国有土地使用权证下来后，方可进行。办理手续应有设计、规划国有土地条规，挂牌交款至国家土地局，在给新华村相关规定补偿后，方可办理。2021年5月17日，盖州市东城管理

① 参见辽宁省营口市中级人民法院（2022）辽08民终215号民事判决书。

区新华村民委员会出具情况介绍：盖州市东城办事处新华村小东外环有12亩三角地，2013年6月23日盖州市东城工业园区招商引资。该宗地由张振某征用。按规定该地办完一切相关手续才准予在该地建筑使用。

赵洪某请求确认原、被告签订的《土地转让协议书》无效，同时请求张振某返还土地购买款60万元及支付利息（利息自2018年5月18日计算至实际支付之日止，利率按照一年期贷款市场报价利率计算）。

［**法院裁判**］一审法院认为，本案争议焦点为：案涉《土地转让协议书》是否有效。从土地性质看，案涉土地的所有权人为盖州市，根据该村出具的情况说明和介绍可以确认案涉土地为三类地，可转让，转让户籍不限。从协议内容看，双方转让的标的系涉案土地和80KV变压器，虽约定“案涉土地经营所有权”，但双方的真实意思是转让土地使用权、转让土地经营权，对转让期间名义上为永久，但又附加“按政策规定执行”，即按照法律法规允许的上限确定转让期限。因此，该协议内容未违反法律禁止性规定，应认定为有效。根据村委会出具的情况介绍，应办理相关手续、国有土地使用权证、给新华村相关补偿后办理设计、规划国有土地条规、向国家土地局挂牌交款等相关手续，经行政主管部门审批核准后在该地建设使用。赵洪某在给付转让费，办理相关手续后可实现合同目的，且该协议已经实际履行，故原告赵洪某的诉讼请求理由不能成立，法院不予支持。据此，一审法院判决：驳回原告赵洪某的诉讼请求。

在此介绍下一审赵洪某的观点，《土地转让协议书》的土地是农村集体土地，只能集体经济组织成员能承包并转让，赵洪某并非集体经济组织成员，因此，依照《农村土地承包法》第34条之规定，“经发包方同意，承包方可以将全部或者部分的土地承包经营权转让给本集体经济组织的其他农户，由该农户同发包方确立新的承包关系，原承包方与发包方在该土地上的承包关系即行终止”。因此，在赵洪某不是新华村集体经济组织成员的情形下，协议书中的土地承包经营权无法受让。依照《民法典》第153条之规定，“违反法律、行政法规的强制性规定的民事法律行为无效”。即使赵洪某可以取得土地承包经营权，一审法院适用法律也是错误的。一审法院判决适用《民法典》第342条之规定“通过招标、拍卖、公开协商等方式承包农村土地，经依法登记取得权属证书的，可以依法采取出租、入股、抵押或者其他方式流转土地经营权。”认定双方之间的土地转让有效。但是，上述法律规定已经明确规定“依法登记取得权属证书的，可以依法采取出租、入股、抵押或者其他方式流转土地经营权”。本案中，案涉土地仍然归属新华村村集体所有，被上诉人没有取得权属证书，其转让是违法的；且被上诉人也并非通过招标、拍卖或是公开协商方式取得承包经营权。故原审法院适用法律错误。综上，原审法院认定事实错误，适用法律错误，应当予以纠正。上诉人特向二审法院提起上诉，请求二审法院依法改判或发回重审，维护上诉人的合法权益。

二审法院认为，当事人没有提交新证据。上诉人、被上诉人于 2018 年 5 月 18 日签订的《土地转让协议书》系当事人双方真实意思表示，并已支付对价。案涉土地为“三类地、可转让”，转让户籍不限，双方并在该协议书已注明“有土地调规手续”表明上诉人对该宗地可以转让使用权、土地经营权是认知的。对转让期限名义上为永久，但附有“按政策规定执行”，即按照法律法规允许的上限确定转让期限，因此该协议内容未违反法律禁止性规定，应认定为有效。综上所述，赵洪某的上诉请求不能成立，应予驳回；一审判决认定事实清楚，适用法律正确，应予维持。

［**裁判评析**］本案非常具有典型性。其涉及一个司法解释前后变化中“盲点”问题，即通过招标、拍卖、公开协商等方式承包农村土地取得的土地经营权，没有进行登记，取得权属证书，如果采取入股、出租等方式进行流转，是否具有法律效力？如果参照 2005 年《最高人民法院关于审理涉及农村土地承包纠纷案件适用法律问题的解释》第 21 条[①]的相关规定，没有按照《民法典》第 342 条进行登记的土地经营权，采取入股、出租等方式进行流转，不具有法律效力。

然而，2021 年 1 月 1 日实施的《最高人民法院关于审理涉及农村土地承包纠纷案件适用法律问题的解释》将第 21 条废止，那么，没有登记的土地经营权，如果采取入股、出租等方式进行流转是否具有法律效力？由于裁判文书行文限制，两级法院没有将质证环节放到裁判文书中，但从双方答辩材料可以推导出，案涉土地已经办理了土地调规手续，可以用于居住、住宅、工业、区域用地，也就是案涉土地已经办理了相关登记。因此，两级法院没有支持赵洪某（一审原告、二审上诉人）的诉讼主张。

---

① 2005 年《最高人民法院关于审理涉及农村土地承包纠纷案件适用法律问题的解释》第 21 条规定：“承包方未依法登记取得土地承包经营权证等证书，即以转让、出租、入股、抵押等方式流转土地承包经营权，发包方请求确认该流转无效的，应予支持。但非因承包方原因未登记取得土地承包经营权证等证书的除外。承包方流转土地承包经营权，除法律或者本解释有特殊规定外，按照有关家庭承包土地承包经营权流转的规定处理。”

如果实践中非集体经济组织成员，不是通过拍卖等公开方式获得土地经营权且土地经营权也没有登记，那么，以这样的土地经营权入股行为是否有效？从现行《民法典》和《农村土地承包法》关于“土地经营权”相关规定来推导，其他方式承包产生的土地经营权，无论是权利生成过程还是权利的履行，登记是其权利设立与变更的必备条件之一，由于其他方式承包产生的土地经营权主要依托市场化的形式进行相应的法律行为，如果土地经营权没有进行登记，则不具有直观的权利外观，导致其他市场主体无法作出理性的商业判断，势必会增加流转市场交易的成本。因此，其他方式承包取得的土地经营权如果实现再流转，则必须登记，否则流转不具有法律效力。

（四）法律风险防范

本条文在适用过程中的法律风险主要有两方面：

一是公开方式承包土地，土地经营权成立时间是否与登记有关，以及不登记是否影响流转效力问题。承包人通过招标、拍卖、公开协商等方式承包农村土地，如果没有进行登记是否就没有取得土地经营权？对此，需要从法律体系及立法目的进行分析。如果通过招标等公开形式承包土地，本身就具有公示效力，如果没有登记，承包人取得土地经营权，但不得对抗善意第三人。如果需要流转，则需要产生具有市场流通能力的外观，此时，需要进行登记，这一点可以从《不动产登记暂行条例实施细则》第 50 条第 1 款的规定得以印证。简言之，土地经营权流转属于市场变动行为，而土地经营权登记是稳定经营主体经营预期的主要技术工具，[①]也是土地经营权融资担保得以稳健展开的前提。因此，土地经营权流转之前的登记，属于强制性规定，不登记，则会影响流转本身的效力。

二是流转方式风险。按照《民法典》规定，流转方式可以依法采取出租、入股、抵押或者其他方式流转土地经营权。其他方式如何理解，国家政策试点的“入股 + 信托”方式是否包含在“其他方式”内，根据《农村土地流转办法》第 14 条规定，承包方可以采取出租（转包）、入股或者其他符合有关法律和国家政策规定的方式流转土地经营权。简言之，国家政策规定的方式也属于法定方式之一。

三是林地土地经营权流转合同终止对土地上林木的处理。根据《最高人

① 高圣平：《土地经营权登记规则研究》，载《比较法研究》2021 年第 4 期。

民法院关于审理森林资源民事纠纷案件适用法律若干问题的解释》第13条规定："林地经营权流转合同终止时，对于林地经营权人种植的地上林木，按照下列情形处理：（一）合同有约定的，按照约定处理，但该约定依据民法典第一百五十三条的规定应当认定无效的除外；（二）合同没有约定或者约定不明，当事人协商一致延长合同期限至轮伐期或者其他合理期限届满，承包方请求由林地经营权人承担林地使用费的，对其合理部分予以支持；（三）合同没有约定或者约定不明，当事人未能就延长合同期限协商一致，林地经营权人请求对林木价值进行补偿的，对其合理部分予以支持。"

五、国有农用地实行承包经营的参照适用规定

（一）相关条文

1.《中华人民共和国民法典》（2020年5月28日）

第三百四十三条 国家所有的农用地实行承包经营的，参照适用本编的有关规定。

2.《最高人民法院关于国有土地开荒后用于农耕的土地使用权转让合同纠纷案件如何适用法律问题的批复》（2020年12月29日）

甘肃省高级人民法院：

你院《关于对国有土地经营权转让如何适用法律的请示》（甘高法〔2010〕84号）收悉。经研究，答复如下：

开荒后用于农耕而未交由农民集体使用的国有土地，不属于《中华人民共和国农村土地承包法》第二条规定的农村土地。此类土地使用权的转让，不适用《中华人民共和国农村土地承包法》的规定，应适用《中华人民共和国民法典》和《中华人民共和国土地管理法》等相关法律规定加以规范。

对于国有土地开荒后用于农耕的土地使用权转让合同，不违反法律、行政法规的强制性规定的，当事人仅以转让方未取得土地使用权证书为由请求确认合同无效的，人民法院依法不予支持；当事人根据合同约定主张对方当事人履行办理土地使用权证书义务的，人民法院依法应予支持。

（二）要旨释义

《民法典》第343条是关于国有农用地实行承包经营法律适用的准用性规定。

国有农用地既是重要的国家资产，也是宝贵的自然资源。因此，我们国家不仅在政策上要进行适时引导，而且还要在法律上固化相关改革成果，推动国有农用地规范发展。

1. 政策上的引导

2016 年 12 月，国土资源部等八部委联合下发了《关于扩大国有土地有偿使用范围的意见》（国土资规〔2016〕20 号），规范推进国有农用地使用制度改革。加强国有农用地确权登记工作，规范国有农用地使用管理制度，明确国有农场、牧场改革国有农用地资产处置政策，完善国有农用地土地等级体系。积极推进国有农场土地资源资产化和资本化，有需求的地方可以研究制定国有农用地资产处置的相关程序和路径。

2. 法律制度的跟进

2019 年修订《土地管理法》时，结合近些年改革成果，在其第 13 条和第 41 条对国有农用地作了具体的制度安排。（1）明确国有农用地的使用方式。国家所有依法用于农业的土地可以由单位或者个人承包经营，从事种植业、林业、畜牧业、渔业生产。（2）明确开发未确定使用权的国有土地的使用方式。开发未确定使用权的国有荒山、荒地、荒滩从事种植业、林业、畜牧业、渔业生产的，经县级以上人民政府依法批准，可以确定给开发单位或者个人长期使用。

（三）典型案例

鞍山市铁西区共和基督教堂、鞍山千山温泉职工疗养院合同纠纷案[①]

［**基本案情**］1997 年 12 月 1 日，职工疗养院将涉案土地承包给案外人张福某，并签订《关于承包养殖场的合同书》，内容为："甲方（职工疗养院）将山上养殖场（按土地执照划定的边界和土地面积壹万零壹佰叁拾捌平方米）承包给乙方（张福某），承包期限为伍拾年，即 1997 年 12 月 1 日至 2047 年 12 月 1 日，承包金额为壹拾贰万元，乙方向甲方一次交清承包金。"职工疗养院与张福某在合同中签字盖章。2004 年 5 月 17 日，张福某与共和基督教堂签订《关于承包养殖场的合同书》内容为："甲方（张福某）将养殖场现有土地、果树、房屋、设备包给乙方（被告），承包期为 2004 年 6 月 13 日至 2047 年 12 月 1 日，承包金额为叁拾万元。"

张福某与共和基督教堂在合同下方签字盖章。2004 年 6 月 3 日，职工疗

---

① 辽宁省鞍山市中级人民法院（2022）辽 03 民终 171 号民事判决书。

养院与共和基督教堂双方签订《关于承包养殖场的合同书》，内容为："甲方（职工疗养院）将山上养殖场（按土地执照划定的边界和土地面积壹万零壹佰叁拾捌平方米）曾于本院职工张福某于1997年12月1日签订承包合同，现张福某与鞍山市铁西区基督教共和教会刘英某（负责人）自愿达成转包协议。甲方予以认可。乙方（共和基督教堂）在承包期内所投入的固定资产，期满无偿归甲方所有。此合同如出现纠纷到鞍山市仲裁委员会仲裁。"

另查，涉案承包土地在1990年11月2日的国有土地使用证中记载：使用证号为鞍国用（××× 地）字第 ××× 号，土地使用者为千山温泉职工疗养院，地址为鞍山市旧堡区千山乡倪家台村，用途为副食生产，用地面积为10 138平方米的城镇土地。该土地在2020年7月10日的不动产权证书中记载：证号为辽（×××）鞍山市不动产权第 ××× 号，权利人为职工疗养院，坐落千山风景区倪家台村，不动产单元号 ×××，权利类型为国有建设用地使用权，权利性质为划拨，用途为设施农用地，面积为8742.07平方米。

另查，职工疗养院隶属于鞍山市总工会，涉案土地属于工会资产。2016年9月9日，中华全国总工会下发总工发〔2016〕22号文件，即《中华全国总工会关于加强和规范工人疗休养院管理的意见（试行）》，该意见第7条规定："清理整顿出租、承包和委托经营行为……能够协商解除的合同协议立即解除。已经整体出租、承包、委托经营的工人疗休养院，必须限期收回，尽快恢复疗休养业务，实现自主经营、良性发展……"2017年2月6日中华全国总工会下发总工发〔2017〕4号文件，即《中华全国总工会关于推进工人疗休养院改革发展的指导意见》，该意见第13条规定："……对于整体出租、承包和委托经营的工人疗休养院，要限期收回，尽快恢复疗休养业务……"2018年10月19日，中华全国总工会办公厅下发总工办发〔2018〕28号文件，即《中华全国总工会办公厅关于深入推进工人文化宫、工人疗休养院清理整改工作的意见》，该意见规定："为进一步突出工会资产公益性服务性，推动各级工会按照全总要求完成工人文化宫、工人疗休养院清理整改工作任务，进一步加强和规范工人文化宫、工人疗养院管理，推动其回归公益。"该意见第3项规定："依法依规，积极稳妥推进清理整改工作。各级工会要加大政策宣传力度，以《工会法》《中国工会章程》为依据，阐释工会资产的特殊性质和作用，争取各方面对清理整改工作的理解和支持。要按照《物权法》《合同法》《公共文化服务保障法》等法律规定，合理利用法律手段，依法推进清理整改。"

再查，2019年1月16日职工疗养院向鞍山仲裁委员会提起仲裁，要求共和基督教堂返还承包租赁养殖场地。2019年6月4日，该仲裁委作出鞍仲裁字（2019）12号裁决书裁决："一、被申请人在本裁决生效即日起合同解除，被申请人返还承包租赁养殖场土地一万零一百三十八平方米。返还履行期限为二零一九年十月三十一日。二、申请人返还给被申请人租金余额67 400元；申请人于被申请人履行返还承包租赁养殖场同时给付被申请人。三、案件仲裁费4400元（申请人已垫付），由申请人承担。"后共和基督教堂向鞍山市中级人民法院申请撤销鞍仲裁字（2019）12号裁决书。2019年7月24日，鞍山市中级人民法院作出（2019）辽03民特19号民事裁定书，以仲裁裁决超出申请人的仲裁请求及显失公平为由，撤销鞍仲裁字（2019）12号裁决书。

［**法院裁判**］一审法院认为，职工疗养院是鞍山市总工会所属公益性事业单位，职工疗养院与共和基督教堂签订的《关于承包养殖场的合同书》中涉及的土地属于国家划拨给工会使用的土地，根据2018年10月19日中华全国总工会办公厅下发总工办发〔2018〕28号文件，即《中华全国总工会办公厅关于深入推进工人文化宫、工人疗休养院清理整改工作的意见》，该意见规定，"为进一步突出工会资产公益性服务性，推动各级工会按照全总要求完成工人文化宫、工人疗休养院清理整改工作任务，进一步加强和规范工人文化宫、工人疗养院管理，推动其回归公益"。该《意见》第3项规定："依法依规，积极稳妥推进清理整改工作。各级工会要加大政策宣传力度，以《工会法》《中国工会章程》为依据，阐释工会资产的特殊性质和作用，争取各方面对清理整改工作的理解和支持。要按照《物权法》《合同法》《公共文化服务保障法》等法律规定，合理利用法律手段，依法推进清理整改。"根据2009年《最高人民法院关于适用〈中华人民共和国合同法〉若干问题的解释（二）》第26条规定，"合同成立以后客观情况发生了当事人在订立合同时无法预见、非不可抗力造成的不属于商业风险的重大变化，继续履行合同对于一方当事人明显不公平或者不能实现合同目的，当事人请求人民法院变更或解除合同的，人民法院应当根据公平原则，并结合案件的实际情况确定是否变更或者解除"。根据《民法典》第533条"合同成立后，合同的基础条件发生了当事人在订立合同时无法预见的、不属于商业风险的重大变化，继续履行合同对于当事人一方明显不公平的，受不利影响的当事人可以与对方重新协商；在合理期限内协商不成的，当事人可以请求人民法院或者仲裁机构变更或者解除合同。人民法院或者仲裁机构应当结合案件的实际情况，根据公平原则变

更或者解除合同”的规定，工会对案涉土地的占有、使用、收益只能用于公益性、服务性，故案涉土地要尽快回归公益，纳入公共服务体系，尽快恢复其公益性服务功能，继续履行《关于承包养殖场的合同书》明显对职工疗养院一方不公平，故该院结合全案的实际情况解除职工疗养院与共和基督教堂签订的《关于承包养殖场的合同书》。

关于财产返还、过错认定及赔偿问题，因共和基督教堂不同意对涉案财产评估，双方对补偿数额分歧较大，在该案审理中职工疗养院撤回第二项、第三项诉讼请求，故在该案中不作处理，双方可另行提起诉讼。综上所述，依照《民法典》第533条、《最高人民法院关于适用〈中华人民共和国合同法〉若干问题的解释（二）》第26条的规定，判决：解除职工疗养院与共和基督教堂于2004年6月3日签订的《关于承包养殖场的合同书》。案件受理费100元，由职工疗养院负担。

二审法院认为，本案的争议焦点为，双方合同关系是否应予解除。民事主体不得滥用民事权利损害国家利益、社会公共利益或他人合法权益。各级工会举办的工人疗养院作为职工医疗保健机构，担负维护广大职工疗养、休养权益的义务，是保护职工身心健康的重要阵地，也是国家社会保障和医疗卫生事业的重要组成部分，具有社会公共利益的属性。二审法院认为，双方的合同关系应予解除。

首先，全国总工会在2016年《中华全国总工会关于加强和规范工人疗休养院管理的意见（试行）》、2017年《中华全国总工会关于推进工人疗休养院改革发展的指导意见》、2018年《中华全国总工会办公厅关于深入推进工人文化宫、工人疗休养院清理整改工作的意见》中明确指出，工人疗休养院承担了党和国家赋予工会组织的重要政治使命，要求清理整顿出租、承包和委托经营行为，对于出租、承包等必须限期收回，尽快恢复疗休养业务。职工疗养院作为鞍山市总工会所属的单位，有义务、有责任落实上述文件精神，限期收回对外承包的场地，职工疗养院诉讼请求解除双方合同关系，契合社会公共利益。

其次，职工疗养院要求解除合同关系符合法律规定。合同成立后，在履行过程中，发生了当事人在订立合同时无法预见的重大变化，致使原来订立合同的基础丧失或者动摇，如继续履行合同则对当事人一方明显不公平或无法履行，应当允许变更或者解除合同。《最高人民法院关于适用〈中华人民共和国合同法〉若干问题的解释（二）》第26条和《民法典》第533条对因情势变更原因解除合同均作出了法律规定，且赋予了当事人通过人民法院或仲裁机构请求解除的权利。具体到本案，双方于2004年签订合同，约定履行期限至2047年12月31日，但在合同履行过程中，根据上述三个文件要求，职工疗养院必须限期收回对外承包的养殖场，属于发生了职工疗养院在订立合同时无法预见的重大变化。因此，职工疗养院要求解除合同关系具有法律依据。

关于共和基督教堂上诉提出案由错误一节。本案双方当事人签订的是《关于承包养殖场的合同书》，内容涉及养殖场土地、果树、房屋等使用的内容，并非仅涉及土地，且《民事案件案由规定》中并无土地承包合同纠纷案由，一审确定为合同纠纷正确。关于共和基督教堂上诉提出一审认定事实错误一节。职工疗养院取得了养殖场地的土地使用权证，依照法律规定，职工疗养院对该养殖场享有占有、使用、收益的权利。解除合同后，双方可根据合同履行情况对造成的损失进行补偿，但一审中共和基督教堂明确表示不同意评估，属于对自身权利的放弃。关于共和基督教堂上诉提出一审适用法律错误一节。法院根据查明的案件事实，结合双方争议的问题，引用的法律条文正确。关于共和基督教堂上诉提出一审枉法裁判，曲解文件规定，为职工疗养院帮助获取经费一节。职工疗养院按照上级文件要求提出解除合同的诉讼请求，是否获得经费并不是本案审查的内容。故对共和基督教堂提出的各项上诉理由，无事实及法律依据，二审法院均不予支持。综上所述，鞍山市铁西区共和基督教堂（朝鲜族）的上诉请求不能成立，应予驳回；一审判决认定事实清楚，适用法律正确，应予维持。

［**裁判评析**］本案涉及的争议土地属于国家所有的农用地。由于此农用地由职工疗养院所使用，而职工疗养院是鞍山市总工会所属公益性事业单位，因此，职工疗养院与共和基督教堂签订的《关于承包养殖场的合同书》中涉及的土地属于国家划拨给工会使用的土地。该土地历经两次承包，首先是职工疗养院与张福某之间的土地经营权承包。其次是张福某与共和基督教堂的转包。最后这个转包还得到了职工疗养院的认可。因此，本案不仅涉及《民法典》第343条规定，还涉及《民法典》的情势变更、国家相关政策的规定。

因此，国家所有的农用地只能称其为参照，国家拨给工会用的农用地，其主要目的是实现公益，如果转包后从事的行为不属于公益，而属于市场行为，那么，是否会影响承包合同的效力？参照《农村土地承包法》关于土地经营权人权利义务的规定，不得改变农业用途的限制性规定，适用至国家所有农用地时，则还需要考量国家所有农用地的属性是公益还是农业，如果属于公益，而承包后的土地经营者进行了市场行为，从事追求营利性活动，而发包方可以依法终止土地经营权合同。本案中，转让给共和基督教堂仍然从事的是公益行为。因此，本案土地经营权转让合同为有效合同。

合同履行期间，职工疗养院因国家政策调整而单方面解除合同，本案法院适用《最高人民法院关于适用〈中华人民共和国合同法〉若干问题的解释（二）》第 26 条和《民法典》第 533 条关于“情势变更”条款来推理分析，法律适用正确，同时也间接反映了国家所有农用地功效的多样性，其不仅属于农业用地，而且可能还需要符合公益性，还可能涉及工会等特殊法的特殊规范。

（四）法律风险防范

本条在适用过程中的法律风险主要有两方面：

一是特殊国有农用地的法律适用。开荒后用于农耕未交由农民集体使用的国有土地，不属于《农村土地承包法》第 2 条规定的农村土地。此类土地使用权的转让，不适用《农村土地承包法》的规定，应适用《民法典》和《土地管理法》等相关法律规定加以规范。具体可参照 2020 年最高人民法院修订的《关于国有土地开荒后用于农耕的土地使用权转让合同纠纷案件如何适用法律问题的批复》中的规定。

二是国有农用地土地所有人身份的识别。审理国有农用地案件，不能简单地从土地使用主体推定其便是所有人，有些国家所有的农用地由农民集体经济组织长期使用，但农民集体经济组织并非国有农有地的所有人。

第六章 建设用地使用权纠纷

建设用地使用权，是建设用地使用权人依法对国家所有的土地享有占有、使用、收益的用益物权。因土地在国家经济政治发展中扮演着重要角色，且土地又属于社会中不可再生的稀缺资源，这在一定程度上决定了建设用地使用权等用益物权兼具公益性和私益性的特征。从理论上来讲，《民法典》属于典型的私法，以保护权利人私权为目的，用于调整建设用地使用权设立、转让、抵押、消灭等平等主体之间的民事法律关系，而《土地管理法》《城市房地产管理法》等则属于比较典型的公法，以保障公共利益为目标，规范的重点在于行政机关对土地利用的监督和管理等。两类法律看似泾渭分明，实则内容存在交叉。目前，建设用地使用权在司法实践中的很多诉讼纠纷都与此有关，如建设用地使用权出让合同纠纷应适用民事诉讼还是行政诉讼程序，建设用地使用权转让合同的效力问题等。妥善解决建设用地使用权出让以及转让纠纷，对稳定社会经济秩序，保护建设用地使用权人的相关权利具有重要意义。

第一节 建设用地使用权出让纠纷

根据由最高人民法院民法典贯彻实施工作领导小组主编的《中华人民共和国民法典物权编理解与适用》一书中的观点，基于国有建设用地使用权出让合同兼具合意性和行政性，原则上应该根据纠纷的不同确定具体的救济途径。涉及合同的成立、效力、履行、变更、解除、违约责任等纠纷，因主要遵循平等、自愿、有偿原则，且不受单方行政行为强制，当事人可以就此提起民事诉讼，也可以按照约定提起仲裁。涉及容积率确定、红线划定、土地回收等行政职能的争议，政府部门享有行政优益权，属于行政法律关系，当事人可以就此提起行政复议或者行政诉讼。① 实际上在司法实践当中，一些法官也是这么做的，即根据当事人的诉求来决定土地出让合同纠纷的救济途径。该观点源于伊普森在1956年出版的《对私人的公共补贴》一书中阐述的双阶理论学说："补贴分为两个阶段：第一个阶段是确定是否要向私人提供补贴，这个阶段适用公法进行救济；第二个阶段是具体的实施阶段，这个阶段适用私法来调整"。② 在当前公私法相交融的时代，通过合同的方式实现管理目标已经成为一种发展趋势，结合公法救济和私法救济各自的优势来对国有建设用地使用权出让合同进行定性，也不失为一种好的选择，但是这样的选择无法从根本上解决国有建设用地使用权出让合同本身的定性问题。

一、相关法条

1.《中华人民共和国民法典》（2020年5月28日）

第三百四十四条 建设用地使用权人依法对国家所有的土地享有占有、使用和收益的权利，有权利用该土地建造建筑物、构筑物及其附属设施。

第三百四十五条 建设用地使用权可以在土地的地表、地上或地下分别设立。

第三百四十六条 设立建设用地使用权，应当符合节约资源、保护生态环境的要求，遵守法律、行政法规关于土地用途的规定，不得损害已经设立的用益物权。

第三百四十七条 设立建设用地使用权，可以采用出让或者划拨等方式。

工业、商业、旅游、娱乐和商品住宅等经营性用地以及同一土地有两个以上意向用地者的，应当采取招标、拍卖等公开竞价的方式出让。

---

① 参见最高人民法院民法典贯彻实施工作领导小组：《中华人民共和国民法典物权编理解与适用》（下），人民法院出版社2020年版，第756~757页。

② 严益州：《德国行政法上的双阶理论》，载《环球法律评论》2015年第1期。

严格限制以划拨方式设立建设用地使用权。

第三百四十八条 通过招标、拍卖、协议等出让方式设立建设用地使用权的，当事人应当采用书面形式订立建设用地使用权出让合同。

建设用地使用权出让合同一般包括下列条款：

（一）当事人的名称和住所；

（二）土地界址、面积等；

（三）建筑物、构筑物及其附属设施占用的空间；

（四）土地用途、规划条件；

（五）建设用地使用权期限；

（六）出让金等费用及其支付方式；

（七）解决争议的方法。

2.《中华人民共和国城市房地产管理法》（2019 年 8 月 26 日）

第十五条 土地使用权出让，应当签订书面的出让合同。

土地使用权出让合同由市、县人民政府土地管理部门与土地使用者签订。

第十六条 土地使用者必须按照出让合同的约定，支付土地出让金；未按照出让合同约定支付土地使用权出让金的，土地管理部门有权解除合同，并可以请求违约赔偿。

3.《最高人民法院关于审理涉及国有土地使用权合同纠纷案件适用法律问题的解释》（2020 年 12 月 29 日）

第一条 本解释所称的土地使用权出让合同，是指市、县人民政府自然资源主管部门作为出让方将国有土地使用权在一定年限内让与受让方，受让方支付土地使用权出让金的合同。

第二条 开发区管理委员会作为出让方与受让方订立的土地使用权出让合同，应当认定无效。

本解释实施前，开发区管理委员会作为出让方与受让方订立的土地使用权出让合同，起诉前经市、县人民政府自然资源主管部门追认的，可以认定合同有效。

第三条 经市、县人民政府批准同意以协议方式出让的土地使用权，土地使用权出让金低于订立合同时当地政府按照国家规定确定的最低价的，应当认定土地使用权出让合同约定的价格条款无效。

当事人请求按照订立合同时的市场评估价格交纳土地使用权出让金的，应予支持；受让方不同意按照市场评估价格补足，请求解除合同的，应予支持。因此造成的损失，由当事人按照过错承担责任。

第四条 土地使用权出让合同的出让方因未办理土地使用权出让批准手续而不能交付土地，受让方请求解除合同的，应予支持。

第五条 受让方经出让方和市、县人民政府城市规划行政主管部门同意，改变土地使用权出让合同约定的土地用途，当事人请求按照起诉时同种用途的土地出让金标准调整土地出让金的，应予支持。

第六条 受让方擅自改变土地使用权出让合同约定的土地用途，出让方请求解除合同的，应予支持。

4.《最高人民法院关于审理行政协议案件若干问题的规定》（2019 年 11 月 27 日）

第二条 公民、法人或者其他组织就下列行政协议提起行政诉讼的，人民法院应当依法受理：

（一）政府特许经营协议；

（二）土地、房屋等征收征用补偿协议；

（三）矿业权等国有自然资源使用权出让协议；

（四）政府投资的保障性住房的租赁、买卖等协议；

（五）符合本规定第一条规定的政府与社会资本合作协议；

（六）其他行政协议。

二、要旨释义

（一）关于建设用地使用权出让的主体限定

根据《城镇国有土地使用权出让和转让暂行条例》第 3 条规定："中华人民共和国境内外的公司、企业、其他组织和个人，除法律另有规定外，均可依照本条例的规定取得土地使用权，进行土地开发、利用、经营。"故此，《民法典》总则编所规定的自然人、法人和非法人组织都可以成为建设用地使用权人，即建设用地使用权出让合同中的受让方，这一点与土地承包经营权和宅基地使用权要求权利主体只能是集体经济组织成员有所不同。另根据最新的《最高人民法院关于审理涉及国有土地使用权合同纠纷案件适用法律问题的解释》第 1 条、第 2 条的规定可知，建设用地使用权出让合同的出让方为市、县人民政府自然资源主管部门。建设用地使用权出让合同中出让方主体的特殊性，在一定程度上影响了司法实践对建设用地使用权出让合同的定性。

（二）关于建设用地使用权出让的客体限定

《民法典》中关于建设用地使用权出让客体的规定，仍保留了原《物权法》的基本框架，即在第 344 条将建设用地使用权的客体仍限制为国有土地，但不同之处在于第 361 条对集体土地建设用地使用权作出原则性的规定，并规定此类建设用地使用权受《土地管理法》等特别法调整。新修订的《土地管理法》也已对集体经营性建设用地使用权直接出让给集体经济组织以外的单位或个人使用作出了规定，并且还规定使用权人可以转让、互换、出资、赠与或者抵押等，相关规则参照同类用途的国有建设用地执行，同时明确具体办法将由国务院制定。上述《民法典》《土地管理法》的规定，一方面从立法制度上规范落实了党中央建立城乡统一的建设用地入市的决策部署；另一方面通过立法技术更好地解决了当前土地城乡二元结构的复杂问题。

（三）空间建设用地使用权

《民法典》并未直接引入“空间建设用地使用权”，而是继续沿袭原《物权法》的表述，明确规定建设用地使用权可以在土地的地表、地上或者地下分别设立，并将“新设立的建设用地使用权，不得损害已设立的用益物权”单独作为一条规定在《民法典》当中。虽然文字内容相同，但《民法典》在规则设计上更为合理，既为地表、地上或者地下分别设立的建设用地使用权的冲突解决明确了方向，也为不同用益物权之间的冲突提供一般性的解决规则。但因为地表、地上、地下紧密相连，在使用过程中难免会彼此受到影响，导致权利行使过程中容易产生冲突，司法实践中很多纠纷都是由此产生的。考虑到利益平衡物尽其用等目的，建议可以参照相邻关系解决冲突，后设立的权利应尽量避免对垂直相邻的权利人造成伤害，在先权利人也要有一定的容忍义务。

三、典型案例

（一）中日青年交流中心秦皇岛办事处与秦皇岛市国土资源局、秦皇岛市人民政府国有建设用地使用权出让合同纠纷案[①]

［基本案情］2017 年 11 月 21 日，就出让编号为 251–3 宗地，秦皇岛市国

① 参见最高人民法院（2020）最高法行申 13827 号行政裁定书。

土资源局与秦皇岛欧美教育服务有限公司（以下简称欧美公司）签订了《国有建设用地使用权出让合同》。但该出让合同系欧美公司明知已判决中日青年交流中心秦皇岛办事处对本案涉及的土地及地上房屋享有合法占用权益的情形下，欧美公司仍向秦皇岛市国土资源局申请办理涉案土地的出让手续，并经秦皇岛市人民政府批准签订了涉案土地的《国有建设用地使用权出让合同》。秦皇岛市国土资源局、秦皇岛市人民政府在未经充分调查、且该出让土地未经公开“招拍挂”的情形下即办理了出让手续，严重侵害了中日青年交流中心秦皇岛办事处对涉案土地的合法占用权益。遂中日青年交流中心秦皇岛办事处起诉要求撤销秦皇岛市人民政府批准的、秦皇岛市国土资源局与欧美公司 2017 年 11 月 20 日签订的《国有建设用地使用权出让合同》（宗地编号为 251–3）。

［**法院裁判**］一审法院认为，中日青年交流中心秦皇岛办事处诉秦皇岛市人民政府、秦皇岛市国土资源局要求撤销秦皇岛市人民政府批准的、秦皇岛市国土资源局与欧美公司于 2017 年 11 月 20 日签订的《国有建设用地使用权出让合同》，属建设用地使用权出让合同纠纷，而建设用地使用权出让合同纠纷属民事诉讼受案范围，故本案不属于行政诉讼受案范围。遂驳回中日青年交流中心秦皇岛办事处的诉讼请求。二审法院认为，涉案的《国有建设用地使用权出让合同》是行政协议，应予以立案受理。再审法院认为，《最高人民法院关于审理涉及国有土地使用权合同纠纷案件适用法律问题的解释》将国有土地使用权出让合同纠纷纳入民事诉讼受案范围。《最高人民法院关于审理行政协议案件若干问题的规定》第 2 条仅将矿业权等国有自然资源使用权出让协议纳入行政协议范围，并未将国有土地使用权出让合同包含在内。《民事案件案由规定》亦将建设用地使用权出让合同纠纷作为案由进行规定。故案涉《国有建设用地使用权出让合同》不属于行政协议，其应当适用《合同法》等民事法律规范予以调整。二审法院认定案涉《国有建设用地使用权出让合同》为行政协议错误，最高人民法院予以纠正。中日秦皇岛办事处就案涉《国有建设用地使用权出让合同》提起行政诉讼，一审、二审法院裁定驳回起诉并无不当。遂驳回中日青年交流中心秦皇岛办事处的再审申请。

［**裁判评析**］《民法典》调整的是平等主体的自然人、法人和非法人组织之间的人身关系和财产关系，将国有建设用地使用权出让合同规定在《民法典》物权编实际上在某种程度上肯定了其民事合同的属性。此外，为了贯彻实施《民法典》，完善民事案件案由体系，2020 年 12 月 14 日最高人民法院审判委员会第 1821 次全体会议审议通过了《关于修改〈民事案件案由规

定〉的决定》，明确将建设用地使用权出让合同作为民事案件案由予以保留。上述案例是最高人民法院于2020年12月25日依法作出的，在一定程度上也反映了国有土地使用权出让合同纠纷应纳入民事诉讼受案范围的趋势。然而，最高人民法院于2021年1月14日作出的（2020）最高法行申11747号行政裁定书却从出让合同主体、签约目的、合同涉及的权利义务三个方面说明涉案的国有建设用地使用权出让合同属于行政合同。由此可见，《民法典》出台以及民事案由规定的修改仍不能从根本上确定土地出让合同的民事合同性质。

（二）葫芦岛鸿亿房地产开发有限公司诉辽宁省葫芦岛市自然资源局国有建设用地使用权出让合同纠纷案[①]

［基本案情］2011年7月27日，辽宁省葫芦岛市自然资源局（以下简称葫芦岛市资源局）与葫芦岛鸿亿房地产开发公司（以下简称鸿亿公司）签订土地出让协议，合同签订后鸿亿公司依约缴纳土地出让金，但涉案土地一直未动迁房屋，未达到宗地内平整。遂鸿亿公司提起行政诉讼，请求解除合同，返还土地出让金并支付违约金。

［法院裁判］依据《城市房地产管理法》《城镇国有土地使用权出让和转让暂行条例》等规定，国有土地使用权出让合同属于行政协议。从签订主体看，签订国有土地使用权出让合同的一方是土地管理部门，系行政主体；从目的要素看，此类协议是为了实现公共利益或者国家对有限的土地资源合理、有效利用的管理目标；从双方权利义务关系看，此类协议与行政机关履行行政职责或者完成行政管理任务密切相关，行政机关在协议的签订和履行中享有基于社会公共利益或者法定事由单方收回土地等权利。原审法院认定，鸿亿公司与葫芦岛市资源局于2011年7月签订的案涉合同是行政协议，属于行政诉讼的受案范围，符合法律规定。最终驳回辽宁省葫芦岛市自然资源局的再审申请。

［裁判评析］该判决从合同签订主体、目的要素、双方的权利义务关系出发，来论证《国有建设用地使用权出让合同》为行政协议且属于行政诉讼的受案范围，其结论是有待商榷的。首先，国家作为行政机关，并非永远处于行政法律关系当中，其也可以作为民事主体参与民事法律关系。其次，法院

① 参见最高人民法院（2020）最高法行申11747号行政裁定书。

认为国有土地使用权出让合同是为了实现公共利益。虽然我国是社会主义国家，自然资源属于社会主义公有制，政府部门对自然资源具有监督和管理职责，但并不能以此说明政府的所有行为都是为了公共利益。如果商业用途的建设用地使用权设置也是公共利益，那么《土地管理法》就没有必要将土地征收的条件限缩至公共利益了，因为所有出让行为都是具有管理和监督职责的，都可以理解为是为了公共利益。将基础设施的建设或提供公共服务之外的市场出让行为也认定为公共利益，实系对公共利益范围的错误解读。最后，法院认为此类协议与行政机关履行行政职责或者完成行政管理任务密切相关，行政机关在协议的签订和履行中享有基于社会公共利益或者法定事由单方收回土地等权利。该观点实际上将权利和权力相混淆，收回土地的行政优益权并非来自以双方合意为基础的合同权利，而是来自法律的强制性规范赋予政府的权力。土地出让确系政府的行政管理职责，但是履行行政管理职责所签订的合同并不一定属于行政协议。履行行政管理职责可以通过行政权力，亦可通过民事行为的方式履行。

（三）六安鑫宇置业有限公司诉金寨县自然资源和规划局国有建设用地使用权出让合同纠纷案①

［**基本案情**］2012 年 8 月 13 日，六安鑫宇置业有限公司与金寨县自然资源和规划局签订了《国有建设用地使用权出让合同》，该合同约定，出让宗地面积 55 476 平方米，出让价款 1800 万元，出让人在 2012 年 8 月 27 日前将出让宗地交付六安鑫宇置业有限公司，交地条件为净地。但至今涉案土地上仍有一户未拆迁，金寨县自然资源和规划局未履行 2015 年 4 月 2 日调解协议，也未足额出让合同约定土地。遂六安鑫宇置业有限公司提起行政诉讼，要求判令金寨县自然资源和规划局补足涉案编号为 341524 出让（2012）033《国有建设用地使用权出让合同》缺少的净地面积 15 亩，若不能补足，折价补偿人民币 600 万元。

［**法院裁判**］2015 年 5 月 1 日新修订的《行政诉讼法》才将行政机关不依法履行、未按照约定履行或者违法变更、解除政府特许经营协议、土地房屋征收补偿协议等行政协议纳入行政诉讼受案范围。在此之前，依据相关法律、

① 参见安徽省金寨县人民法院（2019）皖 1524 行初 6 号行政裁定书；安徽省六安市中级人民法院（2020）皖 15 行终 17 号行政裁定书。

司法解释规定，国有土地使用权出让合同争议属于民事诉讼受案范围。《最高人民法院关于审理行政协议案件若干问题的规定》第 28 条规定："2015 年 5 月 1 日后订立的行政协议发生纠纷的，适用行政诉讼法及本规定。2015 年 5 月 1 日前订立的行政协议发生纠纷的，适用当时的法律、行政法规及司法解释。"案涉编号为 341524 出让（2012）033 号《国有建设用地使用权出让合同》，签订时间为 2012 年 8 月 13 日。综上所述，本案六安鑫宇置业有限公司诉金寨县自然资源和规划局履行国有土地使用权出让合同，应通过民事诉讼予以解决。最终裁定驳回六安鑫宇置业有限公司的起诉，二审予以维持。

［**裁判评析**］安徽省金寨县人民法院和安徽省六安市中级人民法院均认为国有土地使用权出让合同应当通过民事诉讼解决，遂裁定驳回了六安鑫宇置业有限公司的行政起诉。法院裁定的理由并非国有土地不是自然资源，而是《最高人民法院关于审理行政协议案件若干问题的规定》第 28 条规定："2015 年 5 月 1 日后订立的行政协议发生纠纷的，适用行政诉讼法及本规定。2015 年 5 月 1 日前订立的行政协议发生纠纷的，适用当时的法律、行政法规及司法解释。"由于涉案的国有土地使用权出让合同签订于 2012 年，应当适用 2005 年《最高人民法院关于审理涉及国有土地使用权合同纠纷案件适用法律问题的解释》通过民事诉讼途径解决。然而，同样是在 2015 年 5 月 1 日之前签订的《国有建设用地使用权出让合同》，2021 年 1 月 14 日，最高人民法院作出（2020）最高法行申 11748 号行政裁定书，认定辽宁省葫芦岛市自然资源局与葫芦岛鸿亿房地产开发有限公司签订的国有土地使用权出让合同为行政协议，属于行政诉讼受案范围。虽出现如此的令人困惑的现象，但至少明确的是上述判决都认定国有土地使用权出让合同属于行政协议，这也是适用《最高人民法院关于审理行政协议案件若干问题的规定》第 28 条的前提。但是《最高人民法院关于审理行政协议案件若干问题的规定》第 2 条并没有将国有土地使用权作为自然资源使用权的规定，所以在国有土地使用权出让合同性质不确定的情况下，直接适用《最高人民法院关于审理行政协议案件若干问题的规定》第 28 条是没有确切依据的。

四、法律风险防范

行政机关的双重身份、出让合同中权利义务来源的特殊性以及出让合同履行过程中行政机关对行政优益权的滥用，是当前国有建设用地使用权出让合同性质产生争议的根源。故此，在对国有建设用地使用权出让合同进行定性分析时，需要合理界定行政机关在出让合同中的角色，客观地分析出让合同当中存在的行政因素和民事因素。在国有建设用地使用权出让合同中，国家行政机关是以土地所有权人的身份行使权利，与土地受让人处于平等的法律地位，且合同内容更多体现的是民事权利义务关系。另外，我国《民法典》《土地管理法》在法律层面上明确了集体经营性建设用地可以直接入市，将国有建设用地使用权出让合同定性为民事合同符合国家对自然资源的改革方向，也有利于实现同地同权。

在当前颁布实施的《民法典》中，物权编部分仍然维持现状，合同编部分也没有体现出对国有建设用地使用权出让合同扩张的趋势，这样的规范设置违反了物权和债权分离的原则。为了当事人在面对国有建设用地使用权纠纷时能够快速选择正确的救济途径，更好地维护自己的合法权益，可从以下四个方面进行制度完善：第一，建议将《民法典》物权编中有关国有建设用地使用权出让合同部分抽离出来，在《民法典》合同编中设立独立的章节对国有建设用地使用权出让合同进行规定并加以细化。第二，在国有土地资源部门下设立专门的土地交易机构，将行政机关在土地出让过程中的所有者身份和监督者身份彻底划分开来，这有利于明确土地储备机构与土地交易专门机构的所有者与经营者的权责关系，使国有土地自然资源得到有效的开发和利用。第三，引入社会监督机制，将国有建设用地使用权出让合同履行过程中出现的政府失信不履约行为在公共信息平台上公布，从而增强其履约的积极性和紧迫感，促进行政机关按照合同约定继续履行合同，加强对行政机关在土地出让过程中行使行政优益权的规制。第四，将国有建设用地使用权出让合同范本中的管理性条款抽离出来。

第二节　建设用地使用权转让纠纷

建设用地使用权转让，是指建设用地使用者通过买卖、赠与、交换等合法方式将其土地使用权转移给他人的行为。建设用地使用权转让的方式主要有买卖、赠与、交换三种。土地使用权买卖，是指转让人以获取一定数额的价金为目的，将土地使用权转让给受让人，受让人支付价金并受让土地使用权的法律行为；建设用地使用权赠与，是指土地使用权人将土地使用权无偿地转移给他人的法律行为；建设用地使用权交换，是指两个不同地块的土地使用权人就土地使用权进行互换的法律行为。国家为规范土地市场的交易行为，防止买地炒地的投机行为，对土地使用权的转让进行了严格限制，《城市房地产管理法》明确了不得转让的“七种”情形，还对不同类型的土地转让规定了限制条件。

一、相关法条

1.《中华人民共和国民法典》（2020 年 5 月 28 日）

第三百五十三条 建设用地使用权人有权将建设用地使用权转让、互换、出资、赠与或者抵押，但是法律另有规定的除外。

第三百五十四条 建设用地使用权转让、互换、出资、赠与或者抵押的，当事人应当采用书面形式订立相应的合同。使用期限由当事人约定，但是不得超过建设用地使用权的剩余期限。

第三百五十五条 建设用地使用权转让、互换、出资或者赠与的，应当向登记机构申请变更登记。

第三百五十六条 建设用地使用权转让、互换、出资或者赠与的，附着于该土地上的建筑物、构筑物及其附属设施一并处分。

第三百五十七条 建筑物、构筑物及其附属设施转让、互换、出资或者赠与的，该建筑物、构筑物及其附属设施占用范围内的建设用地使用权一并处分。

第三百六十一条 集体所有的土地作为建设用地的，应当依照土地管理的法律规定办理。

2.《中华人民共和国城市房地产管理法》（2019 年 8 月 26 日）

第三十八条 下列房地产，不得转让：

（一）以出让方式取得土地使用权的，不符合本法第三十九条规定的条件的；

（二）司法机关和行政机关依法裁定、决定查封或者以其他形式限制房地产权利的；

（三）依法收回土地使用权的；

（四）共有房地产，未经其他共有人书面同意的；

（五）权属有争议的；

（六）未依法登记领取权属证书的；

（七）法律、行政法规规定禁止转让的其他情形。

第三十九条 以出让方式取得土地使用权的，转让房地产时，应当符合下列条件：

（一）按照出让合同约定已经支付全部土地使用权出让金，并取得土地使用权证书；

（二）按照出让合同约定进行投资开发，属于房屋建设工程的，完成开发投资总额的百分之二十五以上，属于成片开发土地的，形成工业用地或者其他建设用地条件。

转让房地产时房屋已经建成的，还应当持有房屋所有权证书。

第四十条 以划拨方式取得土地使用权的，转让房地产时，应当按照国务院规定，报有批准权的人民政府审批。有批准权的人民政府准予转让的，应当由受让方办理土地使用权出让手续，并依照国家有关规定缴纳土地使用权出让金。

以划拨方式取得土地使用权的，转让房地产报批时，有批准权的人民政府按照国务院规定决定可以不办理土地使用权出让手续的，转让方应当按照国务院规定将转让房地产所获收益中的土地收益上缴国家或者作其他处理。

3.《最高人民法院关于审理涉及国有土地使用权合同纠纷案件适用法律问题的解释》（2020 年 12 月 29 日）

第十条 土地使用权人与受让方订立合同转让划拨土地使用权，起诉前经有批准权的人民政府同意转让，并由受让方办理土地使用权出让手续的，土地使用权人与受让方订立的合同可以按照补偿性质的合同处理。

第十一条 土地使用权人与受让方订立合同转让划拨土地使用权，起诉前经有批准权的人民政府决定不办理土地使用权出让手续，并将该划拨土地使用权直接划拨给受让方使用的，土地使用权人与受让方订立的合同可以按照补偿性质的合同处理。

第二十一条 合作开发房地产合同约定提供土地使用权的当事人不承担经营风险，只收取固定利益的，应当认定为土地使用权转让合同。

二、要旨释义

《民法典》仅就建设用地的转让制度作了原则性规定，如转让登记制度、“地随房走、房随地走”的交易原则。关于转让的条件及限制要求散见于相关法律、法规及司法解释中，如《城市房地产管理法》《城镇国有土地使用权出让和转让暂行条例》《最高人民法院关于审理涉及国有土地使用权合同纠纷案件适用法律问题的解释》均对土地使用权转让作了相应的规定。《国务院办公厅关于完善建设用地使用权转让、出租、抵押二级市场的指导意见》(国办发〔2019〕34号)中提出:"(五)明确建设用地使用权转让形式。将各类导致建设用地使用权转移的行为都视为建设用地使用权转让,包括买卖、交换、赠与、出资以及司法处置、资产处置、法人或其他组织合并或分立等形式涉及的建设用地使用权转移。建设用地使用权转移的,地上建筑物、其他附着物所有权应一并转移。涉及到房地产转让的,按照房地产转让相关法律法规规定,办理房地产转让相关手续。(六)明晰不同权能建设用地使用权转让的必要条件。以划拨方式取得的建设用地使用权转让,需经依法批准,土地用途符合《划拨用地目录》的,可不补缴土地出让价款,按转移登记办理;不符合《划拨用地目录》的,在符合规划的前提下,由受让方依法依规补缴土地出让价款。以出让方式取得的建设用地使用权转让,在符合法律法规规定和出让合同约定的前提下,应充分保障交易自由;原出让合同对转让条件另有约定的,从其约定。以作价出资或入股方式取得的建设用地使用权转让,参照以出让方式取得的建设用地使用权转让有关规定,不再报经原批准建设用地使用权作价出资或入股的机关批准;转让后,可保留为作价出资或入股方式,或直接变更为出让方式。(七)完善土地分割、合并转让政策。分割、合并后的地块应具备独立分宗条件,涉及公共配套设施建设和使用的,转让双方应在合同中明确有关权利义务。拟分割宗地已预售或存在多个权利主体的,应取得相关权利人同意,不得损害权利人合法权益。(八)实施差别化的税收政策。各地可根据本地实际,在地方权限内探索城镇土地使用税差别化政策,促进土地节约集约利用。"上述规定,进一步规范了建设用地使用权转让的市场秩序,完善了交易规则,激活了土地交易市场的活力。

对建设用地使用权转让纠纷的相关规范,存在以下需要说明的问题。

(一)对划拨用地转让审批行为的性质理解

划拨土地使用权指的是土地使用者经县级以上人民政府依法批准,在缴纳补偿、安置等费用后所取得的或者无偿取得的没有使用期限限制的国有土地使用权。因划拨土地使用权具有法定性、无偿性和无期限性的特点,划拨土地使用权人不能随意转让划拨土地使用权,需经有批准权的人民政府批准方可转让。《最高人民法院关于审理涉及国有土地使用权合同纠纷案件适用法律问题的解释》（法释〔2020〕17号）将原司法解释中第11条“土地使用权人未经有批准权的人民政府批准，与受让方订立合同转让划拨土地使用权的，应当认定合同无效。但起诉前经有批准权的人民政府批准办理土地使用权出让手续的，应当认定合同有效”的规定删除，该法条的变更是否意味着未经政府批准的转让合同可以认定为有效合同呢?

从政府审批行为性质来看，不能作这样简单的理解。《最高人民法院关于审理涉及国有土地使用权合同纠纷案件适用法律问题的解释》第7条将土地使用权转让合同定义为土地使用权人转让“出让”土地使用权的合同，那么，对于划拨土地使用权，就不存在严格意义上的受偿转让问题。因此，划拨土地使用权转让前的政府批准行为，实际上是政府收回划拨用地再出让给受让方的行为，这种理解与《城镇国有土地使用权出让和转让暂行条例》第45条中受让人补缴出让金的规定能够相互对应。划拨土地使用权人对于划拨土地使用权只能依照审批用途使用，未经政府机关批准的转让行为，相当于无权处分，政府不会办理土地使用权变更登记，受让人也无法取得土地使用权。基于该无权转让行为取得的债权请求权不具有合法性，从而构成事实上的履行不能。

从政府审批行为的内容来看，未经审批的转让合同因违反国家效力性强制性规定而无效。无论是划拨还是出让取得的土地使用权，开发用地都必须遵守《土地管理法》《城乡规划法》的相关规定，土地用途应当符合土地利用总体规划、城乡规划和本行政区域内的建设用地计划。《城市房地产管理法》第40条规定对划拨用地转让前需报政府审批，政府审批内容中亦包括受让方对土地的开发利用是否符合建设用地规划及建设工程规划，该强制性规定是为了实现对土地用途管制和城乡整体规划的目的，应当理解为效力性强制性规定。

“起诉前”获得政府审批的，按照补偿性质的合同处理，实际上是通过政府追认的方式确认合同效力。划拨土地的转让经政府审批后，政府已将划拨土地使用权收回，划拨土地的使用权人与受让人签订的转让合同实质上是向政府交回土地使用权后关于与受让人就地上附属物的补偿约定。对经批准政府决定不办理土地使用权出让手续，并将该划拨土地使用权直接划拨给受让方的，属于重新划拨行为。对经批准政府同意转让的，属于重新出让行为。

由上述分析可知，未经批准的划拨土地使用权转让合同，并非一定有效或一定无效，要根据案件具体情况来认定合同性质及合同效力。因此，《最高人民法院关于审理涉及国有土地使用权合同纠纷案件适用法律问题的解释》将原司法解释中第 11 条内容删除，主要是为了整体表述更加严谨，避免歧义而作的变更，不存在另立新意的情形。

（二）对集体经营性建设用地使用权转让的限制规定

建设用地使用权包括国有建设用地使用权和集体建设用地使用权，集体建设用地使用权，是指农民集体和个人进行非农业生产建设依法使用集体所有的土地的权利。《民法典》对集体建设用地使用权并未作具体规定，而是明确依照《土地管理法》的规定办理。2019 年修正的《土地管理法》删除了“农民集体所有的土地的使用权不得出让、转让或者出租用于非农业建设”的规定，扩大了集体建设用地使用范围和方式，首次以立法的方式明确了集体经营性建设用地使用权。《土地管理法》第 63 条规定：“土地利用总体规划、城乡规划确定为工业、商业等经营性用途，并经依法登记的集体经营性建设用地，土地所有权人可以通过出让、出租等方式交由单位或者个人使用，并应当签订书面合同，载明土地界址、面积、动工期限、使用期限、土地用途、规划条件和双方其他权利义务。前款规定的集体经营性建设用地出让、出租等，应当经本集体经济组织成员的村民会议三分之二以上成员或者三分之二以上村民代表的同意。通过出让等方式取得的集体经营性建设用地使用权可以转让、互换、出资、赠与或者抵押，但法律、行政法规另有规定或者土地所有权人、土地使用权人签订的书面合同另有约定的除外。”

2021 年修订的《土地管理法实施条例》对集体经营性建设用地进行了单节规定，明确通过出让等方式取得的集体经营性建设用地使用权依法转让的，双方应当签订书面合同，并书面通知土地使用权人。并明确了集体建设用地使用权的转让在法律、行政法规没有特别规定的情况下，参照同类用途的国有建设用地执行。上述规定使集体经营性建设用地使用权的流转更具操作性。

集体经营性建设用地使用权依法转让的，必须是出让土地，且符合城乡统一规划和用途管制的要求，这就涉及转让行为是否需要政府审批、违反法定程序的转让行为是否影响合同效力等问题。集体经营性建设用地的所有者与国有建设用地的所有者并不相同，不能一概依照国有建设用地转让的相关规则来认定。对这些问题，有待法律或司法解释进一步规范明确。

三、典型案例

（一）义乌市晨晖袜业有限公司、鲍某福建设用地使用权纠纷案[①]

［**基本案情**］2002 年 1 月 29 日，义乌市晨晖袜业有限公司（以下简称晨晖公司）与义乌市土地管理局签订《国有土地使用权出让合同》，取得了坐落于义乌市下骆宅工业区 1071 平方米的国有土地使用权，用途为工业用地。同日，晨晖公司依约将上述国有土地使用权中的 267 平方米以 127 000 元的价格转让给了鲍某福。鲍某福按约履行了付款义务。后鲍某福出资在该 267 平方米土地上建造了案涉房屋。房屋建成后，由鲍某福占有使用至今。2002 年 12 月及 2009 年 6 月 10 日，上述国有土地及地上建筑物取得了国有土地使用证及房屋所有权证，均登记在晨晖公司名下。另查明，晨晖公司的地址为下骆宅振兴西路 148 号，鲍某福案涉房屋的门牌编号为下骆宅振兴西路 150 号。义乌市自然资源和规划局出具义自然资规函［2019］208 号复函：合同编号为乡镇（2002）17 号《国有土地使用权出让合同》项下有两份出让金发票，金额为 200 000 元和 294 080 元；出让合同约定的出让金与实际缴纳的出让金不一致，是因实际收缴的土地出让金包括宗地周边部分道路，而合同载明的出让金是按宗地面积计算；执行中对工业用地一般不得采取分割处置，也不得处置给自然人。后因双方发生纠纷，晨晖公司向法院提起诉讼，诉讼请求：（1）确认晨晖公司、鲍某福之间的土地转让协议无效；（2）判令鲍某福立即腾退返还晨晖公司下骆宅振兴西路 150 号的房地产。一审判决后，晨晖公司提起上诉。

［**法院裁判**］关于晨晖公司、鲍某福之间土地使用权转让合同的效力问题。人民法院确认合同无效的，应当以法律、行政法规中的效力性强制性规定为依据。涉案土地性质为国有工业用地，根据《城镇国有土地使用权出让和转让暂行条例》第 3 条的规定，“中华人民共和国境内外的公司、企业、其他组织和个人，除法律另有规定者外，均可依照本条例的规定取得土地使用权，进行土地开发、利用、经营”，可见现行法律并未禁止自然人为国有工业用地的土地使用权人。晨晖公司主张涉案土地使用权转让合同违反了《城镇国有土地使用权出让和转让暂行条例》第 19 条第 2 款、第 25 条的规定而无

---

① 参见浙江省金华市中级人民法院（2019）浙 07 民终 5823 号民事判决书。

效，但上述规定系管理性强制性规定而非效力性强制性规定，转让的土地未达到上述条件的，并不影响合同本身的效力。晨晖公司主张其转让涉案土地使用权时未达到《国有土地使用权出让合同》第 20 条、第 21 条、第 24 条规定的条件，因而无效。对此，法院认为，根据《最高人民法院关于审理涉及国有土地使用权合同纠纷案件适用法律问题的解释》（法释〔2005〕5 号）第 9 条的规定，“转让方未取得出让土地使用权证书与受让方订立合同转让土地使用权，起诉前转让方已经取得出让土地使用权证书或者有批准权的人民政府同意转让的，应当认定合同有效”，本案晨晖公司已付清土地使用权出让金并于 2002 年 12 月取得涉案土地使用权证书，故其转让时未付清或未取得土地使用权证，并不影响涉案土地使用权转让合同的效力。而关于出让合同约定的“完成开发投资总额的百分之二十五以上”“按照本合同约定进行投资开发，形成工业用地或其他建设用地条件”等，属于合同对《城镇国有土地使用权出让和转让暂行条例》第 19 条第 2 款、《城市房地产管理法》第 39 条第 1 款规定进行的引用表述，本质上仍属于“管理性强制性规定”。出让合同中对此进行约定，目的是对土地使用权受让人在进行土地使用权转让时进行约束和管理，相应的义务人为土地使用权受让人，本案中即为晨晖公司。若晨晖公司以其未履行之义务而要求确认其与鲍某福之间的土地使用权转让合同无效，不符合诚信原则，亦有违公平。《国有土地使用权出让合同》第 21 条、第 24 条规定的转让合同的形式要求、过户时限要求，亦为管理性规定，不影响转让合同的效力。义乌市自然资源和规划局出具的义自然资规函［2019］208 号复函，对工业用地的分割登记进行了答复，系物权变动的限制，并不影响债权合同的效力。

［**裁判评析**］本案涉及违反土地使用权转让的条件规定及限制要求是否影响转让合同效力的问题。基于意思自治和鼓励交易的民商事原则，法律及相关司法解释对无效合同的认定一直持审慎态度。《民法典》第 153 条规定：“违反法律、行政法规的强制性规定的民事法律行为无效。但是，该强制性规定不导致该民事法律行为无效的除外。”关于如何认定该强制性规定是否导致该民事法律行为无效，《全国法院民商事审判工作会议纪要》第 30 条作了说明：“人民法院在审理合同纠纷案件时，要依据《民法总则》第 153 条第 1 款和合同法司法解释（二）第 14 条的规定慎重判断‘强制性规定’的性质，特别是要在考量强制性规定所保护的法益类型、违法行为的法律后果以及交易安全保护等因素的基础上认定其性质，并在裁判文书中充分说明理由。下列

强制性规定，应当认定为‘效力性强制性规定’：强制性规定涉及金融安全、市场秩序、国家宏观政策等公序良俗的；交易标的禁止买卖的，如禁止人体器官、毒品、枪支等买卖；违反特许经营规定的，如场外配资合同；交易方式严重违法的，如违反招投标等竞争性缔约方式订立的合同；交易场所违法的，如在批准的交易场所之外进行期货交易。关于经营范围、交易时间、交易数量等行政管理性质的强制性规定，一般应当认定为‘管理性强制性规定’。”本案中，《城镇国有土地使用权出让和转让暂行条例》第 19 条、第 25 条以及《城市房地产管理法》第 38 条、第 39 条的规定都是规范土地使用权流转、保障流转秩序、限制不法谋利等事项，属于行政机关对土地使用权交易市场的行政管理措施。违反该强制性规定导致的后果是受到行政机关的行政制裁，但不会导致行政合同无效。

（二）延吉园艺有限公司与吉林瑞元集团有限公司国有土地使用权转让合同纠纷案[①]

［**基本案情**］2007 年 8 月 5 日，延吉园艺有限公司（甲方）（以下简称园艺公司）与延边瑞元房地产开发有限公司（乙方）（以下简称瑞元公司）签订《土地使用权转让合同书》，约定甲方把位于延边州法院西侧、延吉园艺集团南侧菜地约合 153 198 平方米的土地以人民币 3 063 960 元价格转让给乙方。双方约定转让的土地使用权性质为国有划拨农用地。2007 年 8 月 15 日，上述二公司又签订了《动迁补偿合同书》，约定甲方被动迁土地上的地上物及附属物的损失费、培训费、人员安置费、保险费等所有相关补偿费共计为 4382 万元。具体动迁的各项工作由甲方负责，乙方分期向甲方支付。合同签订后，瑞元公司自 2007 年 4 月 11 日至 2011 年 6 月 2 日，累计向园艺公司支付土地及动迁补偿款 31 918 291 元。2009 年至 2012 年之间，园艺公司将约定转让给瑞安公司的大部分土地使用权以同样的方式转让给了其他人，并经土地行政主管部门批准办理了土地使用权出让。园艺公司仅向瑞元公司实际交付 32 986.87 平方米。后因双方发生争议，瑞元公司向吉林省延边朝鲜族自治州中级人民法院提起诉讼，瑞元公司诉讼请求：判令园艺公司立即返还土地转让款 3 063 960 元和动迁补偿款 28 854 331 元，承担违约责任，并赔偿损失 2 000 000 元（以鉴定为准），合计 51 918 291 元。在一审诉讼过程中，瑞元公

① 参见吉林省高级人民法院（2020）吉民终 367 号民事判决书。

司变更诉讼请求为：判令园艺公司立即返还土地转让款 2 404 300 元和动迁补偿费 19 844 200 元，赔偿约定的利息损失，利率的 1.5 倍 29 368 020 元，赔偿因园艺公司的过错（重复卖地）给瑞元公司造成的损失 195 896 100 元，合计 247 512 620 元。一审判决后，园艺公司提起上诉。

［**法院裁判**］吉林省延边朝鲜族自治州中级人民法院一审认为，园艺公司作为国有划拨土地使用权人，未经有批准权的人民政府批准，擅自与瑞元公司订立合同转让划拨土地使用权的行为，违反了国家土地利用总体规划的强制禁止性规定。《合同法》[①] 第 52 条规定："有下列情形之一的，合同无效：（一）一方以欺诈、胁迫的手段订立合同，损害国家利益；（二）恶意串通，损害国家、集体或者第三人利益；（三）以合法形式掩盖非法目的；（四）损害社会公共利益；（五）违反法律、行政法规的强制性规定。"第 56 条规定："无效的合同或者被撤销的合同自始没有法律约束力。合同部分无效，不影响其他部分效力的，其他部分仍然有效。"据此可知，一审法院确认园艺公司与瑞元公司签订的《土地使用权转让合同书》约定转让土地面积 153 198 平方米，其中 32 986.87 平方米已有批准权的人民政府批准办理了土地使用权的出让手续，依法应认定有效，剩余土地面积至本案起诉前未经有批准权的人民政府批准，依法应当认定无效。吉林省高级人民法院二审认为，关于合同效力问题。园艺公司作为国有划拨土地使用权人，未经有批准权的人民政府批准，擅自与瑞元公司签订《土地使用权转让合同书》，约定转让土地面积 153 198 平方米，其中 32 986.87 平方米已经有批准权的人民政府批准办理了土地使用权的出让手续，依法应认定有效，剩余土地面积至本案起诉前未经有批准权的人民政府批准，一审法院因此认定为无效并无不当。

［**裁判评析**］本案涉及国有划拨土地使用权转让合同的效力认定问题。国有土地性质按获得途径划分，包括国有划拨用地和国有出让用地两种情形。国有划拨用地是国家无偿划拨给单位或个人使用的土地，必须用于国家机关用地、军事用地、城市基础建设用地、公益事业用地等特定用途，对于划拨用地的转让，国家进行了明确的限制。《城镇国有土地使用权出让和转让暂行条例》（2020 年修订）第 44 条规定："划拨土地使用权，除本条例第四十五条规定的情况外，不得转让、出租、抵押。"第 45 条规定："符合下列条件的，经市、县人民政府土地管理部门和房产管理部门批准，其划拨土地使用权和

① 该法已失效。相关规定参见 2020 年 5 月 28 日公布的《民法典》相应条文。

地上建筑物、其他附着物所有权可以转让、出租、抵押：（一）土地使用者为公司、企业、其他经济组织和个人；（二）领有国有土地使用证；（三）具有地上建筑物、其他附着物合法的产权证明；（四）依照本条例第二章的规定签订土地使用权出让合同，向当地市、县人民政府补交土地使用权出让金或者以转让、出租、抵押所获收益抵交土地使用权出让金。转让、出租、抵押前款划拨土地使用权的，分别依照本条例第三章、第四章和第五章的规定办理。"根据这一规定，转让划拨用地，出让方应当经当地市、县人民政府批准变更土地用途并补缴土地出让金。上述两条限制性规定是对国有土地使用规划及公益、基础设施及军事用地进行规范，涉及公共利益及国家安全问题，应理解为效力性强制性规定。本案中园艺公司向瑞元公司转让的是国有划拨土地使用权，对未经有批准权的人民政府同意的补办土地使用权出让手续的，应当认定转让合同无效。

（三）汪某治与广居房地产有限公司土地使用权转让合同纠纷案①

［**基本案情**］2006 年 11 月 10 日，汪某治通过拍卖取得了位于丹凤县广场南路东侧二道河堤北侧 2245.94 平方米的国有土地使用权，同年 12 月 20 日取得国有土地使用权证。2010 年 8 月 10 日，汪某治（甲方）与广居公司（乙方）签订了《合伙协议》一份，协议约定双方合作开发房地产项目，甲方负责办理项目前期的土地出让，乙方在此基础上图纸设计、规划审批、施工许可等相关手续，乙方负责项目的开发建设与房屋销售，承担相关费用，双方共享项目销售的收益等。协议签订后双方开始合作，2010 年 10 月 5 日项目开工建设，项目名称为"碧水蓝天小区 1#、2# 住宅楼"，建设单位为广居公司，施工单位为丹凤县振兴建筑安装工程公司。在此期间，该项目以广居公司名义于 2011 年 5 月前陆续完成了项目工程勘察、设计、报建、规划许可等手续及相关费用交纳。2011 年 4 月 1 日，汪某治（甲方）与广居公司（乙方）又签订了《房地产开发合作协议书》一份，主要约定："合作项目为碧水蓝天 1#、2# 住宅楼。利益分配为：乙方分两期按三层以上 1500 元 / 平方米，二层 2000 元 / 平方米，一层商用房 5500 元 / 平方米，地下室 500 元 / 平方米付给甲方。一期时间为 2011 年 11 月底以前，数额为 800 万元。二期为 2012 年 4 月底以前，按建筑面积一次性结清。项目权属归乙方，开发经营乙方自负盈

① 参见陕西省高级人民法院（2017）陕民终 15 号民事判决书。

亏。合同签订后双方风险自负，无论市场涨跌，以上数字均不得调整。如一方违约，违约方按100万元人民币付给对方违约金”。2012年3月至2013年1月18日，广居公司分12次向汪某治银行转账1000万元，零星支付汪某治现金10万元。后双方为付款产生争议，汪某治于2014年1月具状诉至法院。汪某治诉讼请求：（1）判令广居公司按照《房地产开发合作协议书》约定，支付原告汪某治合作利润分成8 625 854元，违约金100万元，共计9 625 854元；（2）判令广居公司向汪某治支付逾期付款8 625 854元的利息，按中国人民银行同期贷款利率计算，自2012年5月1日起至实际给付之日止；（3）本案诉讼费用由广居公司承担。一审判决后，汪某治提起上诉。

［**法院裁判**］商洛市中级人民法院一审认为，关于合同性质及效力问题。根据2005年《最高人民法院关于审理涉及国有土地使用权合同纠纷案件适用法律问题的解释》第14条的规定，合作开发房地产合同以共同投资、共享利润、共担风险为构成要件。本案中，双方对项目开发中的利益分配及风险承担，在《房地产开发合作协议书》中进行了约定，从该协议确定的权利义务来看，在项目开发中，原告的主要义务是提供土地，取得的就是按被告建设的实际建筑面积支付的利益分配款，开发经营由被告自负盈亏，原告并不承担项目的经营风险。因此，双方当事人之间法律关系不具备共担风险这一要件，在法律性质上不属于合作开发房地产合同。2005年《最高人民法院关于审理涉及国有土地使用权合同纠纷案件适用法律问题的解释》第24条[①]规定：“合作开发房地产合同约定提供土地使用权的当事人不承担经营风险，只收取固定利益的，应当认定为土地使用权转让合同。”故双方合同性质应属土地使用权转让合同。陕西省高级人民法院二审认为，汪某治与广居公司分别签订《合伙协议》和《房地产开发合作协议书》，双方均认可实际履行的是《房地产开发合作协议书》。根据该协议书的约定，汪某治负责土地取得，前期勘察、规划、设计、报建的报批申办并负担全部费用，按照建筑面积取得固定收益，其不承担项目风险；广居公司负责建筑施工、销售和项目开发经营，并取得项目权属。根据2005年《最高人民法院关于审理涉及国有土地使用权合同纠纷案件适用法律问题的解释》第24条合作开发房地产合同约定提供土地使用权的当事人不承担经营风险，只收取固定利益的，应当认定为土地使

---

① 对应《最高人民法院关于审理涉及国有土地使用权合同纠纷案件适用法律问题的解释》（2020年修正）第21条。

用权转让合同的规定，双方当事人之间属于土地使用权转让的法律关系。一审判决对此认定正确，但将案由定为房地产开发经营合同纠纷不当，二审法院予以纠正。双方当事人签订的《房地产开发合作协议书》系双方真实意思表示，不违反国家法律效力性强制性规定，应为有效。

［**裁判评析**］本案涉及“名为合作开发实为土地使用权转让”的法律关系性质的认定问题。准确认定法律关系性质是正确认定案件事实和适用法律的基础，如果对法律关系定性出现偏差，案由选择错误，那么诉讼请求所依据的法律事实和法律适用也将发生错误，案件审理结论也必然错误。《民法典》第146条规定：“行为人与相对人以虚假的意思表示实施的民事法律行为无效。以虚假的意思表示隐藏的民事法律行为的效力，依照有关法律规定处理。”根据该规定可知，真实法律关系是认定民事法律行为效力的前提，对存在虚假意思表示的民事法律行为，要透过现象看本质，以隐藏行为下的真实法律关系来认定。本案中，双方虽然签订的是房地产合作开发协议，但双方约定的利益分配情况是项目权属归乙方，开发经营由乙方自负盈亏。甲方不承担经营风险，只收取固定面积的房屋作为投资利益。该约定与合作开发房地产“共同投资、共享利润、共担风险”的基本原则相悖，该案其实是“名为合作开发实为土地使用权转让”。因此，二审法院将案由变更为土地使用权转让纠纷于法有据。

四、法律风险防范

（一）对“一地数转”的风险防范

建设用地使用权采用登记设立主义，未经登记的，不发生权属变更。2020年《最高人民法院关于审理涉及国有土地使用权合同纠纷案件适用法律问题的解释》第9条规定：“土地使用权人作为转让方就同一出让土地使用权订立数个转让合同，在转让合同有效的情况下，受让方均要求履行合同的，按照以下情形分别处理：（一）已经办理土地使用权变更登记手续的受让方，请求转让方履行交付土地等合同义务的，应予支持；（二）均未办理土地使用权变更登记手续，已先行合法占有投资开发土地的受让方请求转让方履行土地使用权变更登记等合同义务的，应予支持；（三）均未办理土地使用权变更登记手续，又未合法占有投资开发土地，先行支付土地转让款的受让方请求转让方履行交付土地和办理土地使用权变更登记等合同义务的，应予支持；（四）合同均未履行，依法成立在先的合同受让方请求履行合同的，应予支持。未能取得土地使用权的受让方请求解除合同、赔偿损失的，依照民法典的有关规定处理。”为避免出让方“一地数转”，受让方可以通过办理变更登记手续及交付土地使用权的方式降低风险。如果因客观原因暂时无法办理变更登记，受让方还可以通过预告登记的方式保障自身权益。

（二）对转让合同无效的风险防范

由于违反法律、行政法规的效力性强制性规定将导致合同无效的法律后果，对出让方来说，会因违反相关规定遭到政府行政机关的处罚；对受让方来说，会造成支付了土地款却拿不到土地使用权的情况。对双方都存在法律风险。要避免转让合同无效的法律风险，就要遵守法律规定的强制性转让要求，按规定履行报批程序。如因划拨土地使用权的转让实质上是政府收回土地使用权后的再次出让，转让划拨土地使用权时，还应当满足法律对出让土地的强制性规定。根据《民法典》第 347 条第 2 款“工业、商业、旅游、娱乐和商品住宅等经营性用地以及同一土地有两个以上意向用地者的，应当采取招标、拍卖等公开竞价的方式出让”的规定，受让方在与划拨土地使用权人签订土地使用权转让合同之前，首先要确认转让土地的用途，如果是经营性用地，因未采用招标、拍卖方式的转让必然不会获得政府的审批，为避免法律风险，受让方可采用其他符合法律规定的方式获得土地使用权。

第七章 宅基地使用权纠纷

宅基地使用权，是指权利人依法占有、使用集体所有的土地，并有权利用该土地建造住宅及其附属设施的用益物权。《民法典》第 362 条至第 365 条，规定了宅基地使用权的内容、宅基地使用权的法律适用、宅基地使用权灭失后的重新分配以及宅基地使用权的变更登记和注销登记等内容。《土地管理法》对宅基地的权利归属、重新安排宅基地、“一户一宅”等内容进行了规定。《第八次全国法院民事商事审判工作会议（民事部分）纪要》对农村房屋的买卖问题进行了规定，具体对试点地区的宅基地使用权担保、转让纠纷，非试点地区房屋买卖合同的效力以及涉及农村宅基地或农村集体经营性建设用地的民事纠纷等问题进行了规定。宅基地使用权因本身所具有的社会保障属性，使其与其他财产权的规范构造有所不同。实践中，民事主体往往因忽略宅基地使用权的特殊性，容易导致纠纷的产生。而妥善解决宅基地使用权纠纷，对稳定农村社会、经济秩序、保障农户基本居住权利具有重要的意义。

第一节 宅基地使用权行使纠纷

宅基地的所有权属于集体，宅基地使用权的主体是农村集体经济组织成员。根据《民法典》第 362 条的规定，宅基地使用权人在该用益物权上仅具有占有和使用权能，不具有收益权能。宅基地使用权的客体仅限于集体所有的土地，该土地可解释为包括土地的地表、空中和地下的空间。宅基地使用权人依法可以享有占有与使用权能，但宅基地使用权人在行使该权利时亦应当履行相应的义务。如按照批准的用途使用、按照批准的面积建造住宅、不得非法转让、抵押、出租宅基地使用权等。实践中，宅基地使用权纠纷的产生通常是因为确权证书的缺位或者对宅基地使用权范围不清等问题引起的。宅基地使用权行使纠纷的解决，对维护邻里感情和社会稳定，建构社会主义新农村具有重要的意义。

一、相关法条

1.《中华人民共和国民法典》（2020 年 5 月 28 日）

第三百六十二条 宅基地使用权人依法对集体所有的土地享有占有和使用的权利，有权依法利用该土地建造住宅及其附属设施。

2.《中华人民共和国土地管理法》（2019 年 8 月 26 日）

第十二条 土地的所有权和使用权的登记，依照有关不动产登记的法律、行政法规执行。

依法登记的土地的所有权和使用权受法律保护，任何单位和个人不得侵犯。

二、要旨释义

宅基地使用权，是《民法典》物权编规定的一种用益物权类型。根据《民法典》第 362 条的规定，宅基地使用权，是指权利人依法占有、使用集体所有的土地，并有权利用该土地建造住宅及其附属设施的用益物权。宅基地是农民集体非经营性建设用地的重要表现形式，是农村村民用于建造住宅及其附属设施的集体建设用地，包括住房、附属设施和庭院用地等。宅基地使用权因其自身的特殊性，与其他用益物权相比，在权利主体、客体和具体权能上等均表现了一定的特殊性。

（一）宅基地使用权主体的特殊性

在我国，土地所有权的主体有国家和集体两类，用于建造房屋的土地，也因所有权的不同而分为建设用地和宅基地。其中，建设用地属于国家所有，而宅基地则属于集体所有。与其他用益物权所不同之处在于，宅基地使用权由本集体的农户享有，宅基地使用权与特定的身份关系相联系。根据《土地管理法》第 62 条的规定，农村村民以户为单位申请宅基地，并且一户只能申请一处宅基地。之所以如此规定，是由宅基地使用权的功能所决定的。一方面，宅基地使用权是建立在集体所有权的土地之上的，而集体所有的土地属于集体成员集体所有，所以其上的宅基地使用权亦只能由集体成员享有；另一方面，宅基地使用权制度的设计，本身是为集体成员提供生存保障的，具有一定的社会福利性质。准确把握宅基地使用权及其上所负载之土地的权利主体，对处理涉及农村房屋的转让、出租等纠纷，具有重要的意义。

（二）宅基地使用权客体的特殊性

宅基地使用权的客体为集体所有的土地，且不得为农村集体所有土地中的耕地、乡镇企业建设用地或者乡镇村公共设施及公益用地。依据《土地管理法》第 4 条的规定，土地依据其用途分为农用地、建设用地和未利用地三种。为保护耕地，避免“耕地红线”被突破，我国对土地的利用实行严格的用途管制制度，所以宅基地使用权只能设立在非农用地上。但在满足《土地管理法》规定的条件之下，农业用地和建设用地之间是可以实现转换的。

（三）宅基地使用权的权能分析

宅基地使用权的内容是宅基地使用权人依法对集体所有的土地享有占有和使用的权利，并有权依法利用该土地建造住宅及其附属设施。《民法典》第 362 条规定了宅基地使用权人的占有和使用权能，没有规定收益权能。但实践中仍存在宅基地使用权人将住宅与宅基地使用权一并出租的情形，这种情形并不被法律所禁止。所以，宅基地使用权人的收益权，实际上是通过习惯法的方式予以承认的。除此之外，宅基地使用权人的权利还包括取得在宅基地上所建造住宅及其附属设施的所有权、对宅基地使用权的有限处分等。

三、典型案例

（一）普某华与张某杰物权保护纠纷案①

[基本案情] 普某华与张某杰系同村村民，且系南北向的邻居。普某华

---

① 参见河南省鹿邑县人民法院（2021）豫 1628 民初 3376 号民事判决书。

的房屋在南，张某杰的房屋在北。2021 年 5 月，普某华在翻建新房时，与张某杰就普某华老墙基北侧是否有 50 厘米的滴水及原告在新房后修建墙头发生纠纷。普某华声称其在翻建房屋时，在老房子墙头仍有 70 厘米未扒的情况下，向南移动 80 厘米新建房屋。新房建好后，其在垒老房子墙头和自建门楼时，张某杰直接纵容其父母阻止原告垒墙头、建门楼，经范桥行政村和镇司法所多次调解未果，双方酿成纠纷。普某华向鹿邑县人民法院提出如下诉讼请求：（1）判令张某杰停止阻挡其在自家宅院上垒墙头、盖门楼，包赔损失 5000 元；（2）判令张某杰恢复原状，赔礼道歉；（3）本案的诉讼费用由张某杰承担。

[法院裁判] 鹿邑县人民法院认为，普某华与张某杰对原告新房北侧老墙基属于普某华没有争议，普某华沿老墙基修建墙头属于合法行使宅基地管理权和使用权，张某杰阻止原告修建墙头和门楼，侵犯了普某华的宅基地使用权，应停止侵权。普某华没有建设用地使用权证书，法院无法确认其老墙基北侧是否存在 50 厘米的滴水用地。普某华没有证据证明因双方之间发生纠纷而延误工期造成的损失，因此普某华要求张某杰赔偿损失 5000 元，法院不予支持。普某华提供的证据不能证明被告张某杰扒掉普某华房后的 70 厘米的老墙，对普某华要求张某杰恢复原状、赔礼道歉的诉讼请求，法院不予支持。

[裁判评析] 本案是宅基地使用权行使的纠纷。根据《民法典》第 362 条的规定，占有、使用宅基地为宅基地使用权人当然的权利。这种权利具体体现为宅基地使用权人可以依法利用该土地建造住宅及其附属设施，如房屋、厨房、院墙等。宅基地使用权作为一种用益物权，任何组织或者个人不得侵占。由于宅基地产生之初，没有重视颁证工作，导致有些宅基地没有宅基地使用权证，进而产生权属不明的纠纷。本案法院根据双方当事人所提供的证据，适用《民法典》第 362 条的规定，肯定了普某华依法对宅基地使用权中的占有和使用权能，保障了其在该宅基地上建造住宅及其附属设施的权利。对无法证明的宅基地使用权的面积部分与张某杰是否存在扒掉普某华老墙的纠纷，该法院根据证据规则，在普某华无法提供相关证据的前提下不予支持，妥善地处理了因历史遗留问题造成的纠纷。

（二）曾某前、朱某奎排除妨害纠纷案[①]

[基本案情] 朱某奎与曾某前是安徽省凤台县同村村民。1992 年 4 月 29

---

① 参见安徽省淮南市中级人民法院（2021）皖 04 民终 961 号民事判决书。

日，凤台县土地管理局给朱某奎颁发了集体土地建设用地使用证（凤集建92字第03×××48号），用途是住宅，使用证载明：用地面积266平方米，建筑94.5平方米，四至是北邻生活路，东邻曾某，南邻生活路，西邻空宅，地图绘制东西宽13.50米，南北长19米（比例尺1∶200）。1992年4月29日，凤台县土地管理局给曾某前颁发了集体土地建设用地使用证，用途是住宅，使用证载明：用地面积246.4平方米，建筑72.1平方米，四至是北邻生活路，东邻曾某杰，南邻生活路，西邻曾某玉，地图绘制东西宽10.30米，南北长22米（比例尺1∶200）。2012年，朱某奎在其使用证所确定的土地上新建住宅，东西宽小于13.5米，南北长达到19米。该住宅西侧现有曾某前所建猪圈、厕所等建筑物及种植的树木。曾某前认为朱某奎获得宅基地使用权的程序存在瑕疵，即没有邀请相邻土地的利害关系人参与指界确认程序，以至于把他人使用的土地列入了其办证范围。双方就该地块的使用权益发生纠纷，先向安徽省凤台县人民法院提起诉讼，后曾某前不服一审判决，向淮南市中级人民法院提出了上诉。

［**法院裁判**］一审法院认为，关于朱某奎请求曾某前停止侵权、拆除建筑物及树木的诉讼请求，通过实地查看测量，朱某奎住宅东西宽小于13.5米，南北长达到19米，曾某前在朱某奎住宅西侧建有猪圈、厕所等建筑物及种植树木，有部分建筑物及树木在朱某奎土地证确定的东西宽13.5米和南北长19米内，妨害了朱某奎的宅基地使用权，应当停止侵权、拆除该部分建筑物及树木，故对朱某奎的该项诉讼请求予以支持。关于曾某前辩称建筑物及树木是在其自家地上的意见，因其未能举证证明其主张，故不予采纳。二审法院认为，根据双方集体土地建设用地使用权证，能够确认双方宅基地系南北方向前后交错，并无相邻，经一审法院及二审法院现场勘查，朱某奎集体土地建设用地使用权证确权的宅基地范围内确有部分建筑物及树木，曾某前称该建筑物及树木归其所有，且所占用土地属于其合法占有使用，未提交相应权属证明加以印证，故并不存在涉案争议地块的土地使用权属不明的情况，曾某前认为应当由行政机关对涉案争议地块先行确权，本案不应作为民事案件受理，缺乏事实和法律依据，不予支持。一审将本案作为民事案件进行审理，符合法律规定。集体土地建设用地使用权证是农村居民确认土地使用权的权属证明，一审认定曾某前侵权的事实清楚，证据充分，予以维持。经现场勘查，本案争议地块并非村道，也与曾某前的宅基地并不相连，曾某前家门前即是村道，并不存在支持朱某奎的诉讼请求即堵住曾某前家出门道路一

说。曾某前上诉所称该地块是其全家通向南边村道的唯一通道，与客观事实不符。

［**裁判评析**］本案涉及的是在具备宅基地使用权确权证书的前提下，因宅基地使用权的使用范围不清产生的纠纷。朱某奎依法取得了所享有的宅基地使用权的确权证书，其合法权利应当予以保护。根据《土地管理法》第12条第2款的规定，依法登记的土地的所有权和使用权受法律保护，任何单位和个人不得侵犯。法院认定曾某前在朱某奎的宅基地使用权范围内的占有、使用行为违法，判决其应当停止侵权的做法适用法律准确。宅基地使用权人可以在经批准的宅基地范围内，种植树木、瓜果或蔬菜。曾某前主张在他人的宅基地范围内的房屋为自己所有，但缺少证据支撑，难以被法院支持。在本案中，朱某奎所拥有的集体土地建设用地使用权证的取得是合法、合规的，可以作为其拥有该证书上所确定的范围内的宅基地使用权的证明材料，具有对抗他人之效力。曾某前认为其在朱某奎确权范围内所种之树木因时间较长而理应享有该部分之土地的使用权，缺乏事实与根据，法院就此认定其侵犯了朱某奎的合法权益，适用法律正确。本案并没有确权颁证上的错误。朱某奎亦没有侵害曾某前的相邻权，所以二审法院驳回了曾某前的上诉请求。

四、法律风险防范

从审判实践来看，宅基地使用权纠纷的产生通常是因为确权证书的缺位或者对宅基地使用权范围不清等问题引起的。为减少此类纠纷的发生，需要尽快完成宅基地使用权的确权颁证工作。《自然资源部关于加快宅基地和集体建设用地使用权确权登记工作的通知》明确指出："各地要以未确权登记的宅基地和集体建设用地为工作重点，按照不动产统一登记要求，加快地籍调查，对符合登记条件的办理房地一体不动产登记。"随着不动产统一登记工作的不断推进，将有利于相关纠纷的逐步减少。在发生宅基地使用权行使纠纷时，纠纷主体可以根据《土地管理法》规定的三个步骤，妥善解决相关纠纷。根据《土地管理法》第14条的规定，土地所有权和使用权争议，由当事人协商解决；协商不成的，由人民政府处理。单位之间的争议，由县级以上人民政府处理；个人之间、个人与单位之间的争议，由乡级人民政府或者县级以上人民政府处理。当事人对有关人民政府的处理决定不服的，可以自接到处理决定通知之日起30日内，向人民法院起诉。在土地所有权和使用权争议解决前，任何一方不得改变土地利用现状。

第二节 宅基地使用权流转纠纷

物权变动是物权法上的基本且重要的问题，其可以从物权自身和物权主体两个视角来描述物权变动。就物权自身而言，其指物权的发生、移转、变更和消灭的运动状态；就物权主体而言，则为物权的得丧变更。宅基地使用权作为物权中的用益物权，涉及宅基地使用权的取得、行使、转让和消灭等物权变动问题。在宅基地使用权的取得问题上，常常涉及的问题是哪些主体可以取得，在满足什么样的条件下可以取得，取得需要经过什么样的程序。就宅基地使用权的流转问题而言，因其是集体经济组织成员安身立命之所，《民法典》《土地管理法》及国家有关政策均在转让上进行了严格的限制。宅基地使用权可因土地灭失、国家征收、集体收回、使用权人放弃、农户成员全部死亡或迁出本集体等原因而消灭。除此之外，宅基地上房屋的物权变动问题，因为宅基地本身的特殊性，在实践中亦常常引起纠纷。分析宅基地使用权的物权变动问题，有利于准确把握宅基地使用权的归属与利用状态，建立稳定的宅基地使用权物权秩序。

一、相关法条

1.《中华人民共和国民法典》（2020 年 5 月 28 日）

第三百六十三条 宅基地使用权的取得、行使和转让，适用土地管理的法律和国家有关规定。

2.《中华人民共和国土地管理法》（2019 年 8 月 26 日）

第六十二条 农村村民一户只能拥有一处宅基地，其宅基地的面积不得超过省、自治区、直辖市规定的标准。

人均土地少、不能保障一户拥有一处宅基地的地区，县级人民政府在充分尊重农村村民意愿的基础上，可以采取措施，按照省、自治区、直辖市规定的标准保障农村村民实现户有所居。

农村村民建住宅，应当符合乡（镇）土地利用总体规划、村庄规划，不得占用永久基本农田，并尽量使用原有的宅基地和村内空闲地。编制乡（镇）土地利用总体规划、村庄规划应当统筹并合理安排宅基地用地，改善农村村民居住环境和条件。

农村村民住宅用地，由乡（镇）人民政府审核批准；其中，涉及占用农用地的，依照本法第四十四条的规定办理审批手续。

农村村民出卖、出租、赠与住宅后，再申请宅基地的，不予批准。

国家允许进城落户的农村村民依法自愿有偿退出宅基地，鼓励农村集体经济组织及其成员盘活利用闲置宅基地和闲置住宅。

国务院农业农村主管部门负责全国农村宅基地改革和管理有关工作。

二、要旨释义

宅基地使用权的取得、行使和转让，是宅基地物权变动的重要内容。《民法典》第363条的规定，是对原《物权法》第153条规定的继受与改造。《民法典》将原《物权法》上的法律转引条款进行了拓展，即从"土地管理法等法律和国家有关规定"修改为"土地管理的法律和国家有关规定"，使条文的规定更具开放性。《民法典》第362条规定了集体经济组织成员（农户）享有宅基地使用权，但在该使用权的取得、行使和转让上应有所限制，须依照有关的法律规定和程序进行。所以，《民法典》并不直接调整宅基地使用权的取得、行使和转让，而是通过转引条款的方式去寻找《土地管理法》等有关法律与国家政策的规定。有关宅基地使用权的重要内容，主要体现在如下三个方面。

（一）关于宅基地使用权的取得方面

宅基地使用权的取得须经乡（镇）人民政府的批准，不以登记为生效要件或者对抗要件。集体经济组织成员获得宅基地使用权必须经过法定的程序，而不能随意通过强占等非法方式取得。在实践中，集体经济组织成员取得宅基地使用权的方式主要有土地改革分配、继承、合法审批、购买以及赠与等。关于宅基地使用权的取得问题，我国《土地管理法》对此作了详细的规定。《土地管理法》第62条第1~3款规定："农村村民一户只能拥有一处宅基地，其宅基地的面积不得超过省、自治区、直辖市规定的标准。人均土地少、不能保障一户拥有一处宅基地的地区，县级人民政府在充分尊重农村村民意愿的基础上，可以采取措施，按照省、自治区、直辖市规定的标准保障农村村民实现户有所居。农村村民建住宅，应当符合乡（镇）土地利用总体规划、村庄规划，不得占用永久基本农田，并尽量使用原有的宅基地和村内空闲地。编制乡（镇）土地利用总体规划、村庄规划应当统筹并合理安排宅基地用地，改善农村村民居住环境和条件。”“一户一宅”的标准，是根据我国农村宅基地的利用现状确定的。所以，能够取得宅基地主体资格的，应当是无宅基地、家庭人口众多确需分户居住的、因国家或乡（镇）建设需要另行安排宅基地的或者在农村落户而无宅基地的村民等。就取得宅基地使用权的方式，我国《土地管理法》第62条第4款规定：“农村村民住宅用地，由乡（镇）人民政府审核批准；其中，涉及占用农用地的，依照本法第四十四条的规定办理审批手续。”从该规定来看，我国当前主要采取申请、审批制的方式。其不以登记为生效要件或对抗要件。具体的程序为：（1）村民向所在的集体经济组织——村委会提出申请，村委会同意后将申请提交乡（镇）土地管理部门；（2）乡（镇）土地管理部门受理并到现场进行查看；（3）由申请人填写相关的申请材料，由乡（镇）人民政府审核批准。

在宅基地使用权取得方面，常因继承问题而发生纠纷，且该纠纷集中于宅基地使用权能否继承和城镇居民能否继承两大争议问题。首先是宅基地使用权能否继承的问题。农村宅基地使用权能否单独继承，我国《民法典》并没有明确规定。单从有关继承的规定来看，国家财产与集体财产因不属于可继承的范围，所以基于集体土地上的宅基地使用权一般被认为不可单独继承，而如果其上有房屋则可随房屋一同继承。但我国《民法典》又通过转引条款，就宅基地使用权的取得、行使和转让问题适用具体的法律规定或国家有关规定。如《国土资源部、中央农村工作领导小组办公室、财政部、农业部关于农村集体土地确权登记发证的若干意见》等有关规定，虽仅为意见、通知，但体现了国家层面对宅基地使用权可继承的政策倾向。只是如果宅基地上的房屋毁损后，如按规定宅基地使用权消灭的，则自然不存在继承的问题。因此，被继承人的房屋作为其遗产由继承人继承，按照“房地一体”原则，继承人继承取得房屋所有权和宅基地使用权，农村宅基地不能被单独继承。除此之外，如果继承人已经有宅基地而主张继承权利的，则一般也无法得到支持，因为其违反“一户一宅”的政策。其次是城镇居民对农村住宅的继承进而引发的宅基地使用权继承问题。农村宅基地使用权的受让有身份限制，原则上仅限于农村集体经济组织成员。但宅基地上的房屋作为一种财产权，却是可以继承的，而这些房屋又不能脱离宅基地而存在。实践中的一种理论认为，根据“房地一体”主义，原则上默认或者事实上承认他们对继承房屋所坐落的宅基地使用权的权利。但此类继承有所限制，即以房屋的存续为前提，房屋继承后则不得进行翻建，房屋灭失后宅基地使用权由集体组织收回。

有关部门在“十三届全国人大三次会议第3226号建议”的答复中明确指出，“农民的宅基地使用权可以依法由城镇户籍的子女继承并办理不动产登记”。

（二）关于宅基地使用权的行使方面

宅基地使用权作为一项用益物权，只能由使用权人行使。因其物权上的排他属性，决定任何组织和个人负有消极的不作为义务，即不得侵占、损毁宅基地。农户在行使宅基地使用权时，在法律允许的范围内享有广泛的权利，如在宅基地上建造房屋、各种生活设施、种植树木花草、农户迁出、死亡或者放弃宅基地的，则集体组织有权收回宅基地使用权。而如果宅基地被依法征收，则宅基地使用权人有权获得相应的补偿。宅基地使用权人在行使权利时，应当遵循法律的规则、原则，不擅自改变宅基地的用途，不随意扩大宅基地使用权的面积。

在行使宅基地使用权时，常涉及的疑难问题为宅基地使用权的抵押问题。宅基地能否抵押，在理论上一直存在争议。我国《民法典》第399条明确规定，宅基地、自留地、自留山等集体所有的土地使用权不得抵押，但是法律规定可以抵押的除外。由此可见，原则上宅基地使用权是不允许抵押的，这是基于宅基地的社会保障功能的考量。但在实践中，农户的房屋作为其独有的财产是可以转让与抵押的。由此就产生了一些矛盾，即宅基地使用权的绝对禁止抵押导致的其上房屋抵押的难以实现。而为了农民住房财产权的实现，我国通过改革试点一直在探索如何解决上述矛盾。从我国《土地管理法》第62条规定的内容来看，法律并不禁止宅基地使用权的流转，那么就不应当完全禁止其抵押。但在进行抵押时应对其进行限制，宅基地使用权抵押规则应当符合一般抵押规则并根据宅基地的特殊性和政策背景嵌入特殊规则，如对受让主体进行限制等。在宅基地使用权“三权分置”理论研究的推动下，未来能否如土地承包经营权一般实现宅基地资格权、使用权，则尚待实践检验。

（三）关于宅基地使用权的转让方面

《民法典》第363条对宅基地使用权的流转采取保守的态度。宅基地转让是宅基地使用权人将宅基地使用权通过出售、赠与等方式让渡给第三方的行为。宅基地转让与宅基地的流转是不同的，流转泛指土地使用权以转包、出租、互换、转让、抵押和继承等方式在不同主体之间的移转。由此可见，宅基地转让是宅基地流转的具体方式之一，是宅基地使用权人将宅基地使用权永久让渡给第三方的行为。关于宅基地能否转让，在政策上历经了自由转让到受让范围不断缩小的政策变迁过程。在中华人民共和国成立初期实行农村土地私有制的制度基础上，宅基地使用权的转让自然可行。到人民公社时期，宅基地演变为集体所有财产，农民仅享有使用权。1986年的《土地管理法》允许城镇非农业户籍居民申请或受让宅基地使用权，1998年的《土地管理法》删除了“城镇居民依法批准可以取得农村宅基地”的条款。1999年国务院办公厅出台了《关于加强土地转让管理严禁炒卖土地的通知》明确禁止城镇居民购买农村宅基地。2008年的《房屋登记办法》将农村宅基地的受让主体限定为农村集体组织成员。

在《民法典》出台之前，关于宅基地使用权能否转让的争论一直存在，难成共识。大致形成了三种不同的学术观点，即允许转让、不允许转让和有条件的限制转让三种理论。其中，禁止转让理论的理由为保障农民居住权利、保护耕地资源和保护农民财产安全，所以禁止宅基地的流转。允许转让理论则是从公平正义的价值理念出发进行论述的，认为允许转让是满足农民融资需求的现实反映，应当建立完善的社会保障机制，而非禁止转让保障农民的居住权。有条件的限制转让理论基于实践经验，从改革试点的实践结果得出国家应当正视实践诉求，对宅基地转让由禁止转为疏导，有条件允许转让宅基地。从当前的《土地管理法》规定的内容来看，农村村民可以转让宅基地，但农村村民出卖、出租或赠与住宅后再申请宅基地的不予批准。对宅基地的受让对象，《土地管理法》虽然没有明确规定，但从国家有关规定来看，是禁止城镇居民在农村购置宅基地的，因而宅基地使用权的受让主体只能是本集体经济组织成员的其他农户，且须遵循“一户一宅”的基本规定。根据“房地一体”主义，宅基地上的房屋亦不能向集体经济组织成员以外的人转让。由此可以得出，宅基地使用权的有效转让，必须满足下列条件：一是转让行为应征得本集体经济组织同意；二是受让人为同一集体经济组织内部成员；三是受让人没有住房和宅基地，且符合宅基地使用权的分配条件。

三、典型案例

（一）张某1与张某2宅基地继承纠纷案[①]

［基本案情］原告张某1与被告张某2系同胞兄弟。原、被告的爷爷张某

① 参见河北省邯郸经济技术开发区人民法院（2021）冀0491民初640号民事判决书。

文和奶奶张唐氏共育有两子一女，长子为张某甲，次子为张某乙，女儿为张某芳。张某文和张唐氏的长子张某甲和李某荣共育有两子一女，大儿子张某2，二儿子张某1，女儿张某秀；张某文和张唐氏的次子张某乙无配偶、无子女。张某乙先于张某文、张唐氏去世，张某文、张唐氏均于1990年去世，张某甲约于1994年去世。张某文、张唐氏生前留有一片宅基地，现上面无任何建筑物，成为空地已经二十多年。原告张某1、李某荣、张某秀、张某芳起诉被告张某2到法院要求继承上述宅基地。张某2以分单作为证据，认为该宅基地系分给自己的。而原告则认为该分单系张某2自己制作，原告并未签字不具有法律效力。

［**法院裁判**］法院根据当事人所提供的证据裁判认为，《民法典》第363条规定："宅基地使用权的取得、行使和转让，适用土地管理的法律和国家有关规定。"《土地管理法》第9条规定："城市市区的土地属于国家所有。农村和城市郊区的土地，除由法律规定属于国家所有的以外，属于农民集体所有；宅基地和自留地、自留山，属于农民集体所有。"依据上述法律规定，宅基地属于农民集体所有，宅基地使用权不能单独继承，因原告要求继承的宅基地上无任何建筑物，成为空地已经二十多年，故对原告要求继承老宅房产院落东边（靠街）东西宽7.06米，南北长13米的份额的诉讼请求，无事实和法律依据，法院不予支持。

［**裁判评析**］本案涉及的是农村宅基地的继承问题。就宅基地使用权能否继承问题，存在理论与实践上的争议。我国《民法典》对遗产的范围进行了规定，其中将国家财产、集体财产与权利排除在外，这就决定了宅基地使用权的不可继承性。除此之外，宅基地使用权本身所具有的取得无偿性、人身依附性与功能保障性等特征，亦决定其不适用于继承。在具体的实践中，应当区分继承人与被继承人之间是否共同生活。如果共同生活，则不发生继承的问题，因为宅基地使用权是以户为单位的，系共同共有关系，个别家庭成员的死亡并不影响其他成员的权利。如果没有共同生活，则涉及对继承问题的探讨。在此种情形下，如果继承人符合申请宅基地使用权的条件，则其可以继承，反之则不可，因为其违反了"一户一宅"的基本政策。在该案中，继承人实际上与被继承人未共同生活，在其已经具备宅基地使用权的前提下，自然无法继承争议所涉及的宅基地使用权。法院裁判的结果正确。

除此之外，宅基地不得单独继承。宅基地上的建筑物、附着物及由此产生的权益属于遗产，继承人是可以继承的。在实践中，继承人如继承了宅基地上之房屋，则实际上也就获取了其上之宅基地的使用权，且继承人不限于农村集体经济组织成员。对此，国土资源部、中央农村工作领导小组办公室、财政部、农业部联合下发的《关于农村集体土地确权登记发证的若干意见》第6条明确指出："非本农民集体成员的农村或者城镇居民，因继承房屋占用农村宅基地的，可以按规定登记发证。"自然资源部经商住房和城乡建设部、民政部、国家保密局、最高人民法院等亦明确"农民的宅基地使用权可以依法由城镇户籍的子女继承并办理不动产登记"。

（二）包某志与包某宅基地使用权纠纷案①

[**基本案情**] 原、被告均系青铜峡市叶盛镇地三村村民，被告系原告侄子。1991年6月，原告取得位于青铜峡市××镇面积为330平方米的宅基地。2000年4月5日，青铜峡市土地管理局对案涉宅基地重新登记确认。2004年12月，原告将未建房屋的270平方米宅基地以1000元转让给被告，被告委托其哥哥包某3、堂弟包甲将1000元现金交付给原告。双方未作书面协议，亦未办理变更登记手续。被告对该宅基地出资进行改造并种植果树和蔬菜，使用至今。双方就宅基地使用权的转让问题产生争议，诉至当地人民法院。

[**法院裁判**] 青铜峡市人民法院经审理认为，农村的土地及宅基地归村农民集体所有，由村集体经济组织或者村民委员会集体进行经营、管理，宅基地所有权归集体经济组织或者村民委员会集体所有，个人无所有权，个人可依法取得使用权并且使用权的转让应经集体经济组织同意批准，办理合法的转让登记手续才有效。且宅基地的处分权能具有局限性，不得单独转让，仅可随合法建造的住宅通过出售、赠与、继承、遗赠等方式流转宅基地使用权。本案中，原告与被告达成宅基地转让合意时，案涉宅基地并无房屋，系单独转让宅基地，且在转让后双方未办理变更登记，违反了法律规定，故双方达成的口头转让协议无效。根据《民法典》第157条规定："民事法律行为无效、被撤销或者确定不发生效力后，行为人因该行为取得的财产，应予以返还；不能返还或者没有必要返还的，应当折价补偿……"在本案中，由于双方之间协议无效，对被告支付原告的宅基地款1000元，原告应予返还；对案涉宅基地，被告也应返还给原告。

---

① 参见宁夏回族自治区青铜峡市人民法院（2021）宁0381民初827号民事判决书。

［**裁判评析**］本案涉及的是宅基地使用权的转让纠纷。《民法典》第363条明确规定了有关宅基地使用权的取得、行使和转让问题，适用土地管理的法律和国家有关规定。这属于不完全法条中的引用性条款，需要找到具体的引致性条款。《土地管理法》第62条对宅基地使用权的取得、行使和转让进行了规定。从该规定的内容来看，农村村民宅基地使用权的取得和行使，是以户为单位的，且每户村民只能拥有一处宅基地。农村村民可以转让宅基地，但出卖、出租或赠与住宅后再申请宅基地的不予批准。而对宅基地使用权的受让对象，虽然《土地管理法》未明确规定，但根据我国相关的政策文件规定，其只能是本农民集体内的其他农户，且该农户受让宅基地使用权后也不得违反"一户一宅"的规定。本案中，原、被告系同集体经济组织成员，满足宅基地使用权转让的主体性要求。但双方未履行宅基地使用权转让的法定程序。我国《民法典》未明确规定宅基地使用权物权变动的具体规则，这就可能会产生两种裁判结果：其一，如采登记对抗规则，则原告已经获得宅基地使用权，只是未经登记不得对抗善意的第三人；其二，如采登记生效主义，则原被告之间仅产生债权债务关系，不发生宅基地使用权的物权变动效果，被告仍享有宅基地使用权，原告仅可主张债权上的权利义务。由于立法上的缺漏，法院在裁判时容易出现同案不同判的问题。本案法院在适用法律依据上存在一定问题，其结论实际上是与登记生效主义的规则相一致的。

（三）北京通州宋庄画家村案①

［**基本案情**］马某涛原系北京市通州区宋庄镇辛店村农民，于1998转为居民，现户籍地为北京市通州区永顺镇乔庄西区某号楼。李某兰系河北省邯郸市城市居民。双方诉争之房屋原属马某涛之父马某春所有，1993年北京市通县土地管理局向马某春核发诉争房屋所在院落之集体土地建设用地使用证，确认马某春为该宅院之土地使用权人。马某春于2000年9月去世。

2002年7月1日，马某涛与李某兰签订买卖房协议书，将诉争房屋及院落卖给李某兰。落款处除有买卖双方签字外，还有证人康某宏及代笔人郭某勤签字，北京市通州区宋庄镇辛店村民委员会在合同上加盖了印章。同日，北京市通州区宋庄镇辛店村民委员会在诉争房屋所占院落之集体土地建设用地使用证变更记事一栏中填写了"马某涛于2002年7月1日将上房五间、厢

① 参见北京市第二中级人民法院（2007）二中民终字第13692号民事判决书。

房三间出售给李某兰使用”的内容。双方签订该协议书后，李某兰支付马某涛房款 4.5 万元，马某涛将房屋及集体土地建设用地使用证交付李某兰。李某兰入住后对原有房屋进行装修，并于 2003 年 10 月经北京市通州区宋庄镇辛店村民委员会批准新建西厢房三间。现马某涛起诉请求法院确认双方所签房屋买卖合同无效。

［**法院裁判**］宅基地使用权是农村集体经济组织成员享有的权利，与享有者特定的身份相联系，非本集体经济组织成员无权取得或变相取得。马某涛与李某兰所签之买卖房协议书的买卖标的物不仅是房屋，还包含相应的宅基地使用权。李某兰并非通州区宋庄镇辛店村村民，且诉争院落的集体土地建设用地使用证至今未由土地登记机关依法变更登记至李某兰名下。因此，原审法院根据我国现行土地管理法律、法规、政策之规定，对合同效力的认定是正确的。上诉人李某兰关于合同有效之上诉请求，二审法院不予支持。

合同被确认无效后，因该合同取得的财产应当予以返还，不能返还或者没有必要返还的，应当折价补偿。基于上述合同无效之法律后果处理的一般原则，原审法院判决买受人李某兰将其购买的房屋及院落返还出卖人马某涛，出卖人马某涛将价款返还买受人李某兰并无不当。但买受人李某兰在购买房屋后自行出资对房屋及院落进行了新建及装修，考虑到李某兰对房屋及院落的添附系附和于出卖人所有的原物上，无法识别与分离，即便能够分离，分离后添附部分的使用价值亦极大贬损，故原审法院判决买受人将原物及添附一并返还及给付出卖人，由出卖人将原房及添附部分的价值折价补偿买受人的处理结果亦无不当，法院亦予以维持。

考虑到出卖人在出卖时即明知其所出卖的房屋及宅基地属禁止流转范围，出卖多年后又以违法出售房屋为由主张合同无效，故出卖人应对合同无效承担主要责任。对买受人信赖利益损失的赔偿，应当全面考虑出卖人因土地升值或拆迁、补偿所获利益，以及买受人因房屋现值和原买卖价格的差异造成损失等方面因素予以确定。但鉴于李某兰在原审法院审理期间未就其损失提出明确的反诉主张，在二审程序中，不宜就损失赔偿问题一并处理，李某兰可就赔偿问题另行主张。

［**裁判评析**］在我国，根据宅基地使用权转让的限制，其受让人须为同一集体经济组织的内部成员。本案虽然交易的是宅基地上的房屋，但根据“房地一体”主义，宅基地也包括在交易的标的之中，这与我国目前严格限制宅

基地流转的政策是相违背的。因此，根据国家政策，非本集体经济组织成员因购买农村宅基地或者房屋而与农民所订立的买卖合同应当认定无效。合同无效后，因该合同取得的财产应当予以返还，不能返还或者没有必要返还的，应当折价补偿。有过错的一方应当赔偿对方因此所受到的损失，双方都有过错的，应当各自承担相应的责任。本案中，法院运用公平原则和诚信原则，对双方的利益平衡做出合理的裁判，符合民法所倡导的价值理念。

四、法律风险防范

《民法典》第363条是一个转引条款，其就宅基地使用权的取得、行使和转让问题，规定了根据土地管理的法律和国家有关规定进行处理。因为《民法典》对此问题没有进行直接规定，这实际上对法官在适用法律规范上增加了一定的工作难度。由于既有法律、法规对宅基地使用权转让上规定的模糊性，使得宅基地使用权能否转让、如何转让、其上房屋转让的效力等问题一直存在争议。当前，《土地管理法》允许宅基地使用权有条件地进行转让，只是转让后一般不得再重新申请宅基地。根据既有的国家规定，宅基地使用权不能单独继承，但可以通过继承房屋的方式实现继承；原集体经济组织成员转为非农户口后，如符合继承的条件则同样可以继承；宅基地及其上所建房屋不能向集体经济组织成员以外的人转让，转让的合同是无效的。在处理宅基地使用权的物权变动纠纷时，不能仅将目光着眼于《民法典》，而应当熟悉土地管理的法律以及国家的有关规定，根据宅基地使用权设立的特殊性，根据物权变动的基本规则，妥善处理相关纠纷。

第三节　宅基地灭失纠纷

宅基地因自然灾害等原因灭失的，宅基地使用权也随之消灭。譬如出现地震、海啸、山洪、山体滑坡等自然灾害造成宅基地灭失的，宅基地使用权自然消灭。根据《民法典》第364条规定，对失去宅基地的村民，应当重新分配宅基地。实践中存在的争议有宅基地灭失的原因是否仅限于自然灾害、集体经济组织收回宅基地或者国家通过征收而使农户失去宅基地是否适用等。

一、相关法条

1.《中华人民共和国民法典》（2020 年 5 月 28 日）

第三百六十四条 宅基地因自然灾害等原因灭失的，宅基地使用权消灭。对失去宅基地的村民，应当依法重新分配宅基地。

2.《中华人民共和国土地管理法》（2019 年 8 月 26 日）

第四十八条第四款 征收农用地以外的其他土地、地上附着物和青苗等的补偿标准，由省、自治区、直辖市制定。对其中的农村村民住宅，应当按照先补偿后搬迁、居住条件有改善的原则，尊重农村村民意愿，采取重新安排宅基地建房、提供安置房或者货币补偿等方式给予公平、合理的补偿，并对因征收造成的搬迁、临时安置等费用予以补偿，保障农村村民居住的权利和合法的住房财产权益。

二、要旨释义

宅基地的灭失与重新分配问题，是关乎农村社会稳定的基本保障的重要问题。《民法典》第 364 条适用的难点问题在于，是否对失去宅基地的村民，都应当依法重新分配宅基地。《民法典》第 364 条虽然由两部分构成，即“宅基地因自然灾害等原因灭失的，宅基地使用权消灭”“对失去宅基地的村民，应当依法重新分配宅基地”。但在使用上，是不能将两部分割裂开来的，而应将其视为一个整体，即一般情形下只有因自然灾害等原因丧失宅基地使用权的，才可以要求依法重新分配宅基地，而村民将宅基地流转后再申请是不予批准的。《土地管理法》第 62 条第 5 款明确规定：“农村村民出卖、出租、赠与住宅后，再申请宅基地的，不予批准。”由此可见，村民如通过转让的方式失去宅基地使用权的，则其再申请宅基地使用权则不被允许。

但是否仅有因自然原因而丧失宅基地使用权的，才享有重新申请宅基地使用权的权利?《民法典》立法采用“等”原因，又该如何解释适用? 根据文意解释规则，不应将适用范围局限在纯粹的因自然原因导致的情形，应当根据立法旨意将该适用范围严格限定在一定范围内。比如，因公共利益需要而被政府部门征收后，或者村集体因公共利益需要对土地进行重新整理调整的，也应当允许其重新申请宅基地。除此之外，在村民因自然原因等丧失宅基地的，其如果要重新申请宅基地，则须具备集体经济组织成员的身份。易言之，如果其此时已经将户口迁出本集体经济组织的，则不得要求在该集体经济组织重新申请宅基地。哪些情形是村民丧失宅基地后不得重新申请的？根据《土地管理法》的规定，村民因自身的原因而导致宅基地使用权灭失的，则无权再要求重新申请宅基地。因村民自身原因导致宅基地使用权丧失的情形，一般包括村民因转让住宅而使使用权消灭的、违规使用宅基地而被收回的、长期闲置宅基地而不使用被收回的。

三、典型案例

钟某与赵某英、彭某龙排除妨害纠纷案[①]

［**基本案情**］原告钟某与被告赵某英、彭某龙均系邳州市村民，均应依法按照家庭为单位享有对所在村集体的宅基地使用权。原告钟某的父亲钟某全在病故前，与被告赵某英家庭其他成员关系尚可，20 世纪 80 年代初，村镇根据上级要求按照排房规划村庄，打破以前住房无序状况。村委会按照排房规划需在案外人钟某强的宅基地中规划出一条南北路，钟某强的房子拆除往西位移，钟某强西侧钟某家庭原来的老房子需拆除腾让部分，村集体又将钟某原来老房子西侧集体空闲地划出一处宅基地，村组成员给该处宅基地四至定好点，即位于邳州市，东邻钟某强、西邻彭某义、南邻路、北邻路，南北长同东西邻居一致、东西宽 11 米的宅基地指定给原告钟某家庭使用。

原告钟某的父母在该处宅基地上仅临时建造一间老年房使用，现在仍保存。因原告钟某父母没有及时在该处宅基地上建造住宅，被告赵某英老公的父亲彭某付与原告钟某的父亲钟某全协商在该宅基地上另建两间老年房，承诺将来原告钟某建房需要时其自行拆除。因彭某付已经去世多年，被告赵某英作为其家庭成员，在上述所建的房屋处搭建铁架棚，栽种树木、摆放杂物。原告钟某以被告赵某英等侵占其宅基地使用权的行为，严重妨碍对其宅基地正常使用，要求清除涉案地块上搭建铁棚、清除栽种的树木、摆放的杂物。本案当事人所在村、镇多部门人员对双方纠纷进行调解，长期处理未果。原告钟某为维护自身权益，诉至法院，请求判如所请。

［**法院裁判**］根据《民法典》第 362 条规定，宅基地使用权人依法对集体所有的土地享有占有和使用的权利，有权依法利用该土地建造住宅及其附属设施。本案双方当事人作为邳州市集体成员，均依法享有对所在村集体土地的宅基地使用权。宅基地权属证书是对村民享有宅基地的确认，依据历史沿

---

① 参见江苏省邳州市人民法院（2020）苏 0382 民初 1688 号民事判决书。

革，宅基地证书颁发前村民享有的合法宅基地使用权应当予以维护。村民享有的宅基地因自然灾害等原因灭失的，宅基地使用权消灭。对失去宅基地的村民，应当依法重新分配宅基地。原告钟某家原享有的宅基地因所在村庄进行排房规划予以调整，村集体在位于邳州市，东邻钟某强、西邻彭某义、南邻路、北邻路，南北长同东西邻居一致、东西宽 11 米的宅基地分配给原告钟某家庭使用，符合相关法律规定。被告赵某英关于其家庭对涉案宅基地享有使用权的依据不足，法院不予采纳。妨碍物权或者可能妨碍物权的，权利人可以请求排除妨碍或者消除危险。原告钟某对宅基地使用权具有排他性，任何人不得非法侵犯。被告赵某英在上述宅基地范围内搭建的铁棚、摆放的杂物对原告钟某宅基地正常使用造成妨碍，依法应予以清除。原告钟某关于判令被告赵某英清除位于邳州市，东邻钟富强、西邻彭军义、南邻路、北邻路，南北长同东西邻居一致、东西宽 11 米的宅基地范围内的铁棚、树木等杂物，有据为证，法院予以支持。原告钟某关于被告彭某龙作为被告主体资格的证据不足，需承担举证不能的不利法律后果。

［**裁判评析**］本案涉及的是宅基地灭失后因重新分配的宅基地使用权的行使而发生的纠纷。《民法典》第 364 条规定的适用范围是否仅限因自然原因导致的宅基地灭失，这涉及对“等”字的适用解释。从该条的规范目的来看，其旨在发挥宅基地使用权的社会保障功能，因而只要是非基于使用权人自身的原因导致的宅基地灭失的，一般应当允许其重新申请宅基地。本案中，钟某全、钟某等因村集体进行排房规划而丧失原有宅基地，符合重新申请宅基地的条件。在重新获得宅基地后，其依法享有对宅基地的使用权，作为物权中的用益物权类型，其他人负有消极的不干涉义务。如对权利人的权利造成损害或影响权利人正常行使权利，则权利人有权根据法律的规定请求其承担相应的法律责任，如恢复原状、赔偿损失、停止侵害等。

四、法律风险防范

《民法典》第 364 条是关于宅基地使用权灭失后重新分配的问题，在适用过程中需要注意的法律风险主要有四点：一是村民能够重新分配宅基地的条件。这个条件必须是客观条件导致，例如，自然灾害，当然，也可能是因实施村庄和集镇规划以及进行乡（镇）村公共设施和公益事业建设，或者因国家建设征用土地等原因需要搬迁等。二是能够获得重新分配宅基地的权利人。这个权利人首先是应属于集体成员，而判断集体成员的主要依据是户籍。其次这个权利人在本村没有其他宅基地，根据《土地管理法》第62条规定，农村村民一户只能拥有一处宅基地，其宅基地面积不得超过省、自治区、直辖市规定的标准。三是重新分配宅基地的审批机关是乡镇政府，村民通过村集体向乡镇政府申请。四是宅基地申请分配纠纷解决，需要按照《土地管理法》第14条规定进行操作，先由当事人协商解决，协商不成的，再由人民政府处理。如果当事人对有关人民政府的处理决定不服的，可以自接到处理决定通知之日起30日内向人民法院起诉。当然，如果当事人不愿意诉讼，也可以通过人民调解解决。

第四节　宅基地使用权登记纠纷

宅基地使用权在设立上由农户无偿取得，只要符合条件的集体成员依照法定的程序向有关部门申请即可，并不需要进行登记。但《民法典》第365条规定，已经登记的宅基地使用权转让或者消灭的，应当及时办理变更登记或者注销登记。由于立法未明确该登记的效力问题，即未经登记是不发生物权变动，还是不能对抗。因而无论在理论上还是在实务中对此均存在争议。有学者认为，《民法典》并没有将登记作为宅基地使用权物权变动的要件，而仅仅是一种确认手段，并指出其原因主要在于宅基地使用权的禁止流通性。但亦有学者认为，该登记应当作为物权变动的生效要件。由于缺少明确的法律规定，司法实践在此问题上亦存在适用难题。

一、相关法条

1.《中华人民共和国民法典》（2020年5月28日）

第三百六十五条　已经登记的宅基地使用权转让或者消灭的，应当及时办理变更登记或者注销登记。

2.《中华人民共和国土地管理法》（2019年8月26日）

第十二条第一款　土地的所有权和使用权的登记，依照有关不动产登记的法律、行政法规执行。

二、要旨释义

登记作为不动产权利公示的重要方式，是宅基地使用权归属状况的外在表征。宅基地使用权发生转让或者消灭的，权利人应当及时办理宅基地使用权变更登记或者注销登记。应当注意的是，《民法典》未对宅基地使用权取得的物权变动规则进行规定，不像土地承包经营权和地役权在取得上采合同生效主义，在变动上采登记对抗主义。不同于一般的经法律行为的物权取得形式，宅基地使用权的取得是经村民申请后，由政府部门进行审批核准后即获得的，而不是经登记才取得宅基地使用权。只是在宅基地使用权取得后并且已经登记的，再发生变动或消灭的，才以登记生效主义为要件。在具体解释使用该规定时，需要特别强调两个问题。

（一）宅基地使用权的转让方不配合办理登记手续的，受让方应如何维护自身权益

实践中经常会出现当事人之间签订了宅基地使用权转让的合同，但转让方不配合受让方办理登记手续。此时，根据登记生效主义的物权变动规则，则受让方并没有获得宅基地使用权。问题在于，受让方是否有权利要求转让方履行协助登记的权利？《不动产登记暂行条例》第 14 条第 2 款规定了受让方在满足一定条件下的单方申请登记的权利：“（一）尚未登记的不动产首次申请登记的；（二）继承、接受遗赠取得不动产权利的；（三）人民法院、仲裁委员会生效的法律文书或者人民政府生效的决定等设立、变更、转让、消灭不动产权利的；（四）权利人姓名、名称或者自然状况发生变化，申请变更登记的；（五）不动产灭失或者权利人放弃不动产权利，申请注销登记的；（六）申请更正登记或者异议登记的；（七）法律、行政法规规定可以由当事人单方申请的其他情形。”除此之外，受让人亦可通过诉讼或仲裁的方式，实现宅基地使用权的登记。《不动产登记暂行条例实施细则》第 19 条第 1 款亦规定：“当事人可以持人民法院、仲裁委员会的生效法律文书或者人民政府的生效决定单方申请不动产登记。”最后根据《不动产登记暂行条例实施细则》第 42 条的规定，在涉及遗产继承上，继承人可持相关证明文件向登记机关申请办理宅基地使用权变更登记。

（二）宅基地使用权消灭后，当事人不愿意办理注销登记该如何处理

实践中，很多村民认为宅基地使用权在消灭后，自己不去使用，自然不需要办理注销登记，这种想法是错误的。宅基地使用权的消灭有多种原因，

但主要分为当事人主动放弃与被动消灭两种。根据《不动产登记暂行条例》第14条第2款第5项的规定，“不动产灭失或者权利人放弃不动产权利，申请注销登记的”，可以由当事人单方申请。但如果当事人不愿意去办理或者无法办理的，该如何处理？对此，《不动产登记暂行条例实施细则》第19条第2款规定：“有下列情形之一的，不动产登记机构直接办理不动产登记：（一）人民法院持生效法律文书和协助执行通知书要求不动产登记机构办理登记的；（二）人民检察院、公安机关依据法律规定持协助查封通知书要求办理查封登记的；（三）人民政府依法做出征收或者收回不动产权利决定生效后，要求不动产登记机构办理注销登记的；（四）法律、行政法规规定的其他情形。”

三、典型案例

包某志与包某宅基地使用权纠纷[1]

［**基本案情**］原、被告均系青铜峡市叶盛镇地三村村民，被告系原告侄子。1991年6月，原告取得位于青铜峡市××镇面积为330平方米的宅基地。2000年4月5日，青铜峡市土地管理局对案涉宅基地重新登记确认。2004年12月，原告将未建房屋的270平方米宅基地以1000元转让给被告，被告委托其哥哥包某3、堂弟包某1将1000元现金交付给原告。双方未作书面协议，亦未办理变更登记手续。被告对该宅基地出资进行改造并种植果树和蔬菜，使用至今。另查明：1991年6月，青铜峡市土地管理局确认宅基地面积为330平方米。2000年4月5日，青铜峡市土地管理局通过地籍调查确认宅基地面积为270平方米。双方就宅基地使用权的归属问题发生争议，诉至人民法院。

［**法院裁判**］农村的土地及宅基地归村农民集体所有，由村集体经济组织或者村民委员会集体进行经营、管理，宅基地所有权归集体经济组织或者村民委员会集体所有，个人无所有权，个人可依法取得使用权并且使用权的转让应经集体经济组织同意批准，办理合法的转让登记手续才有效，且宅基地的处分权能具有局限性，不得单独转让，仅可随合法建造的住宅通过出售、赠与、继承、遗赠等方式流转宅基地使用权。本案中，原告与被告达成宅基地转让合意时，案涉宅基地并无房屋，系单独转让宅基地，且在转让后双方未办理变更登记，违反了法律规定，故双方达成的口头转让协议无效。根据

① 参见宁夏回族自治区青铜峡市人民法院（2021）宁0381民初1165号民事判决书。

《民法典》第157条规定："民事法律行为无效、被撤销或者确定不发生效力后，行为人因该行为取得的财产，应予以返还；不能返还或者没有必要返还的，应当折价补偿……"在本案中，由于双方之间协议无效，对于被告支付原告的宅基地款1000元，原告应予返还；对于案涉宅基地，被告也应返还原告。

［**裁判评析**］本案涉及的是宅基地使用权物权变动效力的判定问题。虽然宅基地使用权的物权变动规则没有法律直接进行规定，但根据体系解释的方法，除在取得上的例外，宅基地使用权的物权变动一般采登记生效主义。《土地管理法》第12条第1款亦规定，土地的所有权和使用权的登记，依照有关不动产登记的法律、行政法规执行。本案中，双方虽签订了宅基地转让协议，且合同成立并生效，但未经登记不发生物权变动的效力。虽然被告有权要求原告履行登记义务，但原告可以拒绝履行，只承担相应的违约责任，但宅基地使用权仍属于原告所有。只有人民法院、仲裁委员会生效的法律文书或者人民政府生效的决定等设立、变更、转让、消灭不动产权利的，被告才可以单方申请变更登记。

四、法律风险防范

宅基地使用权的物权变动规则，因缺少法律的明确规定而在具体的适用中会产生争议。根据宅基地使用权既有规定和不动产物权变动的一般规则，宅基地使用权在初始取得上是非基于法律行为的物权变动，根据申请和审批获得，而在宅基地使用权的转让和消灭上则采登记生效主义，即未经登记不发生宅基地使用权物权变动的效力。实践中经常发生的纠纷是由于当事人之间仅签订了转让协议而未进行登记手续。在处理相关纠纷时，要将合同的效力与物权变动的效力区分开来，一般情形下不登记不影响合同的效力。根据《民法典》第215条的规定，当事人之间订立有关设立、变更、转让和消灭不动产物权的合同，除法律另有规定或当事人另有约定外，自合同成立时生效；未办理物权登记的，不影响合同效力。因缺少登记手续，受让方往往难以获得宅基地使用权，这就客观上督促受让方在签订合同后尽快要求转让方协助完成登记手续。除此之外，相关法律法规规定了在一定情形下当事人单方要求变更登记的权利，但因其限定条件过于严苛，当事人未避免不必要的纠纷发生，应根据《民法典》第365条的规定，及时办理变更或注销登记手续。

第八章

抵押权纠纷

抵押权作为典型的担保物权，其具备担保物权所具有的从属性、不可分性和物上代位性，通过支配财产的交换价值，从而实现担保债权的清偿目的。《民法典》物权编“抵押权”章是在原《物权法》担保物权编“抵押权”章的修改基础上完成，同时吸收总结了原《物权法》、原《担保法》、《最高人民法院关于适用〈中华人民共和国担保法〉若干问题的解释》（以下简称《担保法司法解释》）实施以来的实务和裁判经验。结合这些长久以来积累的实践经验和近年来金融行业改革发展的新需求，《民法典》物权编抵押权制度实现了一些创新和突破。如在“物尽其用”的政策导向下，第 395 条采取兜底条款对抵押财产范围进行扩充，是将具有交换价值的财产都纳入抵押财产的范围，使其合法进入融资担保体系；第 396 条将未来财产纳入抵押财产担保的范围，为未来财产进入融资担保领域提供了理论依据；第 404 条将原《物权法》浮动抵押中正常经营活动买受人规则上升为动产抵押的一般规则，确立了动产抵押权无追及效力的制度；就抵押财产的转让，第 406 条也突破原《物权法》对抵押财产流转的限制，允许抵押人自由转让抵押物，并明确了抵押权的追及效力，促使物的效用得以充分实现；在同一财产上竞存担保物权的优先顺位规则上，第 414 条和第 415 条则共同形成了“先登记（公示）者优先”的基本规则等。本章根据实践中抵押权纠纷的不同类型，按照“抵押财产纠纷”“抵押权设立纠纷”“抵押权效力纠纷”“抵押权实现纠纷”“最高额抵押权纠纷”五节进行编写。

第一节　抵押财产纠纷

《民法典》第394条对抵押权的概念作了界定，第395条至第399条是对抵押财产的规定。其中，第395条和第399条采用了正面列举加反面排除相结合的立法方法规定了抵押财产的范围。从《民法典》对抵押财产的规定来看，可以设定抵押权的财产应当满足三个条件：一是须具有独立交换价值且法律允许转让的财产；二是须是权属明晰且抵押人有权处分的财产；三是须由抵押人占有、使用且符合社会公共利益的财产。[①] 虽然《民法典》第395条采用了列举式的立法模式对抵押财产的范围作出规定，但对抵押财产的理解不应仅限于其列举的六种类型，只要符合上述三个要件的财产，均可纳入"法律、行政法规未禁止抵押的其他财产"设定抵押权。《民法典》第396条浮动抵押的规定，突出了浮动抵押标的物的特殊性，即生产设备、原材料、半成品、产品，除此之外的其他动产不得设立浮动抵押。第397条"房地一体"抵押的规定和第398条乡镇、村企业建设用地使用权抵押限制的规定，对不动产抵押的特殊规则予以明晰。

一、相关法条

《中华人民共和国民法典》（2020年5月28日）

第三百九十四条　为担保债务的履行，债务人或者第三人不转移财产的占有，将该财产抵押给债权人的，债务人不履行到期债务或者发生当事人约定的实现抵押权的情形，债权人有权就该财产优先受偿。

前款规定的债务人或者第三人为抵押人，债权人为抵押权人，提供担保的财产为抵押财产。

第三百九十五条　债务人或者第三人有权处分的下列财产可以抵押：

（一）建筑物和其他土地附着物；

（二）建设用地使用权；

① 参见高圣平：《民法典担保制度及其配套司法解释理解与适用》（上），中国法制出版社2021年版，第396页。

（三）海域使用权；

（四）生产设备、原材料、半成品、产品；

（五）正在建造的建筑物、船舶、航空器；

（六）交通运输工具；

（七）法律、行政法规未禁止抵押的其他财产。

抵押人可以将前款所列财产一并抵押。

第三百九十六条 企业、个体工商户、农业生产经营者可以将现有的以及将有的生产设备、原材料、半成品、产品抵押，债务人不履行到期债务或者发生当事人约定的实现抵押权的情形，债权人有权就抵押财产确定时的动产优先受偿。

第三百九十七条 以建筑物抵押的，该建筑物占用范围内的建设用地使用权一并抵押。以建设用地使用权抵押的，该土地上的建筑物一并抵押。

抵押人未依据前款规定一并抵押的，未抵押的财产视为一并抵押。

第三百九十八条 乡镇、村企业的建设用地使用权不得单独抵押。以乡镇、村企业的厂房等建筑物抵押的，其占用范围内的建设用地使用权一并抵押。

第三百九十九条 下列财产不得抵押：

（一）土地所有权；

（二）宅基地、自留地、自留山等集体所有土地的使用权，但是法律规定可以抵押的除外；

（三）学校、幼儿园、医疗机构等为公益目的成立的非营利法人的教育设施、医疗卫生设施和其他公益设施；

（四）所有权、使用权不明或者有争议的财产；

（五）依法被查封、扣押、监管的财产；

（六）法律、行政法规规定不得抵押的其他财产。

二、要旨释义

（一）抵押权定义及特征

《民法典》第 394 条是对抵押权定义的规定。抵押权，是指债务人或者第三人不转移财产的占有，将该财产作为债权的担保，在债务人不履行到期债务或发生当事人约定的实现抵押权的情形时，债权人可就该财产优先受偿的权利。抵押法律关系的当事人是抵押权人和抵押人，抵押权具有以下四个特征：

一是抵押权是担保物权。抵押权以抵押财产作为债权的担保，抵押权人对抵押财产享有控制、支配的权利，且该权利可以对抗财产的所有人和第三人。具体表现为：抵押权设定后，未经抵押权人同意，抵押人不得处分抵押财产；当债务人不履行到期债务或发生当事人约定的实现抵押权的情形时，抵押权人有权依照法律规定，就该抵押财产折价或者拍卖、变卖的价款优先受偿。

二是用于抵押的财产须为债务人或第三人所有的或依法有权处分的特定财产。该财产可以是动产，也可以是不动产，但必须是债务人或第三人所有或有权处分的财产，对其无所有权或无权处分的财产不能设定抵押权。

三是抵押权的发生不以转移抵押财产的占有为要件。抵押权设定后，抵押人无须将抵押财产转移给抵押权人，抵押人可继续享有对抵押财产的占有、使用、收益的权利。不转移抵押财产的占有，是抵押权区别于质权等其他担保物权的重要特征。

四是抵押权人有权就抵押财产的变价款优先受偿。优先受偿，是指债务人有多个债权人的情形，有抵押权的债权人得以先于其他债权人就抵押财产的变价款受到清偿。

（二）在建工程抵押登记问题

《民法典》第395条将正在建造的建筑物纳入抵押财产的范围。在建建筑物，是指正在建造的，尚未办理所有权首次登记的房屋等建筑物。[①] 但是，根据《民法典》的规定，在建工程抵押权以登记为生效要件。那么，在建工程抵押权的登记方法便成为实践中常见的疑问。

《城市房地产抵押管理办法》第34条第2款规定："以预售商品房或者在建工程抵押的，登记机关应当在抵押合同上作记载。抵押的房地产在抵押期间竣工的，当事人应当在抵押人领取房地产权属证书后，重新办理房地产抵押登记。"但是，仅仅由登记机关在抵押合同上记载就能视为抵押登记吗？该办法难免令人产生疑问。《不动产登记暂行条例实施细则》第75条规定："以建设用地使用权以及全部或者部分在建建筑物设定抵押的，应当一并申请建

① 参见高圣平：《民法典担保制度及其配套司法解释理解与适用》（上），中国法制出版社2021年版，第411页。

设用地使用权以及在建建筑物抵押权的首次登记。当事人申请在建建筑物抵押权首次登记时，抵押财产不包括已经办理预告登记的预购商品房和已经办理预售备案的商品房。前款规定的在建建筑物，是指正在建造、尚未办理所有权首次登记的房屋等建筑物。”第76条规定：“申请在建建筑物抵押权首次登记的，当事人应当提交下列材料：（一）抵押合同与主债权合同；（二）享有建设用地使用权的不动产权属证书；（三）建设工程规划许可证；（四）其他必要材料。”《不动产登记操作规范（试行）》第14.1.1条第3项规定：“以正在建造的建筑物设定抵押的，当事人可以申请建设用地使用权及在建建筑物抵押权首次登记。”由此可见，不动产统一登记后，要求在建建筑物应与建设用地使用权一并抵押，这也体现了“房地一体”的基本思想。

那么，在建建筑物抵押权的效力是否及于尚未建造的部分呢？《最高人民法院关于适用〈中华人民共和国民法典〉有关担保制度的解释》（以下简称《民法典担保制度解释》）第51条第2款规定：“当事人以正在建造的建筑物抵押，抵押权的效力范围限于已办理抵押登记的部分。当事人按照担保合同的约定，主张抵押权的效力及于续建部分、新增建筑物以及规划中尚未建造的建筑物的，人民法院不予支持。”由此可见，正在建造的建筑物抵押，效力范围仅限于已办理抵押登记的部分，续建部分、新增及尚未建造的部分，即使有合同约定，抵押权人也不得主张。该条款解释的基础是《民法典》第417条，即“建设用地使用权抵押后，该土地上新增的建筑物不属于抵押财产。该建设用地使用权实现抵押权时，应当将该土地上新增的建筑物与建设用地使用权一并处分。但是，新增建筑物所得的价款，抵押权人无权优先受偿”。《民法典》第417条规定中的“新增建筑物”应当与《民法典担保制度解释》规定的“续建部分、新增建筑物以及规划中尚未建造的建筑物”作同一解释。

（三）浮动抵押

浮动抵押，是指债务人将其现有的以及将有的全部财产或部分财产作为抵押财产，为其债务提供担保。当债务人不履行债务或发生当事人约定实现抵押权的情形时，债权人有权就抵押财产确定时的动产优先受偿。相比固定抵押，浮动抵押具有以下特征：

1. 标的物的浮动性。浮动性，主要指抵押财产的不确定性以及变动性。《民法典》将浮动抵押权的标的物规定为生产设备、原材料、半成品、产品，包括现有的以及将来获取的财产。但就将来的财产设定的抵押权，仅在其实际存在时发生效力。在设立浮动抵押之时到抵押实行前，其用作抵押的财产是不断发生变动的。抵押人在正常经营活动中可能因处分用作抵押的财产导致抵押财产的范围减少，也可能因为同类财产的增加归入抵押财产致使抵押财产的范围增加。但浮动抵押的抵押财产并非一直变动，在发生法定或约定事由时，抵押财产确定，抵押权人可据此确定的抵押财产实现抵押权。

2. 浮动抵押权的主体是债务人。相对于固定抵押权的抵押人范围既可以是债务人，也可以是第三人，浮动抵押权的抵押人只能是债务人。我国《民法典》将抵押权的主体限定为企业、个体工商户、农业生产经营者，其初衷主要是为了解决中小企业和农民生产经营贷款难的困境。这也就排除了国家机关、社会团体、事业单位、非从事生产经营的自然人作为浮动抵押的抵押人。

3. 浮动抵押权实现的前提是财产确定。浮动抵押权的抵押财产只有在发生特定事由时才能确定，在此之前一直处于浮动状态，或增加或减少。依据《民法典》的规定，在债务人不履行到期债务或者发生当事人约定的实现抵押权的情形，抵押财产确定，抵押权人有权就确定的抵押财产优先受偿。也就是说，抵押权实现的前提是抵押财产的确定或固定化，也叫“结晶”。浮动抵押的这一特点，实现了抵押财产由浮动向固定的转化，也正是基于这一特点，抵押权才能顺利实现。

实践中，涉及浮动抵押权的登记也有一定的特殊性。首先，《动产抵押登记书》中要求载明“抵押财产的名称、数量、质量、状况、所在地、所有权归属或者使用权归属”，但浮动抵押在设立时无法确定这些内容，便无法列出详细的抵押财产清单。故而，在设立时，只需按照《民法典》对浮动抵押标的物的规定予以注明即可，如载明以“现有的以及将有的生产设备、原材料、半成品、产品”全部抵押。其次，法定或约定事由出现后，抵押财产确定，此时应将浮动抵押登记转为固定抵押登记，并明确罗列此时抵押财产的范围。最后，为达到公示的目的，抵押登记书上须明确标明“浮动抵押”的字样，用以提醒交易相对人。由于浮动抵押权的标的物均为动产，《民法典》阐明，以动产抵押的，不得对抗正常经营活动中已支付合理价款并取得抵押财产的买受人。因此，浮动抵押权不以登记为生效要件，但未经登记不得对抗善意第三人。

（四）“房地一体”抵押

我国现行法上，虽然建筑物及其占用范围内的建设用地使用权各为独立的不动产或不动产权利，但基于房屋有依附于土地的天然属性，我国在处理房地产关系所遵循的一个规则是“房随地走，地随房走”，即转让房屋的所有权时，建设用地使用权同时转让；转让建设用地使用权时，该土地上的房屋所有权也应一并转让。这一原则也同样适用于抵押权的设定，即以房屋抵押的，该房屋占用范围内的建设用地使用权应一并抵押；以建设用地使用权抵押的，该建设用地上的房屋也应一并抵押。只有将房屋所有权和其占用范围内的建设用地使用权一并抵押，才能保证在实现抵押权时，房屋和建设用地使用权能够同时转让。

在建筑物与其占用范围内的建设用地使用权共存的情形下，如果当事人抵押登记时仅登记了建筑物或建设用地使用权，《民法典》第 392 条第 2 款和《民法典担保制度解释》第 51 条第 1 款仍然坚持了“房随地走，地随房走”的法定原则。《民法典担保制度解释》第 51 条第 1 款规定：“当事人仅以建设用地使用权抵押，债权人主张抵押权的效力及于土地上已有的建筑物以及正在建造的建筑物已完成部分的，人民法院应予支持。”因此，房地单独抵押也不因当事人未就房地一并设定抵押达成合意而无效。当建筑物或建设用地使用权单独设定抵押时，在进行相关抵押权设立登记手续之后，抵押权人就相应的建筑物或建设用地使用权取得抵押权，就未抵押财产取得法定抵押权，建筑物抵押权和建设用地使用权抵押权构成共同抵押。抵押权实现时，抵押权人可就建筑物及其占地范围内的建设用地使用权的变价款优先受偿。[①] 即使抵押人只办理了房屋所有权抵押登记，没有办理建设用地使用权抵押登记，实现房屋抵押权时，建设用地使用权也一并作为抵押财产。同样，只办理了建设用地使用权抵押登记，没有办理房屋所有权抵押登记的，实现建设用地使用权的抵押权时，房屋所有权也一并作为抵押财产。[②]

（五）乡镇、村企业的建设用地使用权抵押限制

与城市建设用地使用权所不同的是，乡镇、村企业的建设用地使用权不得单独抵押。这是基于我国对耕地的特殊保护，严格限制农用地转为建设用地。任何单位和个人需要申请建设用地，必须依法申请国有土地。如果允许

---

① 参见高圣平：《民法典担保制度及其配套司法解释理解与适用》（上），中国法制出版社 2021 年版，第 468 页。

② 参见黄薇主编：《中华人民共和国民法典物权编释义》，法律出版社 2020 年版，第 485 页。

对农村建设用地使用权进行抵押，一旦抵押权实现，势必会造成建设用地使用权转让的后果，极有可能将农村集体所有的土地转变为城市建设用地。因此，《民法典》第 398 条对乡镇、村企业的建设用地使用权不得单独抵押的规定，主要是考虑到乡镇、村的土地是集体所有，是促进农村经济发展的基本生产资料，也是提高农民生活水平的基本保障。但乡镇、村企业在发展过程中也面临融资的问题，为了促进乡镇企业的发展，法律允许以乡镇、村企业的厂房等建筑物抵押，此时，可以贯彻“地随房走”的原则，将建筑物占用范围内的建设用地使用权一并抵押。

实践中需要注意的是，《民法典》第 398 条规定的厂房，仅限乡镇、村企业的厂房等建筑物，不包括集体所有土地上的其他建筑物。以乡镇、村企业的厂房等建筑物抵押的，随之一并抵押的仅限于厂房等建筑物所占用范围内的建设用地使用权，而非整个地面上的建设用地使用权。法律虽然允许乡镇、村企业的建设用地使用权随厂房等建筑物一并抵押，但对实现抵押权后土地的性质和用途作了限制性规定。《民法典》第 418 条规定以集体所有土地的使用权依法抵押的，实现抵押权后，未经法定程序，不得改变土地所有权的性质和土地用途。也就是说，当实现抵押权时，即使乡镇、村企业的建设用地使用权随其厂房等建筑物一并拍卖了，受让的土地性质仍然是农村集体所有。

（六）禁止抵押的财产范围

《民法典》第 399 条规定不得抵押的财产包括：（1）土地所有权。我国宪法和法律规定我国土地只能归国家所有或集体所有，如果允许对土地所有权抵押，必然导致在抵押权实现时改变土地所有权归属，所以法律予以禁止。（2）宅基地、自留地、自留山等集体所有的土地使用权。宅基地、自留地、自留山都是集体所有的土地，能够为农民提供基本的生活保障和基本的生产资料，具有一定的社会保障性质。禁止这些土地的使用权抵押，在目前农村社会保障体系尚不健全的情况下，是对农民根本利益的重要保障。（3）学校、幼儿园、医疗机构等以公益为目的成立的非营利法人的教育设施、医疗卫生设施和其他公益设施。学校、幼儿园、医院从事的都是公益事业，其目的不是为了营利。如果允许其以它们的教育设施、医疗卫生设施作抵押，在抵押权实现后，极有可能改变其社会公益性质。除此之外，诸如图书馆、博物馆、敬老院等用于公益事业的设施也不得抵押。（4）所有权、使用权不明或者有争议的财产。将权属不明的财产或有争议的财产抵押，不仅侵犯所有权人和使用权人的合法权利，而且可能导致更多的矛盾和争议，破坏社会的秩序。（5）依法被查封、扣押、监管的财产。虽然这些财产所有权仍属于所有权人，但由于人民法院或行政机关采取了强制措施，这些财产的合法性尚不确定，在此期间，非依法律法规规定，任何人不得占有、使用、处分该财产，也就禁止将这些财产抵押。（6）法律、行政法规规定不得抵押的其他财产。这是兜底条款，除前五项所列不得抵押的财产外，其他财产在设定抵押权时要查阅其他法律、行政法规是否有禁止抵押的规定。

在此基础上，《民法典担保制度解释》第6条第1款对以公益为目的的非营利性法人、非法人组织提供的物的担保的效力进一步规定："以公益为目的的非营利性学校、幼儿园、医疗机构、养老机构等提供担保的，人民法院应当认定担保合同无效，但是有下列情形之一的除外：（一）在购入或者以融资租赁方式承租教育设施、医疗卫生设施、养老服务设施和其他公益设施时，出卖人、出租人为担保价款或者租金实现而在该公益设施上保留所有权；（二）以教育设施、医疗卫生设施、养老服务设施和其他公益设施以外的不动产、动产或者财产权利设立担保物权。"《民法典担保制度解释》第37条第1款和第2款分别对"所有权、使用权不明或者有争议的财产""依法被查封、扣押、监管的财产"抵押的法律效果予以阐释："当事人以所有权、使用权不明或者有争议的财产抵押，经审查构成无权处分的，人民法院应当依照民法典第三百一十一条的规定处理。当事人以依法被查封或者扣押的财产抵押，抵押权人请求行使抵押权，经审查查封或者扣押措施已经解除的，人民法院应予支持。抵押人以抵押权设立时财产被查封或者扣押为由主张抵押合同无效的，人民法院不予支持。"

三、典型案例

（一）朱某民、夏某华民间借贷纠纷案[①]

［基本案情］2012年5月29日，夏某华向朱某民借款250 000元，并向朱某民出具欠据一份，欠据中载明："贰拾伍万元"，无利息及还款期限内容。同日，夏某华、孙某英为朱某民出具收据一份，载明："收到付房款贰拾

① 参见辽宁省鞍山市中级人民法院（2021）辽03民终2075号民事判决书。

伍万元。”朱某民与孙某英于同日在岫岩满族自治县房地产管理处办理房屋所有权备案登记。借款后，夏某华通过银行转账和微信转账向朱某民转款合计 87 100 元。夏某华于 2019 年 7 月 23 日一次性偿还朱某民借款本金 140 000 元，朱某民为其出具收条。夏某华共计偿还朱某民借款 227 100 元，尚欠借款 22 900 元未偿还。朱某民向法院提起诉讼，要求夏某华偿还借款，并由孙某英对上述债务承担连带保证责任。

［**法院裁判**］关于孙某英是否承担连带责任问题，法院认为，孙某英对案涉款项出具收据及办理房屋相关登记是与本案夏某华借款相关，房屋办理备案登记及出具付房款收据可以起到一定的担保作用。案涉房产登记，出具收条是以房屋买卖形式作出，其真实意思表示是为了给案涉借款做担保，故孙某英与朱某民之间存在抵押担保的法律关系，但房屋抵押权因未登记而未生效。正是由于孙某英与朱某民之间的抵押权并未设立，故朱某民有权要求孙某英在原担保范围内承担赔偿责任。据此，法院判决夏某华向朱某民偿还借款，孙某英在夏某华不履行债务部分，承担赔偿责任。

［**裁判评析**］本案有两个问题值得探讨。其一，孙某英为朱某民出具“收到付房款贰拾伍万元”的收据，并以其自有房产在房产部门办理了房屋所有权备案登记的行为是房屋买卖行为还是担保行为？法院认为这种行为是“名为买卖实为借贷”，签订房屋买卖合同并在房产管理部门备案就是为了保证借款人夏某华能够按期偿还借款利息及本金。原因在于朱某民与夏某华之间真实的意思表示是借款，其与孙某英之间并未形成房屋买卖合意，孙某英出具收据及办理房屋相关登记是与夏某华借款相关，房屋办理备案登记及出具付房款收据可以起到一定的担保作用，故而是担保行为。其二，既然孙某英出具付房款收据以及办理房屋备案登记的行为是担保行为，那么是否是就该房屋为朱某民设立了抵押权呢？法院认为，虽然当事人的真实意思表示是为借款提供担保，又办理了房屋备案登记，实际上可以认为双方是存在抵押担保的法律关系。但是不动产抵押因办理抵押登记而生效，本案并未办理抵押登记，所以抵押权并未设立。

实践中，存在相当一部分通过签订买卖合同为借贷合同提供担保的情形，在现有法律框架内公平处理此类案件的确颇具难度。应当说，法院在充分探究双方当事人真实意思表示的基础上对孙某英行为的性质作出了准确的认定。同时，根据《民法典》第 394 条、第 402 条对抵押权是否设立作出判定，清楚地解释了抵押担保法律关系与抵押权的设立之间的关系。

（二）上海浦东发展银行股份有限公司南宁分行、广西卓尚置业投资有限公司金融借款合同纠纷案[①]

［**基本案情**］2013年1月30日，广西卓尚置业投资有限公司（以下简称卓尚公司）与上海浦东发展银行股份有限公司南宁分行（以下简称浦发银行南宁分行）签订《融资额度协议》，约定卓尚公司可以委托贷款方式向银行申请融资，额度2亿元，期限两年。同日，卓尚公司与浦发银行南宁分行签订《最高额抵押合同》，约定卓尚公司以土地使用权和在建工程为上述融资额度协议项下主债权以及由此产生的利息（包括利息、罚息和复利）、违约金、损害赔偿金、手续费及其他为签订或履行《最高额抵押合同》而发生的费用以及抵押权人实现担保权利和债权所产生的费用（包括但不限于诉讼费、律师费、差旅费等）设置最高额抵押担保。双方办理了抵押登记手续，浦发银行南宁分行取得防港他项（2013）第B2013–040号、（2013）第B2013–020号土地他项权证以及D20130238号在建工程抵押登记证明。浦发银行南宁分行请求法院判决确认对防城港防城镇群星大道的土地使用权［权证编号：防港国用（2009）第B0525061号，他项权证号：（2013）第B2013–040号、（2013）第B2013–020号］及地上建筑物享有抵押权，并对依法处置该土地使用权及其地上建筑物所得价款享有优先受偿权；对防城港防城镇群星大道的在建工程（他项权证号：D20130238）享有抵押权，并对依法处置该在建工程所得价款享有优先受偿权。

［**法院裁判**］本案争议点在于关于浦发银行南宁分行对涉案抵押物是否享有优先受偿权的问题。因涉案五份委托贷款合同的签订以及贷款的发放均在《融资额度协议》约定期限内，因此，浦发银行南宁分行基于委托贷款合同享有的本金和利息债权属于《融资额度协议》项下债权，亦属于《最高额抵押合同》的担保范围，浦发银行南宁分行对涉案抵押的土地使用权以及在建工程抵押在16 217万元本金及其利息范围内享有优先受偿权。但是，根据2007年《物权法》第200条[②]“建设用地使用权抵押后，该土地上新增的建筑物不属于抵押财产。该建设用地使用权实现抵押权时，应当将该土地上新增的建筑物与建设用地使用权一并处分，但新增建筑物所得的价款，抵押权人无权优先受偿”的规定，浦发银行南宁分行主张对涉案土地［他项

① 参见最高人民法院（2019）最高法民终805号民事判决书。

② 对应《民法典》第417条。

权证号：（2013）第 B2013-040 号、（2013）第 B2013-020 号］上的建筑物（D20130238 号在建工程抵押登记证明项下在建工程除外）享有抵押权，于法无据，法院不予支持。

［**裁判评析**］本案争议的焦点是浦发银行南宁分行对涉案土地上的建筑物是否享有优先受偿权。按照《民法典》第 397 条规定，以建设用地使用权抵押的，该土地上的建筑物一并抵押。若抵押人未依据前款规定一并抵押的，未抵押的财产视为一并抵押。浦发银行南宁分行对涉案土地［他项权证号：（2013）第 B2013-040 号、（2013）第 B2013-020 号］的土地使用权进行了抵押，如果该土地上存在建筑物，原则上应当与该土地使用权一并抵押，若未对建筑物设定抵押，该土地上的建筑物视为一并抵押。但例外情况是《民法典》第 417 条的规定："建设用地使用权抵押后，该土地上新增的建筑物不属于抵押财产。"因此，本案中涉案土地上的建筑物是否是新增的建筑物是判定浦发银行南宁分行对其是否享有优先受偿权的关键因素。判定建筑物是否是"新增"，关键在于该建筑物是否是建设用地使用权抵押权设立之后新增建的建筑物。如果仅仅是签订了建设用地使用权抵押合同而尚未办理抵押登记，建设用地使用权抵押权并未设立，此时在该用地范围内的新增建筑物不能适用《民法典》第 417 条，抵押权人亦无权就新增建筑物优先受偿。虽然浦发银行南宁分行主张本案涉案土地上的建筑物在办理土地抵押登记前已经建设完毕，但是其提交的证据不足以证明该建筑物在办理土地使用权抵押时即已存在。因此，法院对其主张涉案土地上的建筑物享有优先受偿权的请求不予支持。至于在建建筑物在《民法典》第 395 条抵押财产的范围之内，则可就其抵押权优先受偿。

（三）中国银行股份有限公司六盘水分行、盘水市凉都人民医院有限公司金融借款合同纠纷案[①]

［**基本案情**］2015 年 11 月 5 日，中国银行股份有限公司六盘水分行（以下简称中国银行六盘水分行）与盘水市凉都人民医院有限公司（以下简称凉都医院公司）签订《最高额抵押合同》，约定凉都医院公司以其土地使用权为中国银行六盘水分行对其享有的债权设定抵押。经法院查明，2014 年 9 月 28 日，凉都医院公司向六盘水市市场监督管理局申请设立，凉都医院系凉都医

① 参见最高人民法院（2020）最高法民申 5054 号民事裁定书。

院公司独资设立的民办非企业单位。2016 年 4 月 17 日，凉都医院取得《医疗机构执业许可证》，副本载明凉都医院的经营性质为非营利性（非政府办）。2016 年 12 月 5 日，六盘水市民政局向凉都医院颁发《民办非企业单位登记证书》。另据法院查明，凉都医院公司名下用以设定抵押的案涉土地使用权，系通过拍卖方式受让取得，六盘水市国土资源局国有土地使用权挂牌出让公告载明，案涉土地用途为医疗卫生用地，案涉借款也是用于凉都医院基础设施建设和医疗卫生设施。因对《最高额抵押合同》效力产生争议，中国银行六盘水分行请求法院判定其与凉都医院公司签订的《最高额抵押合同》真实有效。

［**法院裁判**］首先，凉都医院公司系贵州汉方资产管理公司和六盘水市医院出资设立的有限责任公司，凉都医院公司独资设立的凉都医院系经民政部门批准的民办非企业单位，经营性质为非营利性的医疗卫生机构。其次，凉都医院于 2014 年 12 月开始建设，中国银行六盘水分行与凉都医院公司 2015 年 11 月 5 日签订案涉《最高额抵押合同》时，凉都医院主体建筑已基本建成，中国银行六盘水分行应当知道案涉土地实际用于医疗卫生目的，且凉都医院体检中心、部分门诊及住院部已投入使用。据此可知，案涉土地使用权虽登记在凉都医院公司名下，但该土地使用权是该公司为建设凉都医院项目而取得，且凉都医院在民政部门申请登记时提交的凉都医院公司出具的证明载明，案涉土地由医院免费使用，案涉土地用途为医疗卫生用地。根据 2007 年《物权法》第 182 条规定的“房地一体”原则，案涉土地使用权应认定为 2007 年《物权法》第 184 条第 3 项和 1995 年《担保法》第 37 条第 3 项规定的医疗卫生设施，属于依法不得设定抵押的财产。[①] 据此确认案涉《最高额抵押合同》因违反法律、行政法规强制性规定无效、中国银行六盘水分行就案涉土地使用权不享有优先受偿权。

［**裁判评析**］本案的焦点虽然在于对案涉《最高额抵押合同》是否有效的确认，但从本质上讲是对案涉土地使用权是否属于依法不得设定抵押财产的争议。凉都医院虽然是民办非企业单位，但各种证据证明案涉土地用途为医疗卫生用地，案涉借款也是用于凉都医院基础设施建设和医疗卫生设施，且根据抵押合同订立的时间判断，中国银行六盘水分行在订立《最高额抵押合同》时应当知道案涉土地实际用于医疗卫生目的。根据《民法典》第 399 条

① 2007 年《物权法》第 182 条对应《民法典》第 397 条，2007 年《物权法》第 184 条第 3 项、1995 年《担保法》第 37 条第 3 项对应《民法典》第 399 条第 3 项。

第三项规定，“下列财产不得抵押……（三）学校、幼儿园、医疗机构等为公益目的成立的非营利法人的教育设施、医疗卫生设施和其他公益设施”。学校、幼儿园、医院从事的都是公益事业，其目的不是营利。不允许以它们的教育设施、医疗卫生设施抵押，是为防止在抵押权实现后，改变它们的社会公益性质。因此，本案中案涉土地仍属于不得抵押的范围，中国银行六盘水分行对该土地使用权不享有优先受偿权。

四、法律风险防范

（一）登记的抵押权人与实际抵押权人不一致

担保物权仅为担保主债权的清偿而设立，具有从属性。因此，主债权债务关系中的债权人与担保物权关系中的担保物权人应具有同一性。抵押权关系也是如此，抵押权人应为主债权债务关系中的债权人。但实践中，登记的抵押权人与实际的债权人（实际抵押权人）不一致的情形却不在少数。此种情形下，当抵押权条件成就时，如何实现抵押权会引起争议。

登记的抵押权人与实际债权人不一致，是指真实债权人并非抵押登记簿上所记载之人。此种不一致又可区分为债务人知情的不一致与债务人不知情的不一致。债务人不知情的不一致，是指真正的债权人与第三人约定，由第三人以自己的名义与债务人订立借贷合同且与抵押人订立抵押合同，并进行抵押登记，而债务人对真正债权人与第三人之间的约定并不知情。该情形下，虽实际债权人与登记的抵押权人不一致，但由于债务人对真正债权人并不知晓，其真实意思是与该第三人订立借贷合同并设立抵押，法律效果应归于债务人和第三人。此种情形类似间接代理，“间接代理是指代理人为被代理人的利益而以自己的名义实施法律行为的代理”[①]。被代理人与相对人之间不存在直接的法律关系，法律效果不能直接归属于被代理人，仅就代理人和相对人之间予以约束。

债务人知情的不一致的情形往往出现在委托贷款关系中。《民法典》第925条规定：“受托人以自己的名义，在委托人的授权范围内与第三人订立的合同，第三人在订立合同时知道受托人与委托人之间的代理关系的，该合同直接约束委托人和第三人；但是，有确切证据证明该合同只约束受托人和第

① 梁慧星：《中国民法典草案建议稿附理由·总则编》，法律出版社2004年版，第231页。

三人的除外。”基于委托关系订立的借款合同，虽由受托银行与借款人订立，但在借款人知晓是委托人和受托银行的代理关系，效力直接约束委托人和借款人，委托人可直接向借款人主张权利。但若为担保借款合同的履行而设定抵押权，由于登记的抵押权人与主债权债务关系的债权人应为一致，登记的抵押权人须是受托银行。此时，实际的抵押权人是委托人，登记的抵押权人则是受托银行。虽登记的抵押权人与实际的抵押权人不一致，但由于案涉抵押贷款法律关系，受托银行的代理效果应归于委托人，委托人可以自己的名义直接向抵押人主张以受托银行名义设立的抵押权。①

除委托贷款法律关系中登记抵押权人与实际抵押权人不一致外，还有债务发行中登记抵押权人与实际抵押权人不一致、基于委托关系导致登记抵押权人与实际抵押权人不一致等情形。《民法典担保制度解释》第 4 条对上述情形的处理方式予以明确：“有下列情形之一，当事人将担保物权登记在他人名下，债务人不履行到期债务或者发生当事人约定的实现担保物权的情形，债权人或者其受托人主张就该财产优先受偿的，人民法院依法予以支持：（一）为债券持有人提供的担保物权登记在债券受托管理人名下；（二）为委托贷款人提供的担保物权登记在受托人名下；（三）担保人知道债权人与他人之间存在委托关系的其他情形。”依据本条规定，存在委托关系的债权债务关系中，若担保人对实际债权人与登记权利人的委托关系知晓，实际债权人或其受托人均可向担保人主张该登记的担保物权。

（二）在建建筑物抵押

设立在建建筑物抵押权的，需要注意满足以下条件：

第一，该在建工程已获相关行政许可。通常来说，在土地审批手续上，要取得国有建设用地使用权证和建设用地规划证；根据《城乡规划法》《建筑法》《建筑工程施工许可管理办法》的规定，在城市、镇规划区内的建设工程还要取得建设工程规划许可证和施工许可证。但根据《建筑工程施工许可管理办法》第 2 条第 2 款的规定，工程投资额在 30 万元以下或者建筑面积在 300 平方米以下的建筑工程，可以不申请办理施工许可证。

第二，抵押合同的内容应符合相关规定。《城市房地产抵押管理办法》第

---

① 参见高圣平：《民法典担保制度及其配套司法解释理解与适用》（上），中国法制出版社 2021 年版，第 390 页。

28条对此作出规定："以在建工程抵押的，抵押合同还应当载明以下内容：（一）《国有土地使用权证》、《建设用地规划许可证》和《建设工程规划许可证》编号；（二）已交纳的土地使用权出让金或需交纳的相当于土地使用权出让金的款额；（三）已投入在建工程的工程款；（四）施工进度及工程竣工日期；（五）已完成的工作量和工程量。"

第三，对在建工程抵押的解释。《城市房地产抵押管理办法》第3条第5款规定："本办法所称在建工程抵押，是指抵押人为取得在建工程继续建造资金的贷款，以其合法方式取得的土地使用权连同在建工程的投入资产，以不转移占有的方式抵押给贷款银行作为偿还贷款履行担保的行为。"根据该条款的表述，对在建工程抵押的解释要符合以下几方面的要件：其一，在建工程抵押的目的只能是抵押人"为取得在建工程继续建造资金的贷款"，即以在建工程抵押获取的融资只能用于在建工程继续建造，不能用于其他目的；其二，以在建工程抵押，须将建设土地使用权和正在建造的建筑物同时抵押；其三，抵押人须为债务人，排除了第三人用在建工程抵押的可能性。

（三）划拨建设用地使用权抵押

根据《民法典》第347条规定，建设用地使用权的设立可以采取出让或划拨的方式。《城市房地产管理法》第23条第1款对土地使用权划拨的含义进行了规定："土地使用权划拨，是指县级以上人民政府依法批准，在土地使用者缴纳补偿、安置等费用后将该幅土地交付其使用，或者将土地使用权无偿交付给土地使用者使用的行为。"由于划拨土地使用权属于无偿的方式，在使用时通常需要具备以下三个要件：（1）使用目的具有公益性；（2）要按照规定的用途开发、利用土地；（3）划拨土地一般情况下不得转让、出租、抵押。《城镇国有土地使用权出让和转让暂行条例》第45条第1款规定："符合下列条件的，经市、县人民政府土地管理部门和房产管理部门批准，其划拨土地使用权和地上建筑物、其他附着物所有权可以转让、出租、抵押：（一）土地使用者为公司、企业、其他经济组织和个人；（二）领有国有土地使用证；（三）具有地上建筑物、其他附着物合法的产权证明；（四）依照本条例第二章的规定签订土地使用权出让合同，向当地市、县人民政府补交土地使用权出让金或者以转让、出租、抵押所获收益抵交土地使用权出让金。"依据该条款，以划拨方式设立的建设用地使用权及地上建筑物、附着物抵押的，抵押人限于公司、企业、其他经济组织和个人，设立抵押必须经过市、县人民政府土地管理部门和房产管理部门批准，且签订过建设用地使用权出让合同，并补交土地使用权出让金或者以转让、出租、抵押所获收益抵交土地使用权出让金。究其实质是经合法程序将划拨建设用地转为出让建设用地再进行抵押。

除此之外，《城市房地产管理法》第 51 条也对划拨建设用地抵押予以认可，并对抵押实现时出让金的补缴进行了规定："设定房地产抵押权的土地使用权是以划拨方式取得的，依法拍卖该房地产后，应当从拍卖所得的价款中缴纳相当于应缴纳的土地使用权出让金的款额后，抵押权人方可优先受偿。"但该条规定的适用范围仅限房地产交易，是划拨建设用地使用权抵押权实现时的特殊规则。

回归到《民法典》内部体系，《民法典》第 395 条第 1 款第 2 项规定："债务人或者第三人有权处分的建设用地使用权可以抵押"，未明确指出划拨建设用地是否属于债务人或第三人有权处分的财产，但第 399 条也未将划拨方式设立的建设用地使用权纳入禁止抵押财产的范围。由此可见，《民法典》为划拨建设用地使用权的抵押留下了充足的解释空间，且从条文体系来看，并不排斥划拨建设用地使用权的抵押。《民法典担保制度解释》第 50 条第 2 款规定："当事人以划拨方式取得的建设用地使用权抵押，抵押人以未办理批准手续为由主张抵押合同无效或者不生效的，人民法院不予支持。已经依法办理抵押登记，抵押权人主张行使抵押权的，人民法院应予支持。抵押权依法实现时所得的价款，参照前款有关规定处理。"该条款不仅承认划拨建设用地使用权抵押合同的效力，还进一步认可了办理了抵押登记的划拨建设用地使用权可以设定抵押权，但也指出抵押权依法实现时所得的价款应当优先用于补缴建设用地使用权出让金。

对划拨建设用地上的建筑物抵押的，《民法典担保制度解释》第 50 条第 1 款同样给出肯定的答复："抵押人以划拨建设用地上的建筑物抵押，当事人以该建设用地使用权不能抵押或者未办理批准手续为由主张抵押合同无效或者不生效的，人民法院不予支持。抵押权依法实现时，拍卖、变卖建筑物所得的价款，应当优先用于补缴建设用地使用权出让金。"据此可知，对划拨建设用地上建筑物抵押的，抵押合同有效；抵押权依法实现时，也应当优先用于补缴建设用地使用权出让金。

（四）抵押权与建筑工程承包人优先受偿权的关系

司法实践中，需要注意抵押权与建筑工程承包人优先受偿权的关系。2002年6月20日，最高人民法院公布的《关于建设工程价款优先受偿权问题的批复》[①] 对此有所解释："一、人民法院在审理房地产纠纷案件和办理执行案件中，应当依照《中华人民共和国合同法》第二百八十六条的规定，认定建筑工程的承包人的优先受偿权优于抵押权和其他债权。二、消费者交付购买商品房的全部或者大部分款项后，承包人就该商品房享有的工程价款优先受偿权不得对抗买受人。三、建筑工程价款包括承包人为建设工程应当支付的工作人员报酬、材料款等实际支出的费用，不包括承包人因发包人违约所造成的损失。四、建设工程承包人行使优先权的期限为六个月，自建设工程竣工之日或者建设工程合同约定的竣工之日起计算。"由此可见，抵押权虽具有优先受偿性，但为了保护建设工程中工人的报酬及承包人的材料款，建设工程价款优先于抵押权受偿。

第二节　抵押权设立纠纷

《民法典》规定的抵押权为意定抵押权，原则上应通过法律行为而取得。《民法典》第400条规定了债权人与债务人或第三人须通过订立抵押合同的形式设定抵押权。抵押合同自成立时生效，抵押合同的生效，为抵押权的设定奠定基础法律关系，是抵押权设定的必要非充分条件。抵押权的设立除满足合法有效的抵押合同的条件以外，还要符合物权变动的公示原则。对此，《民法典》第402条规定了不动产抵押权的设立采取登记生效主义，第403条规定了动产抵押权的设立采取登记对抗主义。结合《民法典》第215条规定，订立抵押合同的行为是在当事人之间创设与抵押权设定相关的权利义务关系，是物权变动的原因行为；抵押权的设立是基于合法有效的抵押合同产生的结果，属于物权变动的行为。

---

① 该批复虽现已失效，但实践中仍具指导意义。

一、相关法条

《中华人民共和国民法典》（2020 年 5 月 28 日）

第四百条 设立抵押权，当事人应当采用书面形式订立抵押合同。

抵押合同一般包括下列条款：

（一）被担保债权的种类和数额；

（二）债务人履行债务的期限；

（三）抵押财产的名称、数量等情况；

（四）担保的范围。

第四百零一条 抵押权人在债务履行期限届满前，与抵押人约定债务人不履行到期债务时抵押财产归债权人所有的，只能依法就抵押财产优先受偿。

第四百零二条 以本法第三百九十五条第一款第一项至第三项规定的财产或者第五项规定的正在建造的建筑物抵押的，应当办理抵押登记。抵押权自登记时设立。

第四百零三条 以动产抵押的，抵押权自抵押合同生效时设立；未经登记，不得对抗善意第三人。

二、要旨释义

（一）抵押合同的形式与内容

《民法典》第 400 条是关于抵押合同的形式与内容的规定。对于抵押合同的订立形式，当事人需通过签订抵押合同的方式约定设立抵押权，且抵押合同是要式合同，须以书面形式订立。之所以这样规定，是考虑到抵押合同涉及的财产数额往往较大，法律关系较为复杂，尤其抵押人是债务人以外第三人的情况，因涉及第三人的利益，更需要求当事人以审慎的态度保全证据，故对形式予以严格要求。当然，抵押合同可以是抵押权人与抵押人就抵押权设立事项单独订立的书面合同，也可以是抵押担保的主债权合同中的一项或几项条款。

关于抵押合同的内容，主要包括以下条款：

其一，被担保债权的种类、数额。被担保债权的种类，主要是对被担保的主债权的性质予以表明，如买卖、租赁、借贷等。担保的债权，可以是财务之债，也可以是劳务之债。约定被担保主债权的数额是对抵押人所要承担的担保责任范围的限定，尤其在当事人没有约定担保范围时，可依据被担保主债权的数额来判定其承担的担保责任的范围。该条款的约定旨在明确抵押权发生的根据，也可据此确定抵押权人在实现抵押权时优先受偿的范围。

其二，债务人履行债务的期限。抵押权实现的条件是债务人不履行到期债务，主债务的履行期限关系到抵押权人能否顺利就抵押财产变价额优先受偿，关系到抵押人是否即刻要承担担保责任，对当事人的利益都至关重要。因此，明确约定债务人履行债务的期限十分必要。再者，明确主债务履行期间，也便于抵押人在主债务清偿期届满前，对抵押财产有预期的合理安排使用，也可使抵押财产能够发挥更大的价值。如抵押合同未约定债务人履行的期限，可根据《民法典》第510条和第511条的规定予以确定。

其三，抵押财产的名称、数量等情况。抵押财产的名称、数量是显示抵押财产整体价值的重要指征，是抵押合同能否有效履行以及抵押权能否顺利实现的关键因素。《民法典》第400条旨在使抵押财产特定化，便于抵押权的实现。为进一步改善营商环境，顺应未来财产担保化的制度需求，赋予当事人更多的自主权，《民法典》将原《物权法》第185条抵押合同条款中的“抵押财产的名称、数量、质量、状况、所在地、所有权归属或者使用权归属”修改为“抵押财产的名称、数量等情况”，更多的是起到倡导作用。实践中，除名称、数量外，抵押合同还可就抵押财产的质量、状况、所有权归属等其他相关情况予以约定。这在《民法典担保制度解释》第53条也有所体现：“当事人在动产和权利担保合同中对担保财产进行概括描述，该描述能够合理识别担保财产的，人民法院应当认定担保成立。”

其四，担保的范围。担保范围，是指抵押人就抵押财产设定抵押，其所要承担的担保责任的范围。抵押担保范围由当事人在抵押合同中约定，如无约定，则依法推定为主债权、利息、违约金、损害赔偿金、实现抵押权的费用。当事人可以选择就上述一项或几项进行约定，但主债权是抵押合同中必须约定的。

（二）流抵契约的效力

《民法典》第401条是对流抵契约效力的规定。与原《物权法》第186条相比，删除了“不得”二字，增加了“只能依法就抵押财产优先受偿”的文字表述，体现出对流抵契约态度的缓和与有限承认。

流抵契约，又称为“流押契约”“流质契约”，是指当事人在设立抵押权时约定，当债务人不履行债务时，由债权人取得抵押财产所有权的合同。从法制史上看，自罗马法以来，许多国家立法例对流抵契约予以禁止的原因在于防止债权人利用优势地位对债务人进行盘剥，从而造成债权人和债务人的利益严重失衡。我国原《担保法》《物权法》对流抵契约也予以严格禁止，亦是出于该契约不利于保护抵押人的利益，有违民法平等、公平的法律原则。

随着近年来让与担保制度在一些国家和地区被承认，学者们开始关注流抵契约绝对禁止的合理性。让与担保制度的特质就在于设定担保权时即移转标的物的所有权予债权人，这和流抵契约有着相似之处。然而，实质上的区别在于，让与担保制度中担保权人只是暂时取得担保物的所有权，在债务人不履行到期债务时，担保权人仍负有清算义务。而流抵契约却约定，当债务人不履行到期债务时，抵押权人取得抵押财产的所有权。债务人举债多处于困窘之境，如允许订立这样内容的条款，势必债权人可借优势地位迫使债务人以高价财物供作较小债权的担保，待债务人到期不能清偿，债权人便可轻易取得担保物的所有权，取得超出债权本身价值的不当利益。让与担保之所以具备其妥当性，也恰恰在于债权人并不能不经任何程序就取得担保物，而是要经过清算程序，最终取得和自己债权同等价值的价款。

在民法典编纂过程中，有意见提出，物权法规定当事人在债务履行期限届满前，不得约定债务人不履行到期债务时抵押财产归债权人所有，但是没有明确规定如果进行了这样的约定，该约定的效力如何。对此，一些意见认为，应当明确规定流押条款无效，这才符合禁止流押的宗旨。另一些意见认为，如果当事人约定了流押条款，那么当事人之间抵押担保的法律关系的效力如何进一步明确。可以在允许抵押权人取得抵押财产所有权的前提下，强制性地对抵押权人课以清算义务，即对抵押财产价值超过债权部分应当返还抵押人，不足清偿担保债权的部分，仍由债务人清偿。在对《民法典物权编草案》进行二次审议以及向社会各界征求意见时，有的专家学者、单位提出，为进一步优化营商环境，建议完善草案中有关流押条款、流质条款的效力，明确当事人事先作出此类约定的，仍享有担保权益，但是只能依法就抵押财产或者质押财产优先受偿。宪法和法律委员会经研究，建议采纳这一意见。[①]

最终，《民法典》明确了流押条款的效力，第 401 条规定，抵押权人在债

① 参见黄薇主编:《中华人民共和国民法典物权编释义》，法律出版社 2020 年版，第 498~499 页。

务履行期限届满前，与抵押人约定债务人不履行到期债务时抵押财产归债权人所有的，只能依法就抵押财产优先受偿。《最高人民法院关于适用〈中华人民共和国民法典〉时间效力的若干规定》以下第 7 条进一步说明：民法典施行前，当事人在债务履行期限届满前约定债务人不履行到期债务时抵押财产或者质押财产归债权人所有的，适用《民法典》第 401 条和第 428 条的规定。即按照《民法典》对抵押权实现方式的规定予以受偿。

（三）不动产抵押未登记的法律效力

《民法典》第 402 条是关于不动产抵押登记的规定。以建筑物和其他土地附着物、建设用地使用权、海域使用权、正在建造的建筑物等这些不动产抵押的，应当办理抵押登记。财产抵押登记，是对设定抵押权的公示，是抵押权获得公信力的重要途径。债权人可以通过抵押登记查看抵押财产的权属关系以及是否已设定抵押，从而决定是否接受将该财产用于抵押担保。因此，抵押登记有利于保护债权人的权利和抵押权担保功能的顺利实现，有利于保护第三人利益和维护交易安全。《民法典》第 209 条第 1 款规定："不动产物权的设立、变更、转让和消灭，经依法登记，发生效力；未经登记，不发生效力，但是法律另有规定的除外。"这就表明，我国对不动产物权采取的是登记生效主义。结合第 402 条的规定，我国不动产抵押权亦采取了登记生效主义，即抵押权的设定以登记作为生效要件，未经登记，抵押权不发生法律效力，对当事人也就没有任何约束力，更不能对抗善意第三人。

但如果不动产抵押合同依法成立，却未办理不动产抵押登记，会发生怎样的法律效力呢？按照《民法典》第 215 条规定："当事人之间订立有关设立、变更、转让和消灭不动产物权的合同，除法律另有规定或者当事人另有约定外，自合同成立时生效；未办理物权登记的，不影响合同效力。"该条规定被视为我国民事立法确立的区分原则。据此可知，不动产抵押合同依法成立，但未办理不动产抵押登记的情况下，抵押权未设立，但抵押合同有效。那么未办理登记的不动产抵押合同的效力如何？债权人的利益如何保护？抵押人应承担什么责任？《全国法院民商事审判工作会议纪要》第 60 条对此作出规定："不动产抵押合同依法成立，但未办理抵押登记手续，债权人请求抵押人办理抵押登记手续的，人民法院依法予以支持。因抵押物灭失以及抵押物转让他人等原因不能办理抵押登记，债权人请求抵押人以抵押物的价值为限承担责任的，人民法院依法予以支持，但其范围不得超过抵押权有效设立时抵押人所应当承担的责任。”换言之，债权人可从三个方面保护自己的权益：其一，在不动产抵押合同依法成立，但未办理抵押登记手续的情形下，债权人可请求抵押人继续办理抵押登记手续的，即请求抵押人实际履行合同。原因在于，在登记生效的情形，登记请求权的性质为债权请求权。债权人作为登记请求权人，可以向抵押人主张办理抵押登记，抵押人作为抵押义务人应当协助。若是抵押人不按照合同约定履行协助登记的义务，债权人可以通过司法救济的途径实现登记请求权。[①] 其二，合同生效但履行不能的情形下，一方或双方当事人可解除合同。因抵押物灭失以及抵押物转让他人等原因不能办理抵押登记的，以抵押权的设立保障主债权的缔约目的便无法实现，债权人或抵押人均可解除抵押合同。若是因债权人原因导致抵押权登记不能办理或是在约定期限内不能办理的，抵押人有权解除合同；因抵押人在约定的办理登记期间内明确拒绝办理抵押权登记，或在约定的办理登记期间届满后，经催告在合理期限内仍拒绝办理抵押权登记的，债权人有权解除合同。其三，因抵押物灭失以及抵押物转让他人等原因不能办理抵押登记，债权人可请求抵押人以抵押物的价值为限承担违约责任，且承担范围不得超过抵押权有效设立时抵押人所应当承担的责任，也即抵押人的违约责任承担范围是以抵押财产的价值为限。

（四）动产抵押权登记公示的法律效力

《民法典》第 403 条是关于动产抵押效力的规定。根据《民法典》第 395 条第 1 款第 4 项至第 6 项的规定以及第 396 条动产浮动抵押的规定，以生产设备、原材料、半成品、产品，船舶、航空器，交通运输工具等抵押的，均属于动产抵押。动产抵押权设定的登记，采用了登记对抗主义，即抵押权不以登记为生效要件，但未办理登记，不得对抗善意第三人。虽然抵押登记发挥着明晰财产物上负担的作用，便于债权人与买受人查看权属关系，明确抵押权的顺位设定，避免交易风险，有利于维护债权人与合法买受人的利益以及正常社会经济秩序，预防纠纷的发生，但相对于不动产抵押，动产价值相对较小，且流动性较强，即使办理了抵押登记，也不能避免抵押人将抵押财产转让给第三人，加之动产抵押尤其是浮动抵押多是为了解决中小企业、个体工商户、农业生产经营者贷款难的问题，一些偏远落后地区又存在办理抵

---

① 孙宪忠、朱广新主编：《民法典评注：物权编・4》，中国法制出版社 2020 年版，第 137 页。

押登记困难的情形，所以，以动产抵押的，抵押权自抵押合同生效时设立，当事人可以选择办理抵押登记，也可以不办理抵押登记。

尽管动产抵押可以不办理抵押登记，但和办理抵押登记的法律后果是不同的。未办理抵押登记，不得对抗善意第三人。这主要包含两层含义：第一，抵押合同签订后，若抵押人将抵押财产转让给善意第三人，则抵押权人无权追偿，但可要求抵押人提供新的担保，或要求其偿还债务。第二，抵押合同签订后，若抵押人就该抵押财产再次设定抵押，后顺位的抵押权人办理了抵押登记，在抵押权实现时，办理抵押登记的后顺位抵押权人优先于未办理登记的抵押权人对抵押财产进行受偿。

三、典型案例

（一）庞某云与梁某超等借款合同纠纷案[①]

［基本案情］翁某与罗某辉、梁某超系朋友关系，双方相识多年。2014年9月20日，翁某与罗某辉、梁某超签署《借款协议》，约定：梁某超、罗某辉（乙方）向翁某（甲方）借款人民币1000万元，乙方应根据甲方要求及时提供必要的资料和证明文件，并提供相关借款担保。罗某辉在该协议上手写“担保为乙方于××花园××号××室、××花园××楼××室住房及北京同仁堂14家店面”。2018年3月2日，罗某辉、梁某超向翁某出具《还款保证书》。2019年4月20日，庞某云向翁某出具《说明》，写明“2014年10月1日罗某辉、梁某超向翁某借款人民币壹仟万元整，担保物的主体是：××花园××号××室。但是到2017年4月19日此房屋置换到现在住的××路××弄××号××室，且权利人改为女儿庞某云。庞某云完全知晓认可上述债务，愿意以此房产承担还款担保责任。特此说明并立据”。其中，该《说明》上添加的“愿意以此房产”字样系由罗某辉书写，庞某云在该添加处签名并书写日期。2020年6月27日，翁某在罗某辉、梁某超、庞某云在场的情况下，要求庞某云就××路××室房屋承担抵押担保责任事宜再次书面签字确认，遭庞某云拒绝。

另查明，2008年2月该房屋产权登记在梁某超、庞某云名下。梁某超、庞某云于2017年1月将××花园××室房屋出售给案外人，庞某云于2017

① 参见上海市第一中级人民法院（2021）沪01民终14825号民事判决书。

年3月购买了上海市××路××弄××号××室房屋，××路××室房屋登记在庞某云一人名下，购买该房屋时因申请商业贷款办理了抵押登记，抵押权人为建设银行上海卢湾支行。2018年1月14日，翁某和庞某云就××路××室房屋向不动产登记管理部门申请办理余额抵押登记，抵押权人为翁某，抵押人为庞某云。翁某于2018年1月19日取得了抵押权登记，后罗某辉、梁某超、庞某云提出，××路××室房屋已经有银行贷款抵押登记，不能再作余额抵押给他人，必须撤销翁某的余额抵押登记。翁某遂表示同意解除抵押登记。2018年3月3日，翁某向不动产登记管理部门申请注销××路××室房屋抵押权，注销原因为抵押合同被解除。2021年6月1日，因贷款还清，××路××室房屋贷款银行作为抵押权人申请注销抵押登记，同月，庞某云将××路××室房屋出售给案外人，并于2021年6月22日办理完产权变更手续。翁某向法院请求由庞某云在上海市长宁区××路××弄××号××室房屋价值范围内对其债权承担连带偿还责任。

［**法院裁判**］2018年庞某云曾与翁某办理××路××室房屋的抵押担保，不存在庞某云对相关债务不清楚的情形；《说明》对债权人与债务人、债权数额、以××路××室房屋担保还款的意思均作出了明确的约定，庞某云作为完全民事行为能力人，对在《说明》上签字的后果具有完全的预见能力，应承担相应的民事责任；并无证据证明翁某或者罗某辉、梁某超存在胁迫庞某云的情形。庞某云与翁某的抵押担保合同合法有效，对双方均具有约束力。庞某云与翁某之间虽然成立不动产抵押合同关系，但双方并未办理抵押登记手续，抵押权并未成立，故翁某对××路××室房屋并不享有优先受偿权。但在罗某辉、梁某超清偿完毕债务前，庞某云自行出售××路××室房屋，导致此后翁某无法要求作为抵押人的庞某云办理抵押登记手续，则翁某要求庞某云以抵押物××路××室房屋的价值为限承担责任，予以支持。

［**裁判评析**］本案主要争议的焦点是《说明》是否可以认定为合法有效的抵押合同。首先，抵押合同要满足合同生效的一般要件，即合同的当事人具备相应的民事行为能力；当事人之间协商一致，意思表示真实；合同的内容不违反法律、行政法规的强制性规定；不违背公序良俗。其次，抵押合同的形式须为书面形式。本案中，《说明》系双方当事人明确且真实的意思表示，不存在欺诈、胁迫等违背当事人真实意思表示的情形，也不违反法律、行政法规的强制性规定。虽然没有以抵押合同或抵押条款的形式呈现，但从其内

容来看，是以房产作为抵押财产来担保《借款协议》的按期履行。故《说明》应视为合法有效的抵押合同。

本案涉及另一个问题是抵押合同和抵押登记的关系。由于涉案房屋未办理抵押登记手续，按照《民法典》第215条规定，虽抵押合同有效，但抵押权并未设立。抵押合同成立后，双方均应按合同约定履行自己的义务，庞某云应在提供其名下房屋进行抵押担保的该《说明》出具后向相应不动产登记部门申请办理抵押登记，但其未申请设立抵押登记，且庞某云在翁某不知情的情况下将该房屋出售他人，导致翁某无法就该房屋的交换价值享有优先受偿权，对翁某构成了违约，庞某云对此应当承担相应的违约责任。

（二）孙某荣、新乡市天龙置业有限公司合同纠纷案[①]

［基本案情］2015年4月10日，因孟某伟的公司资金遇到严重问题，以孟某伟个人和新乡市天龙置业有限公司的名义共同向孙某荣借款100万元，并约定于2015年4月29日偿还，孟某伟同时将案涉两套房产进行了抵押留置，并把房产证交给了孙某荣，因借款到期后孟某伟未能偿还，2015年5月18日孙某荣再次找孟某伟要求还款时，孟某伟保证于2015年6月5日前还款，若到期不还，将案涉两套房产过户给孙某荣。2015年6月5日，孟某伟将案涉房产交付给了孙某荣及其家人，双方进行了交接，孙某荣已经开始占有、使用案涉两套房产。同年6月8日去过户时，发现南阳卧龙区人民法院将该两套房产查封。查明是债权人刘某安在人民法院执行的过程中，发现了债务人孟某伟名下的案涉房产，因此法院进行了查封。孙某荣请求对案涉房产在拍卖、变卖、折价时应当有优先受偿权。

［法院裁判］孙某荣主张其以案涉房产抵账，应享有优先受偿权，根据《民法典》第402条的规定，对建筑物等不动产的抵押应办理抵押登记，抵押权自登记时设立。本案中，孙某荣未对涉案房产进行抵押登记，且双方并未签订合法有效的书面抵押合同，故孙某荣主张的优先受偿权亦不能成立，原审判决驳回其诉讼请求并无不当。

［裁判评析］本案争议的焦点在于若未办理抵押登记，抵押的不动产已交付抵押权人留置占有，抵押权是否设立。根据《民法典》第402条规定，设立不动产抵押权，须办理抵押登记。由于抵押权不转移抵押财产的占有，所

---

① 参见河南省高级人民法院（2020）豫民申7991号民事裁定书。

以不能以交付作为公示方法。我国对不动产抵押权公示原则采取登记生效主义。抵押登记对维护交易安全，保护第三人利益都有重要意义。本案中，正是由于案涉房产没有办理抵押登记，也就无法发生抵押公示的效力，即使债务人将房屋产权证交付债权人留置，且房屋交付债权人使用，因双方未到不动产登记部门办理抵押登记，该房屋仍属于未经担保的一般财产，原告自然无法就其优先受偿。

四、法律风险防范

（一）流抵契约与以物抵债的区分

实践中，要注意区分流抵契约与以物抵债协议，二者的性质是不同的。为避免担保物价值与担保债权额之间的失衡，《民法典》第 401 条虽然对流抵契约认定抵押担保本身有效，但通过确立清算制度，使抵押人不能直接取得抵押财产所有权。《民法典》第 410 条第 1 款规定："债务人不履行到期债务或者发生当事人约定的实现抵押权的情形，抵押权人可以与抵押人协议以抵押财产折价或者以拍卖、变卖该抵押财产所得的价款优先受偿。"据此可知，当债务人不履行到期债务或者发生当事人约定的实现抵押权的情形时，抵押权人可以与抵押人以折价的方式清偿债权达成协议，并由抵押权人取得抵押物的所有权。由此可见，抵押权人与抵押人协议折价实现抵押权的这种方式就具有以物抵债的性质。从行为方式来看，以物抵债和流抵契约都是在债务人不履行到期债务或者发生当事人约定的实现抵押权的情形时，抵押人将抵押财产所有权转移至债权人；从结果上来看，以物抵债和流抵契约都会产生抵押财产所有权转移至债权人所有的法律后果。二者极其相似，实践中往往难以区分。

笔者认为，以物抵债和流抵契约的区分可从以下三方面认定：首先，应以协议订立时间为标准。流抵契约的订立是在债务履行期限届满前，以物抵债协议的订立则不受此时间限制。其次，要判断该契约是否易导致债权人和债务人的利益失衡。可根据抵押物的价值与债权价值是否悬殊，是否经过清算程序等进行评判。正是由于流抵契约中的抵押物价值往往比债权价值高出许多，在实现抵押权时才会严重损害债务人权益；而代物清偿协议是基于当事人的意思自治，且经过了公正公开的清算程序，故而有效。最后，根据二者是否具有担保性质来判断。流抵契约是担保合同中的条款；以物抵债协议不具有担保性质，是对债的履行的变更。流抵契约中的物为抵押物；以物抵债协议中的代替物是债的履行标的。[①]

（二）抵押权的担保范围的确定

《民法典》第 389 条规定了担保物权的担保范围，包括主债权及其利息、违约金、损害赔偿金、保管担保财产和实现担保物权的费用。另外还规定了当事人另有约定的，按照其约定。然而实践中，因不动产登记部门的制式文本未设置担保范围项目，故抵押权人难以就担保范围进行登记。而金融机构的担保合同中往往会明确约定担保范围，包括主债权、利息、违约金及实现债权的费用等。这就不可避免地会出现抵押权登记记载的内容与抵押合同约定内容不一致的情形。此时，应如何确定抵押权的担保范围，实践中难免会产生争议。

对此争议的产生原因，《全国法院民商事审判工作会议纪要》第 58 条作出了解释："以登记作为公示方式的不动产担保物权的担保范围，一般应当以登记的范围为准。但是，我国目前不动产担保物权登记，不同地区的系统设置及登记规则并不一致，人民法院在审理案件时应当充分注意制度设计上的差别，作出符合实际的判断：一是多数省区市的登记系统未设置'担保范围'栏目，仅有'被担保主债权数额（最高债权数额）'的表述，且只能填写固定数字。而当事人在合同中又往往约定担保物权的担保范围包括主债权及其利息、违约金等附属债权，致使合同约定的担保范围与登记不一致。显然，这种不一致是由于该地区登记系统设置及登记规则造成的该地区的普遍现象。人民法院以合同约定认定担保物权的担保范围，是符合实际的妥当选择。二是一些省区市不动产登记系统设置与登记规则比较规范，担保物权登记范围与合同约定一致在该地区是常态或者普遍现象，人民法院在审理案件时，应当以登记的担保范围为准。"《民法典担保制度解释》第 47 条则给予了明确规定："不动产登记簿就抵押财产、被担保的债权范围等所作的记载与抵押合同约定不一致的，人民法院应当根据登记簿的记载确定抵押财产、被担保的债权范围等事项。"

由此可见，当抵押权登记记载的担保范围内容与抵押合同约定内容不一致时，应以登记簿的记载予以确定。至于因地区登记系统设置等问题造成的

---

① 参见刘琨：《以物抵债不宜认定为流质契约》，载《人民司法·案例》2014 年第 2 期。

不一致现象，今后随着不动产登记制度的统一与完善，不动产抵押登记记载的担保范围会逐步规范、细化，该类问题应会随之解决。例如，为落实《民法典》对不动产抵押权的规定，2021 年自然资源部就发布了《关于做好不动产抵押权登记工作的通知》(自然资发［2021］54 号)，其中就对抵押担保范围的记载提出明确要求："明确记载抵押担保范围。当事人对一般抵押或者最高额抵押的主债权及其利息、违约金、损害赔偿金和实现抵押权费用等抵押担保范围有明确约定的，不动产登记机构应当根据申请在不动产登记簿'担保范围'栏记载；没有提出申请的，填写'/'。"

第三节 抵押权效力纠纷

抵押权的效力主要包括抵押权对抵押人的效力、抵押权对抵押权人的效力，即抵押人的权利和抵押权人的权利。抵押人的权利，涵括对抵押物的用益权、设立多个抵押权的权利、于抵押物上为他人设立用益权的权利以及出让抵押物的权利；抵押权人的权利，主要涵括抵押权人的顺位权、对抵押权的处分权、抵押权的保全权、抵押权人的物权请求权、抵押权人的侵权损害赔偿请求权以及抵押权人实行抵押权的权利。[①]《民法典》第 405 条规定了抵押权的设立不影响原租赁合同的效力，肯定了抵押人为他人设立用益权的权利；第 406 条则明确规定抵押人享有出让抵押财产的权利；第 407 条是关于抵押权的让与，而让与抵押权正是抵押权人行使抵押权的处分权的重要表现；第 408 条旨在赋予抵押权人保全其抵押权的权利；第 409 条是抵押权人抵押权顺位的放弃与变更。此外，《民法典》第 404 条对正常经营活动中买受人规则的规定则是对抵押权人、抵押人以外的正常经营活动中已经支付合理价款并取得抵押财产的买受人权利的保护，也纳入了本节抵押权效力的范畴。

---

① 参见梁慧星、陈华彬:《物权法》(第七版)，法律出版社 2020 年版，第 334~335 页。

一、相关法条

《中华人民共和国民法典》（2020 年 5 月 28 日）

第四百零四条 以动产抵押的，不得对抗正常经营活动中已经支付合理价款并取得抵押财产的买受人。

第四百零五条 抵押权设立前，抵押财产已经出租并转移占有的，原租赁关系不受该抵押权的影响。

第四百零六条 抵押期间，抵押人可以转让抵押财产。当事人另有约定的，按照其约定。抵押财产转让的，抵押权不受影响。

抵押人转让抵押财产的，应当及时通知抵押权人。抵押权人能够证明抵押财产转让可能损害抵押权的，可以请求抵押人将转让所得的价款向抵押权人提前清偿债务或者提存。转让的价款超过债权数额的部分归抵押人所有，不足部分由债务人清偿。

第四百零七条 抵押权不得与债权分离而单独转让或者作为其他债权的担保。债权转让的，担保该债权的抵押权一并转让，但是法律另有规定或者当事人另有约定的除外。

第四百零八条 抵押人的行为足以使抵押财产价值减少的，抵押权人有权请求抵押人停止其行为；抵押财产价值减少的，抵押权人有权请求恢复抵押财产的价值，或者提供与减少的价值相应的担保。抵押人不恢复抵押财产的价值，也不提供担保的，抵押权人有权请求债务人提前清偿债务。

第四百零九条 抵押权人可以放弃抵押权或者抵押权的顺位。抵押权人与抵押人可以协议变更抵押权顺位以及被担保的债权数额等内容。但是，抵押权的变更未经其他抵押权人书面同意的，不得对其他抵押权人产生不利影响。

债务人以自己的财产设定抵押，抵押权人放弃该抵押权、抵押权顺位或者变更抵押权的，其他担保人在抵押权人丧失优先受偿权益的范围内免除担保责任，但是其他担保人承诺仍然提供担保的除外。

二、要旨释义

（一）动产抵押不得对抗正常经营活动中的买受人

《民法典》第 404 条是关于动产抵押不得对抗正常经营活动中的买受人

的规定。该条规定是在原《物权法》第181条和第189条基础上修改而来的，原《物权法》将正常经营活动中买受人的保护仅限于动产浮动抵押，而《民法典》将标的物扩大到所有动产的范围，对所有动产抵押采取买受人权利不受追及的保护，实际上是确立了一项新的制度，即动产抵押权无追及效力的制度。

依照《民法典》第404条规定，在正常经营活动中已支付合理价款并取得抵押财产的买受人，可以此为由，对抗该动产的抵押权人行使抵押权。缘由在于：由于抵押期间不转移抵押财产的占有，抵押人可以占有、使用、处分抵押财产。一方面，在浮动抵押的场合，抵押的动产往往是生产设备、原材料、产品等，这些动产在正常经营活动中经常处于流动状态，且只有通过正常交易活动，才能实现这些财产的价值，从而保证抵押人的生产经营活动良性运转，提高经济流转的效率。如果以全部或部分财产进行抵押，又不允许抵押人通过正常经营处分财产，那么抵押人的经营活动便无法开展下去，这与抵押权设置的初衷是违背的。另一方面，其他动产抵押的场合，若抵押的动产本就是企业生产的商品，消费者或其他购买者通过正常经营活动购买到该商品，即使该商品已抵押且登记，但无论是从交易习惯还是从交易成本来看，都不会令买受人负担查询抵押登记的义务。在此情形下，如果允许抵押权人对取得抵押财产的买受人予以追及，不仅会使买受人的利益受到损害，而且会影响抵押人的正常经营，破坏原有的交易秩序。

但是，既然设置了动产抵押制度，对买受人的保护就不能漫无边际，否则抵押权制度就失去了意义。因此，《民法典》第404条的适用有严格的要件限制：其一，买受人是在"正常经营活动中"取得的抵押财产。如何理解"正常经营活动中"？首先，正常经营活动须限于买卖行为，抵押人将已经设定抵押的财产再次设定抵押的行为不属于正常经营活动。[①] 其次，"正常经营活动中"应该是指"出售人"的"正常经营活动中"，且此"出售人"须是"从事那一种物品销售的出售人"。[②] 举例说明，一家以生产销售某机器的企业，出售该机器的行为即是正常经营活动；若是另一家生产销售其他产品的企业，将平时使用的机器出售就不是正常经营活动。其二，买受人须已支付合理价

① 最高人民法院民事审判第二庭编著：《〈全国法院民商事审判工作会议纪要〉理解与适用》，人民法院出版社2019年版，第382页。

② 董学立：《论"正常经营活动中"的买受人规则》，载《法学论坛》2010年第4期。

款。对于合理价款的确定，应参照当时当地的市场价格和交易习惯等因素。如果支付价款的数额与市场价格相去甚远，则不能认为买受人已支付合理价款。其三，买受人已取得抵押财产，即买受人已通过交付取得抵押财产的所有权。具备了以上三个要件，动产抵押中的买受人可以取得抵押财产的所有权，并可对抗抵押权人的追及。

（二）抵押权和租赁权的关系

《民法典》第 405 条是关于抵押权和租赁权关系的规定。抵押权不转移标的物的占有，追求的是抵押财产的交换价值；租赁权则转移标的物的占有，追求的是租赁物的使用价值。当二者同存于一物，抵押人不能履行到期债务，抵押权人要将抵押财产拍卖变卖时，就关系到承租人能否继续租用该财产，影响到承租人的利益，从而导致抵押权与租赁权的冲突。租赁权在权利属性上是债权，抵押权是物权，对此，我国立法采取了“买卖不破租赁”的处理规则。《民法典》第 725 条规定：“租赁物在承租人按照租赁合同占有期限内发生所有权变动的，不影响租赁合同的效力。”根据该规则，租赁关系成立后，即使出租人将租赁财产转让给第三人，该租赁财产上承载的原租赁关系对受让人仍然有效，承租人仍可向受让人主张租赁权，受让人取得的是一项具有租赁权负担的财产所有权。同理，在抵押权设立前租赁权已经存在的情况下，原租赁关系不因抵押权的存在受到影响，租赁权可以对抗抵押权继续有效存在。法律这样规定的目的在于保护承租人的合法权益，防止抵押人通过设立抵押权终止租赁关系或妨碍承租人行使优先购买权。

然而，“抵押不破租赁”还存在一个问题，租赁权是债权，立法上没有债权的公示制度，对该项权利仅限于特定的相对人知晓。抵押权设立在租赁权之后，作为租赁关系之外的交易第三人——抵押权人，难以通过相应的公示方法了解抵押财产上存在的该项债权，以未经公示的债权对抗设立在后的抵押权，对抵押权人来说的确不公。若是抵押人联合承租人恶意串通，虚构租赁合同或是倒签租赁合同，对抵押权人的利益更是难以保障。为防止这一风险的发生，《民法典》第 405 条除阐述抵押财产在抵押权设立前已经出租外，还专门强调了该抵押财产是“已经出租并转移占有的”，即抵押财产的租赁权的成立不能仅凭租赁合同的订立为标准，只有将抵押财产实际转移并占有的租赁权，才能对抗设立在后的抵押权。

（三）抵押财产的转让

《民法典》第406条是关于抵押财产转让的规定。抵押财产的转让是抵押财产处分的一种情形，它既有利于发挥抵押财产的效用，又能将抵押财产的使用价值和交换价值统一结合，可以说充分体现了物权法"物尽其用"的价值目标。在未经抵押权人同意的情况下，抵押人是否可以转让抵押财产，存在两种观点，即自由转让说和限制转让说。自由转让说认为，抵押财产的转让无须经抵押权人的同意，因为抵押权是支配抵押财产交换价值的权利，抵押人对抵押物的处分，对抵押财产的交换价值没有影响，故无干涉之必要。抵押权作为物权的一种，具有物权的绝对效力，理应允许抵押财产的自由转让。限制转让说则出于保障抵押权人利益的目的，认为如果未经抵押权人的同意允许抵押财产的自由转让，极易导致欺诈行为的发生，因此，抵押人转让抵押财产须取得抵押权人的同意。

相较原《物权法》第191条，《民法典》第406条规定有了重大变化。原《物权法》第191条规定："抵押期间，抵押人经抵押权人同意转让抵押财产的，应当将转让所得的价款向抵押权人提前清偿债务或者提存。转让的价款超过债权数额的部分归抵押人所有，不足部分由债务人清偿。抵押期间，抵押人未经抵押权人同意，不得转让抵押财产，但受让人代为清偿债务消灭抵押权的除外。"二者不同之处主要在于：原《物权法》第191条采纳了限制转让说，要求抵押期间抵押人转让抵押财产须经抵押权人同意，且应将转让所得价款向抵押权人提前清偿债务或提存。抵押人未经抵押权人同意，不得转让抵押财产。而《民法典》采用了自由转让说，规定抵押期间抵押人转让抵押财产的，只需通知抵押权人，无须经抵押权人同意。只有抵押权人能够证明抵押财产转让可能损害抵押权的，才可以请求抵押人将转让所得的价款向抵押权人提前清偿债务或者提存。笔者认为，《民法典》的规定更有利于保障各方权利主体利益的平衡，且能更好地体现立法目的。一方面，允许抵押人可以不经过抵押权人的同意转让抵押财产，能够通过流转实现抵押财产的保值和增值，有助于发挥物之效能；另一方面，为防止抵押人对抵押财产的自由转让会对抵押权人的权益造成损害，赋予了抵押权人请求抵押人提前清偿债务或提存的权利。但同样为防止抵押权人对该项权利的滥用，规定只有抵押权人能够证明抵押财产转让可能损害抵押权的，方可行使这项权利。

另外，为尊重当事人的意思自治，《民法典》第406条规定："当事人另有约定的，按照其约定。”即抵押权人和抵押人可以约定，在抵押期间，抵押人未经抵押权人同意，不得转让抵押财产。但需注意的是，该约定不能对抗善意第三人。

（四）抵押权处分的从属性

设立抵押权制度是为了担保债权的实现，抵押权从属于债权，有债权才有抵押权，没有债权，抵押权就失去了存在的意义。除在成立时抵押权依附于债权，在转让时抵押权亦随债权的转移发生转移。《民法典》第407条就体现了抵押权处分的从属性，主要表现在：其一，抵押权不得与债权分离而单独转让。（1）抵押权人不得仅保留主债权而单独转让抵押权；（2）抵押权人不得仅保留抵押权而单独转让主债权。通常情况下，抵押权所担保的主债权发生转让，抵押权应随之一同转让，无须征得抵押人的同意。但例外情况是法律另有规定或当事人另有约定。例如，《民法典》第421条规定：“最高额抵押担保的债权确定前，部分债权转让的，最高额抵押权不得转让，但是当事人另有约定的除外。”法律对最高额抵押权担保的债权转让的规定就属于“法律另有规定”的内容。“当事人另有约定”，既可以是抵押权人在转让债权时与受让人约定，只转让债权而不转让担保该债权的抵押权，这种情形大多发生在债权的部分转让时；也可以是第三人专为特定的债权人设定抵押，该第三人与债权人约定，被担保债权的转让未经其同意的，抵押权因债权的转让而消灭。[①]其二，抵押权不得与债权分离作为其他债权的担保。（1）抵押权人不得自己保留主债权，而仅以抵押权作为其他债权的担保；（2）抵押权人主债权和抵押权分别作为不同债权的担保时，以主债权设定质权的部分，应认定为无抵押权担保的债权质权；以抵押权设定担保的部分，应认定为无效。

那么，抵押权随主债权的转让而转移，是否以办理抵押权转移登记为生效要件呢？《全国法院民商事审判工作会议纪要》第62条对此作出解释：“抵押权是从属于主合同的从权利，根据‘从随主’规则，债权转让的，除法律另有规定或者当事人另有约定外，担保该债权的抵押权一并转让。受让人向抵押人主张行使抵押权，抵押人以受让人不是抵押合同的当事人、未办理变更登记等为由提出抗辩的，人民法院不予支持。”《民法典》第547条

① 胡康生主编：《中华人民共和国物权法释义》，法律出版社2007年版，第420页。

第2款进一步明确："受让人取得从权利不因该从权利未办理转移登记手续或者未转移占有而受到影响。"由此可见，作为从权利的抵押权，随主债权转让而转移的情形，不以办理抵押权转移登记为前提，属于抵押权的法定转移。

（五）抵押权的保全

抵押权是为抵押权人的利益设立的担保权，当抵押人的行为足以造成或已经造成抵押财产价值减少时，实际上已经构成了对抵押权人权益的侵犯，抵押权人有权采取一系列措施来保障自己的权利。具体来说，抵押权人应当有保全抵押财产价值和维护抵押担保效力的权利。

第一，抵押人的行为足以造成抵押财产价值减少的情形，抵押权人有权要求抵押人停止其行为。此种情形下，抵押人的行为虽尚未造成抵押财产价值减少，但为避免其行为的继续造成抵押财产价值的减损，法律赋予了抵押权人对抵押财产价值减少的防止权。防止权的行使需具备两个条件：一是足以造成抵押财产价值减少的行为是抵押人的行为；二是抵押人的行为确实有造成抵押财产减少的可能。抵押人造成抵押财产价值减损的行为或出于故意，或出于过失，或是作为的行为，或是不作为的行为。

第二，抵押人的行为已经造成抵押财产价值减少的情形。抵押人因故意或过失造成抵押财产价值减少，抵押权人有权要求恢复抵押财产的价值，如要求抵押人修复破损的房屋。但有些财产价值难以恢复或恢复成本过高，抵押权人有权要求抵押人提供与减少的价值相应的担保，担保方式可以是保证，也可以是以其他的财产设定抵押权、质权。此种场合下，抵押权人是要求恢复抵押财产的价值，还是要求提供相应的担保，由其选择决定。经抵押权人要求，抵押人不恢复抵押财产的价值也不提供担保的，抵押权人为维护自己的权益，有权要求债务人提前清偿债务。

司法实践中需要注意的是，抵押人无过错的情况下，如因不可抗力、意外事件或第三人原因导致抵押财产价值减损，抵押人是否应承担恢复抵押财产原价值或提供价值相当的担保责任，《民法典》第390条规定："担保期间，担保财产毁损、灭失或者被征收等，担保物权人可以就获得的保险金、赔偿金或者补偿金等优先受偿。被担保债权的履行期限未届满的，也可以提存该保险金、赔偿金或者补偿金等。"据此可知，根据抵押权的物上代位性，抵押权人享有损害赔偿给付请求权。

（六）抵押权及其顺位的处分

就抵押权人而言，抵押权和抵押权顺位是一种利益。抵押权作为一种可就抵押财产享受优先受偿权的担保物权，抵押权人有权放弃。抵押权顺位是抵押权人对抵押财产优先受偿的顺序，抵押权人也可放弃抵押权顺位。抵押权人放弃抵押权顺位后，不再享受优先受偿次序利益，成为最后顺位的抵押权人，原本在其后顺位的抵押权人依次向前递进。放弃抵押权或抵押权顺位是抵押权人对自己私人权益的处分，不会对其他人的权益产生影响，因此无须经过抵押人的同意。抵押权一经放弃，归于消灭。

抵押权人和抵押人也可协议变更抵押权顺位以及被担保的债权数额。变更抵押权顺位，是指同一抵押财产上数个抵押权人的抵押权顺序予以互换。抵押权顺位的变更可能会对其他抵押权人的优先受偿权产生不利影响，如将第二顺位的抵押权人变更为第一顺位，则原第一顺位的抵押权人就无法对抵押财产先于他人享有优先受偿权。变更被担保的债权数额同样也可能会加重其他抵押权人的负担或减少他们的利益，如增加被担保的债权数额，很可能导致后顺位的抵押权人的优先清偿额度减少。因此，《民法典》第 409 条规定，抵押权的变更，未经其他抵押权人书面同意，不得对其他抵押权人产生不利影响。

《民法典》第 409 条第 2 款规定的是被担保的债权既有债务人以自己财产设定的抵押担保，又有其他担保的情形。《民法典》第 392 条规定："被担保的债权既有物的担保又有人的担保的，债务人不履行到期债务或者发生当事人约定的实现担保物权的情形，债权人应当按照约定实现债权；没有约定或者约定不明确，债务人自己提供物的担保的，债权人应当先就该物的担保实现债权；第三人提供物的担保的，债权人可以就物的担保实现债权，也可以请求保证人承担保证责任。提供担保的第三人承担担保责任后，有权向债务人追偿。"根据上述法律规定，当债务人不履行到期债务或发生当事人约定的实现抵押权的情形，债权人应首先就债务人自己财产设定的抵押担保实现债权。如果因抵押权的行使而清偿了所有的债务，债权人便不必再向其他担保人追偿，如果因抵押权的行使而清偿了部分债务，债权人也仅需就未清偿部分向其他担保人追偿。但是，若抵押权人放弃该抵押权、抵押权顺位或变更抵押权，抵押权人就会丧失优先受偿的权利或减少优先受偿的范围，那么因其丧失优先受偿权或优先受偿范围减少的这部分担保责任便会转嫁到其他担保人，这样势必加重其他担保人的负担，显然不公。故《民法典》第409条规定，此种情形下，其他担保人在抵押权人丧失优先受偿权益的范围内免除担保责任。例外规定是其他担保人承诺仍然提供担保的，其担保责任不予免除。

三、典型案例

（一）王某广、聊城市汇鑫通发汽车运输有限公司等抵押合同纠纷案①

[基本案情] 2017年4月，王某广与聊城市汇鑫通发汽车运输有限公司（以下简称汇鑫通发公司）签订《汽车买卖合同》一份，约定：王某广购买汇鑫通发公司欧曼半挂460GTL车辆一辆，挂靠于汇鑫通发公司名下，总车款34.6万元，预交定金30万元，王某广在约定的期限内提车时，该定金转为购车款。车辆所有权自王某广全部履行完毕付款义务时转移至王某广。截至2018年4月13日，王某广将全部车款支付给汇鑫通发公司，汇鑫通发公司未将该车辆所有权转移给王某广。2019年1月8日，王某广起诉汇鑫通发公司至一审法院，要求确认《汽车买卖合同》成立，要求汇鑫通发公司将该车辆过户至王某广名下，并赔偿王某广损失。2019年3月1日，一审法院判决汇鑫通发公司将涉案车辆过户至王某广名下，驳回了王某广的其他诉讼请求。一审法院在执行过程中，狮桥公司提出异议。汇鑫通发公司于2017年4月28日在狮桥公司借款30余万元，已于2017年6月12日将该涉案车辆抵押给狮桥公司，并办理了抵押登记。王某广向一审法院起诉请求依法判令汇鑫通发公司、狮桥公司协助王某广注销涉案车辆的抵押登记手续。

[法院裁判] 2017年4月，汇鑫通发公司（甲方）与王某广（乙方）签订《汽车买卖合同》，截至2018年4月13日王某广已将全部车款支付给汇鑫通发公司。因该《汽车买卖合同》第九条约定："标的物所有权自乙方全部履行完毕付款义务时转移给乙方，但乙方未全部履行支付价款义务时该标的物所有权仍由甲方所有。"故涉案车辆2017年6月12日办理抵押登记时，所有权仍归属汇鑫通发公司，该抵押登记合法有效，狮桥公

① 参见山东省聊城市中级人民法院（2021）鲁15民终2371号民事判决书。

司依法享有对涉案车辆的抵押权。王某广一审对狮桥公司提交的涉案车辆登记证书、融资租赁合同及银行电子回单真实性均无异议，但认为汇鑫通发公司将涉案车辆恶意抵押给狮桥公司。法院认为，王某广在无据证实狮桥公司存在与汇鑫通发公司恶意串通抵押涉案车辆之情形下，无法推翻该车辆抵押登记的效力。

［**裁判评析**］本案争议焦点在于王某广要求判令汇鑫通发公司、狮桥公司协助办理涉案车辆登记注销手续的理由能否成立，是否能够适用《民法典》第404条规定。在适用第404条时，要符合三个要件，即买受人在"正常经营活动中"取得抵押财产；买受人须已支付合理价款；买受人已取得抵押财产的所有权。本案中，虽然买受人王某广是在正常经营活动中购买了涉案车辆，且按照约定支付了部分价款，但双方约定待其支付全部购车款后方能取得车辆所有权。在王洪光全部履行完毕付款义务前，汇鑫通发公司将该车辆抵押给了狮桥公司并办理了抵押登记，也就是说设定抵押行为发生之时，买受人王某广尚未取得抵押财产所有权，不符合《民法典》第404条规定的第三个要件，无法依据该条主张推翻动产抵押登记的效力。

（二）中信银行股份有限公司兰州分行、永登昌晟商务酒店有限公司返还原物纠纷案[①]

［**基本案情**］2011年1月1日，华悦公司与姜某签订《房屋租赁协议》，双方协商，华悦公司将位于永登县的华悦大厦1层大厅、3层、4层、11层、12层、13层、14层共计4050平方米出租给姜某，租赁期自2011年1月1日至2031年1月1日止，上述房屋自2011年1月1日交付给姜某，20年租金共计500万元，姜某分期向华悦公司支付租金。2014年，永登昌晟商务酒店有限公司（以下简称昌晟公司）分数次向华悦公司转账500万元。2012年5月28日，华悦公司以华悦大厦负1层、3层商铺1号及13层第18幢向中信银行股份有限公司兰州分行（以下简称中信银行兰州分行）抵押贷款。后因华悦公司不能偿还借款，中信银行兰州分行向兰州市中级人民法院起诉，兰州市中级人民法院于2014年11月作出民事判决：华悦公司逾期未履行则拍卖、变卖华悦大厦负1层、3层商铺1号及13层第18幢，予以清偿。另查

① 参见甘肃省兰州市中级人民法院（2021）甘01民终2613号民事判决书。

明，甘肃省高级人民法院于2018年11月判决确认姜某与华悦公司于2011年1月1日签订的《房屋租赁协议》有效并继续履行。中信银行兰州分行上诉后，最高人民法院于2020年12月作出民事判决书，维持原判。中信银行兰州分行诉请法院要求依法判令姜某立即向其腾交涉案房产并缴纳房屋占有使用费。

［**法院裁判**］已生效的最高人民法院民事判决书已对中信银行兰州分行主张的租赁合同效力及支付的租金作出认定，中信银行兰州分行再次对该事实提出异议，实属诉权滥用。根据民事法律“买卖不破租赁”的规定，租赁物在租赁期间发生所有权变动的，不影响租赁合同的效力。在中信银行兰州分行取得案涉房屋所有权之前，姜某已按租赁协议使用该房屋，其租赁行为尚在租赁物期限内，中信银行兰州分行取得案涉房屋所有权的法律行为，并不影响姜某租赁合同的效力。故法院不支持中信银行兰州分行要求腾交涉案房屋、缴纳房屋占有使用费的诉请。

［**裁判评析**］本案适用的是《民法典》第405条。第405条解决的是设立在先的租赁权与设立在后的抵押权竞存时的处理规则。抵押权与租赁权的竞存是物权与债权竞存。同一标的物之上物权与债权相竞存时，优先顺位的一般原则是，无论物权成立于债权之前还是之后，物权均有优先于债权的效力。[①]但是“买卖不破租赁”却是法律的例外规定，其立法目的在于保护承租人的居住利益与商业维持利益；稳定租赁关系，保护交易安全；鼓励承租人对租赁物进行中长期投资和利用。[②]虽然抵押权的设立不会产生租赁物所有权变动的法律效果，但当抵押权实现时会因折价、变价或拍卖租赁物而发生所有权的变动，与买卖的效力是相同的，故而也适用“买卖不破租赁”的规则。本案中，抵押财产已经出租给姜某并转移并占有，中信银行兰州分行的抵押权设立在后，且法院已确认了《房屋租赁协议》的有效性，故姜某与华悦公司的租赁关系不受该抵押权的影响。

四、法律风险防范

《民法典》第406条第1款规定：“抵押期间，抵押人可以转让抵押财产。当事人另有约定的，按照其约定。抵押财产转让的，抵押权不受影响。”其中“当事人另有约定”，结合该款第一句应解释为当事人约定抵押人不得转让

---

① 参见梁慧星、陈华彬：《物权法》（第七版），法律出版社2020年版，第55页。

② 参见王利明：《论“买卖不破租赁”》，载《中州学刊》2013年第9期。

或限制转让抵押财产。那么当事人的约定会产生怎样的法律效力呢?《民法典担保制度解释》第43条分两款分别对当事人约定禁止或者限制转让抵押财产是否约定登记的法律效力予以规定:"当事人约定禁止或者限制转让抵押财产但是未将约定登记，抵押人违反约定转让抵押财产，抵押权人请求确认转让合同无效的，人民法院不予支持;抵押财产已经交付或者登记，抵押权人请求确认转让不发生物权效力的，人民法院不予支持，但是抵押权人有证据证明受让人知道的除外;抵押权人请求抵押人承担违约责任的，人民法院依法予以支持。""当事人约定禁止或者限制转让抵押财产且已经将约定登记，抵押人违反约定转让抵押财产，抵押权人请求确认转让合同无效的，人民法院不予支持;抵押财产已经交付或者登记，抵押权人主张转让不发生物权效力的，人民法院应予支持，但是因受让人代替债务人清偿债务导致抵押权消灭的除外。"

由此可见，禁止或者限制转让抵押财产的约定如未登记，则仅在抵押人与抵押权人之间发生法律效力。抵押人违反约定转让抵押财产的，抵押财产转让合同的效力并不因此发生影响，抵押权人无权请求确认转让合同无效，仅能请求抵押人承担违约责任。基于有效的抵押财产转让合同，完成了抵押财产的公示手续的，发生物权变动的效力，受让人取得抵押财产的所有权。但是，如抵押权人有证据证明受让人知道禁止或者限制转让抵押财产的约定，即使抵押财产已经交付或者登记，受让人也不能取得抵押财产的所有权。此时，抵押权人自可申请注销转移登记或者请求取回标的物，并就抵押财产行使抵押权，受让人可依有效的转让合同请求抵押人承担违约责任。[①] 但是，当事人禁止或者限制转让抵押财产的约定已登记，不仅在抵押人与抵押权人之间发生效力，还可对抗第三人。此种情形下，即使抵押财产已交付或登记，抵押权人仍可主张该抵押财产的转让不发生物权效力，受让人仍不能取得抵押财产的所有权。但如果受让人是因代替债务人清偿债务导致抵押权消灭，则可取得抵押财产所有权。概言之，当事人之间关于禁止或限制转让抵押财产的约定是否能够对抗第三人，取决于该约定是否经过登记及该第三人是否事先知道该约定。

---

① 参见高圣平:《民法典担保制度及其配套司法解释理解与适用》(上)，中国法制出版社2021年版，第643页。

第四节 抵押权实现纠纷

抵押权人行使抵押权的基本方式是实现抵押权。抵押权的实现，是指在债务人不履行到期债务或发生当事人约定的实现抵押权的情形时，抵押权人对抵押财产予以处分，从而使自己的债权优先受偿的行为。抵押权的实现是抵押权人最主要的权利，强调的是通过权利的行使而使债权得以受偿。抵押权的实现，还涉及浮动抵押财产的确定、抵押财产孳息的归属、抵押财产变价款的清偿、抵押权实现的优先顺位、不动产抵押权实现的特殊规定及未在主债权诉讼时效期间实现抵押权的效果等具体问题，《民法典》第410条至第419条分别作了规定，可根据案件的不同情形予以相应援引。

一、相关法条

《中华人民共和国民法典》（2020年5月28日）

第四百一十条 债务人不履行到期债务或者发生当事人约定的实现抵押权的情形，抵押权人可以与抵押人协议以抵押财产折价或者以拍卖、变卖该抵押财产所得的价款优先受偿。协议损害其他债权人利益的，其他债权人可以请求人民法院撤销该协议。

抵押权人与抵押人未就抵押权实现方式达成协议的，抵押权人可以请求人民法院拍卖、变卖抵押财产。

抵押财产折价或者变卖的，应当参照市场价格。

第四百一十一条 依据本法第三百九十六条规定设定抵押的，抵押财产自下列情形之一发生时确定：

（一）债务履行期限届满，债权未实现；

（二）抵押人被宣告破产或者解散；

（三）当事人约定的实现抵押权的情形；

（四）严重影响债权实现的其他情形。

第四百一十二条 债务人不履行到期债务或者发生当事人约定的实现抵押权的情形，致使抵押财产被人民法院依法扣押的，自扣押之日起，抵押权人有权收取该抵押财产的天然孳息或者法定孳息，但是抵押权人未通知应当清偿法定孳息义务人的除外。

前款规定的孳息应当先充抵收取孳息的费用。

第四百一十三条 抵押财产折价或者拍卖、变卖后，其价款超过债权数额的部分归抵押人所有，不足部分由债务人清偿。

第四百一十四条 同一财产向两个以上债权人抵押的，拍卖、变卖抵押财产所得的价款依照下列规定清偿：

（一）抵押权已经登记的，按照登记的时间先后确定清偿顺序；

（二）抵押权已经登记的先于未登记的受偿；

（三）抵押权未登记的，按照债权比例清偿。

其他可以登记的担保物权，清偿顺序参照适用前款规定。

第四百一十五条 同一财产既设立抵押权又设立质权的，拍卖、变卖该财产所得的价款按照登记、交付的时间先后确定清偿顺序。

第四百一十六条 动产抵押担保的主债权是抵押物的价款，标的物交付后十日内办理抵押登记的，该抵押权人优先于抵押物买受人的其他担保物权人受偿，但是留置权人除外。

第四百一十七条 建设用地使用权抵押后，该土地上新增的建筑物不属于抵押财产。该建设用地使用权实现抵押权时，应当将该土地上新增的建筑物与建设用地使用权一并处分。但是，新增建筑物所得的价款，抵押权人无权优先受偿。

第四百一十八条 以集体所有土地的使用权依法抵押的，实现抵押权后，未经法定程序，不得改变土地所有权的性质和土地用途。

第四百一十九条 抵押权人应当在主债权诉讼时效期间行使抵押权；未行使的，人民法院不予保护。

二、要旨释义

（一）抵押权实现的条件、方式和程序

《民法典》第410条对抵押权实现的条件作出规定：一是债务履行期间届满，债务人不履行其债务。若在债务履行期间届满前，债务人就履行了债务，债权人的债权得以实现，就不会发生抵押权实现的问题。二是发生当事人约定的实现抵押权的情形。即使不满足债务人不履行到期债务这个条件，抵押权人和抵押人也可就抵押权实现的情形通过协议予以约定。

关于抵押财产的实现方式，《民法典》第410条规定了折价、拍卖、变卖三种方式。（1）折价方式。抵押权人与抵押人协议，将抵押财产参照市场价格予以作价，把抵押财产所有权转移给抵押权人，从而实现债权。（2）拍卖方式。拍卖是指众多购买者通过公开竞争的方式向出卖方购买标的物。当事人可以选择委托拍卖机构拍卖，抵押权人就拍卖价款优先受偿；抵押权人和抵押人也可能因抵押权争议诉诸法院，由法院依照法定程序对抵押财产进行强制性拍卖。（3）变卖方式。变卖是指以拍卖以外的生活中一般买卖形式对抵押财产予以出卖，换取价款。

为保证抵押人和其他债权人的利益不受到损害，《民法典》第410条第3款规定，变卖方式也应参照市场价格。如抵押人以远低于市场价的价格折价、拍卖、变卖抵押财产，就会导致后顺位的抵押权人和其他债权人实现债权的数额大幅度减少，损害他们的利益。故为保障其他债权人的合法权益，《民法典》第410条第1款规定，若抵押权人和抵押人的协议损害其他债权人利益的，其他债权人可以请求人民法院撤销该协议。根据《民法典》第541条规定，撤销权自债权人知道或者应当知道撤销事由之日起1年内行使。自债务人的行为发生之日起5年内没有行使撤销权的，该撤销权消灭。这里的1年、5年是撤销权的除斥期间，不适用有关诉讼时效中止、中断和延长的规定。

（二）浮动抵押财产的确定

浮动抵押区别一般抵押的重要特征是浮动抵押的财产范围不仅包括现有财产，还包括将有的财产，在抵押期间，抵押财产是不断变化的。但是，只有确定抵押财产，抵押权人才能通过将抵押财产折价、拍卖、变卖来实现抵押权。因此，浮动抵押财产的确定是抵押权人实现抵押权的前提。

根据《民法典》第411条规定，浮动抵押财产确定的四种情形分别是：（1）债务履行期届满，债权未实现。浮动抵押的设置是为了保障抵押人将财产抵押后，在抵押期间还能不受抵押权人的干扰正常经营，但是当债务履行期届满，债权没有得到实现，如果还任由抵押人继续处分抵押财产，便可能损害抵押权人的利益。因此，此种情形下，抵押财产确定。（2）抵押人被宣告破产或者解散清算。根据《民法典》第68条规定，因法人解散或法人被宣告破产，并依法完成清算、注销登记的，法人终止。根据该法第107条规定，非法人组织解散的，应当依法进行清算。抵押人被宣告破产或解散清算，抵押人停止营业活动，进入清算程序，其财产予以固定，抵押财产也随之确定。

（3）当事人约定的实现抵押权的情形。为保障自己的债权能够得到顺利清偿，抵押权人可以和抵押人约定提前实现抵押权的情形，当发生这些情形时，抵押财产确定。如约定当抵押人用于抵押的库存产品数量低于库存产品总量的一定比例时，抵押权人可提前实现抵押权。（4）严重影响债权实现的其他情形。严重影响债权实现的情形有多种，既可以是因经营不善导致抵押人经营状况恶化或者严重亏损；也可以是因抵押人放弃其到期债权、无偿转让财产或者以明显不合理的低价转让财产，致使其财产明显减少；还可以是抵押人为逃避债务隐匿、转移财产。[①] 无论是哪种行为，只要严重影响债权实现，抵押权人都可向抵押人要求确定抵押财产，实现抵押权。

司法实践中，应注意区分抵押财产的确定时间和当事人约定实现抵押权的时间。抵押财产的确定时间，是在当事人没有就实现抵押权的时间约定的情况下作出的法定补充条款，具有法定指引性；当事人约定实现抵押权的时间，是为了适应市场与交易的灵活性，允许当事人参照法定抵押财产确定条款就抵押权实现时间作出约定。虽然浮动抵押不具有固定特征，但只要发生《民法典》第 411 条规定中的四种情形之一，抵押财产就予以确定。若当事人约定的实现抵押权情形一旦发生，浮动抵押的抵押财产也即刻确定。一旦抵押财产确定，抵押人便不得再处分抵押财产。此时，抵押权人可依据《民法典》第 410 条、第 413 条规定实现抵押权。

（三）抵押财产孳息的归属

抵押财产的孳息，是指由抵押财产产生的收益，分为天然孳息和法定孳息。天然孳息，是物根据其自然属性所产生的收益，如果树结出的果实，牲畜产下的幼畜等。法定孳息则是依法律关系而产生的收益，如出租人根据租赁合同收取的租金、贷款人根据贷款合同获得的利息等。抵押权设立后，由于抵押财产依然由抵押人占有、使用、收益，故抵押财产产生的孳息仍归抵押人所有。

但是，当债务人不履行到期债务或者发生当事人约定的实现抵押权的情形，致使抵押财产被人民法院依法扣押时，抵押权实际已开始实行。此时，抵押人丧失了对抵押财产的占有、使用、收益的权利，抵押权人取得对抵押财产占有、使用、收益的权利，尽管可能因争议致使抵押财产被人民法院依

① 胡康生主编：《中华人民共和国物权法释义》，法律出版社 2007 年版，第 431 页。

法扣押，但抵押权人的上述权益也是通过人民法院代为占有的形式体现，所以《民法典》第412条规定自抵押之日起抵押权人有权收取该抵押财产的天然孳息或者法定孳息。

（四）抵押财产变价款的归属

抵押权的设立在于担保主债权的履行与清偿。抵押财产按照《民法典》规定的方式和程序折价或者拍卖、变卖后，抵押财产变现的价款数额可能超过债权所有，也可能不足以清偿债权。具体阐述如下：（1）变现的价款数额超过债权数额的，超过部分归抵押人所有；抵押人是债务人的，超过债权数额部分价款归债务人；抵押人是第三人的，超过部分价款返还给第三人。（2）变现的价款不足以清偿债权的，不足部分由债务人清偿。此种情形下，无论抵押人是债务人还是第三人，抵押财产变现的价款不足以清偿债权的，不足部分都由债务人清偿。如此规定是因为抵押人是第三人的，其对抵押权人承担的只是物的担保责任，不负有债务，所以不能与债务人共同承担债务的清偿责任。

在适用《民法典》第413条规定时，应注意对抵押财产价值计算时间的确定。计算抵押财产价值的时间应明确为抵押权实现时，而非抵押权设定时。当事人设定抵押时，未对抵押财产进行评估或评估失误，后因市场波动等原因导致抵押财产价值发生变动，应在实现抵押权时对抵押财产价值进行重新评估，并以此时的估价为准。若此时估价比当事人设定抵押时约定的价值低，抵押权人无权按照设定抵押时的约定价值要求抵押人补充差额；若此时估价高于当事人设定抵押时约定的价值，抵押人也无权要求增加的价值脱离担保。

（五）抵押财产变价款的清偿顺序

同一财产上设定数个抵押权的场合，当担保的债权价值超出抵押财产价值时，数个抵押权就形成了竞争关系。为解决这种竞争关系，建立公平合理的分配规则，《民法典》第414条规定了抵押权顺位制度。抵押权顺位制度遵循“登记决定”“登记优先”的原则，只要抵押权以登记为公示形式，数个抵押权的权利实现顺序由登记的先后顺序来决定。

第一，抵押权已登记的，按照登记的时间先后确定清偿顺序。《民法典》第414条第1款第1项规定，既适用于不动产抵押，也适用于动产抵押。确定登记的时间先后，以登记部门登记材料中所记载的登记时间为准。登记在先的抵押权，其所担保的债权可就拍卖、变卖抵押财产所得的价款优先受偿，登记在后的只能就剩余部分受偿。

第二，抵押权已登记的先于未登记的受偿。根据《民法典》规定，抵押权未登记的，抵押权或未生效，或不能对抗善意第三人。在登记生效主义的场合，未登记而不能生效的抵押权自然不会发生与登记生效的抵押权清偿顺序先后的问题，所以该项规定仅适用于登记对抗主义的情形。此种情形下，尚未登记的抵押权仅在当事人之间产生法律拘束力，因未经过登记公示，当事人以外的第三人难以知悉该权利的存在。为保障交易安全，维护各方权利主体的利益，赋予登记公示的抵押权更优先的效力是十分必要的。

第三，抵押权未登记的，按照债权比例清偿。如果所有抵押权都未经登记，在登记生效主义的情形下，意味着这些抵押权都未生效，不适用《民法典》第414条规定。登记对抗主义的场合，所有的抵押权由于都未登记，都不能产生对抗善意第三人的效力，其效力层级相同，无高低之分，故按照债权比例清偿。

抵押权的顺位以登记顺序为主要标准，所以确定登记时间就尤为重要。实践中，确定抵押权登记时间应以登记簿中记载的时间为准。记载时间在先的登记顺位优先于记载时间在后的登记顺位。若记载时间相同，应以登记申请日期的先后顺序为准。但是，如果登记簿中记载的登记日期不符合真实的登记日期，就会直接影响登记顺位。此时，若当事人对登记日期与真实登记日期不符能够予以证明，应按照真实的登记日期对登记顺位予以确定。

关于办理登记的浮动抵押顺位确定相关问题，《全国法院民商事审判工作会议纪要》第64条对其进行了规定："企业将其现有的以及将有的生产设备、原材料、半成品及产品等财产设定浮动抵押后，又将其中的生产设备等部分财产设定了动产抵押，并都办理了抵押登记的，根据《物权法》第199条的规定，登记在先的浮动抵押优先于登记在后的动产抵押。"即浮动抵押的清偿顺位亦是遵从"登记优先"的原则。

（六）抵押权和质权竞存时的清偿顺位

《民法典》第415条旨在解决同一财产上既设立抵押权又设立质权时，抵押权人应如何行使权利的问题。抵押权包括动产抵押权和不动产抵押权，质权包括动产质权和权利质权，但若抵押权和质权在同一财产上存在，该财产只能是动产。因此，本条规定所处理的是有形动产之上并存的动产抵押权和动产质权之间的优先受偿顺序问题。此时，抵押权和质权的效力是相同的，应依何顺序来确定其清偿顺位，学界有各种争议，主要有先质押后抵押和先抵押后质押这两种方式。但也有学者认为，应以抵押权和质权设定的先后顺序来确定抵押权和质权的受偿顺位：抵押权设定在先的，抵押权具有优先于质权接受清偿的效力；反之，抵押权的效力劣后于质权。[①]

对第415条的适用主要包括以下两种情形：其一，在动产上先设立质权再设立抵押权。根据本条规定，笔者认为，登记、交付均为物权变动的公示方法。质权的成立系以标的物的交付为生效要件，一旦质权成立，即已完成公示，且能够对抗善意第三人。故根据先成立之物权优先于后成立之物权的物权优先效力，若质权设定在前，抵押权设定在后，无论该抵押权是否经过了登记，设定在先的质权必定优先于设定在后的抵押权。其二，在动产上先设立抵押权再设立质权。此种情形又可根据抵押权是否已登记再进行区分。若先设之抵押权已经过登记，该抵押权便具备了对抗善意第三人的效力，且是设定在先的权利。而质权虽因交付也产生了公示效力，但由于其设立在后，故抵押权优先于质权受偿。但若先设之抵押权未经登记，如抵押人甲将其所有的汽车抵押给乙，双方签订了抵押合同，但未办理抵押登记，之后又将该汽车交付于丙办理了质押，此时清偿顺位当如何安排？在本案中，由于丙取得的质权因交付而设立并产生了公示效力，甲由于没有办理抵押权登记，抵押权并未产生公示效力。而同一财产上并存的抵押权和质权的清偿顺序取决于权利公示的时间先后。因此，若抵押权未登记，即使设立在先，后设立的质权也优先于抵押权受偿。

（七）买卖价款抵押权

买卖价款抵押权，是指为担保债务人买入动产时对出卖人或者贷款人支付价款的债务的履行，在买入的该动产上为出卖人或者贷款人设定的，经依法登记取得法律规定的优先受偿权的抵押权。[②]《民法典》第416条规定了买卖价款抵押权，旨在规范买受人因购买货物而产生购买价款债务，并以该货物作为抵押物对该价款债务进行担保的问题。针对交易实践中普遍存在的赊

---

① 参见梁慧星：《中国民法典草案建议稿附理由》（物权编），法律出版社2013年版，第557页。

② 参见黄薇主编：《中华人民共和国民法典物权编释义》，法律出版社2020年版，第538页。

购现象或借款人借款购买货物，同时将该货物抵押给贷款人作为价款的担保的情形，《民法典》赋予了该抵押权优先效力，以保护融资人的权利，促进融资。买受人从出卖人处购买某动产，由于该动产价款不能全部支付，便可和出卖人约定，将该动产抵押给出卖人，并在法定时间内办理抵押登记。由此，出卖人取得该动产的抵押权，且该抵押权优先顺位高于其他担保物权人的优先顺位，即使后者已经公示在先。因此，购买价款抵押担保优先权可谓是"超级优先权"。但需要注意的是，即便如此，购买价款抵押担保优先权也不能优先于该动产的留置权人。设定买卖价款抵押权要符合三个条件：

第一，该抵押权担保的主债权是抵押财产的价款。在设定买卖价款抵押权的过程中，主债权是债务人购买财产需支付的价款。根据债权人的不同，买卖价款抵押权分为两种情况：一是出卖人为抵押权人。买受人虽未支付购买动产的价款，却可依照约定先取得该动产的所有权，并同时将该动产抵押给出卖人，用以担保该动产的价款支付。二是贷款人为抵押权人。贷款人与买受人约定，由贷款人出资将动产买入，并将该动产的所有权转移给买受人，买受人再将该动产抵押给贷款人，用以担保购买价款的支付。由此可见，无论是哪种情形，其性质都是买受人将购买的动产作为抵押物抵押给债权人，用来作为购买动产价款的担保。

第二，购买的动产标的物交付后 10 日内须办理抵押登记。如前所述，购买价款抵押权是"超级优先权"，即使是买受人设立的抵押权登记先于购买价款抵押权，在先抵押权的清偿顺序也要在购买价款抵押权之后。但为保障交易的安全，需向交易主体公示该"超级优先权"，因此购买价款抵押权要及时办理抵押登记。实践中，在购买动产标的物之前设定抵押权主要是设定浮动抵押之情形，根据《民法典》第 396 条浮动抵押的规定，抵押人可以将现有的以及将有的动产设定抵押，因此，抵押人嗣后取得的动产也会自动成为抵押财产的一部分，这就出现了先于购买价款抵押权设定的抵押权。"标的物交付后十日"则是对抵押权登记宽限期的规定，主要是基于商业实践的需要，在标的物交付后即刻办理抵押登记不符合交易习惯，也不现实。

第三，购买价款抵押权不可优先于该标的物上设定的留置权。抵押权是意定担保物权，留置权是法定担保物权，法定担保物权优先于意定担保物权。且《民法典》第 456 条规定："同一动产上已经设立抵押权或者质权，该动产又被留置的，留置权人优先受偿。"故在同一动产上购买价款抵押权和留置权并存时，留置权优先受偿。

（八）建设用地使用权抵押权的效力范围

《民法典》第417条是关于抵押权对新增建筑物效力的规定。根据《民法典》第397条规定，抵押权效力范围包括建设用地使用权及其范围内的建筑物。但是如果以建设用地使用权设定抵押权时，土地上尚没有建筑物，抵押权设定后，新增的建筑物由于不在抵押合同约定的抵押财产范围内，就不能归于抵押财产。然而，需要处分抵押财产时，为了更好地实现物的交换价值和使用价值，虽然新增建筑物不属于抵押财产，也应当“房随地走”，将该土地上新增的建筑物与建设用地使用权一并处分。此时，由于新增建筑物不属于抵押财产，处分新增建筑物所得的价款，抵押权人无权优先受偿。

（九）集体所有土地使用权抵押权的实行效果

为了保护我国农村集体所有土地，防止集体所有农业用地流失，我国现行法律在土地所有权性质和土地用途转变方面，始终采取严格的态度。集体所有的土地使用权原则上不得抵押，根据《民法典》第418条的规定，以集体所有的土地使用权依法抵押，主要是以乡镇、村企业的厂房等建筑物抵押的，其占用范围内的建设用地使用权一并抵押的情况。以乡镇、村企业的厂房等建筑物占用范围内的建设用地使用权抵押的，实现抵押权后，未经法定程序，土地所有权不得改变，也不得改变其用途。也就是说，即使乡镇、村企业的建设用地使用权随同厂房被拍卖，受让的土地仍只能属于集体所有；若之前的土地是用于工业建设，则受让之后不得用于商业、旅游等其他建设。

除《民法典》第418条就集体所有的土地使用权抵押进行规定外，行政法规也有相应的规定。《农村土地承包法》第47条规定：“承包方可以用承包地的土地经营权向金融机构融资担保，并向发包方备案。受让方通过流转取得的土地经营权，经承包方书面同意并向发包方备案，可以向金融机构融资担保。担保物权自融资担保合同生效时设立。当事人可以向登记机构申请登记；未经登记，不得对抗善意第三人。实现担保物权时，担保物权人有权就土地经营权优先受偿。土地经营权融资担保办法由国务院有关部门规定。”《农村土地承包法》第53条规定：“通过招标、拍卖、公开协商等方式承包农村土地，经依法登记取得权属证书的，可以依法采取出租、入股、抵押或者其他方式流转土地经营权。”《土地管理法》第63条第3款、第4款规定：“通过出让等方式取得的集体经营性建设用地使用权可以转让、互换、出资、赠与或者抵押，但法律、行政法规另有规定或者土地所有权人、土地使用权人签订的书面合同另有约定的除外。集体经营性建设用地的出租，集体建设用地使用权的出让及其最高年限、转让、互换、出资、赠与、抵押等，参照同类用途的国有建设用地执行。具体办法由国务院制定。”

（十）抵押权的存续期间

出现主债权消灭、抵押权实现、债权人放弃抵押权以及抵押财产灭失这些情形，抵押权会随之消灭。但若未出现上述任何一种情形，只是因为抵押权人怠于行使抵押权，法院是否还会保护抵押权人的权利？笔者认为，如果允许抵押权永续存在，势必对抵押财产的使用和转让有所限制和影响，无法充分发挥财产的使用价值，不利于物的流通。如果允许抵押权人随时都能行使抵押权，对抵押人来说义务有种不确定性。因此，有必要对抵押权行使期限作出规定，促使当事人迅速了解债权债务关系，既有利于发挥抵押财产的效能，也有利于维护双方当事人的合法权益，更有利于市场经济的有序发展。由于抵押权是主债权的从权利，《民法典》第 419 条规定抵押权人应当在主债权诉讼时效期间行使抵押权，将抵押权存续期间与主债权诉讼时效期间相联系。抵押权人在主债权诉讼时效期间未行使抵押权，人民法院不予保护。

《民法典担保制度解释》第 44 条第 1 款第一句规定：“主债权诉讼时效期间届满后，抵押权人主张行使抵押权的，人民法院不予支持；抵押人以主债权诉讼时效期间届满为由，主张不承担担保责任的，人民法院应予支持。”明确了抵押人可以主债权诉讼时效届满作为抗辩，从而不承担担保责任。第 44 条第 1 款第二句规定：“主债权诉讼时效期间届满前，债权人仅对债务人提起诉讼，经人民法院判决或者调解后未在民事诉讼法规定的申请执行时效期间内对债务人申请强制执行，其向抵押人主张行使抵押权的，人民法院不予支持。”这里的“申请执行时效期间”仍属于诉讼时效期间。

三、典型案例

（一）刘某亮与北京世博鑫生商务礼品有限公司返还原物纠纷案[①]

［**基本案情**］刘某亮与北京世博鑫生商务礼品有限公司（以下简称世博公

① 参见北京市第二中级人民法院（2021）京 02 民终 12054 号民事判决书。

司）的法定代表人王某红及世博公司存在借款合同关系，2017 年 12 月 7 日，王某红及世博公司（乙方）向刘某亮（甲方）借款 25 万元，并签订《借款合同》，合同约定以涉案车辆作为抵押物，并约定“乙方到期未还清全部借款、利息及相关债务的，甲方有权对抵押物进行处分，处分方式包括但不限于不低于市场价格的 70% 标准进行拍卖、变卖、委托买卖等”世博公司按约定向刘某亮交付了涉案车辆的机动车登记证书、原始购车发票、行驶证、ETC 卡、行驶证等证照及车辆备用钥匙，作为抵押登记。因王某红及世博公司未按期偿还借款，刘某亮将涉案车辆开走。世博公司请求法院判令刘某亮将涉案车辆及相关全部证照返还给世博公司，并向世博公司赔偿车辆使用费。

［**法院裁判**］虽然世博公司将涉案车辆抵押给了刘某亮，并约定“乙方到期未还清全部借款、利息及相关债务的，甲方有权对抵押物进行处分，处分方式包括但不限于不低于市场价格的 70% 标准进行拍卖、变卖、委托买卖等”，但依照我国《民法典》关于抵押权的规定，抵押权人在债务履行期限届满前，与抵押人约定债务人不履行到期债务时抵押财产归债权人所有的，只能依法就抵押财产优先受偿，即车辆办理了抵押登记，并不转移所有权人对于抵押物的占有，当担保债权无法实现，抵押权人可以与抵押人协议以抵押物折价或者以拍卖、变卖该抵押物所得的价款受偿，协议不成的，抵押权人可以向人民法院提起诉讼。由此可见，上述《借款合同》中关于借款人到期未还清全部借款，出借人有权对抵押物进行处分的约定违反了法律相关规定。如果刘某亮作为抵押权人想要行使抵押权，应当依照法律规定的程序和方式交付涉案车辆，即世博公司自愿交付或在产生纠纷时走正规法律程序。刘某亮在未取得世博公司同意的情况下，擅自将涉案车辆开走，此种行为侵犯了世博公司合法权益，应当予以返还，并赔偿世博公司损失。

［**裁判评析**］本案中，虽然债权人刘某亮与债务人王某红及世博公司存在合法有效的借款合同关系，且对涉案车辆设立了动产抵押，却在抵押权的实现方式上违反了《民法典》第 410 条的规定。债务人不履行到期债务或者发生当事人约定的实现抵押权的情形，抵押权人可以与抵押人协议以抵押财产折价或者以拍卖、变卖该抵押财产所得的价款优先受偿；若抵押权人与抵押人未就抵押权实现方式达成协议的，抵押权人可以请求人民法院拍卖、变卖抵押财产。但本案中抵押权人欲以占有抵押物的方式实现抵押权的方式显然是违反法律规定的，故须返还抵押人抵押财产并赔偿抵押人相应损失。

（二）东风汽车财务有限公司与邓某红合同纠纷案[①]

［**基本案情**］原告东风汽车财务有限公司（以下简称东风公司）获得中国银行保险监督管理委员会湖北监管局颁发的《金融许可证》，经营范围包括成员单位产品的消费信贷、买方信贷及融资租赁等。2019 年 6 月 3 日，原告东风公司（贷款人）与被告邓某红（借款人）签订《汽车贷款合同》一份，约定东风公司替被告邓某红向株洲市兰天河东汽车销售有限公司支付购车款 6 万元。同日，原告东风公司（贷款人）与被告邓某红（借款人）签订《机动车抵押合同》一份，双方约定：借款人邓某红同意以贷款车辆向贷款人东风公司提供抵押担保，但双方未办理抵押登记手续。同日，原告东风公司替被告邓某红向株洲市兰天河东汽车销售有限公司支付购车款 6 万元。被告邓某红仅于 2019 年 7 月 3 日偿还一期贷款 2500 元后，拒绝履行合同约定的还款义务，尚欠原告贷款本金 57 500 元。原告请求判令被告偿还贷款及利息，且原告对案涉抵押车辆折价或者拍卖、变卖该财产所得价款优先受偿。

［**法院裁判**］原告东风公司与被告邓某红签订《汽车贷款合同》《机动车抵押合同》系双方的真实意思表示，合法有效，被告理应按合同约定按期履行偿还贷款的义务。对原告要求对案涉抵押车辆折价或者拍卖、变卖该财产所得价款优先受偿的诉讼请求，原、被告虽签订了《机动车抵押合同》，但双方未办理抵押登记，按照《民法典》第 416 条的规定，对原告的该项诉讼请求，法院不予支持。

［**裁判评析**］适用《民法典》第 416 条买卖价款抵押权有严格的要件要求：该抵押权担保的主债权是抵押财产的价款；购买的动产标的物交付后 10 日内须办理抵押登记；购买价款抵押权不可优先于该标的物上设定的留置权。本案中，虽然抵押权担保的主债权是购买抵押车辆的价款，但是由于双方未办理抵押登记，所以不能适用《民法典》第 416 条的规定。原告只能按照一般债权要求被告偿还贷款及利息，无法就涉案车辆优先受偿。

四、法律风险防范

《民法典》第 416 条规定借鉴了美国动产担保交易中的“购买价金担保权”（也有学者称之为超级优先权）制度，即当被担保的主债权的内容是担

① 参见湖南省娄底市娄星区人民法院（2021）湘 1302 民初 3224 号民事判决书。

保物的购入价金时，则这种担保物权将被赋予优待。因此，在修订《民法典》之初，有学者建议参考美国动产担保交易制度中的价金担保权制度，建立起一套完整的公示制度和效力制度。[①]但是，也有学者对此提出质疑，认为美国的“购买价金担保权”在制度逻辑上与我国动产担保物权的制度性结构是否能够共生并存，尚未有深入讨论。何况“超级优先权”只适用动产担保交易，所担保的债权为动产买卖的价款请求权，而动产买卖的价款请求权还受多种交易制度的保障，如动产买卖的所有权保留、让与担保等，为保护动产买卖的出卖人的价款请求权而特别规定“超级优先权”，正当性理由十分勉强。[②]

买卖价款抵押权与所有权保留十分相似，实践中要注意区分。买卖价款抵押权与所有权保留都是在买受人未履行或未全部履行支付价款的义务时，为担保出卖人债权的实现而设计的制度。我国的所有权保留制度规定在《民法典》合同编第641条中：“当事人可以在买卖合同中约定买受人未履行支付价款或者其他义务的，标的物的所有权属于出卖人。出卖人对标的物保留的所有权，未经登记，不得对抗善意第三人。”由此可见，买卖价款抵押权制度和所有权保留制度实质上的不同在于，买卖价款抵押权立足于抵押权的角度，用抵押权担保债权，而所有权保留立足于所有权的角度，用所有权担保债权的实现。从适用领域来看，所有权保留被规定在《民法典》合同编“买卖合同”一章中，更侧重于强调这是买卖合同所附条件；购买价款抵押担保优先权制度则侧重于强化担保权，而不是保留所有权，将附条件买卖合同中所附的条件发展成相对独立于买卖合同的担保合同，即成为担保买卖合同顺利履行的抵押权。

二者虽有不同，但无论是所有权保留制度还是购买价款抵押权制度，从设立目的来说，都是为了实现对债权人债权的担保，也为债务人提供了再融资的机会。

---

① 龙俊：《动产抵押对抗规则研究》，载《法学家》2016年第3期。

② 邹海林：《论〈民法典各分编（草案）〉“担保物权”的制度完善——以〈民法典各分编（草案）〉第一编物权为分析对象》，载《比较法研究》2019年第2期。

第五节　最高额抵押权纠纷

《民法典》第420条至第424条规定了最高额抵押权。作为一种特殊的抵押权形式，最高额抵押权具有区别于一般抵押权的特征。首先，相对于一般抵押权从权利随主权利的原则，最高额抵押权的从属性相对缓和。其次，相对于一般抵押权发生时有确定数额债权的存在，最高额抵押权设立后直至决算期届至前，其担保的将来的债权数额并不确定。再次，相对于一般抵押权担保债权数额是实际存在的债权额，最高额抵押权则须预设最高债权的限额。最后，相对于一般抵押权所担保债权实际存在的债权额自始确定，不存在担保债权确定期间问题，最高额抵押权则需要确定决算期，并以决算期确定的担保债权为限额进行优先受偿。

一、相关法条

《中华人民共和国民法典》（2020年5月28日）

第四百二十条　为担保债务的履行，债务人或者第三人对一定期间内将要连续发生的债权提供担保财产的，债务人不履行到期债务或者发生当事人约定的实现抵押权的情形，抵押权人有权在最高债权额限度内就该担保财产优先受偿。

最高额抵押权设立前已经存在的债权，经当事人同意，可以转入最高额抵押担保的债权范围。

第四百二十一条　最高额抵押担保的债权确定前，部分债权转让的，最高额抵押权不得转让，但是当事人另有约定的除外。

第四百二十二条　最高额抵押担保的债权确定前，抵押权人与抵押人可以通过协议变更债权确定的期间、债权范围以及最高债权额。但是，变更的内容不得对其他抵押权人产生不利影响。

第四百二十三条　有下列情形之一的，抵押权人的债权确定：

（一）约定的债权确定期间届满；

（二）没有约定债权确定期间或者约定不明确，抵押权人或者抵押人自最高额抵押权设立之日起满二年后请求确定债权；

（三）新的债权不可能发生；

（四）抵押权人知道或者应当知道抵押财产被查封、扣押；

（五）债务人、抵押人被宣告破产或者解散；

（六）法律规定债权确定的其他情形。

第四百二十四条 最高额抵押权除适用本节规定外，适用本章第一节的有关规定。

二、要旨释义

（一）最高额抵押权的概念及特征

《民法典》第420条规定了最高额抵押权的概念。最高额抵押是抵押人为一定期间内将要连续发生的债权所提供的担保，在出现当事人约定或法定实现抵押权的情形时，抵押权人有权在最高债权额度内对该担保财产优先受偿。

最高额抵押作为一种特殊的抵押，其特征主要包括以下四个方面：

第一，最高额抵押受到最高债权额度的限制。最高额抵押权与一般抵押权最显著的区别之一就是最高债权限额的存在。一般抵押权担保的债权数额就是实际存在的债权额，而最高额抵押权担保的债权通常是将来连续发生的不特定债权，但是无论将来发生的债权如何变动，抵押权人只能在最高债权额度内对抵押财产优先受偿。

第二，最高额抵押是为一定期间内发生的债权提供的担保。一定期间，既指债权发生的期间，又是指抵押权担保的期间。虽然多数情况下最高额抵押是为将来发生的债权提供的担保，但《民法典》第420条第2款也规定了最高额抵押权设立前已经存在的债权，经当事人同意，可以转入最高额抵押担保的债权范围。因此，最高额抵押设立时，可以将已存在和特定的债权纳入最高额抵押担保的债权范围。

第三，最高额抵押是为连续发生的债权提供的担保。“连续发生”，是指最高额抵押权所担保的债权是由特定的、具有继续性的法律关系（基础关系）而产生。[①] 也就是说在担保的最高额限度内，对一定期间内连续、多次发生的债权提供担保。

---

① 朱岩、高圣平、陈鑫：《中国物权法评注》，北京大学出版社2007年版，第675页。

第四，最高额抵押所担保的债权最高额是确定的，只是债权实际发生数额不确定。为担保将来发生的债权，债权人与抵押人协议确定所担保的最高数额，对在此额度内的债权进行担保。一般抵押权担保的债权数额在抵押权设定时就已确定，而设定最高额抵押权时，债权尚未发生，债权实际数额尚不能确定。也就是说一般抵押权只存在一个债权数额，设定的债权数额即为实际发生的债权数额；而最高额抵押权存在两个债权数额，分别是在设定抵押权时确定的最高限额和一定期限内实际发生的债权数额。如抵押权人甲与抵押人乙约定，由乙对 2019 年 1 月 1 日至 2019 年 12 月 31 日连续发生的债权提供担保，协议担保的债权最高限额为 500 万元。在此期间，乙第一次向甲借款 100 万元、第二次借款 70 万元、第三次借款 200 万元、第四次借款 80 万元，最后实际形成的债权是 450 万元。这里的最高限额与实际发生的债权数额就不是相同数额。

（二）最高额抵押权的转让

《民法典》第 421 条是对最高额抵押权担保的债权即最高额抵押权转让的规定。最高额抵押权所担保的是一定期间内连续发生的所有债权，不是对单独的某一个债权提供担保。部分债权转让，只导致这部分债权丧失了最高额抵押权的担保，对最高额抵押权的效力并不产生影响，最高额抵押权依然在其最高额度范围内对其他已发生的债权和将来可能发生的债权做担保。由此可见，最高额抵押权具有一定的独立性。

与最高额抵押所不同，一般抵押从属于被担保的债权，是一种从权利。根据《民法典》第 407 条规定，抵押权不得与债权分离而单独转让或者作为其他债权的担保。首先，一般抵押的设立须以债权的发生为前提，即抵押权是为了担保债权的实现而设定，从顺序上讲，债权先于抵押权存在。其次，抵押权所担保的债权发生转移，抵押权随之转移，债权受让人在取得债权的同时也取得该抵押权。最后，抵押权所担保的债权消灭，抵押权也随之消灭。因此，抵押权自始至终与其所担保的债权都不可分割。

最高额抵押权的转让遵循以下三个特征：（1）在最高额抵押权所担保的债权确定前，已发生的部分担保债权转让后，脱离该抵押关系，抵押权不随债权转移。（2）最高额抵押权所担保的债权确定后，转变为一般抵押权，可随主债权一起转让。（3）当事人约定部分债权转让，最高额抵押权也随之转让的，应依照当事人的约定。当事人的约定主要有两种情形：第一种情形是部分债权转让的，抵押权也部分转让，原最高额抵押所担保的债权额随之相应减少。在这种情况下，转让的抵押权需要重新做抵押登记，原最高额抵押权需要做变更登记。第二种情形是部分债权转让的，全部抵押权随之转让，未转让的债权成为无担保债权。[①]

（三）最高额抵押权的变更

《民法典》第422条是对最高额抵押合同条款变更的规定。最高额抵押担保的债权确定前，抵押权人和抵押人可以通过协议变更最高额抵押合同的相关内容，但变更的内容不能影响第三人的利益。抵押权人和抵押人可以协议变更的内容包括：（1）债权确定的期间。最高额抵押权是对一定期间内发生的债权提供的担保，合同中须约定最高额抵押权所担保的债权确定的期间。在债权确定前，当事人可以协议延长或缩短该期间。（2）债权范围。在最高额抵押权所担保的债权确定前，该债权是不特定的，所以在债权确定前，当事人可以协议变动所担保的债权范围。（3）最高债权额。在债权确定前，当事人可就最高额抵押权合同中约定的最高债权额合意增加或降低。

虽然法律允许当事人可以就上述三项内容协议变更，但如果在同一抵押财产上还有其他抵押权人尤其是后顺位的抵押权人，则可能会影响他们的利益。如最高额抵押权人与抵押人合意将最高债权额提高，而实际发生的债权额也高于最高债权额，则抵押财产的变价款用于优先清偿最高额抵押权所担保的债权数额就会增加，便会损害后顺位抵押权人的利益。若抵押权人和抵押人对协议的变更对其他抵押权人产生了不利影响，则该变更无效。所以，《民法典》第422条但书规定变更的内容不得对其他抵押权人产生不利影响。

（四）最高额抵押权所担保的债权确定

最高额抵押权的确定，是指因某种事由的发生，最高额抵押权所担保的债权予以固定。最高额抵押权所担保的债权通常是将来发生的不特定的债权，在一定期间届满前，会不断地产生变动和增减。当债权需要清偿且出现清偿条件时，债务人应清偿的债权能够确定。如果最高额抵押权所担保的债权不能确定，不仅无法确定最高额抵押权人的优先受偿范围，而且也会影响后顺位权利人等其他利害关系人的利益。

---

① 参见黄薇主编：《中华人民共和国民法典物权编释义》，法律出版社2020年版，第422页。

《民法典》第423条规定了六种最高额抵押权所担保的债权确定情形：（1）约定的债权确定期间届满。最高额抵押是对一定期间产生的债权所提供的担保，因此，最高额抵押合同中须约定债权确定的期间，当事人约定的期间届满，最高额抵押权所担保的债权即可确定。（2）没有约定债权确定期间或者约定不明确，抵押权人或者抵押人自最高额抵押权设立之日起满二年后请求确定债权。对实践中当事人没有约定债权确定期间或者约定期间不明确的情形，《民法典》第423条规定了一个确定债权数额的法定期间，即自最高额抵押权设立之日起满二年。这里的"二年"不存在中止、中断的问题，是固定期间。（3）新的债权不可能发生。最高额抵押权通常担保的是连续发生的债权，如果这些债权不再发生，则最高额抵押权所担保的债权范围也就能确定了。这里也通常有两种情形：一是最高额抵押对连续交易提供担保，若该连续交易终止，新的债权不再发生，其担保的债权确定；二是基础法律关系消灭，新的债权不再发生，最高额抵押所担保的债权确定。（4）抵押权人知道或者应当知道抵押财产被查封、扣押。最高额抵押权存续期间，抵押财产一旦被查封、扣押，其拍卖、变卖的价格会直接影响抵押权人债权利益的实现。况且，抵押财产被查封、扣押，抵押权人便脱离了对抵押财产的控制，也就阻断了抵押财产和其所担保的债权之间的关系。因此，抵押权人知道或者应当知道抵押财产被查封、扣押是最高额抵押权人债权确定的事由。（5）债务人、抵押人被宣告破产或者解散。债务人、抵押人进入破产程序，其全部财产都要被破产管理人占有和支配，最高额抵押财产也不例外。但对破产人特定财产享有担保物权的权利人享有对该特定财产的优先受偿权，所以此时确定最高额抵押所担保的债权成为必要。同理，当债务人、抵押人进入解散清算程序时也需要确定其所担保的债权。（6）法律规定债权确定的其他情形。这是兜底条款，除上述事由外，《民法典》其他条款或其他法律也可能规定了债权确定的其他情形。

（五）最高额抵押权的法律适用

虽然最高额抵押权具有一定的特殊性，但从性质上讲，仍是抵押权的一种，因此根据《民法典》第424条规定，最高额抵押权仍适用于一般抵押权的相关规定。与一般抵押权相比，最高额抵押权的特殊性主要表现在三个方面：一是最高额抵押权相对独立于主债权。一般抵押权当中，抵押权往往从属于所担保的主债权，随主债权的设立、转移和消灭而设立、转移和消灭。

但最高额抵押权多是为将来要发生的债权而设，在其设立时主债权尚未设立；在其担保的债权确定前，部分债权转让，最高额抵押权不能转让；在基础法律关系不消灭的情况下，部分债权的消灭，最高额抵押权也不必然随之消灭。二是最高额抵押权所担保的债权在设立时具有不特定性。一般抵押权所担保的债权在设立时就是特定的，但最高额抵押权所担保的债权在设立时是不特定的，需要到《民法典》规定的确定债权的事由出现，才能成为特定的债权。三是当事人约定的最高额抵押权所担保的债权数额并非实际债权额。一般抵押权当事人并不需要约定抵押权所担保的债权最高数额。而最高额抵押权中，抵押权所担保的实际债权额只能依法进行确定后才能判断，当实际发生的债权额高于最高债权额时，只能按照最高债权额实现抵押权，超过部分不享有优先受偿权；当实际债权额低于最高限额，按照实际发生债权额度实现抵押权。

三、典型案例

李某玲、张某仓与兰州银行股份有限公司庆阳路支行、甘肃恒春铭瑞工贸有限公司等金融借款合同纠纷案[①]

［**基本案情**］2014 年 5 月 23 日，甘肃恒春铭瑞工贸有限公司（以下简称恒春铭瑞公司）向兰州银行股份有限公司庆阳路支行（以下简称兰州银行庆阳路支行）申请贷款，由张某仓签署《最高额抵押合同》提供抵押担保，并办理了他项权证。《最高额抵押合同》第 2 条约定：被担保的主债权指自 2014 年 5 月 23 日至 2017 年 5 月 23 日抵押权人与债务人形成的一系列债权，约定的债权最高本金余额为 748 万元。2014 年 5 月 28 日，兰州银行庆阳路支行（抵押权人）与张某仓（抵押人）签订《最高额抵押合同》，约定：被担保的主债权为 2014 年 5 月 23 日至 2017 年 5 月 23 日抵押权人与债务人形成一系列债权，被担保债权之最高本金余额为 858.6 万元。根据《最高额抵押合同》的约定，张某仓将其所有坐落于 ×× 座的房产为该笔贷款提供抵押担保，并在相关部门办理了不动产登记证明。双方对抵押担保的数额存在争议，张某仓诉请法院对 2014 年 5 月 23 日签订的《最高额抵押合同》效力予以认定。

［**法院裁判**］张某仓与兰州银行庆阳路支行签订两份《最高额抵押合同》，

① 参见甘肃省高级人民法院（2019）甘民终 114 号民事判决书。

其中设定抵押权时备案的《最高额抵押合同》载明最高额本金为748万元，后双方又签订最高额本金为858.6万元的《最高额抵押合同》。2007年《物权法》第205条[①]规定："最高额抵押担保的债权确定前，抵押权人与抵押人可以通过协议变更债权确定的期间、债权范围以及最高债权额，但变更的内容不得对其他抵押权人产生不利影响。"《物权法》第206条[②]规定："有下列情形之一的，抵押权人的债权确定：（一）约定的债权确定期间届满……"依据上述规定，基于最高额抵押的特殊性，兰州银行庆阳路支行作为抵押权人与抵押人张某仓在债权确定期间届满前可以对最高额抵押合同的条款进行变更，但双方变更最高债权额后未在登记机关进行登记，故该变更未经登记不产生效力。如甘肃恒春铭瑞工贸有限公司未能按期履行上述债务，兰州银行庆阳路支行有权以张某仓所有的坐落于某地的房产折价或拍卖、变卖所得价款在最高本金余额748万元范围内优先受偿。

［**裁判评析**］本案争议焦点在于最高额抵押担保的债权数额问题。抵押权人与抵押人在2014年5月23日签订的《最高额抵押合同》中定的最高债权额为748万元，2014年5月28日签订《最高额抵押合同》中约定的最高债权额变更为858.6万元。按照《民法典》第422条规定，最高额抵押担保的债权确定前，抵押权人与抵押人可以协议变更最高债权额，但变更内容不得对其他抵押权人产生不利影响。另外，《房屋登记办法》第54条规定："变更最高额抵押权登记事项或者发生法律、法规规定变更最高额抵押权的其他情形，当事人应当申请最高额抵押权变更登记。"故最高债权额只有经过变更登记才会产生变更效力。

四、法律风险防范

最高额抵押权所担保的债权额的范围是仅以债权本金为限，还是包括本金、利息、违约金等费用，《民法典》未作出规定。但《民法典》第389条对担保物权的担保范围作了规定："担保物权的担保范围包括主债权及其利息、违约金、损害赔偿金、保管担保财产和实现担保物权的费用。当事人另有约定的，按照其约定。"《民法典担保制度解释》第15条第1款则对"最高债权额"作出明确解释："最高额担保中的最高债权额，是指包括主债权及其利

① 对应《民法典》第422条。

② 对应《民法典》第423条。

息、违约金、损害赔偿金、保管担保财产的费用、实现债权或者实现担保物权的费用等在内的全部债权，但是当事人另有约定的除外。”也就是说，最高债权额所担保的债权范围，可以包括主债权以及利息、违约金、损害赔偿金、保管担保财产的费用、实现债权的费用等从债权，但全部债权总计额度不能超过当事人约定的最高债权限额。若“当事人另有约定”，法律也并不排斥。如当事人约定最高债权额仅指本金最高额，从其约定。

另外，最高额不动产抵押权尚需登记，若最高额抵押合同中约定的债权最高额与登记的最高债权额不一致应如何处理?《民法典担保制度解释》第 15 条第 2 款对此予以回应：“登记的最高债权额与当事人约定的最高债权额不一致的，人民法院应当依据登记的最高债权额确定债权人优先受偿的范围。”由此可见，若约定与登记的最高债权额不一致，应以登记的最高债权额为准。

第九章

质权纠纷

质权是担保物权的重要形式，在现代经济生活中处于重要的地位。质权，是指债务人或者第三人将其动产或者权利以法定的形式为债权提供担保，在债务人不履行到期债务时，债权人有权将该动产或者可让与的财产权利折价或者以拍卖、变卖，从价款优先受偿的权利。当事人设定质权的行为称为设质、出质或者质押。需要注意的是质权与质押是两个不同的概念，质押是指设定质权的民事法律行为，质权是指质权人的权利；质押是质权产生的原因，质权是质押引起的法律后果。[①] 在质权法律关系中，享有质权的债权人称为质权人；提供动产或权利的债务人或第三人，称为出质人；供作质押担保的动产或权利，称为质物。质权作为担保物权，具有绝对性、对世性、支配性、排他性等物权的基本属性，又具有担保物权的从属性、不可分性、价值权性、物上代位性等特有属性。根据质权标的物的不同，可将质权分为动产质权和权利质权。

第一节　动产质权纠纷

动产质权，是指以动产作为标的物的质权。作为质权的一种重要的类型，

① 参见黄薇主编：《中华人民共和国民法典物权编释义》，法律出版社 2020 年版，第 425 页。

动产质权是债权未获清偿前，质权人可就该动产标的物留置的权利。该留置行为是为了对债务人造成心理压力，促使其早日清偿债务。因此，动产质权须以转移质押动产的占有作为质权设立要件。动产质权当事人之间因质权的成立、内容、变更、转让、实现等引发的民事纠纷是动产质权纠纷。本节主要就动产质权的含义和特征、动产质权的设立、动产质权的效力以及转质等问题予以阐述，并对动产质权纠纷的典型案例予以解析。

一、相关法条

《中华人民共和国民法典》（2020 年 5 月 28 日）

第四百二十五条 为担保债务的履行，债务人或者第三人将其动产出质给债权人占有的，债务人不履行到期债务或者发生当事人约定的实现质权的情形，债权人有权就该动产优先受偿。

前款规定的债务人或者第三人为出质人，债权人为质权人，交付的动产为质押财产。

第四百二十九条 质权自出质人交付质押财产时设立。

第四百三十条 质权人有权收取质押财产的孳息，但是合同另有约定的除外。

前款规定的孳息应当先充抵收取孳息的费用。

第四百三十一条 质权人在质权存续期间，未经出质人同意，擅自使用、处分质押财产，造成出质人损害的，应当承担赔偿责任。

第四百三十二条 质权人负有妥善保管质押财产的义务；因保管不善致使质押财产毁损、灭失的，应当承担赔偿责任。

质权人的行为可能使质押财产毁损、灭失的，出质人可以请求质权人将质押财产提存，或者请求提前清偿债务并返还质押财产。

第四百三十三条 因不可归责于质权人的事由可能使质押财产毁损或者价值明显减少，足以危害质权人权利的，质权人有权请求出质人提供相应的担保；出质人不提供的，质权人可以拍卖、变卖质押财产，并与出质人协议将拍卖、变卖所得的价款提前清偿债务或者提存。

第四百三十四条 质权人在质权存续期间，未经出质人同意转质，造成质押财产毁损、灭失的，应当承担赔偿责任。

第四百三十六条 债务人履行债务或者出质人提前清偿所担保的债权的，质权人应当返还质押财产。

债务人不履行到期债务或者发生当事人约定的实现质权的情形，质权人可以与出质人协议以质押财产折价，也可以就拍卖、变卖质押财产所得的价款优先受偿。

质押财产折价或者变卖的，应当参照市场价格。

第四百三十七条 出质人可以请求质权人在债务履行期限届满后及时行使质权；质权人不行使的，出质人可以请求人民法院拍卖、变卖质押财产。

出质人请求质权人及时行使质权，因质权人怠于行使权利造成出质人损害的，由质权承担赔偿责任。

二、要旨释义

（一）动产质权的定义和特征

动产质权，是指债务人或者第三人将其动产移转给债权人占有作为债权的担保，当债务人不履行到期债务或者当事人约定的实现质权的情形出现时，债权人享有以该动产折价或者就拍卖、变卖该动产的权利。[①] 该类质权具有以下四个法律特征：

第一，动产质权的标的物须为动产。动产质权的标的物限于动产，然而并非所有动产都能成为动产质权的标的物。一般认为，能够成为动产质权标的物的动产，须具备以下条件：（1）该动产具有可让与性。法律、行政法规禁止转让的动产（《民法典》第426条）或不具有交换价值的动产不可作为动产质权的标的物。（2）该动产须为独立物、特定物。因此，物的一部分固然不得设质，不动产的出产物如树木、甘蔗等，如尚未与土地分离，仅为土地的部分，非独立的动产，不得作为质权的标的物。（3）该动产须为适于留置的物。动产质权，以权利人对质物之占有为设立与存续要件，具有留置的效力，故经济上不适于留置的物，如航空器、船舶等，不得作为质权标的物。[②]

第二，动产质权标的物须属于债务人或第三人所有。动产质权是在他人财产上设立的担保物权，该标的物或属于债务人所有，或属于第三人所有。

第三，动产质权的设立须以移转质押财产的占有为生效要件。通过移转

---

① 参见黄薇主编：《中华人民共和国民法典物权编释义》，法律出版社2020年版，第424页。

② 参见梁慧星、陈华彬：《物权法》（第七版），法律出版社2020年版，第364页。

质押财产，使质权人占有质押财产，质权也因此产生留置效力。移转质押财产的占有，也是质权与抵押权的根本区别。

第四，动产质权是权利人可就质押财产价值优先受偿的权利。动产质权的设立目的是担保债权得以清偿，当债务人届期不清偿债务时，质权人有权将质物变价，并从变价款中优先受偿。

（二）动产质权的设立

《民法典》第 427 条规定了质押合同的订立。动产质权为意定担保物权，订立质押合同须采用书面形式。质押合同的性质是从合同，被担保的主债权合同是主合同，质押合同通常包括以下条款：被担保债权的种类和数额；债务人履行债务的期限；质押财产的名称、数量等情况；担保的范围；质押财产交付的时间、方式。

《民法典》第 429 条规定了动产质权设立的生效要件，即基于法律行为的动产质权变动以质押财产的交付而设立。需要注意的是，动产质押合同自合同成立时生效，但是质权的设立则以出质人交付质押财产时设立。在质押财产转移交付前，即使质押合同生效，也不能发生担保物权的效力。出质人只有将质押财产转移占有交付质权人，动产质权方可设立。这也体现了《民法典》第 215 条的“区分原则”：质押合同的生效属于债的关系，无须公示；而质权的设立属于物权变动，需经公示发生效力。

需要探讨的是，因物权之交付形态包括现实交付和观念交付，对于“交付”这一动产质权生效要件的解释是否包含所有形态的交付呢？现实交付自不待言，日常质物的交付以现实交付为常态。此外，简易交付，因债权人已经取得占有，通常认为已经“交付”，可以取得质权；对于指示交付，由债权人取得向第三人的返还请求权并不足以成立占有转移，故而指示交付不能有效设定质权，只有在债权人已经从第三人处取得质物之实际占有时，质权才成立。[①] 唯占有改定不能设立质权，因质权的留置效力是其发挥担保作用之根本，只有质物被质权人占有，才能体现质权的留置效力。因此，即使质权人允许出质人代替自己占有质物，也通常认为该质权的设立无效。

---

① 孙宪忠、朱广新主编：《民法典评注：物权编 · 4》，中国法制出版社 2020 年版，第 317 页。

（三）动产质权的效力

动产质权的效力可及于标的物的范围主要包括从物、孳息及物上代位物。《民法典》第430条规定了质押财产的孳息，其规范功能在于明晰质权人和债务人对质物孳息的收取权利。按照本条规定，首先遵从当事人的意思自治，若当事人约定了质物孳息的归属，依约定；若没有约定，由质权人收取孳息。值得注意的是，质权人收取孳息，并不意味着质权人取得孳息的所有权，而是取得孳息的质权。因质物在质权人的占有中，从经济便利角度考虑，孳息由质权人收取更为便利。

关于动产质权效力是否及于从物，理论界有肯定说和否定说。肯定说认为，因主物的处分及于从物，故动产质权的效力及于质物的从物；否定说认为，动产质权，以将质物移转于质权人占有为成立要件，虽为质物的从物，但若从未将其交付给质权人占有，则仍然不得为质权的效力所及。[①]2000年《担保法司法解释》第91条即采纳了否定说这一观点，该条规定："动产质权的效力及于质物的从物。但是，从物未随同质物移交质权人占有的，质权的效力不及于从物。"

根据《民法典》第390条规定，担保期间，担保财产毁损、灭失或者被征收等，担保物权人可以就获得的保险金、赔偿金或者补偿金等优先受偿。被担保债权的履行期限未届满的，也可以提存该保险金、赔偿金或者补偿金等。动产质权作为担保物权，同样具有物上代位性，理应适用该条规定，在质物毁损、灭失或者被征收时，出质人有权就该质物的保险金、赔偿金或者补偿金等优先受偿。在质权所担保债权的履行期限未届满的，质权人也可以请求提存该保险金、赔偿金或者补偿金等。

（四）动产质权人的权利

1. 对质物的留置权。在质权存续期间，动产质权人对质物享有留置的权利。在出质人清偿所担保的债权后，质权人有返还质物的义务。

2. 质物的孳息收取权（《民法典》第430条）。质权人有权收取孳息，包括天然孳息和法定孳息。质权人收取孳息后，孳息成为质权的标的。收取之孳息应首先用于充抵收取孳息的费用，其次充抵原债权的利息，最后充抵原债权。

---

① 参见梁慧星、陈华彬：《物权法》（第七版），法律出版社2020年版，第367页。

3. 优先受偿权（《民法典》第 425 条）。当债务人不履行到期债务或者发生当事人约定的实现质权的情形，债权人有权将质押的动产折价或拍卖、变卖，并就该动产价款优先受偿。

4. 转质权（《民法典》第 434 条）。转质，是指质权人为担保自己或他人债务，将质物转移给第三人占有，在质物上设立新质权的行为。学理上，转质分为责任转质和承诺转质。责任转质，是指质权人于质权存续期间，无须经过质权人同意，以自己的责任以质物为第三人设置质权。[①]《民法典》第 434 条就是关于责任转质的规定。与之不同的是承诺转质则需要经过出质人的许可，才能将质物再次出质。虽然《民法典》未明确规定承诺转质，但从解释上来看，既然未经质权人同意的转质都予以认可，那么须经出质人同意的转质也不应被禁止。需要注意的是，虽然我国民法不禁止转质，但因转质导致的责任要比未转质的情形严重。责任转质因未经出质人同意就将质押财产转质，不仅要承担质押财产因转质权人的过错而毁损、灭失的责任，还要承担转质期间发生的因不可抗力产生的质押财产毁损、灭失的风险责任。[②]

5. 质押财产的保全权（《民法典》第 433 条）。质权人行使质押财产的保全权，需具备三个要件：一是因不能归责于质权人的事由可能使质押财产毁损或者价值明显减少，足以危害质权人的权利。此处“不能归责于质权人的事由”并非因质权人的过错引起，可能是自然原因、市场原因或其他原因。若因可归责于质权人的事由（如保管不当）导致质押财产毁损或者价值明显减少，质权人非但不能行使该项权利，还要对出质人就质物的损失承担赔偿责任。二是质权人可请求提供替代担保。当质押财产可能存在损坏或者价值明显减少的事实足以危害质权人的权益时，质权人为保全其质权不受损害，可以要求出质人提供相应的担保。三是出质人拒不提供替代担保。在上述情形下，出质人仍不提供相应的担保，质权人可以拍卖、变卖质押财产，并与出质人协议将拍卖、变卖所得的价款提前清偿债务或者提存。

（五）动产质权人的义务

1. 不得擅自使用、处分质物（《民法典》第 431 条）。出质人将质物质押给质权人，质权人占有质物，但质权人对质物并没有使用、处分的权利。如果在

---

① 参见孙宪忠、朱广新主编：《民法典评注：物权编 · 4》，中国法制出版社 2020 年版，第 336 页。

② 参见黄薇主编：《中华人民共和国民法典物权编释义》，法律出版社 2020 年版，第 573 页。

质权存续期间，未经出质人同意，擅自使用、处分质押财产，造成出质人损害的，质权人还应当承担赔偿责任。《民法典》这样规定的意义在于，质权是担保物权，质物的移转在于担保质权人债权的实现，而非以质物实现使用、收益的价值。因此，质权人仅享有占有质物的权利，而没有使用、处分质物的权利。

2. 妥善保管质物（《民法典》第 432 条第 1 款）。质物处于质权人的占有中，出质人难以对质物进行管控。这就要求质权人对质物尽到妥善保管的义务，确保在自己的占有期间，质物不会受到毁损、灭失。妥善保管，通说认为是指质权人尽到善良管理人之注意义务，该注意义务以社会一般观念为标准，而非更高的注意义务。

3. 赔偿因转质所受损失（《民法典》第 434 条）。虽然质权人有权未经出质人同意转质，但因转质造成质押财产毁损、灭失的，应当承担赔偿责任。

4. 返还质物（《民法典》第 436 条）。债务人履行债务或者出质人提前清偿了所担保的债权，质权消灭，质权人对其占有的质押财产负有返还出质人的义务。

5. 赔偿因怠于行使质权造成的损失（《民法典》第 437 条第 2 款）。债务人于债务履行期限届满未清偿债务的，质权人应当及时行使质权，以免因不及时行使权利导致质押财产价值下降，甚至毁损、灭失，使质押财产无法获得与原有价值相当的变价款。若因质权人怠于行使该项权利对出质人造成损害，应由其承担相应的赔偿责任。

三、典型案例

（一）周某某诉被告潘某某质权纠纷案[①]

［基本案情］ 2014 年 3 月 28 日，原告周某某在被告潘某某经营的玉器行购买了千足金 999 项链一条，重 86.66 克，单价每克 310 元，计 26 864.60 元，被告潘某某开具一张收据给原告周某某。2016 年 1 月 19 日，原告周某某因做生意需要资金周转，向被告潘某某提出借款请求，被告潘某某要求原告周某某将其佩戴的上述黄金项链作为抵押物。原告周某某将黄金项链交给被告潘某某后，潘某某于 2016 年 1 月 19 日向周某某出具了一份收条，并借给周某某 17 000 元。为此，周某某也于 2016 年 1 月 20 日向潘某某出具了一份借条。双方口头约定，周某某 1 个月内还款，拿回自己的项链，并支付潘某某好处费 1000 元。约定的

① 参见安徽省天长市人民法院（2021）皖 1181 民初 2912 号民事判决书。

还款日期满后，周某某向潘某某提出还款请求，并要求返还质押物。但潘某某至今一直未予理睬。故周某某诉至法院，请求：(1) 判令被告潘某某立即返还原告抵押物约 86.6 克黄金项链一条。如若被告不能返还原物，按原物现有价值冲抵原告借被告现金后将差价偿还原告，约 20 000 元。(2) 被告承担诉讼费用。

[**法院裁判**] 周某某将一条重约 86.6 克黄金项链于 2016 年 1 月 19 日出质给潘某某占有，是为了向潘某某借款 17 000 元提供担保。周某某是出质人，潘某某是质权人，一条黄金项链为质押财产。虽然双方未签订质押合同，但口头约定 1 个月内还款，周某某给付潘某某费用 1000 元，可以认定周某某履行债务的期限为 1 个月。按照法律规定，债务人履行债务或者出质人提前清偿所担保的债权的，质权人应当返还质押财产。但潘某某在约定的债务履行期限到期后至今均拒绝周某某偿还债务返还质押财产的请求，潘某某的行为不符合法律规定。因为潘某某擅自使用、处分质押财产，造成周某某损害，应当承担赔偿责任。周某某出质给潘某某的系一条重约 86.6 克黄金项链不能返还，故应当参照庭审时的市场价格确定黄金项链的价值，庭审中潘某某和周某某均认可当前的黄金价格为每克 371.60 元，按照该价格计算重约 86.6 克黄金项链的价值为 32 180.56 元，扣除周某某于 2016 年 1 月 20 日向潘某某的借款 17 000 元及约定的质押费用 1000 元，潘某某实际应该赔偿周某某 14 180.56 元。综上，依照《民法典》第 425 条、第 429 条、第 430 条、第 431 条、第 436 条，《最高人民法院关于民事诉讼证据的若干规定》第 10 条之规定，判决如下：(1) 被告潘某某于本判决生效之日起 15 日内赔偿原告周某某黄金项链损失 14 180.56 元。(2) 驳回原告周某某的其他诉讼请求。

[**裁判评析**] 动产质权属于留置型的担保，其目的是通过占有债务人或者第三人的动产，一方面，对债务人产生心理压力，从而迫使其尽快履行债务；另一方面，防止债务人处分担保财产，保证债权优先受偿。质权若要创设并生效，必须经过转移质物占有和公示。因此，转移质押财产的占有，既是质权公示的方式，也是质权生效的条件。

(二) 林某志与王某 2 质押合同纠纷案[①]

[**基本案情**] 2008 年 1 月 25 日，案外人王某 1 与王某 2 签订一份借款协议，双方约定王某 1 向王某 2 借款人民币 150 000 元，并以其所有的车牌号为

① 参见浙江省湖州市中级人民法院 (2010) 浙湖商终字第 127 号民事判决书。

浙A0××H7的轿车一辆作质押。王某1借款后，将该车交付给王某2。2008年12月31日，王某2向林某志借款人民币50 000元，双方约定借款期限为2个月。借款后，王某2将其占有并登记在王某1名下的该车转质给林某志。2009年3月6日，王某2以林某志保管不当致使车辆丢失为由函告林某志，要求林某志返还该车。2009年3月11日，林某志向法院起诉，要求判令王某2立即归还借款人民币50 000元，并支付利息人民币5000元。经一、二审法院审理，终审判决王某2归还林某志借款人民币50 000元。现王某2要求林某志返还车辆未果而诉至法院，请求判令林某志返还王某2质押财产三菱戈蓝轿车一辆或赔偿王某2损失人民币150 000元。

林某志辩称：第一，王某2借款时，林某志并不知道用于本案的质押财产非其本人所有。王某2是利用发票所载姓名和王某2姓名很相似这一点来欺骗林某志的。后来，王某2告知，该车是其偷窃所得，但借款时林某志对这一点并不知情。第二，王某2诉称，该车系王某2质押给林某志的，但其并未对这一主张提供相应的证据予以证明。

［**法院裁判**］本案的争议焦点是：（1）林某志与王某2之间的质押合同是否有效；（2）王某2有无权利向林某志主张损害赔偿；（3）损害赔偿数额确定的依据。

第一，根据2000年《担保法司法解释》第94条第2款之规定，“质权人在质权存续期间，未经出质人同意，为担保自己的债务，在其所占有的质物上为第三人设定质权的无效。质权人对因转质而发生的损害承担赔偿责任”。本案中，王某1将车辆质押给王某2，王某2在其质权存续期间，未经王某1同意，将车辆转质给林某志的行为应属无效。《物权法》对该种情形下的质押行为的效力问题未予提及，责任转质和承诺转质仅为学理上的探讨，2000年《担保法司法解释》该条款也未失效。故法院确认林某志与王某2之间的质押合同无效。

第二，根据1999年《合同法》第58条的规定：“合同无效或者被撤销后，因该合同取得的财产，应当予以返还；不能返还或者没有必要返还的，应当折价补偿。有过错的一方应当赔偿对方因此所受到的损失，双方都有过错的，应当各自承担相应的责任。”本案中，林某志与王某2之间的质押合同无效后，林某志应向王某2返还质押财产。因林某志在占有质物期间，未尽妥善保管义务，致使质押财产被盗，具有过错，应向王某2承担相应的损害赔偿责任。王某2作为合同的相对方，有权向林某志主张损害赔偿。

第三，一审法院依据本案实际情况并参照车辆折旧率，对损害赔偿数额作出酌情认定，要求林某志在判决生效之日起 7 日内赔偿王某 2 车辆损失人民币 90 000 元，无明显不当，且林某志在一审中并未提出鉴定申请，涉案车辆被盗，更是无法进行鉴定。对林某志的该节上诉请求，法院不予支持。

[**裁判评析**] 从理论上讲，根据质押财产的支配内容不同，可以将质权分为占有质权、收益质权和归属质权。《民法典》第 434 条明确了质权人在质权存续期间，未经出质人同意转质，造成质押财产毁损、灭失的，应当承担赔偿责任。因此，在本案中，案外人将车辆质押给王某 2 后，王某 2 在其质权存续期间，未经案外人同意，又将车辆转质给林某志的转质行为应属无效，对造成的车辆损失理应承担赔偿责任。

四、法律风险防范

（一）注意区分质权合同的生效和质权的生效

质权合同的订立和质权的设定为不同的法律事实，质权合同的订立旨在当事人之间创设有关质权设定的权利义务关系，为物权变动的原因行为，属于《民法典》合同编的范畴；质权的设定，是合法有效的质权合同所产生的结果，属于物权变动的范畴。作为原因行为的质权合同，是物权变动的必要条件而非充分条件。物权变动之发生，除质权合同外，还须符合公示公信原则的要求。由此可见，质权合同的生效，在双方当事人之间发生设定质权的权利义务，为质权的设定奠定基础法律关系。质权合同的生效与质押财产的交付无关，质押合同自依法成立之日生效，质权的生效则自出质人交付质押财产时发生效力。通常情形下，质权合同的生效往往先于质权的生效，因此，在出质人不依约交付质押财产时，出质人应当承担违约责任。

（二）质权人返还质押财产对质权效力的影响

我国《民法典》对质押财产返还对质权的影响未作规定。2000 年《担保法司法解释》第 87 条规定："质权人将质物返还于出质人后，以其质权对抗第三人的，人民法院不予支持。"由此可见，我国曾采取质押财产返还不消灭质权的态度。因此，在我国现行法律背景下，质权人返还质押财产于出质人，无论是质权人依自己的意思表示（如交付质押财产给出质人保管、使用），还是质权人非依自己的意思表示（如质权人受出质人、债务人的欺诈返还质押财产），均不能消灭质权，质权人返还质押财产仅发生该质权“不得对抗第三人”的结果。至于“不得对抗第三人”的范围，应该包括质押财产的所有权取得人（如善意取得人）、新质权人（出质人以质押财产再出质后形成的质权人）、经登记的动产抵押权人、租赁人、查封债权人、破产债权人。应当指出，尽管质权人因不再继续占有质押财产而不得对抗上述第三人，但仍然可以对抗出质人的一般债权人；否则质权即丧失存在的意义，与质权消灭已无二致，倒不如按照质押财产返还、质权消灭的处理方法简洁、关系清楚。

第二节 权利质权纠纷

《民法典》第十八章第二节规定了权利质权。权利质权，是指以所有权以外的财产性权利为标的而设定的质权。权利质权是与动产质权并列的另一种质权，虽以权利为标的，却同样是以标的物的财产价值作为债权实现的担保。与动产质权相区别的是，权利质权的标的物须为所有权之外的财产权，且具有可让与性，适于设定质权。基于无体财产权的交换价值，权利质权突破了质权原有的留置作用的担保功能，而突出优先受偿作用的担保功能。[①] 承认权利质权的法律地位，扩大了可担保的财产范围，有利于增强民事主体的融资能力。虽然权利质权与动产质权在标的物上有所区别，但作为质权的两种不同形态，共同构成质权制度的内容。根据《民法典》第446条规定，权利质权法律关系的调整，除适用“权利质权”一节特别规定外，还应适用“动产质权”一节的相关规定。

一、相关法条

《中华人民共和国民法典》（2020年5月28日）

第四百四十条 债务人或者第三人有权处分的下列权利可以出质：

（一）汇票、本票、支票；

（二）债券、存款单；

① 参见谢在全：《民法物权论》（下册），中国政法大学出版社2011年版，第1013页。

（三）仓单、提单；

（四）可以转让的基金份额、股权；

（五）可以转让的注册商标专用权、专利权、著作权等知识产权中的财产权；

（六）现有的以及将有的应收账款；

（七）法律、行政法规规定可以出质的其他财产权利。

第四百四十一条 以汇票、本票、支票、债券、存款单、仓单、提单出质的，质权自权利凭证交付质权人时设立；没有权利凭证的，质权自办理出质登记时设立。法律另有规定的，依照其规定。

第四百四十二条 汇票、本票、支票、债券、存款单、仓单、提单的兑现日期或者提货日期先于主债权到期的，质权人可以兑现或者提货，并与出质人协议将兑现的价款或者提取的货物提前清偿债务或者提存。

第四百四十三条 以基金份额、股权出质的，质权自办理出质登记时设立。

基金份额、股权出质后，不得转让，但是出质人与质权人协商同意的除外。出质人转让基金份额、股权所得的价款，应当向质权人提前清偿债务或者提存。

第四百四十四条 以注册商标专用权、专利权、著作权等知识产权中的财产权出质的，质权自办理出质登记时设立。

知识产权中的财产权出质后，出质人不得转让或者许可他人使用，但是出质人与质权人协商同意的除外。出质人转让或者许可他人使用出质的知识产权中的财产权所得的价款，应当向质权人提前清偿债务或者提存。

第四百四十五条 以应收账款出质的，质权自办理出质登记时设立。

应收账款出质后，不得转让，但是出质人与质权人协商同意的除外。出质人转让应收账款所得的价款，应当向质权人提前清偿债务或者提存。

第四百四十六条 权利质权除适用本节规定外，适用本章第一节的有关规定。

二、要旨释义

（一）出质权利的条件

权利质权不同于动产质权，是以所有权以外的财产权为标的。成为质权标的的权利尚须具备以下条件：

1. 须是具有经济价值的财产权利。权利质权属于担保物权，作为标的的权利须具有交换价值，能够用金钱估价，才能在债务人不能履行到期债务时将该标的变价，并从其变价款中优先受偿。反之，诸如人身权等权利，因其不具有市场交换的价值，不能作为权利质权的标的。

2. 该权利须依法可以转让。首先，根据权利的性质不得让与的权利不能成为权利质权的标的。如基于扶养、抚养、赡养等特定身份关系所产生的给付请求权，以及请求给付的退休金、养老金、人寿保险、人身损害赔偿金等请求权。由于这些权利具有特定性，不具有让与性，故不能成为质权的标的。其次，当事人约定不能转让的权利。此种权利同样仅能在特定当事人之间产生效力，不具有可让与性。最后，法律禁止转让的权利。例如，《公司法》第142条第5款规定："公司不得接受本公司的股票作为质押权的标的。"

3. 该权利必须适于设质。除具备可让与性，作为权利质权标的的权利还需要适于设质。我国在不动产权利上设定的权利一般认定为是抵押权，因此，不动产权利不能作为权利质权的标的。至于抵押权、质权和留置权等担保物权，由于不能与其所担保的主债权分离，因此也不能成为权利质权的标的。①

（二）权利质权的权利范围

《民法典》第440条采用了列举方式将可以作为权利质权的标的财产一一列出，具体包括：

1. 汇票、本票、支票。根据《票据法》规定，汇票是指出票人签发的，委托付款人在见票时或者在指定日期无条件支付确定的金额给收款人或者持票人的票据。本票是指出票人签发的，承诺自己在见票时无条件支付确定的金额给收款人或者持票人的票据。支票是指出票人签发的，委托办理支票存款业务的银行或者其他金融机构在见票时无条件支付确定的金额给收款人或者持票人的票据。为担保主债权的实现，由作为持票人的债务人或第三人以汇票、本票、支票作为质物而设立的质权是票据质权。票据质权并非以票据本身作为动产标的物，而是以票据所表彰或衍生的权利作为标的物出质。②

2. 债券、存款单。债券是指由政府、金融机构或者企业为了筹措资金而依照法定程序向社会发行的，约定在一定期限内还本付息的有价证券，包括

① 参见黄薇主编：《中华人民共和国民法典物权编释义》，法律出版社2020年版，第583页。

② 孙宪忠、朱广新主编：《民法典评注：物权编·4》，中国法制出版社2020年版，第370页。

政府债券、金融债券和企业债券。债券是证券凭证，债券可作为标的物设立质权。存款单是指存款人于银行或者其他储蓄机构存了一定数额的款项后，由银行、储蓄机构开具的到期还本付息的债权凭证。[①] 通常情况下，各类定期存款单均可用以设定质权，活期存款凭证因可随时存取，不宜质押。

3. 仓单、提单。仓单是指仓库保管人应存货人请求向存货人签发的提取仓储物的凭证。根据《民法典》第909条的规定，仓单包括下列事项：存货人的姓名或者名称和住所；仓储物的品种、数量、质量、包装及其件数和标记；仓储物的损耗标准；储存场所；储存期限；仓储费；仓储物已经办理保险的，其保险金额、期间以及保险人的名称；填发人、填发地和填发日期。仓单可以转让，亦可质押。根据《海商法》第71条规定，提单是指用以证明海上货物运输合同和货物已经由承运人接收或者装船，以及承运人保证据以交付货物的单证。并非所有提单均可质押，如《海商法》规定，记名提单不得转让，亦就不能质押。可以转让的提单或经法定程序认定后成为可以转让的提单可作为质权标的物。

4. 可以转让的基金份额、股权。《民法典》的"基金"，仅指通过公开发售基金份额募集证券投资基金，由基金管理人管理，基金托管人托管，为基金份额持有人的利益，以资产组合方式进行证券投资活动的信托契约型基金，涵括投资于不同对象的信托契约型基金、采用不同运作方式的信托契约型基金和选择不同投资收益与风险的信托契约型基金，但不包括私募基金和公司型基金。[②]《民法典》允许以可以转让的基金份额出质。

股权是股东因出资而取得的、依法定或者公司章程的规则和程序参与事务并在公司中享有财产利益的、具有可转让性的权利。有限责任公司股权是通过公司签发的出资证明书体现，股份有限公司股权是通过股票来体现。由于股权具有经济价值且可以转让，故《民法典》允许将依法可以转让的股权质押。但依法不能转让的股权不能设定质权。例如，《公司法》第141条第1款规定："发起人持有的本公司股份，自公司成立之日起一年内不得转让。公司公开发行股份前已发行的股份，自公司股票在证券交易所上市交易之日起一年内不得转让。"这两类股权在期限内不能转让，也就意味着在期限内不能设定质权。

5. 可以转让的注册商标专用权、专利权、著作权等知识产权中的财产权。

① 王胜明主编：《中华人民共和国物权法解读》，中国法制出版社2007年版，第478页。

② 李飞主编：《中华人民共和国证券投资基金法释义》，法律出版社2003年版，第6页。

注册商标专用权、专利权、著作权都属于知识产权。这三者中除注册商标专用权是一种纯粹的财产权外，专利权和著作权都是涵括人身权利和财产权利两部分。知识产权中只有财产权可以转让、质押。诸如专利权中发明人、设计人的署名权，著作权中的发表权、署名权、修改权等人身权利，不允许转让，也就不能设立质权。

6. 现有的以及将有的应收账款。根据《动产和权利担保统一登记办法》第 3 条规定，应收账款债权人因提供一定的货物、服务或设施而获得的要求应收账款义务人付款的权利以及依法享有的其他付款请求权，包括现有的和未来的金钱债权，但不包括因票据或其他有价证券而产生的付款请求权，以及法律、行政法规禁止转让的付款请求权。根据《动产和权利担保统一登记办法》第 3 条第 2 款，应收账款包括下列权利：（1）销售、出租产生的债权，包括销售货物，供应水、电、气、暖，知识产权的许可使用，出租动产或不动产等；（2）提供医疗、教育、旅游等服务或劳务产生的债权；（3）能源、交通运输、水利、环境保护、市政工程等基础设施和公用事业项目收益权；（4）提供贷款或其他信用活动产生的债权；（5）其他以合同为基础的具有金钱给付内容的债权。与票据质权、债券、股权等可以权利凭证体现的财产性权利相比，应收账款是一种未被证券化的财产请求权，因此，在设定质权时无须转移权利凭证。

7. 法律、行政法规规定可以出质的其他财产权利。这是《民法典》第 440 条的兜底性条款，除上述六项财产性权利外，其他法律法规中涉及可以出质的财产权利也可作为权利质权的标的。例如，《合伙企业法》第 25 条规定："合伙人以其在合伙企业中的财产份额出质的，须经其他合伙人一致同意；未经其他合伙人一致同意，其行为无效，由此给善意第三人造成损失的，由行为人依法承担赔偿责任。"因此，合伙企业中的财产份额也可用以设定质权。

（三）权利质权的取得

按照《民法典》的规定，设定动产质权的方式只有一种，即出质人向质权人交付其出质的财产。但不同类型的权利质权，设立方式却不尽相同。

1. 以汇票、本票、支票、债券、存款单、仓单、提单出质的，质权自权利凭证交付质权人时设立；没有权利凭证的，质权自办理出质登记时设立（《民法典》第 441 条）。

2. 以基金份额、股权出质的，质权自办理出质登记时设立（《民法典》第

443条第1款)。

3. 以注册商标专用权、专利权、著作权等知识产权中的财产权出质的，质权自办理出质登记时设立(《民法典》第444条第1款)。

4. 以应收账款出质的，质权自办理出质登记时设立(《民法典》第445条第1款)。

总而言之，设定权利质权的方式有两种：一种是交付权利凭证设立；另一种是登记设立。票据、证券等有价证券本身就以权利凭证的形式记载了该项财产权，以设立质权为目的转移交付权利凭证就意味着将该权利交付质权人，从而设立该权利质权。而诸如以知识产权中的财产权、应收账款等出质的，因其无证券载体，故而要求质权自办理出质登记时设立。但无论以何种方式设定权利质权，质权人与债务人或第三人均须先订立书面质权合同，再通过交付权利凭证或办理出质登记的方式设立质权。

三、典型案例

(一)陕西秦农农村商业银行股份有限公司沣东支行诉西安沣祥工贸有限责任公司、吴某鸿、西安一得贸易有限公司、陕西一得贵金属贸易有限公司案外人执行异议案[①]

[**基本案情**]2015年7月20日，西安一得贸易有限公司(以下简称西安一得公司)与陕西秦农农村商业银行股份有限公司沣东支行(以下简称秦农银行沣东支行)签订《合作协议书》，约定西安一得公司为其经营商户的贷款提供担保，并开立尾号为671的保证金账户，按担保借款金额20%的比例缴纳保证金，若借款人或者担保人到期不能偿还借款本息，银行有权直接扣收质押保证金等。协议签订当日，西安一得公司按约定开立了671保证金账户。之后，秦农银行沣东支行向57户商户发放贷款，西安一得公司亦按约定缴纳保证金。截至2016年9月29日，缴纳至671号账户的保证金共计1138余万元。

后经西安一得公司申请，秦农银行沣东支行及其下属的二级支行层级批准，分5次共计退还西安一得公司1000余万元，西安一得公司用来偿还所担保的贷款利息及其在该行其他支行的贷款。截至2016年9月29日，671账户

① 参见最高人民法院(2019)最高法民再198号民事判决书。

余额为 103 万余元。

2016 年 10 月 8 日，法院在执行西安沣祥工贸有限责任公司（以下简称沣祥公司）与吴某鸿（西安一得公司）借款合同一案时，冻结并扣划了西安一得公司 671 账户中的 103 万余元。秦农银行沣东支行提出执行异议被驳回后，遂提起本案案外人执行异议之诉，以 671 账户系保证金账户为由，请求排除执行。

［**法院裁判**］经陕西省西安市中级人民法院初审、陕西省高级人民法院终审及最高人民法院再审，最高人民法院于 2019 年 10 月 31 日（2019）最高法民再 198 号判决：撤销陕西省高级人民法院（2018）陕民终 187 号民事判决，维持西安市中级人民法院（2017）陕 01 民初 122 号民事判决。确认秦农银行沣东支行对西安一得公司尾号为 671 账户内的 103 万余元享有质权，不得执行该账户内的 103 万余元。

［**裁判评析**］《民法典》第 425 条规定："为担保债务的履行，债务人或者第三人将其动产出质给债权人占有的，债务人不履行到期债务或者发生当事人约定的实现质权的情形，债权人有权就该动产优先受偿。前款规定的债务人或者第三人为出质人，债权人为质权人，交付的动产为质押财产。"《民法典》第 429 条规定："质权自出质人交付质押财产时设立。" 2000 年《担保法司法解释》第 85 条规定："债务人或者第三人将其金钱以特户、封金、保证金等形式特定化后，移交债权人占有作为债权的担保，债务人不履行债务时，债权人可以以该金钱优先受偿。"根据上述法律及司法解释规定，金钱质押作为特殊的动产质押，应当符合金钱特定化和移交债权人占有两个要件。本案中，案涉 671 保证金账户是西安一得公司为其加盟商户在秦农银行沣东支行借款提供担保而专门开立的保证金账户，转入该账户内的款项均是西安一得公司根据贷款发放额度，按照约定的比例向该账户缴存的保证金，该账户内的款项既能与西安一得公司的其他财产相区分，又独立于秦农银行沣东支行自己的财产，故该账户内的款项符合以保证金形式特定化的要求。结合秦农银行沣东支行与西安一得公司签订的《合作协议书》中关于债务人未偿还贷款本息时，秦农银行沣东支行有权直接扣收西安一得公司质押保证金的约定，以及西安一得公司经秦农银行沣东支行及其相关下属支行层级批准后才得退还部分保证金的事实，可以认定秦农银行沣东支行作为债权人实际控制和管理案涉 671 保证金账户，符合出质金钱移交债权人占有的要求。

《民法典》第435条规定，质权人可以放弃质权。本案中，经西安一得公司申请，秦农银行沣东支行及其相关下属的二级支行层级批准后退还部分保证金是在671账户内保证金已设立质权的前提下，秦农银行沣东支行作为质权人放弃部分质押财产的行为。该行为并未改变秦农银行沣东支行对案涉671保证金账户内款项的实际控制，亦未改变该账户内剩余款项的性质和用途，案涉671保证金账户内的款项仍符合以保证金形式特定化和移交债权人占有的条件。

在案涉保证金担保的主债权未获清偿的情况下，秦农银行沣东支行作为质权人对671保证金账户内的款项享有优先受偿的权利，沣祥公司与吴某鸿（西安一得公司）借款合同纠纷一案的执行标的为普通债权，秦农银行沣东支行对671保证金账户内款项所享有的质权足以排除该案的强制执行。

（二）河南省中小企业担保集团股份有限公司、河南方欣米业集团股份有限公司管理人责任纠纷案①

［基本案情］2011年9月20日，河南方欣米业集团股份有限公司（以下简称方欣米业）和民生银行郑州分行签订《中小企业金融服务合同（综合授信）》，约定：方欣米业向民生银行借款2500万元。同日，河南省中小企业担保集团股份有限公司（以下简称河南省中小企业担保集团）与民生银行签订《最高额保证合同》，约定：河南省中小企业担保集团为方欣米业上述2500万元借款提供连带责任保证等。为保证河南省中小企业担保集团担保债权的实现，2011年8月1日，方欣米业与河南省中小企业担保集团签订《质押反担保合同》，约定方欣米业将其所有的商标专用权质押给河南省中小企业担保集团，并办理了出质登记。2011年8月11日，方欣米业股东寇某、某投资公司与河南省中小企业担保集团签订《股权质押合同》，约定寇某、某投资公司自愿将其持有的方欣米业100%的股权及派生权益质押给河南省中小企业担保集团提供反担保，并办理了股权质押登记。借款期限届满后，方欣米业未足额偿还借款本息。2012年9月27日，民生银行从河南省中小企业担保集团账户扣划22 627 179.89元。河南省中小企业担保集团履行保证责任后，追偿未果，向郑州市中级人民法院（以下简称郑州中院）起诉。郑州中院于2013年

① 参见河南省郑州市中级人民法院（2020）豫01民初767号民事判决书；河南省高级人民法院（2021）豫民终26号民事判决书；最高人民法院（2021）最高法民申6429号民事裁定书。

11 月 18 日判决：河南省中小企业担保集团对方欣米业质押的商标专用权享有折价或者拍卖、变卖商标专用权所得的价款优先受偿权；对寇某、某投资公司质押的方欣米业的股权享有折价或者拍卖、变卖等所得的价款优先受偿权。2016 年 8 月 10 日，郑州中院裁定受理方欣米业破产申请，并指定管理人。2019 年 12 月 18 日，管理人向债权人会议提交方欣米业重整计划草案并进行表决，重整计划草案中将河南省中小企业担保集团列入普通债权组进行表决。2019 年 12 月 19 日，河南省中小企业担保集团对方欣米业重整计划草案投反对票，并认为重整计划将河南省中小企业担保集团视为普通债权人，在普通债权组进行表决侵犯了河南省中小企业担保集团的权益及违背破产法相关规定，并提起诉讼。

［**法院裁判**］2020 年 12 月 1 日，郑州中院作出了（2020）豫 01 民初 767 号民事判决书，认为本案的争议焦点为原告的股权质押权是否属于破产程序中的别除权。股权是有限责任公司或者股份有限公司的股东对公司享有的人身和财产权益的一种综合性权益，是股东基于其股东资格而享有的，从公司获得经济利益，并参与公司经营管理的权利。鉴于公司法人的性质，公司财产和股东股权是独立的，公司和股东可以分别以各自的财产或财产性权利设立担保。因此，股权质押权有别于以公司财产设立的质权，股权质押权是股东为实现个人目的或公司利益，对外以其个人股权提供的担保，不属于破产财产，股权质权人对破产财产不享有优先受偿权，只能在企业破产分配后就出质股东获得的股权剩余价值来清偿其债权。本案中，河南省中小企业担保集团对方欣米业享有的股权质权并非对方欣米业公司的优先权。故，驳回原告河南省中小企业担保集团的诉讼请求。

一审判决后，河南省中小企业担保集团向河南省高级人民法院（以下简称河南高院）提起上诉。

河南高院认为，股权与股权质权的性质完全不同，股权是基于股东地位取得的具有复杂内容的权利，既包括利润分配权、剩余财产分配权等财产性权利，也包括参与公司经营管理的身份性权利，兼具请求权和支配权的双重属性。而股权质权属于担保物权，设定目的是确保债务的履行、保障债权的实现，寻求的是质押财产的交换价值而非实用价值，并且即使股东将股权依法出质，但出质股权仍登记在出质股东名下，股东对企业的权利和义务实际仍由出质股东享有和负担。因此，股权质权人仅能以质权担保债权来实现，而不能享有股东的参与企业经营管理等权利。根据《企业破产法》第 85 条规定，重整计划草案涉及出资人权益调整事项的，应当设出资人组，对该事项进行表决。因此，企业破产重整中涉及股权调整时，依法应以出资人的表决意见为准，股权质权人不能在企业重整程序中代替出资人参与表决。本案中，河南省中小企业担保集团作为方欣米业股权的质权人，其仅能就寇某和某投资公司对方欣米业的股权在价值范围内享有担保其债权优先实现的权利，而不能代替寇某和某投资公司在破产重整程序中行使股东的权利。如果河南省中小企业担保集团认为自己的股权质押权受到侵害导致权利无法实现，依照合同相对性原则，其应当向出质人寇某和某投资公司主张权利。河南高院判决驳回上诉，维持原判。

河南省中小企业担保集团不服河南省高级人民法院（2021）豫民终26号民事判决，向最高人民法院申请再审。

最高人民法院经审查认为，股东权利是基于股东地位取得的具有复杂内容的权利，包括利润分配权、剩余财产分配权等财产性权利，以及参与公司经营管理的身份性权利，兼具请求权和支配权的双重属性。本案中，河南省中小企业担保集团作为方欣米业股权质权人，其仅能就寇某和某投资公司对方欣米业的股权在价值范围内享有担保其债权优先实现的权利，而不能代替寇某和某投资公司在破产重整程序中行使股东的权利。方欣米业管理人将其列入普通债权组进行表决未侵犯其合法权益，河南省中小企业担保集团该项主张不能成立。最高人民法院裁定，驳回河南省中小企业担保集团的再审申请。

[**裁判评析**] 股东权利是基于股东地位取得的具有复杂内容的权利，包括自益权与共益权两部分。自益权，是指股东从公司获取经济利益的权利，包括利益分配请求权、剩余财产分配请求权、新股认购权、股份收购请求权、股票交付请求权、过户请求权等；共益权，是指股东参加公司经营管理活动的权利，包括股东会议参加权、提案权、表决权、选举权、各种诉权、账簿查阅权、公司重整申请权等。另一种分类方法是将股权划分为利润分配权、剩余财产分配权等财产性权利，以及参与公司经营管理的身份性权利，股权兼具请求权和支配权的双重属性。

一般观点认为，以股权为质权标的时，质权的效力并不及于股东的全部权利，而只及于其中的财产权利。换言之，股权出质后，质权人只能行使其中的受益权等财产权利，公司重大决策和选择管理者等非财产权利仍由出质股东行使。对此，我们需要考虑以下四个方面的因素：

首先，当股权出质的时候，出质的究竟是什么权利呢？无论出质的是财产权利还是全部权利，权利都不可能像实体物那样转移占有，只能是通过转移凭证或者是登记的做法来满足。因此，究竟转移了什么，我们从设质的活动中无法辨明，但可以从质权执行进行考察。

其次，当债务清偿期届满，设质人无力清偿债务时，就涉及质权执行的问题。《民法典》第 436 条第 2 款规定："债务人不履行到期债务或者发生当事人约定的实现质权的情形，质权人可以与出质人协议以质押财产折价，也可以就拍卖、变卖质押财产所得的价款优先受偿。"

无论协议转让质押的股权还是拍卖、变卖质押的股权都会发生同样的结果，就是受让人成为公司的股东。否则受让人如果取得的是所谓的"财产权利"，但是既没有决策权，也没有选择管理者的权利，而这些权利却由一个与公司财产都没有任何关系的当事人来享有，这不是非常荒谬的吗？因此这也就反证出从一开始设质的就是全部的权利，而不仅仅是财产权利。因为一项待转让的权利如果开始就是不完全的，但经过转让却变成了完全的，这是不可能的。有作者亦指出，作为质权标的的股权，绝不可强行分割而只能承认一部分是质权的标志，而无权剔除另一部分。

再次，当公司的股东会作出决议同意出质股权时，实际上就已经蕴含了允许届时可能出现的股份转让，其中包括了对公司人合性的考虑。比照《公司法》的规定，股份设质也应当分为两种情况，一种是质权人为公司的其他股东，此时以公司的股份设质无须经过他人同意；另一种是当以公司股份向公司股东以外的人设质的，则应当需要全体股东过半数同意。因为如果届期债务人无法清偿债务，质权人就可能行使质权，从而成为公司的股东。鉴于有限责任公司一定的人合性，需要经过全体股东过半数同意。而公司股东的过半数同意，就意味着实际上公司股份的设质是不与公司的人合性冲突的。

最后，从观念上来分析，传统的观念以为公司股份的设质仅仅包括财产性的权利，这是将权利孤立地进行分割。实际上在市场经济中的交易主体是不可能如同法学家一般将权利分割成诸多部分并进行考虑。另外，假如真是只能转让财产性的权利，那么这种设想必然会在质权执行中产生纠纷，从而与民法定分止争的社会功能相冲突。所以，有限责任公司股权质押的标的应该包括全部的股东权利。但在股权质权人仅能就出质人对破产企业的股权，在价值范围内享有担保其债权优先实现的权利，而不能代替股东在破产重整程序中行使股东的权利。

四、法律风险防范

应收账款是权利人享有的付款请求权，是一种金钱债权。以应收账款出质的，由于被担保债权与入质债权清偿期未必完全一致，使应收账款质权的实现变得更加复杂，在适用中要予以区分。

其一，被担保债权清偿期与入质债权清偿期均已到期。此时，质权人可直接向应收账款债务人主张债权从而实现质权。与一般质权的实现方式不同，应收账款质权的实现无须将质押财产变价并就价款优先受偿，因其标的物本身就是金钱给付请求权，所以质权人可就其直接优先受偿，即收取应收账款。

其二，被担保债权清偿期先于入质债权的清偿期到期。若被担保债权先到期，应收账款的债权尚未届清偿期，质权人是否能要求应收账款债务人清偿呢？多数学者认为，质权人并不能直接请求第三人债务人向其履行，理由是标的债权关系为一种独立债权关系，不因债权人将其入质而丧失其全部独立性，第三债务人仅负有债务届期而偿还的义务，其期限利益应予保护。[①]

其三，被担保债权清偿期晚于入质债权的清偿期到期。若入质债权清偿期已至，被担保债权清偿期尚未到来，此时如允许质权人向应收账款债务人主张债权，对出质人而言就是由质权人提前实现质权，显然对出质人的权益保护有所失衡。综合各国立法，用以下两种方法来平衡各方利益：一是第三债务人向质权人和出质人为共同的清偿，第三债务人因此清偿而免责。二是提存，如出质人不同意提前清偿的，可以要求将入质债权的标的物提存，以免除第三人债务人的责任。如果出质人同意应收账款债务人向质权人履行，质权人提前实现之前应收账款；如果质权人同意应收账款债务人向出质人履行，可以视为质权人放弃债权质权；如果不能取得另一方的同意，应收账款债务人可以通过提存的方式履行债务。[②]

除此之外，对于应收账款债务人应向何权利主体履行债务的问题，《民法典担保制度解释》第61条第3款作出规定："以现有的应收账款出质，应收账款债务人已经向应收账款债权人履行了债务，质权人请求应收账款债务人履行债务的，人民法院不予支持，但是应收账款债务人接到质权人要求向其

① 参见郭明瑞、杨立新：《担保法新论》，吉林人民出版社1996年版，第244页。

② 参见高圣平：《民法典担保制度及其配套司法解释理解与适用》（下），中国法制出版社2021年版，第979页。

履行的通知后，仍然向应收账款债权人履行的除外。”

对将有的应收账款质权的实现，《民法典担保制度解释》第 61 条第 4 款则规定：“以基础设施和公用事业项目收益权、提供服务或者劳务产生的债权以及其他将有的应收账款出质，当事人为应收账款设立特定账户，发生法定或者约定的质权实现事由时，质权人请求就该特定账户内的款项优先受偿的，人民法院应予支持；特定账户内的款项不足以清偿债务或者未设立特定账户，质权人请求折价或者拍卖、变卖项目收益权等将有的应收账款，并以所得的价款优先受偿的，人民法院依法予以支持。”

第十章

留置权纠纷

一部优秀的法律制定需要兼顾多方主体之间的利益，以达到公平、正义之价值，并体现法典化的核心要义，即解决纠纷，保障权益。无论是对于担保物权的概括规定，还是具体到留置权制度的规定，都体现了《民法典》从宏观到微观对解决纠纷之详细规定。就作为法定担保物权的留置权而言，其产生、消灭都由法律直接规定，出现纠纷需依法进行解决。留置权一方面债权人通过留置债务人或者第三人的财产，在一定程度上迫使被留置权人偿还到期债务，以保障留置权人债权的实现；另一方面在留置债务人的财产时，要充分考虑是否影响生活的秩序化、计划化，要确保以合法的方式占有债务人的财产。正所谓“法是利益的平衡器，基于平衡，为了平衡”，因此，在民事主体之间发生留置权纠纷时，不能过于保护债权人的利益，也要考虑债务人的权益。如若允许债权人留置与债权无直接法律关系的动产，很可能就会破坏债务人的正常生产或生活，在一定程度上加剧债权清偿的矛盾纠纷，不利于贯彻民法基本原则的要求。质言之，就违背了民法最基本的公平公正原则。此外，《民法典担保制度解释》对于商事留置权所留置权的财产亦作出了详细规定。简言之，在面对留置权纠纷的案件涉及其权利的设立、留置权的效力以及留置权实现方面，要严格按照法律规定。留置权中较为特殊的商事留置权之纠纷案件的处理则与民事留置权纠纷处理存在些许不同。商事留置权不要求属于同一法律关系，目的在于降低商事交易风险，使交易安全得到更为妥帖的保护。无论是民事留置权还是商事留置权纠纷案件，都是为了能更好地适用法律、解决纠纷、保障合法权益。

第一节　留置权设立纠纷

留置权为法定的担保物权，因此，只有具备法定的设立条件，留置权才能有效成立。留置权，是指在依法可以留置的合同关系双方当事人中，债权人一方按照合同约定占有债务人一方的动产，当债务人超过合同约定的期限而不履行债务时，债权人有权扣留债务人的该项动产，经过一定的宽限期，如债务人仍不履行债务，债权人有权通过该项扣留的动产折价或拍卖、变卖所得的价款优先受偿的权利。简言之，债权人对其合法占有的债务人的财产，因为满足法定的条件与事由而留置该动产并以此对抗债权人的给付请求的效力。因此，一项合法留置权的成立，应当同时具备以下条件：留置权的主体是债权人，留置的对象是债权人已经合法占有的债务人的动产，债权人留置的动产与债权属于同一法律关系，债权已届清偿期而未受清偿留置，债权人的留置权行使不得违反法律规定或者当事人约定。留置权的设立是债权人享有留置权的基础，留置权的法定性决定了在具备法律规定的条件时，留置权就当然成立。但是依照当事人的意志自由，也可以通过自行约定，限制留置权的行使。

一、相关法条

1.《中华人民共和国民法典》（2020 年 5 月 28 日）

第四百四十七条　债务人不履行到期债务，债权人可以留置已经合法占有的债务人的动产，并有权就该动产优先受偿。

前款规定的债权人为留置权人，占有的动产为留置财产。

第四百四十八条　债权人留置的动产，应当与债权属于同一法律关系，但是企业之间留置的除外。

第四百四十九条　法律规定或者当事人约定不得留置的动产，不得留置。

2.《最高人民法院关于适用〈中华人民共和国民法典〉有关担保制度的解释》（2020 年 12 月 31 日）

第六十二条　债务人不履行到期债务，债权人因同一法律关系留置合法占有的第三人的动产，并主张就该留置财产优先受偿的，人民法院应予支持。第三人以该留置财产并非债务人的财产为由请求返还的，人民法院不予支持。

企业之间留置的动产与债权并非同一法律关系，债务人以该债权不属于企业持续经营中发生的债权为由请求债权人返还留置财产的，人民法院应予支持。

企业之间留置的动产与债权并非同一法律关系，债权人留置第三人的财产，第三人请求债权人返还留置财产的，人民法院应予支持。

二、要旨释义

作为法定的担保物权，留置权必须符合法定的条件才能设立，因此我国对于留置权的设立要件通过立法进行明确。留置权的设立要件可以分为积极条件和消极条件。积极条件，是指留置权设立时应当具备的法定要件；消极条件，是指法律明确规定不得留置的情况。《民法典》第 447 条、第 448 条规定了留置权设立的积极条件，第 449 条规定了留置权设立的消极条件。留置权设立的要件需要满足以下五个条件。

第一，留置权的主体是债权人。留置权适用于债的法律关系中，其设立目的是担保债权的实现，因此债权人才能够通过法律或者合同的约定占有债务人的财产。其他任何人留置债务人的财产，并不因此享有留置权。

第二，留置权的对象是债权人所合法占有的债务人的动产。根据《民法典》第 447 条的规定，只有债权人合法留置占有的债务人的动产，债权人才能够享有留置权。

首先，债权人必须合法占有。合法占有即有权占有，源于合法的原因要件。不仅包括基于债权债务双方当事人的约定而占有，也包括基于其他法律上的原因。双方当事人的约定占有主要基于合同之债，如加工承揽合同、仓储合同、运输合同、保管合同等所产生的法律关系。而基于其他法律上的原因，如无因管理人因为管理他人的财产所支付的必要的费用，受益人不偿还由此所产生的必要费用，管理人也有权留置该动产。占有，必须由债权人进行管理和控制。一旦留置权人对于先前占有的动产丧失占有，留置权也因丧失占有而终止。债权人对于财产的占有不限于直接占有，也包括间接占有，通过其他占有辅助人间接管领财产。如债权人在行使留置权后，因不便保管留置的动产而委托他人进行管理，此时债权人并不因此而丧失留置权。

其次，债权人占有的动产不限于债务人所有。债权人所占有的动产为债务人所提供的，但并不限于债务人所有或者享有处分权的动产，也可以是第三人所有的财产。其原因在于：一是债务人将标的物交与留置权人进行修理、保管，留置权人付出了个人劳动，应当肯定留置权人的劳动付出。二是如果不允许留置第三人所有的财产，债务人可能会伪造标的物为其他人所有的证据，存在欺诈的风险。

最后，债权人占有的财产必须是动产。债权人所占有的财产必须为动产。需要注意的是，该动产是否必须具有可转让性，在理论中还存在争议。一部分学者认为，留置权是为了担保债权人利益的实现，在性质上是变价受偿权。留置权人留置债务人的动产，并不能对动产进行利用，而只能在债务人不按时履行债务时，通过拍卖、变卖留置动产优先受偿。因此，留置权所留置的标的物必须具有可转让性。如果该动产不具备转让价值，留置的作用无法发挥，留置权的设立目的也就无法实现，因此，留置动产必须是可转让物。① 还有一部分学者认为，留置动产也可以是不可转让的标的物。主要理由在于，留置权的主要作用在于留置标的物，以迫使债务人清偿债务，而就留置物变价求偿则是次要作用。因此，不可让与的动产虽然不能拍卖，但可以发挥留置的原初效力，达到促使债务清偿的目的。② 笔者较为认同第二种观点，留置权人行使留置权是为了给债务人内心造成压迫感，促使其尽早偿还债务，如若留置权人占有标的物，债务人无法发挥标的物的使用价值，也能达到留置权的设立目的。

第三，占有的动产必须与债权属于同一法律关系。在现代的经济社会，债权重叠的现象十分常见，法律关系的当事人所产生的债权债务关系可能不止一项，如果在不具有同一法律关系的情况下，债权人可以任意留置债务人的动产，可能会导致交易关系的混乱，损害社会交往中的信用。

“同一法律关系”的具体情形作以下理解：其一，债权人的债权就是基于动产本身而引发的，即留置的财产是导致债权发生的工具。例如，无因管理人对于动产的管理所支付的必要费用，债务人应当进行返还。再如，甲的足球击碎了乙家的玻璃，由此产生了侵权之债，如若甲不对损坏的玻璃进行赔付，乙有权留置甲的足球。其二，留置的财产是构成债权发生的事实之一，或者说，留置财产与债权是基于同一法律关系而产生的。如甲与乙签订保管合同，甲在履行保管义务后，乙未按约支付保管金，甲由此产生的留置权。其三，商事留置权不要求属于同一法律关系。企业与企业间的留置不要求动

---

① 王利明：《物权法研究》，中国人民大学出版社 2016 年版，第 1405 页。

② 史尚宽：《物权法》，中国政法大学出版社 2000 年版，第 495 页。

产与债权同属于同一法律关系，即企业之前依法产生的不要求被留置的动产与债权具有牵连性的留置权。不对同一法律做以要求，将最大限度地发挥留置权的功能，确保企业在商事交往的过程中的信用，更为强调交易的快捷与效率。

有学者认为，应当将“同一法律关系”改定为“牵连关系”。透过此改定，留置权得以适用的空间即获得较大扩张。也就是说，举凡债权的发生与动产之间存在牵连关系的，皆可发生留置。具体而言，债权因该动产本身而生、债权与该动产的返还义务基于同一法律关系而生，以及债权与该动产的返还义务基于同一事实关系而生的情形，皆宜认为债权的发生与该动产存在牵连关系，从而得发生留置。①

第四，债务履行期届满而债务人未按照约定履行债务。留置权的成立须以债权已届清偿期为要件。留置权的设立功能是为了担保债务的履行，如债权尚未到期，则无法确定债务人是否构成违约，不发生债务人不履行债务的问题。

第五，留置不得违反法律规定或者当事人约定。留置权的设立不仅需要满足积极的成立要件，还要排除消极要件，即留置权的行使不得违反法律规定和当事人的约定。由于法律暂未明确规定哪些动产不得留置，但由于留置具有优先受偿的担保功能，因此，笔者认为，法律明确规定不得进行扣押以及无法在市场进行流转、转让的动产不得进行留置，如居民身份证。此外，留置权的行使也不得违背公序良俗原则。

虽然留置权属于法定的担保物权，但当事人也可通过约定排除留置权的适用。法律通过留置权的设定保障债权人的利益，但作为民事权利的留置权，依然要遵循意思自治原则，债权人可以放弃留置权或者接受留置权行使的限制，法律遵循当事人的自由意志。不得违反当事人的约定主要包括以下三种情形：第一，当事人约定某些财产不得留置，则债权人不得留置。第二，如果当事人对留置权的行使约定了限制条件，在约定条件未成就前，债权人不得行使留置权。第三，如果债权人在合同中已经预先放弃了留置权，则债权人不得再行使留置权。

---

① 陈华彬：《民法物权》，中国财经出版传媒集团经济科学出版社 2016 年版，第 509 页。

三、典型案例

长三角商品交易所有限公司与卢某返还原物纠纷案[①]

［**基本案情**］苏B×××××轿车登记在公司名下，卢某原系公司副总经理，公司于2013年9月购买该车后即交付卢某使用。2014年2月，公司向卢某送达《关于卢某同志旷工和挪/占用公司财产处罚通告》，载明卢某“连续旷工13日，公司多次通知拒不去集团物流园报到，也不来交易所，并挪用和拒还公司轿车，其行为违反了我公司《员工手册》关于旷工和挪用公司财物的规定，属于严重违纪行为，即日起给予辞退处理”等内容。

卢某认为公司解除劳动关系违法，应向其支付拖欠的工资、社保金及经济补偿金，故拒绝向公司返还苏B×××××轿车。

［**法院裁判**］一审法院裁决：长三角商品交易所有限公司（以下简称长三角公司）因卢某担任长三角公司副总经理，将苏B×××××轿车配置给卢某使用，故卢某因长三角公司的安排合法占有、使用该车辆。卢某系基于其与长三角公司的劳动关系合法占有该车辆，又主张基于该劳动关系长三角结欠其工资及经济赔偿金，故卢某依法有权对该车行使留置权。

二审法院裁决：留置权是平等主体之间实现债权的担保方式；除企业之间留置的外，债权人留置的动产，应当与债权属于同一法律关系。劳动关系主体双方在履行劳动合同过程中处于管理与被管理的不平等关系。劳动者以用人单位拖欠劳动报酬为由，主张对用人单位供其使用的工具、物品等动产行使留置权，因此类动产不是劳动合同关系的标的物，与劳动债权不属于同一法律关系，故该主张与法律规定相悖。

［**裁判评析**］留置权是我国规定的典型的担保物权之一，其调整对象应是平等主体间的民事担保关系，排除因管理行为产生的债权债务的运用。留置权在性质上是平等主体间实现债权的一种方式，其平等性表现在债权人可通过留置债务人的动产对抗债务人，督促其履行债务，并可通过对留置物进行变价优先受偿来保护债权。在该案中，先前劳动者卢某与用人单位在劳动合同缔结时处于平等主体关系，但是在缔结后，用人单位与劳动者之间建立的是一种以管理和被管理为特征的不平等关系，并非平等民事主体间的债权债务关系，不符合平等民事法律关系的属性要求。一审法院在审理过程中忽视

① 参见江苏省无锡市中级人民法院（2014）锡民终字第1724号民事判决书。

了留置权的适用主体。

劳动者卢某虽基于劳动关系合法占有用人单位的车辆，但该车辆系用人单位为公司高管出行所提供的福利，而非双方建立劳动关系的标的物，与用人单位因拖欠工资及经济补偿金而与劳动者产生的债权债务关系并非属于同一法律关系。根据《民法典》第448条的规定，债权人留置的动产，应当与债权属于同一法律关系，但企业之间留置的除外。同一法律关系，首先要求动产的占有与债权形成了法律关系，其次要求留置的动产与债权的产生具有相当因果关系。若债权人留置的占有物与债权无因果关系，不属于同一法律关系，则留置权无法成立。据此可知，劳动者在与用人单位解除劳动关系后，以用人单位拒付拖欠工资及补偿金为由行使留置权，拒绝返还其占有的用人单位的车辆，此行为无法律依据，因此，劳动者卢某应予以返还用人单位的车辆。

四、法律风险防范

留置权制度的设置目的是基于对债权人的保护，留置权的行使应当按照法律规定的条件进行。如若留置行为不当，侵害他人合法权益，行为人将承担相应的损害赔偿责任。所以，当债权已届清偿期，债权人在实施留置行为前，债权人需要确认其已经通过合法的方式占有债务人动产且占有的动产与债权属于同一法律关系。需要注意的是，留置权作为担保物权的一种，其规定在民法体系中，因此留置权的调整对象应系平等主体之间的财产关系，平等主体之间不应具有管理与被管理、领导与被领导的关系，任何一方均不能支配另一方。在该案中，劳动关系一方为用人单位，另一方为劳动者，双方处于管理与被管理的关系，此种具有隶属关系的不平等主体之间的劳动关系纠纷，不在留置权所调整的平等主体范围之内。

此外，在债权人确定享有留置权的前提下，留置权人行使此项权利还要注意期限限制、行使方式和手段的正确性，以合法的方式来保障自身的权益，避免引发不必要的纠纷。债权人行使留置权不是单方面通知债务人即可行使，而是要给予债务人一定的债务履行期限，待债务履行期限届满方能行使，我国《民法典》第453条规定了留置权债务人的履行期限：首先，意思自治优先，留置权人与债务人可以约定留置财产后的债务履行期限；其次，如果留置权人与债务人没有约定或者约定不明的，应当给债务人两个月以上履行债务的期限，针对鲜活易腐等不易保管的动产不受两个月以上债务履行期限的限制。留置权人依法占有债务人的动产，还负有妥善保管留置财产的义务，原则上未经债务人同意，不得使用、出租或处分留置财产，因保管不善致使留置物灭失或者毁损的，留置权人需承担赔偿责任。

第二节　留置权效力纠纷

留置权是一项法定的担保物权，我国法律明确规定只有动产才能适用留置权，且规定了在通常情况下留置权优先于抵押权、质权实现的顺序。就留置权的效力而言，其涉及担保的债权范围与标的物范围、留置权人及留置物所有人的权利与义务这三部分。其中留置权人的权利包括留置标的物，即在债权受清偿前，有权继续占有留置财产；收取留置物所生孳息并用以抵偿债权；必要时适当使用留置财产；请求债务人偿还因保管留置财产所支付的必要费用；就留置财产的价值优先受偿。而留置权人的义务表现在妥善保管留置财产，债权人保管不善造成留置财产毁损灭失的，应承担赔偿责任；不得擅自使用、出租或处分留置财产；债务人可以请求留置权人在债务履行期届满后行使留置权；留置权人不行使的，债务人可以请求法院拍卖、变卖留置财产；当留置权消灭时，应返还留置财产给债务人。另外留置担保的范围应包括主债权和利息、违约金、损害赔偿金、留置物保管费用和实现留置权的费用。在此范围内，留置权的效力总体表现在留置标的物和优先受偿两个方面，又因为留置权是法定的一项担保物权，该权利是否有效要看其是否符合法律规定的相关要件，而区别于抵押权、质权留置，因此讨论留置权效力纠纷这个问题，就是审查该权利是否符合法律规定的要件，如果符合就是合法的留置权，那么其才具有效力，而其是行使留置标的物的权利还是就此标的物进行优先受偿，要看法律规定实现该效力的条件，符合法律规定就能行使该效力。在实践中，对留置权效力的纠纷争议多表现在是否适用留置权、谁享有优先受偿权的问题。

一、相关法条

1.《中华人民共和国民法典》（2020 年 5 月 28 日）

第四百四十七条　债务人不履行到期债务，债权人可以留置已经合法占有的债务人的动产，并有权就该动产优先受偿。

前款规定的债权人为留置权人，占有的动产为留置财产。

第四百五十条 留置财产为可分物的，留置财产的价值相当于债务的金额。

第四百五十六条 同一动产上已经设立抵押权或者质权，该动产又被留置的，留置权人优先受偿。

2.《最高人民法院关于适用〈中华人民共和国民法典〉有关担保制度的解释》（2020 年 12 月 31 日）

第三十八条 主债权未受全部清偿，担保物权人主张就担保财产的全部行使担保物权的，人民法院应予支持，但是留置权人行使留置权的，应当依照民法典第四百五十条的规定处理。

担保财产被分割或者部分转让，担保物权人主张就分割或者转让后的担保财产行使担保物权的，人民法院应予支持，但是法律或者司法解释另有规定的除外。

二、要旨释义

依照《民法典》第 447 条规定，留置权指的是在一定的债权债务关系中，债权人依照一定的法律关系占有债务人的动产，在债务人未履行合同义务时，债权人对其占有的债务人的动产可以进行留置并变价优先受偿的权利。从此条款中我们能够知悉，在我国留置权属于物权性留置权，拥有留置动产和就该动产进行优先受偿的双重效力。其中，债权人为留置权人，被留置的动产为留置物，留置物一般是债务人本人的动产。另外，我们也能知悉法律规定行使留置权的要件。要件一是债权人必须已合法占有债务人的动产，这是留置权成立的前提，而这种对债务人财产的占有必须是基于一定的法律关系（如保管、运输、加工承揽等）的特定合同关系而发生，当然，该债务人的财产也应是具有可让与性的动产。因为留置权优先受偿效力的实现需要采取拍卖、变卖、折价的方式，具备可让与性就具有交换价值。要件二是债权的清偿期届满，债务人仍未履行债务。①

《民法典》第 450 条规定沿袭了原《物权法》第 223 条的规定，留置权的效力及于债权人所留置的全部留置财产，留置权人可以对留置财产的全部及时行使留置权，即留置权的不可分性，然而过分强调留置权的不可分性可能

① 高圣平:《物权担保新制度新问题理解与适用》，人民法院出版 2013 年版，第 456 页。

会对债务人不公平，也不利于物尽其用。[①] 因此，该法条规定在留置物为可分物时，留置财产的价值应当相当于债务的金额。该规定更有利于发挥留置权的效力。

《民法典》第 456 条是关于留置权、抵押权与质权竞合时的顺位原则的规定。根据该条的规定，同一动产上已设立抵押权或质权，该动产又被留置的，留置权人优先受偿，这是因为留置权属于法定担保物权，其直接依据法律的规定而产生。而抵押权和质权均为约定担保物权，法定担保物权优于约定担保物权，是公认的物权法原则。根据本条的规定，留置权的效力绝对优先，在同一动产上，无论留置权是产生在抵押权或质权之前还是之后，留置权的效力都优先于抵押权或者质权，也就是说，留置权对抵押权或者质权的优先效力不受其产生时间的影响。另外，留置权对抵押权或者质权的优先效力不受留置权人在留置动产时是善意还是恶意的影响，此处的恶意是指留置权人对同一动产上已存在的抵押权或者质权知情，而并非恶意串通的意思。

《民法典担保制度解释》第 38 条是从担保财产的角度对担保物权不可分性的规定。担保物权的不可分性是指被担保的债权在未受全部清偿前，担保物权人可以就担保物的全部行使权利，也就是说被担保的债权未受全部清偿的，担保物权人可就全部担保财产行使担保物权。担保财产被分割或者部分转让，担保物权人有权就全部的担保财产行使担保物权，法律另有规定的除外。具体而言，首先，如果担保财产被分割的，担保物权不因此而受影响，担保物权人仍可以就分割后的全部担保财产行使其担保物权。其次，担保财产被部分转让的，担保物权人仍可以就转让后的全部担保财产行使其担保物权。[②] 最后，《民法典担保制度解释》第 38 条第 2 款规定了一个但书，即"法律或者司法解释另有规定的除外"。这主要是指动产抵押中部分抵押财产转让时的例外。担保财产部分毁损之后，担保物权人有权就剩余的担保财产行使担保物权。

---

① 孙鹏：《完善我国留置权制度的建议》，载《现代法学》2017 年第 6 期。

② 徐银波：《物权法留置权规则的解释适用与立法反思》，载《法律科学（西北政法大学学报）》2017 年第 2 期。

三、典型案例

海宁市金程汽车修理有限公司诉管某飞、上汽通用汽车金融有限责任公司修理合同纠纷案[①]

[**基本案情**]原告海宁市金程汽车修理有限公司（以下简称金程公司）诉称被告管某飞驾驶浙A××××7号汽车发生交通事故，汽车与护栏发生碰撞，造成车辆及路产损失。被告管某飞在保险公司定损后，要求原告为其修理事故车辆，并由其委托代理人朱某与原告签订修理合同，双方在合同中约定修理车辆、垫付其他款项的事项。原告完成了修理工作，但被告管某飞未及时提取车辆，原告即将该车辆留置并停放于海宁市长安镇联程车辆搬运服务部停车场并产生停车费11 850元，此款由原告垫付，另原告曾依约定代被告管某飞垫付路产损失赔偿款11 180元、吊车费4490元。被告上汽通用汽车金融有限责任公司（以下简称通用公司）未征得原告同意，强行将该车辆从海宁市长安镇联程车辆搬运服务部停车场开走，故原告起诉要求被告管某飞给付汽车修理费4万元；要求被告管某飞立即偿付原告依约代其垫付的路产损失赔偿款11 180元、吊车费4490元、停车费11 850元。要求被告通用公司对其中的修理费40 000元承担连带责任。

[**法院裁判**]一审判决：被告管某飞给付原告海宁市金程公司修理费40 000元。此款由该被告于本判决生效之日起10日内付清；被告通用公司对被告管某飞应支付修理费40 000元中不能清偿的部分承担赔偿责任。被告通用公司在承担赔偿责任后，有权向被告管某飞追偿；驳回原告的其他诉讼请求。

二审判决：嘉兴市中级人民法院驳回上诉，维持原判。

[**裁判评析**]法院作出该裁判结果具有正当性，该案例裁判的要点是依据同一动产上抵押权与留置权并存时，留置权优先于抵押权受偿。若抵押权人不当行使抵押权致使留置权受到侵害，则抵押权人应承担相应的侵权责任。如果留置权受到侵害致使债权难以实现时，留置权人可同时要求被留置人承担违约责任及侵害留置权的第三人承担侵权责任。在此情形下，第三人虽因侵害留置权而侵犯了留置权人的优先受偿权，但被留置人的违约责任并未被

① 参见浙江省嘉兴市中级人民法院（2011）浙嘉商终字第436号民事判决书。

免除。基于债的相对性原理，应先由被留置人向留置权人承担违约责任，如果被留置人不能清偿债权，则由第三人在不能清偿的范围内承担补充赔偿责任。

本案原告金程公司要求被告管某飞路产损失赔偿款、吊车费、停车费均由朱某授权原告金程公司垫付，但从原告提交的证据来看，被告管某飞授权朱某的权限仅有定损、汽车修理两项，朱某代表被告管某飞授权原告金程公司垫付路产损失赔偿款、吊车费、停车费的行为，超越了代理权限，故对原告主张要求被告管某飞支付路产损失赔偿款、吊车费、停车费的诉讼请求，法院不予支持是正确的。原告要求被告通用公司对修理费 40 000 元承担连带责任，从本案的证据来看，原告金程公司修理被告管某飞的汽车后，被告管某飞一直未支付修理费，原告金程公司有权依照法律规定留置浙 A××××7 号汽车，并以该汽车折价或者以拍卖、变卖该车辆的价款优先受偿。现被告通用公司未征得原告金程公司同意，将车辆从原告金程公司停车处强行提走，侵害了原告金程公司对留置财产浙 A××××7 号汽车的留置权。而被告通用公司提走该汽车后，该汽车已进行了交易，原告的优先受偿权已因被告通用公司的过错被剥夺，且车辆交易后，被告管某飞一直未给付修理费，故对原告主张修理费中不能受偿的部分，原告有权要求被告通用公司承担补充赔偿责任。虽然通用公司对管某飞的车辆享有抵押权，但根据《民法典》第 456 条之规定，留置权优先于抵押权受偿，后通用公司的债权通过变卖车辆已得到清偿，致使金程公司的债权丧失了应有的救济途径，通用公司的行为构成了对金程公司债权优先受偿权的侵犯。因此，通用公司在管某飞不能清偿的范围内对金程公司承担补充赔偿责任。

四、法律风险防范

留置权效力表现在优先受偿与留置两个方面。留置权第一次效力之留置是基于债权人与债务人内部利益的考量。留置权作为法定担保物权，在留置权构成要件成就的情况下，首先发挥作用的是留置权的第一次效力，即可依法扣留并持续占有基于“同一法律关系”的债务人的财产，并可对抗债务人的物之返还请求权。留置效力赋予的作用促使债权人在其债权未获清偿前，可以留置债务人的财产的权利，以其形成压迫力促使债务人履行债务。[1] 留置

① 曹士兵:《中国担保制度与担保方法》(第四版)，中国法制出版社 2017 年版，第 395 页。

权的第二次效力之优先受偿是基于债权债务人与其他债权人之间的利益权衡。具体表现在债务人不履行到期债务，且经债权人催告后仍拒绝履行的，债权人可以将已占有之留置物变价，并有权就变价所得收益优先于债务人的其他债权人而受清偿。

需要注意的是，债权人因留置权而享有的优先受偿权，一方面，优先于债务人的其他债权人；另一方面，如果该物之上存在其他担保物权，无论其是否成立在先，都一律以留置权为最先受偿。由此可以看出，在留置权优先受偿效力的制度设计背后，是相关法律主体间（留置权关系中的债权债务人、债务人的其他债权人以及留置物上存在的其他担保物权人）利益平衡的价值考量，显而易见的是，留置权人以绝对的优势获胜，而其他主体的利益都让步享有留置权的债权人。而其中涉及的法律风险在于留置债务人的财产后，应当约定或确定必要的宽限期并通知债务人，在留置期间，留置权人应尽到妥善保管留置物的义务，最为重要的是尽量不要自行变卖留置物，以免引起不必要的纠纷。

第三节　留置权实现纠纷

留置权实现主要包含留置权实现的条件及方式两方面，而在司法实践中，留置权实现还涉及留置权是否成立、与其他担保物权竞存以及其他方面的问题。明晰《民法典》中有关留置权实现纠纷的相关规定，不仅有助于留置权实现的效率，也有助于规避留置权实现过程中出现的风险。《民法典》中有关留置权实现的法条主要涉及第 453 条关于留置权实现的一般程序和实现方法、第 454 条关于债务人为维护自身利益实现留置权以及第 456 条关于留置权与其他担保物权竞存时的清偿顺序。留置权实现不同于抵押权、质权的实现，后两者用于债务人不履行到期债务或者发生当事人约定的实现质权的情形达到实现的条件时，而就留置权而言，债务人不履行到期债务仅是留置权实现的初步条件，即留置权的成立条件。此外，留置权是法定担保物权，抵押权和质权是意定担保物权，在实现上要优先于二者，这有利于留置权功能的发挥，也有助于增加动产市场的活力。留置权一般基于为标的物提供材料或劳务等未得到适当报酬而产生，而这类市场活动在生活中随处可见，明确留置权实现纠纷解决规则，有助于此类市场活动主体在经营活动中的信心，也有助于担保市场的发展。

一、相关法条

《中华人民共和国民法典》（2020 年 5 月 28 日）

第四百五十三条 留置权人与债务人应当约定留置财产后的债务履行期限；没有约定或者约定不明确的，留置权人应当给债务人六十日以上履行债务的期限，但是鲜活易腐等不易保管的动产除外。债务人逾期未履行的，留置权人可以与债务人协议以留置财产折价，也可以就拍卖、变卖留置财产所得的价款优先受偿。

留置财产折价或者变卖的，应当参照市场价格。

第四百五十四条 债务人可以请求留置权人在债务履行期限届满后行使留置权；留置权人不行使的，债务人可以请求人民法院拍卖、变卖留置财产。

第四百五十六条 同一动产上已经设立抵押权或者质权，该动产又被留置的，留置权人优先受偿。

二、要旨释义

留置权实现主要涉及《民法典》第 453 条、第 454 条以及第 456 条有关规定，第 453 条主要规定留置权实现的条件，第 454 条主要规定留置权实现的方法，第 456 条主要规定留置权与其他担保物权竞存时实现的优先顺位。就第 456 条而言，确定了留置权与其他担保物权竞存时的优先受偿权，但并非所有竞存情况下其都具备优先受偿的权利。无论是与抵押权还是与质权并存，都可以分两种情况来进行讨论，即先留置与后留置。

第一，抵押权与留置权竞存，第一种情形是抵押物被留置，即后留置。同一动产被所有人先行用于设定抵押权后，又基于合法的债权债务关系，被第三人合法占有该动产，且债务到期后未履行债务因此产生留置权。此种情况下先产生抵押权，后产生留置权，符合《民法典》第 456 条中规定的同一动产已经设立抵押权后又被留置的情形，留置权先于抵押权优先受偿。第二种情形是留置物被抵押，即先留置。动产被债权人合法留置后，债务人又将该被留置的动产对他人再设定抵押权。此种情况下先产生留置权，后设定抵押权，对此种情况《民法典》第 456 条并未规定留置权在实现时的顺位，在此之前的《物权法》《担保法》对此均未规定，但原《担保法司法解释》第 79

条第 2 款规定了“同一财产抵押权与留置权并存时，留置权人优先于抵押权人受偿”。既弥补了原《担保法司法解释》《担保法》对此无规定的缺陷，为司法实践提供了依据，又在司法实践中法官多引用该解释确定留置权实现时的优先受偿权。《民法典》出台后，原《物权法》《担保法》等单行法相继失去效力，该司法解释在《民法典担保制度解释》出台后也失去效力，《民法典》沿用原《物权法》《担保法》有关留置权实现竞存规则，并未对先留置、后抵押的情形作出规定，且《民法典担保制度解释》中也并未如《担保法司法解释》一样对此作出补充明确其先留置、后抵押中的优先受偿权。但司法实践中对此多认定留置权实现较之于抵押权具有优先受偿权。①

第二，留置权与动产质权竞存，也分为两种情况讨论，先留置与后留置。第一种情况是质物被留置，即后留置。动产设立质权后由质权人占有，质权人再转交第三人保管，此时由于作为寄存人的质权人没有按时支付特定费用时而产生留置权。此种情况下先产生质权，后产生留置权，符合《民法典》第 456 条规定的情形，同一动产上已经设立质权，又被留置的，留置权实现时有优先受偿权。第二种情况是留置物被质押，即先留置。此种情况虽不常见，但也存在发生的可能性，动产质权自交付时设立，交付中存在指示交付的方式，出质人可以利用指示交付的方式将留置物设立质权。此种情况下先产生留置权，后产生质权，但这种情况无论是《民法典》还是司法解释均对此无规定。按照学界通说，此种情况亦应当承认留置权的优先受偿权，留置权是法定担保物权，质权是意定担保物权，此外也有学者认为按照“时间优先、效力优先”的原则处理，这一原则在《民法典》第 414 条有关重复抵押受偿顺序中也得到了肯定，即以登记先后确定优先权。因此，此种情况下也亦应留置权优先。②

《民法典》第 453 条规定主要涉及留置权的实现条件，即留置权人实现留置权需满足特定的条件后才可行使。在抵押权或质权中，当担保的主债务到期后债务人不履行债务，此时便满足了抵押权或质权实现的条件，但就留置权而言，担保的主债务到期后债务人未履行债务仅满足了留置权实现的初步条件。第 453 条规定：“留置权人与债务人应当约定留置财产后的债务履行期限；没有约定或者约定不明确的，留置权人应当给债务人六十日以上履行债

---

① 董学立：《〈民法典〉担保物权法的进步与不足》，载《法治研究》2020 年第 4 期。

② 程啸：《担保物权研究》，中国人民大学出版社 2017 年版，第 614 页。

务的期限。”即在主债务到期后还需要有一个约定的或是法定的留置财产后的债务履行期限，只有这个期限届满后债务人仍未履行债务，留置权人才可以实现留置权。留置权实现需满足两个条件：一是留置权担保的主债务期限届满，债务人未履行债务，此时留置权产生，但留置权人仅产生留置的效力，留置权人有权留置标的物。二是要在留置财产后给予债务人一定的履行债务期限，这一期限是法定期限。《民法典》第453条中有关留置财产后的债务履行期限，首先给予了当事人之间充分的自由协商的权利，即这一期限先由当事人协商，且并未对协商作出过多要求。其次当事人之间约定不明或者没有约定时，适用法律规定的法定标准，即60日以上的履行债务的期限。关于上述当事人在合同中自由协商留置财产后债务履行的期限，原《担保法》规定了无论是协商还是法定都要给予债务人不少于两个月的债务履行期限，对当事人协商的范围有一定的限制，后原《物权法》颁布后，对此进行了改进，删除了对当事人协商的限制，《民法典》第453条承袭原《物权法》有关规定，未作改动。[①]

《民法典》第453条第1款第2句后半句规定了留置财产后债务履行期限的例外情形“但是鲜活易腐等不易保管的动产除外”，这一规定化解了僵硬实施两个月期限的弊端。对活鸡、活鱼或是容易腐坏的等不易保管的动产，要是等到两个月之后再处置，无论是就债权人还是债务人而言，都是不利的。因此，这一特别规定排除了适用上述两个月期限的规定，但排除不意味着在主债权到期后，债权人可以立即出质留置财产，而是在约定或约定不明时，可以在合理的范围内缩短留置财产后的债务履行期限。

《民法典》第453条第1款第3句和第2款规定了留置权实现的方法以及实现留置财产时价值标准。第1款第3句规定：“债务人逾期未履行的，留置权人可以与债务人协议以留置财产折价，也可以就拍卖、变卖留置财产所得的价款优先受偿。”这一规定明确了留置权人可以通过多种途径来出质留置财产，折价、拍卖、变卖等，并未只有通过法院强制执行来出质留置财产。[②] 该条第2款规定：“留置财产折价或者变卖的，应当参照市场价格。”这一规定主要是为了防止债权人低价拍卖或者变卖从而损害债务人的合法权益。此外，为保障债务人的利益，《民法典》第454条还规定了“债务人可以请求留置权

---

① 程啸：《民法典物权编担保物权制度的完善》，载《比较法研究》2018年第2期。

② 王利明：《物权法研究》（第四版），中国人民大学出版社2016年版，第1432页。

人在债务履行期限届满后行使留置权；留置权人不行使的，债务人可以请求人民法院拍卖、变卖留置财产”，这一规定主要是为了防止债务履行期限到期后，债权人不积极行使留置权，拖延时间，这一行为对留置权人可能影响不大，但就债务人而言，有可能造成留置财产的贬值，进而损害债务人的利益。因此，该条赋予债务人请求债权人行使留置权以及请求法院拍卖、变卖留置财产的权利，维护自身的合法权益。

三、典型案例

武汉翼达建设服务股份有限公司、重庆市致远汽车拖移有限公司普通破产债权确认纠纷案[①]

［**基本案情**］重庆市致远汽车拖移有限公司（以下简称致远公司）与武汉翼达建设服务股份有限公司（以下简称翼达公司）经常有车辆维修业务，并签订了维修合同。自 2016 年 1 月起，翼达公司共将名下的 7 辆车送致远公司维修，但未支付维修费，翼达公司确认尚欠上述 7 辆车辆的维修费 722 643 元，因维修费用尚未结清，上述 7 辆车辆由致远公司持续占有。后因翼达公司被申请破产重整，致远公司依法申报了债权，翼达公司将致远公司债权确认为普通债权，致远公司在收到债权复核确认函后依法向法院提起诉讼，请求确认对翼达公司的债权为对债务人特定财产享有担保权的债权，并有权对在破产程序中留置的车辆享有优先受偿权。

致远公司诉称，其与翼达公司设立的承揽合同法律关系合法有效，致远公司履行了车辆维修义务后，翼达公司未给付报酬，依法对所维修车辆享有留置权。翼达公司被裁定破产重整后，致远公司享有的债权依法应属对债务人的特定财产享有担保权的债权。故依法提起债权确认之诉。

翼达公司辩称，对致远公司主张的债权 722 643 元金额不持异议，但因致远公司在扣押车辆期间未尽到保管义务，导致车辆报废、价值减损，造成损失，翼达公司未确认其留置权。

一审判决后，翼达公司提起上诉，诉请撤销一审原判。翼达公司二审诉称涉案车辆已经办理抵押，一审法院在未查明上述事实的情况下，确认致远公司对上述车辆享有优先权，属于认定事实不清。

---

① 参见湖北省高级人民法院（2018）鄂民终 1054 号民事判决书。

[**法院裁判**] 一审法院判决：依据我国 1999 年《合同法》第 251 条[①]的规定，致远公司与翼达公司形成承揽合同法律关系。因致远公司对车辆进行维修后，翼达公司在合同约定期限内未支付维修费 722 643 元，属于不履行到期债务的行为。依据我国 2007 年《物权法》第 230 条第 1 款[②]的规定，致远公司对上述车辆享有留置权。结合本案事实，虽然致远公司留置案涉车辆后，与翼达公司没有书面约定留置财产后的债务履行期限，但结合本案事实以及致远公司申报债权的行为，说明截止到本案立案之日，致远公司自留置财产后已给予债务人两个月以上履行债务的期限，并通知债务人履行义务，且持续占有留置物，而翼达公司于宽限期届满后仍不履行偿付义务，也不另外担保。故依据我国 2007 年《物权法》第 236 条第 1 款[③]规定，致远公司在 722 643 元范围内，可以与债务人协议以留置财产折价，也可以就拍卖、变卖案涉 7 辆车辆所有的价款优先受偿。

二审法院判决：翼达公司主张涉案留置车辆因已抵押给案外人，该事实足以推翻一审法院对致远公司就涉案车辆享有留置权的认定。但对该事实，翼达公司在一审、二审中并未提交所有涉案车辆均已办理抵押登记的证据，且 2007 年《物权法》第 239 条[④]对留置权与抵押权或者质权的关系已作出明确规定："同一动产上已设立抵押权或者质权，该动产又被留置的，留置权人优先受偿。"故翼达公司的该项上诉理由缺乏法律依据。因此，驳回上诉，维持一审原判。

[**裁判评析**] 留置权是二次效力的担保物权，留置权实现的条件有两个：第一个是主债权到期，留置权人依法留置财产；第二个是留置财产后依法给予债务人一定履行债务的期限，期限内仍不履行的，留置权人可以就留置财产通过多种方式实现优先受偿。第一次效力在于催促债务人尽快履行其债务，第二效力是最终效力，是为了保障留置权人能够对其债权得到优先受偿。

在本案中，法院确认致远公司对留置车辆在破产程序中的优先受偿权，主要依照上述两个条件来确认。一是致远公司对留置车辆是合法占有，即致远公司履行了对车辆的维修义务，但翼达公司未付清维修费用，该占有是基于主债权债务关系的合法留置。二是致远公司在确认实现留置权的优先受偿

① 对应《民法典》第 770 条。

② 对应《民法典》第 447 条第 1 款。

③ 对应《民法典》第 453 条第 1 款。

④ 对应《民法典》第 456 条。

权时是否给予了债务人翼达公司一定的债务履行期限，当约定不明或没有约定时，应当给予不少于两个月的债务履行期限。法院依据2007年《物权法》第236条的规定，依照上述两个判断标准，确认致远公司在破产程序中对留置车辆的优先受偿权。有关留置财产后的债务履行期限这一程序属于留置权实现的强制性规定，虽然法律赋予了当事人之间的意思自治自由以及例外规定，但只是针对期限长短，并非排除该期限的存在。

有关二审中翼达公司的上诉理由，以一审法院未查明留置财产已经抵押为由要求撤销致远公司对留置财产享有的优先受偿权。依据2007年《物权法》第239条规定以及《民事诉讼法》有关规定，即使该理由成立，属于程序上的错误，可能出现的后果是由原一审法院重新审理，但对致远公司对于留置财产享有的优先受偿权并不会有影响，因为法律明确规定了留置权与其他担保物权竞存时的优先受偿权。

四、法律风险防范

在上述案例中，双方争议的焦点主要在于留置权是否成立，以及能否对留置物享有优先受偿权。这两个争议也是留置权实现司法实践中常见的问题，留置权人请求法院实现留置权时，债务人一般以该留置权不成立以及留置权实现条件不符合为由进行抗辩。此外，留置权人通过变卖、拍卖等方式实现留置权时，法院在确认留置权人的优先受偿权时，会依据上述两个标准来判断留置权人是否具备实现留置权的条件，前一个条件是留置权的成立条件，后一个条件是留置权的实现条件，任何一个条件不满足都会导致留置权人无法实现其留置权。

结合中国裁判文书网上有关留置权实现纠纷案件，其较多争议集中于留置权成立是否合法、留置权实现条件是否满足、在执行财产时案外人享有留置权提出异议等。在留置权实现过程中，要注意以下四个问题：第一，留置权人留置财产的行为是否合法。只有当担保的主债务到期后，债务人不履行债务，留置权人此时才可以依法留置已经合法占有的动产。第二，留置权人留置财产后是否给予债务人一定的债务履行期限。这一期限可以是双方在合同中约定，但当双方未约定或约定不明确时，依据法律规定留置权人应当给予债务人不少于60日的债务履行期限。第三，留置权实现的途径有多种，但通过折价、变卖的要按照市场价值来进行，这一目的在于防止留置权人以过低的价格实现留置权，进而损害债务人的利益。第四，关于留置权实现时与其他担保物权竞存时的顺位。法律明确规定了留置权较之于抵押权和质权的优先受偿权，但条文中仅体现了留置权产生在后的情形，对先产生留置权后产生其他担保物权的情形并未体现，在司法实践中一般也认为留置权享有优先受偿权。

第四节　商事留置权纠纷

留置权分为民事留置权和商事留置权，而商事留置权源于中世纪意大利都市的习惯法。我国《民法典》采取“民商合一”的立法体系，并没有专门涉及商事留置权的商法规定，统一由民法进行规定。成立商事留置权不仅要符合留置权的普遍要件，还要符合独特的要件，即主体为企业，且所发生的法律关系不必属于同一法律关系，但债权人必须是基于经营关系而合法占有他人的动产。商事留置权，是指企业之间在从事商业往来中，因一方不履行到期债务，而另一方有权留置与其债权不属于同一法律关系的动产。[①]《民法典》关于商事留置权的规定与留置权同在一个条文之中，尽管从第448条中我们可以得知商事留置权的法律依据，但我国并没有单独的条文对商事留置权加以细化，这样就会导致当发生商事留置权纠纷案件时，只能适用第447条、第448条的有关规定。从实践来看，立法上对商事留置权规定范围、适用条件规定不明确，在审判过程中也会出现很多问题，从而引发新的争议出现。此外，在实践中还存在大量关于商事留置权纠纷的案件，主要表现为：对商事留置权主体判定不清、对是否属于经营中合法占有的债务人财产不明确、对同一法律关系的辨析、商事留置权存在的善意取得等纠纷问题。因此，为有效解决商事留置权纠纷问题。首先，要对法律规范进行明晰的解释，为司法提供学理上科学的支撑。其次，对商事留置权纠纷案件中典型的问题加以重点研究，找出争议所在。最后，在运用法律和司法解释的基础上，对商事留置权纠纷案中易出现的风险进行防范。

一、相关法条

《中华人民共和国民法典》（2020年5月28日）

第四百四十七条　债务人不履行到期债务，债权人可以留置已经合法占

① 王利明：《物权法研究》（第四版），中国人民大学出版社2016年版，第1428页。

有的债务人的动产，并有权就该动产优先受偿。

前款规定的债权人为留置权人，占有的动产为留置财产。

第四百四十八条 债权人留置的动产，应当与债权属于同一法律关系，但是企业之间留置的除外。

二、要旨释义

商事留置，即企业之间的留置，是指企业之间因经营关系而占有的动产，以及因营业关系所产生的债权，无论是否属于同一法律关系，均可以成立留置权。商事留置权，是指在从事商业活动中的债权人享有的留置债务人动产的权利。

（一）同一法律关系的规范解释

留置权分为民事留置权和商事留置权。商事留置权较民事留置权最大的不同在于行使留置权时，民事法律关系是否属于同一法律关系。《民法典》第448条对商事留置权的规定沿袭了原《物权法》第231条的规定，几乎没有实质性修改。民事留置权注重诚信公平，而商事留置权更多地偏向商法，商法注重的是效益优先。根据《民法典》第448条的规定可以看出，对商事留置权不要求具有同一法律关系。但是《民法典》对“同一法律关系”规定得过于抽象，是属于“同一类法律关系”，还是“同一个法律关系”，学界有不同的看法，大多数学者认为仅指“同一个法律关系”。[①] 例如，在民事留置权中因承揽合同、保管合同等同一个法律关系发生的债权债务，留置权人可以行使留置权，以保障债权的实现。对商事留置权，作为债权人的企业不必基于“同一法律关系”行使对债务人的留置。从法律规定来看，商事留置权客体范围的扩张，是受商事留置权发展以及作为商事交易习惯的影响。不必基于同一法律关系满足了商事留置权在发生纠纷时，权利实现的快捷性、优先受偿性，完美体现了留置权作为法定担保物权的优势。此外，对“同一法律关系”之舍弃不仅有利于商事交易效率的提高，还是进一步追求商事活动的安全性、灵活性、便捷性价值的体现。[②]

---

① 刘保玉:《留置权成立要件规定中的三个争议问题解析》，载《法学》2009年第5期。

② 刘凯湘:《比较法视角下的商事留置权制度》，载《暨南学报（哲学社会科学版）》2015年第8期。

（二）企业之间留置的规范解释

商事留置权的特殊之处在于其主体的特别，民事留置权对主体没有限制，商事留置权却对主体作出了限制。根据《民法典》的规定，行使商事留置权的主体只能是企业，具备法人资格，且债权人和债务人均为企业。相较外国民商分离的国家，商事留置权可以适用于商人之间。[①]但由于我国行使“民商合一”立法模式，所以对商人之间不适用商事留置权。根据《合伙企业法》和《民法典》的规定，合伙企业属于非法人组织，亦不属于企业。所以，当自然人与企业、个人合伙与企业、个体工商户与企业等发生债权债务关系都不能适用商事留置权，只能适用民事留置权。如在某壁纸经销部与某建材有限公司租赁合同纠纷案中，原告（反诉被告）某壁纸经销部与被告（反诉原告）某建材有限公司租赁合同发生纠纷，本案就被告是否具有商事留置权发生争议。[②]最终法院经审理认为，被告对原告租赁场地的财产不享有商事留置权，主要为原告不属于企业，故被告不能行使商事留置权。此外，对商事留置权的主体即企业要作出较为限制的解释。例如，事业法人在法律上具备法人资格，可以根据法律规定行使权利、从事营业活动，但由于事业法人不属于企业，故对事业法人之间发生的纠纷不能行使留置权。

三、典型案例

横店影视股份有限公司仙桃电影城分公司与仙桃华睦商业管理有限公司房屋租赁合同纠纷案[③]

［**基本案情**］原告横店影视股份有限公司仙桃电影城分公司（以下简称横店仙桃分公司）与被告仙桃华睦商业管理有限公司（以下简称华睦公司）就房屋租赁发生争议。原告横店仙桃分公司承租被告“仙桃城市广场”项目商业楼第4层房屋，期限20年，自2012年12月31日至2032年12月30日。2020年1月24日，原告横店仙桃分公司因新冠肺炎疫情发生而暂时停业，后一直未恢复营业，原告请求法院解除合同。横店仙桃分公司与华睦公司于

① 王利明：《物权法研究》（第四版），中国人民大学出版社2016年版，第1431页。

② 参见甘肃省平凉市崆峒区人民法院（2021）甘0802民初1296号民事判决书。

③ 参见湖北省仙桃市人民法院（2021）鄂9004民初4110号民事判决书。

2020年9月因房屋租赁合同纠纷诉至法院，共同将4楼、5楼涉案场地大门处悬挂两把锁，双方各一把钥匙，“仙桃城市广场”涉案场地4楼系电影院、5楼系安置放映设备等大件的办公场所。经过一段时间，因横店仙桃分公司悬挂的锁损坏，大门处仅有华睦公司一方的锁。此外，华睦公司因横店仙桃分公司未尽解除合同之后的赔偿责任，同时也是对大楼消防安全负责，遂将4楼、5楼大门锁住，不让随意搬离任何物品。

［**法院裁判**］一般认为，违约方不享有单方解除合同的权利。但是，在一些长期性合同如房屋租赁合同履行过程中，双方形成合同僵局，一律不允许违约方通过起诉的方式解除合同，有时对双方都不利。横店仙桃分公司虽系违约方，但其并不存在恶意违约情形，因此法院判决将《房屋租赁合同》予以解除。

《房屋租赁合同》解除后就华睦公司是否应向横店仙桃分公司返还涉案房屋内的物品及设备，对华睦公司是否构成商事留置权，依据2007年《物权法》第230条、第231条[①]规定可知，商事留置权的构成要件有三：一是双方存在债权债务关系，该债务已届清偿期，债务人不履行到期债务。二是债权人已经合法占有债务人的动产。三是不属于同一法律关系且主体为企业之间。本案中，横店仙桃分公司并未将案涉物品交付华睦公司占有，华睦公司不属于法律意义上的占用动产，且华睦公司对横店仙桃分公司放置在租赁物内的电影设备也不享有留置权，华睦公司以未赔偿完毕为由拒不退还影院内物品的抗辩意见，缺乏依据，法院不予采纳。华睦公司以未赔偿为由阻止横店仙桃分公司搬离所有物品，属于“阻碍他人行权”的妨害物权范畴，横店仙桃分公司可行使排除妨害请求权，而非主张返还物品。

［**裁判评析**］从本案的裁判可以看出，商事留置权与民事留置权的最大区别在于主体以及同一法律关系的认定。根据《民法典》第447条、第448条的规定可以看出，商事留置权的实现前提是债权人合法占有债务人的财产，以及满足债权债务关系存在且已到期，同时属于企业之间所发生的法律关系。

在本案中，法院根据商事留置权的适用要件依法作出裁判，被告即华睦公司不享有商事留置权。其一，我国《民法典》基于公平原则，为维护因付出劳动或以其他形式维护被留置权人的财产或者其他动产而设立留置权。就商事留置权而言，其是为寻求企业之间在持续性商事交往中形成的企业之间

---

① 分别对应《民法典》第447条、第448条。

整体的利益，目的在于维护商事主体交易之间的平衡。其二，本案法院判决时，并未就是否属于同一法律关系作出解释说明。尽管横店仙桃分公司与华睦公司发生的债权债务是基于租赁合同而产生的，但根据《民法典担保制度解释》第 62 条可知，[①] 对于商事留置权所留置的企业财产要属于持续经营中发生的债权才可以进行留置，即必须是在经营中合法占有债务人的财产。

四、法律风险防范

《民法典》第 448 条几乎沿袭了原《物权法》第 231 条关于商事留置权的规定。商事留置权突破同一法律关系就是为了提高商事交易的效率。设立商事留置权制度目的在于平衡商事主体之间的利益。在面对商事留置权纠纷案件时一般不会考虑是否系于同一法律关系，但在实践案件中不完全考虑法律关系，若过分保护债权人，债权人滥用留置权任意留置其通过营业关系之外的方式合法占有的债务人的动产时，会造成交易秩序混乱，交易效率下降，不仅不利于维护交易安全，而且会极大地增加交易的风险。因此，可以在突破同一法律关系的前提下，适当以缓和的态度而非以同一法律关系否定的态度，以防止法律风险的出现。[②]

此外，针对《民法典担保制度解释》第 62 条关于商事留置权的善意取得的问题。尽管在上述案例中，并未体现有关商事留置权纠纷的善意取得，但这一问题也已成为商事留置权纠纷案件需要关注的风险之一。世界各国在商事交往中以采用外观主义为主，为简化程序、提高效率，赋予商事交易之间在外观上的优先性，也是符合商事交易习惯。但《民法典担保制度解释》第 62 条规定："债务人不履行到期债务，债权人因同一法律关系留置合法占有的第三人的动产，并主张就该留置财产优先受偿的，人民法院应予支持。第三人以该留置财产并非债务人的财产为由请求返还的，人民法院不予支持。"由此可以看出，这一规定否认了留置权的善意取得，尤其是商事留置权的善意取得，故在一定程度上会增加商事留置权纠纷的成本风险。商事留置权最主要的就是交易之间的效率，在某种程度上无疑违背商事习惯之效率原则，不能有效避免此类案件存在的因善意取得带来的法律风险。

---

①《民法典担保制度解释》第 62 条第 2 款规定："企业之间留置的动产与债权并非同一法律关系，债务人以该债权不属于企业持续经营中发生的债权为由请求债权人返还留置财产的，人民法院应予支持。"

② 刘灿：《民法典时代的商事留置权完善路径》，载《河北法学》2020 年第 8 期。

第十一章

冒名处分不动产纠纷

冒名处分不动产，是指行为人使用他人名义而实施的不动产处分行为。冒名行为是典型的“名”与“实”不符的行为，通常情况下被冒名人对冒名行为并不知情，交易相对人错误信赖冒名人的身份外观并与之发生交易行为。这类“以假乱真”的冒名处分他人不动产行为究竟如何定性，在司法实务和理论研究中都存在争议。冒名处分他人不动产引发的法律问题，不仅涉及冒名行为人的刑事责任（如涉嫌合同诈骗罪）与登记机构行政行为的效力问题，更为复杂的是该不动产物权的归属及相应的责任承担。对冒名处分他人不动产行为的私法效果，在我国现行民事立法上并未有与之直接相对应的法律规范，其核心的问题在于如何对被冒名人的所有权保护与第三人的信赖利益进行价值衡量。与此相关联的民法制度如无权处分、信赖保护、善意取得、表见代理等，或许将可能被作为冒名处分他人不动产纠纷案件的裁判路径。值得注意的是，善意取得与表见代理均为民商法上外观主义学理概括的具体规则，仅是为保护经济交易安全而设置的例外规定，一般仅适用于因合理信赖权利外观或意思表示外观的交易行为。对物权的实际权利人与名义权利人的关系，应当注重财产的实质归属，而非单独取决于公示外观。因此，在冒名处分他人不动产的纠纷案件中，能否适用善意取得或表见代理，应当严格准确把握其适用条件，避免泛化和滥用。司法实践中，冒名处分他人不动产的纠纷类型多种多样，本章重点阐述冒名处分他人不动产与善意取得制度的适用纠纷、冒名处分他人不动产与表见代理的适用纠纷以及不动产登记机关在冒名处分不动产事项办理过程中承担赔偿责任的纠纷。本章立足于我国司法实践中冒名处分不动产纠纷案件的争议焦点，结合当前理论研究的主要分歧，围绕冒名处分不动产行为中善意相对人的信赖利益与被冒名人的所有权之间利益关系问题来进行法释义学上的分析，探究更符合法律目的的裁判适用路径，以期为冒名处分不动产纠纷案件的正确处理有所助益。

第一节　冒名处分不动产与善意取得制度的适用纠纷

我国《民法典》第311条、第312条及《最高人民法院关于适用〈中华人民共和国民法典〉物权编的解释（一）》第14条至第20条规定了动产和不动产善意取得制度的适用情形。善意取得作为民商法上外观主义学理概括的一项具体规则，并非现行法律规定的一般原则，而是为了保护交易安全而设置的例外规定，具体个案在司法实践中是否适用善意取得制度应当以法律规则设定的情形、条件为基础。司法审判应当准确把握善意取得制度的适用边界，避免泛化和滥用。关于冒名处分他人不动产行为的善意受让人究竟能否适用善意取得制度取得相应的物权，关键点在于不动产冒名处分行为是否符合不动产善意取得制度的构成要件。冒名处分他人不动产行为的特别之处在于，不动产登记簿本身并未出现权利事项登记错误的情形。在冒名处分他人不动产的行为中，不动产的真正权利人和登记名义人是一致的，冒名人正是利用不动产登记信息的准确性，通过假冒登记名义人的身份，使得交易相对人误信权利行使者就是真正的权利人本人。不动产善意取得适用的前提条件通常是要求具备"无权处分"，即处分人存在权利外观但却不具备处分的权利。在冒名处分他人不动产的情形中，冒名处分行为究竟能否适用善意取得制度而发生物权变动的私法效果，则首先需要判断冒名处分行为是否符合"无权处分"的构成要件。由于不动产冒名处分纠纷案件较为复杂，司法实践中也存在不尽一致的裁判观点，呈现多样化和差异性，因此需要根据具体案情进行实质性判定。

一、相关法条

1.《中华人民共和国民法典》（2020年5月28日）

第三百一十一条　无处分权人将不动产或者动产转让给受让人的，所有权人有权追回；除法律另有规定外，符合下列情形的，受让人取得该不动产或者动产的所有权：

（一）受让人受让该不动产或者动产时是善意；

（二）以合理的价格转让；

（三）转让的不动产或者动产依照法律规定应当登记的已经登记，不需要登记的已经交付给受让人。

受让人依据前款规定取得不动产或者动产的所有权的，原所有权人有权向无处分权人请求损害赔偿。

当事人善意取得其他物权的，参照适用前两款规定。

第三百一十二条 所有权人或者其他权利人有权追回遗失物。该遗失物通过转让被他人占有的，权利人有权向无处分权人请求损害赔偿，或者自知道或者应当知道受让人之日起二年内向受让人请求返还原物；但是，受让人通过拍卖或者向具有经营资格的经营者购得该遗失物的，权利人请求返还原物时应当支付受让人所付的费用。权利人向受让人支付所付费用后，有权向无处分权人追偿。

2.《最高人民法院关于审理房屋登记行政案件中发现涉嫌刑事犯罪问题应如何处理的答复》（2008 年 9 月 23 日）

人民法院在审理有关房屋登记行政案件中，发现涉嫌刑事犯罪问题的，不应将该案全案移送公安机关处理，而应区别不同情况分别处理：

一、第三人购买的房屋不属于善意取得，参照民法通则第五十八条和合同法第五十二条、第五十九条的规定，房屋买卖行为属于无效的行为，人民法院应当依法判决撤销被诉核发房屋产权证行为。

二、第三人购买的房屋属于善意取得，房屋管理机关未尽审慎审查职责的，依据物权法第一百零六条等有关法律的规定，第三人的合法权益应当予以保护，人民法院可以判决确认被诉具体行政行为违法。

三、如果不能确定第三人购买的房屋是否属于善意取得，应当中止案件审理，待有权机关作出有效确认后，再恢复审理。

二、要旨释义

上述内容是关于善意取得的基本规定，涉及司法实践中不动产冒名处分纠纷案件中区分不同情况适用善意取得的处理规则，旨在明确不动产冒名处分情形下不动产所有权的归属和各方主体之间的权利义务关系。不动产冒名处分行为可能涉嫌刑事犯罪的问题，但并不因此否定不动产冒名处分行为可能产生的私法效果。《最高人民法院关于审理房屋登记行政案件中发现涉嫌刑事犯罪问题应如何处理的答复》[（2008）行他字第 15 号]是最高人民法院在针对天津市高级人民法院审理案件的请示报告答复，就案件涉及的以伪造身份证冒名处分他人房屋，并办理过户登记时房屋归属问题发表的指导意见。最高人民法院认为，在冒名处分他人不动产的私法效果认定方面，要采取根据第三人购买房屋的行为事实上是否构成善意取得从而对案件进行区别处理的裁判思路。上述答复具有司法解释的性质，表明最高人民法院认可善意取得制度在冒名处分他人不动产纠纷案件中的可能适用路径。在冒名处分他人不动产的案件中，如果第三人的信赖利益具有法律保护的正当性，并且第三人购买房屋符合善意取得的构成要件，则第三人的权益能够依据善意取得制度获得法律上的保护。如果房屋管理机关在办理不动产登记时未尽审慎审查职责的，则可能承担相应的损害赔偿责任。

三、典型案例

（一）杨某银与郭某竹、王某平民间借贷纠纷案[①]

[基本案情] 王某平与郭某竹于 1981 年办理结婚登记手续，于 2016 年 3 月 15 日办理离婚登记手续。2014 年 7 月 7 日，王某平给杨某银出具借条一张，载明："今借到杨某银人民币玖拾万元整，时间一年，具体数额、时间，以每次打款银行小票为准（打款到农村信用社卡上）。王某平，卡号：6229××××7782，借款人：王某平 郭某竹 2014.7.7。"郭某竹的签名系王某平找人所签。同日，王某平与杨某银签订个人借款合同一份，落款同样为："王某平 郭某竹 2014.7.7。"2014 年 7 月 10 日，王某平找人冒充其妻子郭某竹，将登记在郭某竹名下的位于孟州市 ×× 街 ×× 段北侧的房产及其分摊土地（孟某用 07 第 031 号）抵押给杨某银，抵押物所担保的债权为 90 万元借款，并办理了抵押登记手续，杨某银取得孟房他证大定办字第 20141005 号他项权证书。2016 年 1 月 10 日，王某平与杨某银将 2014 年 10 月 10 日起至 2016 年 1 月 10 日的利息按 90 万元本金、月利率 4% 结算后，王某平给杨某银出具借条一张，载明："今借到杨某银现金伍拾柒万陆仟元整（无息）王

① 参见河南省孟州市人民法院（2016）豫 0883 民初 2027 号民事判决书；河南省焦作市中级人民法院（2018）豫 08 民终 3207 号民事判决书；河南省高级人民法院（2020）豫民再 547 号民事判决书。

某平2016.1.10。”王某平在2014年7月7日借条上标注：“月息2.5%（2.5分）息已清至2016年1月10日2016.1.10。”王某平借款后仅向杨某银支付了2014年8月、9月的利息共计45 000元。杨某银向河南省孟州市人民法院起诉请求：（1）依法判令王某平、郭某竹给付杨某银147.6万元借款及利息（利息自2016年1月10日起至判决确定给付之日止按月利率2.5%计算；违约金从2015年7月7日起至给付之日止按90万元本金、日利率1%计算）；（2）依法确认王某平、郭某竹所抵押的房屋有效，杨某银享有优先受偿权；（3）诉讼费由王某平、郭某竹承担。

［**法院裁判**］河南省孟州市人民法院一审认为，本案债务发生于王某平、郭某竹夫妻关系存续期间，王某平、郭某竹提供的证据不能证明其对夫妻关系存续期间的共同财产、债务有特殊约定，且债权人杨某银知道该约定。故杨某银要求王某平、郭某竹共同偿还该债务的诉讼请求，予以支持。本案的抵押房产虽登记在郭某竹名下，但该房所有权形成于王某平、郭某竹夫妻关系存续期间，应为王某平与郭某竹的共同财产。王某平作为房产的共有人虽未经郭某竹同意，擅自以其共有的登记在郭某竹名下的位于孟州市××街××段北侧的房产及其分摊土地设定抵押，但杨某银受让该抵押权是善意的，并支付了合理的对价，即将借款已经给付王某平，而且该抵押权已由房产登记部门予以登记确认。根据相关法律规定，抵押权自登记时设立，故杨某银善意取得该抵押物的抵押权，对该抵押物享有优先受偿权。

王某平、郭某竹不服一审判决，向河南省焦作市中级人民法院提起上诉，请求：撤销一审判决，改判王某平、郭某竹不承担给付义务，诉讼费由杨某银承担。

河南省焦作市中级人民法院二审认为，本案为民间借贷纠纷。一审法院对本案借款数额及利息作出了正确的认定。关于本案抵押权的问题，人民法院的生效判决认定了房管部门颁发的本案抵押权证的合法性，杨某银善意取得抵押权，应当对抵押物享有优先受偿权。综上所述，王某平、郭某竹的上诉请求不能成立，应予驳回；一审认定事实清楚，适用法律正确，应予维持。

河南省高级人民法院再审认为，王某平在收到杨某银转款后将款项转入了奥鑫公司，杨某银亦未有证据证明王某平将该借款用于夫妻共同生活、共同生产经营。故杨某银关于案涉借款构成王某平、郭某竹的夫妻共同债务的诉讼主张，并无相应的事实和法律依据，不予支持。原审判决认定案涉债务为夫妻共同债务不当，本院再审予以纠正。关于杨某银对涉案房产设立的抵押权是否有效的问题。本案中，虽然郭某竹主张涉案房产抵押手续上的签字非本人所签，但案涉抵押权已由房产登记部门登记确认，杨某银在办理房屋抵押登记时对他人冒充郭某竹签字的事实并不知情，其受让该抵押权已履行了应尽的注意义务，并将借款已经给付王某平，且人民法院生效的行政判决亦认定杨某银善意取得涉案房屋抵押权，并判决驳回了郭某竹要求撤销房产登记部门颁发的他项权证的诉讼请求。故杨某银对涉案房产设立的抵押权合法有效，应当对抵押房屋享有优先受偿权。郭某竹关于涉案抵押权无效的主张不能成立，本院不予支持。

［**裁判评析**］当前司法实践中，关于冒名处分不动产纠纷案件的裁判思路，主要是围绕能否适用善意取得制度或者代理制度的分析角度，并根据具体案情进行实质性审理，本案即是适用善意取得制度作出的裁判。本案中，王某平欲向杨某银借钱，遂找人冒充其妻子郭某竹的签名签订借款合同和借条，并将登记在郭某竹名下的房屋抵押给杨某银并办理了抵押登记手续。虽然本案再审对借款认定为夫妻共同债务予以纠正，但再审法院与一审、二审法院作出的关于冒名处分不动产私法效果的裁判观点相同。王某平作为房产的共有人，未经郭某竹同意，擅自以其共有的登记在郭某竹名下的房产设定抵押，法院认定杨某银作为相对人对冒名处分设定抵押的行为不知情，其已经出借了借款，并且抵押权也已经办理过登记，本案适用善意取得的情形，最终认定杨某银对经冒名处分的房屋享有抵押权。

（二）戴某玲与陈某、陆某等确认合同无效纠纷案[①]

［**基本案情**］戴某琴系戴某玲孪生妹妹，戴某玲名下有一套房产。戴某琴急欲归还欠债，谎称办理营业执照需要房产证而从戴某玲处取得了系争房屋的房产证。之后，戴某琴通过中介陆某以戴某玲名义与陈某签订《上海市房地产买卖合同》，合同签订后，戴某琴亦向陈某出具了收款收据，收据上收款人“戴某玲”签字由戴某琴签署。之后，陈某陆续付清了包括房贷款在内的购房余款（均支付至户名为戴某玲的银行卡内）。为办理房屋过户手续，陆某通过虚假材料，取得了戴某玲委托陆某办理系争房屋的买卖事宜的公证书。2015年3月2日，陈某取得了系争房屋的产权证。2016年3月7日，陈某与潘某祥、苏某娜签订《上海市房地产买卖合同》约定陈某将系争房屋出售给

① 参见上海市嘉定区人民法院（2020）沪0114民初5227号民事判决书；上海市第二中级人民法院（2020）沪02民终10663号民事判决书。

潘某祥、苏某娜。该合同签订后，潘某祥、苏某娜付清了全部房价款。2016年9月28日，系争房屋被过户登记至潘某祥、苏某娜名下。之后，潘某祥、苏某娜接收了系争房屋并入住至今。2020年3月19日，戴某玲向一审法院起诉，请求判令：（1）确认合同编号为××的《上海市房地产买卖合同》无效；（2）确认合同编号为××的《上海市房地产买卖合同》无效；（3）陈某配合办理将系争房屋恢复登记至戴某玲名下的手续；（4）潘某祥、苏某娜将系争房屋返还戴某玲；（5）陈某、陆某支付房屋使用费（按照3500元/月的标准自2014年2月28日起计算至判决生效之日止）。

［**法院裁判**］一审法院认为，关于从"戴某玲"名义与陈某签订的《上海市房地产买卖合同》，现已查明系争房屋是由孪生妹妹戴某琴委托出售，合同上"戴某玲"的签字均由戴某琴代书，且办理房屋过户使用的戴某玲的委托书亦属伪造，并无证据表明戴某玲知晓且同意出售系争房屋，故戴某琴以戴某玲的名义出售系争房屋系无权处分行为，该合同对戴某玲不产生效力，应属无效。然而，买受人陈某已支付全部房价款，受让价格亦属合理，且已经完成了系争房屋的过户登记，并无证据表明其买受系争房屋存在恶意或有与出卖方恶意串通的情形存在，故陈某符合善意取得的构成要件，其取得的系争房屋所有权应属合法有效，且现系争房屋已登记至潘某祥、苏某娜名下，因此，戴某玲要求陈某配合办理将系争房屋恢复登记至戴某玲名下的诉请，于法无据，一审法院不予支持。关于合同编号为××的《上海市房地产买卖合同》，该合同系陈某取得系争房屋产权后与潘某祥、苏某娜签订，系双方真实意思的表示，无证据表明双方存在恶意串通的情形，故该合同合法有效，潘某祥、苏某娜基于该合同取得系争房屋的所有权亦属有效。因此，戴某玲要求潘某祥、苏某娜返还系争房屋的诉请，于法无据，不予支持。

二审法院认为，关于以"戴某玲"名义与陈某签订的《上海市房地产买卖合同》系戴某玲的孪生妹妹戴某琴冒充戴某玲的名义与陈某签署，现无证据证明戴某玲知晓且同意出售系争房屋，故戴某琴以戴某玲名义出售系争房屋系冒名处分房产的行为，对被冒名人戴某玲不发生法律效力，该合同应认定为无效，陈某基于该合同取得的房屋产权不受法律保护。陈某又与潘某祥、苏某娜签订的《上海市房地产买卖合同》，系争房屋产权虽登记在陈某名下，其无权处分，但潘某祥、苏某娜作为房屋买卖合同的相对方，基于房产登记信息，有理由相信陈某有权出售系争房屋，且系争房屋产权已登记至潘某祥、苏某娜名下，潘某祥、苏某娜系依法善意取得系争房屋的所有权。戴某玲要求确认合同

编号为 ×× 的《上海市房地产买卖合同》无效，并要求潘某祥、苏某娜返还系争房屋的诉请，于法无据，本院不予支持。对戴某玲要求配合办理将系争房屋恢复登记至其名下的手续的诉请，以及要求陆某支付房屋使用费的诉请，本院亦不予支持。本案系争房屋无法恢复至戴某玲名下，系由于戴某琴的冒名处分、陆某利用他人冒名顶替戴某玲的手段办理委托书公证所致，戴某玲的合法权益如因此受到损害，其应向侵害人主张，如涉嫌犯罪的，应由公安机关进行处理。

［**裁判评析**］尽管本案二审法院维持了一审法院判决的结果，但是二审法院在认定戴某琴冒充戴某玲名义签订合同出售房屋的法律效果方面却并不相同。二审法院与一审法院一致认定，戴某琴以戴某玲名义出售系争房屋系冒名处分房产的行为，对被冒名人戴某玲不发生法律效力，该合同应认定为无效。但一审法院认为，买受人陈某已支付全部房价款，受让价格亦属合理，且已经完成了系争房屋的过户登记，并无证据表明其买受系争房屋存在恶意或有与出卖方恶意串通的情形存在，故陈某符合善意取得的构成要件。二审法院却认为，陈某基于该无效合同取得的房屋产权不受法律保护。根据《物权编司法解释（一）》第 20 条“具有下列情形之一，受让人主张依据民法典第三百一十一条规定取得所有权的，不予支持：（一）转让合同被认定无效；（二）转让合同被撤销”之规定，在现行法律框架内，在冒名行为所签之合同认定无效后，无适用善意取得的余地，二审法院的判决更符合现行法律制度。至于后来陈某又与潘某祥、苏某娜签订《上海市房地产买卖合同》，此时系争房屋产权登记在陈某名下，潘某祥、苏某娜作为房屋买卖合同的相对方有理由相信陈某有权出售系争房屋，并且支付了合理价款及办理了房屋过户登记手续。陈某将房屋的再次处分行为符合善意取得的要件，因而发生善意取得的法律效果，房屋买卖合同的相对方潘某祥、苏某娜取得涉案房屋的所有权。戴某玲可另行向冒名处分行为人主张其合法权益受到侵害的损害赔偿救济。

（三）朱某平与江苏镇江农村商业银行股份有限公司谏壁支行等金融借款合同纠纷案①

［**基本案情**］殷某志为金星公司法定代表人，陈某泉与朱某平系夫妻关

① 参见江苏省镇江市京口区人民法院（2015）京谏商初字第 64 号民事判决书；江苏省镇江市中级人民法院（2017）苏 11 民终 1892 号民事判决书。

系。2014 年 12 月 8 日，江苏镇江农村商业银行股份有限公司谏壁支行（以下简称农商行谏壁支行）与金星公司签订《流动资金循环借款合同》，金星公司借款 62 万元。当日，陈某泉与一假冒朱某平的女子与农商行谏壁支行签订了抵押合同一份，约定将陈某泉、朱某平共有房屋为金星公司贷款提供抵押担保。2014 年 12 月 10 日办理了上述房屋抵押登记，农商行谏壁支行领取了房屋他项权证。因金星公司与农商行谏壁支行之间发生多笔借款业务，殷某志曾于 2014 年 6 月 26 日向农商行谏壁支行出具了《共同还款承诺书》一份，承诺自愿为金星公司的所有贷款及汇票敞口本息及实现债权的所有费用（包含律师费）承担共同还款责任。2014 年 12 月 11 日，农商行谏壁支行经审核后向金星公司发放了 62 万元的贷款。嗣后，金星公司未能按期还息，截至 2015 年 10 月 21 日，产生利息及罚息 12 317.72 元。农商行谏壁支行诉至法院，请求：（1）判令金星公司、殷某志偿还借款本金 62 万元及利息 12 317.72 元（计算至 2015 年 10 月 21 日，之后利息按年利率 11.648% 计算）；（2）判令金星公司、殷某志承担律师费用 31 000 元；（3）若上述款项未能偿还，判令农商行谏壁支行对陈某泉、朱某平抵押的房产折价或拍卖、变卖后所得价款享有优先受偿权。

［**法院裁判**］一审法院认为，关于本案争议焦点为抵押合同效力及农商行谏壁支行取得的抵押权是否受法律保护问题。一审法院认为，本案所涉房产系陈某泉、朱某平共同共有，但陈某泉在与农商行谏壁支行签订抵押合同及办理抵押登记时，对朱某平有所隐瞒，而是与其他冒充朱某平的女子共同办理，且不存在朱某平知道或者应当知道的情形，因而抵押合同无效。但根据 2007 年《物权法》第 106 条[①] 规定："无处分权人将不动产或者动产转让给受让人的，所有权人有权追回；除法律另有规定外，符合下列情形的，受让人取得该不动产或者动产的所有权：（一）受让人受让该不动产或者动产时是善意的；（二）以合理的价格转让；（三）转让的不动产或者动产依照法律规定应当登记的已经登记，不需要登记的已经交付给受让人。受让人依照前款规定取得不动产或者动产的所有权的，原所有权人有权向无处分权人请求赔偿损失。当事人善意取得其他物权的，参照前两款规定。"本案农商行谏壁支行在签订抵押合同及办理抵押登记时，陈某泉或殷某志指派他人冒充朱某平，采取欺诈、隐瞒手段办理，农商行谏壁支行在整个交易过程中善意无过错，

① 对应《民法典》第 311 条。

且尽到谨慎注意义务，支付了合理对价并办理了抵押登记，故应适用法律规定的善意取得制度，该抵押权应得到法律保护。综上所述，农商行谏壁支行要求行使抵押权，应予以支持。

二审法院认为，农商行谏壁支行是否善意取得抵押权，应看农商行谏壁支行的行为是否符合善意取得的要件：（1）其行为是善意的。农商行谏壁支行不知抵押权人是无权处分人，没有证据证明其知道或者应当知道朱某平是被冒名顶替的。（2）其支付了合理费用。农商行谏壁支行向金星公司已发放借款 62 万元。（3）抵押权已由相关部门予以登记，农商行谏壁支行领取了房屋他项权证。因此，农商行谏壁支行可善意取得涉案房产的抵押权，抵押合同无效不影响其取得抵押权。故农商行谏壁支行对抵押房产享有优先受偿权。

本案确定农商行谏壁支行善意取得抵押权与朱某平共同共有权保护的矛盾，需要法律作出取舍。《物权法》对善意取得制度的确立，就是法律作出的取舍。至于朱某平遭受损失的救济，应依据 1988 年《最高人民法院关于贯彻执行〈中华人民共和国民法通则〉若干问题的意见（试行）》第 89 条的规定，在共同共有关系存续期间，部分共有人擅自处分共有财产的，一般认定无效。但第三人善意、有偿取得该财产的，应当维护第三人的合法权益，对其他共有人的损失，由擅自处分共有财产的人赔偿。本案朱某平自身没有保管好身份证，给他人冒充办理抵押登记的机会也存在过错，应承担丧失共有财产的风险，故一审法院确认农商行谏壁支行对陈某泉、朱某平共有的位于 ×× 巷 ×× 号 ×× 幢第 ×× 层 ×× 室房屋折价或者拍卖、变卖所得的价款有优先受偿权，并无不当。

［**裁判评析**］在司法实践中，夫妻或者共有财产的一方，在通过第三人协助下冒充另一方的名义出售共有的房屋或者以共有的房屋进行抵押，是一种较为常见的冒名处分不动产的案件纠纷类型。本案中，陈某泉在与农商行谏壁支行签订抵押合同及办理抵押登记时，通过寻找其他女子冒充朱某平办理抵押登记。法院认定朱某平自身没有保管好身份证，且农商行谏壁支行在整个交易过程中存在善意并无过错，且尽到了谨慎注意义务，支付了合理对价并办理了抵押登记，因此适用善意取得制度，取得了经办理登记后的房屋抵押权。

（四）林某等诉王某抵押合同纠纷案[①]

［**基本案情**］2014 年 7 月 14 日，案外人林某冒用原告林某的身份信息补

① 参见上海市奉贤区人民法院（2017）沪 0120 民初 19490 号民事判决书。

办了坐落于上海市奉贤区建贤路 ×× 弄 ×× 号 ×× 室房屋的产权证。2014 年 8 月 27 日，案外人林某又以原告林某的名义向被告王某借款 60 万元，并将涉案房屋抵押给被告王某，在第三人处办理了抵押权登记手续。2015 年 4 月 8 日，案外人林某因涉嫌诈骗罪被刑事拘留，同年 5 月 15 日被逮捕。刑事案件中查明，2014 年 7 月至 9 月，被告人林某冒用原告林某的身份信息补办房产证，将原告林某名下位于上海市奉贤区建贤路 ×× 弄 ×× 号 ×× 室的房屋进行抵押，骗取被害人王某借款 60 万元，偿还部分款项后尚有 49.2 万元未归还。原告林某向法院提出诉讼请求：（1）确认原、被告于 2014 年 8 月 27 日签订的《抵押借款协议》不成立；（2）判令被告王某涤除原告名下坐落于上海市奉贤区建贤路 ×× 弄 ×× 号 ×× 室房屋的抵押权登记；（3）判令第三人上海市奉贤区不动产登记事务中心配合被告涤除上述房屋的抵押权登记。

［**法院裁判**］本案争议焦点之一为被告王某能否善意取得涉案房屋的抵押权。法院认为，被告王某不能善意取得涉案房屋的抵押权，理由如下：本案中，案外人林某冒名处分原告不动产的行为属于违法犯罪行为，不符合善意取得的构成要件。2016 年《最高人民法院关于适用〈中华人民共和国物权法〉若干问题的解释（一）》第 21 条规定："具有下列情形之一，受让人主张根据物权法第一百零六条规定取得所有权的，不予支持：（一）转让合同因违反合同法第五十二条规定被认定无效；（二）转让合同因受让人存在欺诈、胁迫或者乘人之危等法定事由被撤销。"[①] 本案中，案外人林某冒名处分原告不动产的行为已经被认定构成诈骗罪，该行为的违法性显而易见。而原、被告之间也从未对借款抵押达成一致的意思表示，双方自始至终就不存在借款抵押合同关系。因此，本案被告王某缺乏取得涉案房屋抵押权的权利基础，也不能依据所谓的"善意取得制度"取得涉案房屋的抵押权。

［**裁判评析**］本案法院以冒名处分不符合善意取得的构成要件为由，最终认定冒名办理不动产抵押的，第三人不能因此取得涉案房屋的抵押权。法院在本案中运用了利益衡量的裁判方法，法律上设计善意取得制度，是以牺牲财产的"静态"安全换取财产的"动态"安全（交易安全）。此举虽有利于维护交易的稳定性，但对真实权利人的利益牺牲是不能视而不见的。因此，在适用善意取得制度时，既要考虑善意第三人的信赖利益，也要考虑真实权利人的利益，以求在两者间取得平衡。若一项交易因危及公共利益、公序良俗

① 对应《物权编司法解释（一）》第 20 条。

等绝对不可受损之利益而无效，即使受让人善意信赖处分人享有处分权，亦应另作评价。如果赋予冒名处分不动产物权的行为以善意取得的后果，将使物权人因无法控制他人假冒身份、伪造签章等行为而蒙受不测之损害。

四、法律风险防范

冒名行为，是指行为人使用他人名义而实施的法律行为，使交易相对人错误信赖其身份外观并与之发生交易关系，以此获取某种利益。冒名行为是典型的“名”与“实”不符的法律行为，通常情形下被冒名人对冒名行为并不知情，却有可能要承受非其意愿的法律后果。不动产冒名处分行为，是指冒名人假冒所有权人的名义处分（转让或者抵押）他人不动产，从而达到获取相对人支付价款或者发放贷款的目的。司法实践中发生的不动产冒名处分行为通常具备如下特征：第一，冒名人假冒真正权利人的身份；第二，冒名人未经真正权利人同意处分其不动产；第三，交易相对人主观上善意；第四，登记机构未能审查出冒名行为存在的瑕疵，且已经进行了物权变更登记。[①]

判定不动产冒名处分行为的法律效果实质上主要是如何协调被冒名人的静态财产安全与相对人的信赖利益保护。2008 年 9 月 23 日，最高人民法院在针对天津市高级人民法院审理案件的请示报告答复中，就案件涉及的以伪造身份证冒名处分他人房屋并办理过户登记时房屋归属问题发表过指导意见。最高人民法院认为，要采取根据第三人购买房屋的行为事实上是否构成善意取得从而对案件进行区别处理的裁判思路。[②]这表明最高人民法院认可善意取得制度在冒名处分他人不动产纠纷案件中的可能适用路径。尽管上述答复具有司法解释的性质，但由于冒名处分他人不动产案件较为复杂以及善意取得制度在构成要件方面的严格要求，各地法院在审理冒名处分他人不动产纠纷案件时也呈现多样性和差异性。有法院认为，不动产冒名处分不影响相对人构成善意取得，善意相对人的利益应当得到保护。[③]也有法院认为，不动产善

① 傅鼎生：《不动产善意取得应排除冒名处分之适用》，载《法学》2011 年第 12 期。

② 《最高人民法院关于审理房屋登记行政案件中发现涉嫌刑事犯罪问题应如何处理的答复》规定：“一、第三人购买的房屋不属于善意取得，参照民法通则第五十八条和合同法第五十二条、第五十九条的规定，房屋买卖行为属于无效的行为，人民法院应当依法判决撤销被诉核发房屋产权证行为。二、第三人购买的房屋属于善意取得，房屋管理机关未尽审慎审查职责的，依据物权法第一百零六条等有关法律的规定，第三人的合法权益应当予以保护，人民法院可以判决确认被诉具体行政行为违法。”

③ 参见浙江省宁波市中级人民法院（2010）浙甬行终字第 16 号行政判决书。

意取得的适用前提应该是交易相对人错误信赖了不动产的登记人为其所有人，而冒名处分是属于对交易对象的认识错误，不符合不动产善意取得制度适用的条件。

善意取得制度之所以牺牲权利人的静态安全换取交易的动态安全，有一重要原因系权利人对交易的发生具有一定过错。如果权利人对于交易的发生不存在任何过错，则不能让一个无辜者承担相应的责任。这一点，从《民法典》物权编对遗失物、盗赃物不适用善意取得的规定可以得到佐证。当事人可以据此防范法律风险，对其身份证、户口本和房产证尽到妥善保管的义务，当发现他人冒用其名义对外订立合同、处分不动产等事实，要及时向合同相对方提出异议，并及时告知不动产登记机关防止其不知情而办理登记手续。

第二节　冒名处分不动产与表见代理制度的适用纠纷

表见代理作为民商法上外观主义学理概括的一项具体规则，并非现行法律规定的一般原则，而是为了保护交易安全而设置的例外规定，具体个案在司法实践中是否适用表见制度应当以法律规则设定的情形、条件为基础。司法审判应当准确把握表见代理制度的适用边界，避免泛化和滥用。当冒名处分不动产行为中的善意相对人具有受法律保护的信赖利益时，假冒他人名义处分不动产将可能产生私法上的效果。如果要实现善意相对人的信赖利益，就需要被冒名人承受冒名处分行为意思表示的约束，但是通常情形下被冒名人并不知晓其名义被他人假冒的事实，如果让并未作出意思表示的被冒名人直接受他人合同的约束，却又于法无据。因此，如果认定不动产冒名处分行为发生私法上的效果，可以结合民法上与此相近的制度予以类推分析。由于不动产冒名处分行为与代理制度都涉及是否受他人作出意思表示的约束，因此代理制度或许可以作为一个适用路径的思考角度。冒名处分不动产中相对人的身份信赖与代理关系中的代理权信赖，在性质和考察方法上具有一定的可比性，因此可以类推适用表见代理制度。北京市高级人民法院于 2014 年 12 月 16 日发布的《关于审理房屋买卖合同纠纷案件若干疑难问题的会议纪要》对冒名签订买卖合同的效力发表司法观点，主张可以适用代理制度来认定冒名处分合同的性质，并根据房屋所有权人的可归责性与相对人的信赖合理性，区分情形适用无权代理或者表见代理制度。在具体司法案件中，一些法院认为冒名处分行为可以类推适用表见代理制度，并认为选择适用表见代理制度相比善意取得制度更具有正当性。

一、相关法条

《中华人民共和国民法典》（2020年5月28日）

第一百七十一条 行为人没有代理权、超越代理权或者代理权终止后，仍然实施代理行为，未经被代理人追认的，对被代理人不发生效力。

相对人可以催告被代理人自收到通知之日起三十日内予以追认。被代理人未作表示的，视为拒绝追认。行为人实施的行为被追认前，善意相对人有撤销的权利。撤销应当以通知的方式作出。

行为人实施的行为未被追认的，善意相对人有权请求行为人履行债务或者就其受到的损害请求行为人赔偿。但是，赔偿的范围不得超过被代理人追认时相对人所能获得的利益。

相对人知道或者应当知道行为人无权代理的，相对人和行为人按照各自的过错承担责任。

第一百七十二条 行为人没有代理权、超越代理权或者代理权终止后，仍然实施代理行为，相对人有理由相信行为人有代理权的，代理行为有效。

二、要旨释义

上述内容是对无权代理人签订合同效力的规定，如果相对人有理由相信无权处分人具有代理权并与其订立合同，则可能发生表见代理的法律效果，旨在保护相对人的信赖利益，维护交易安全。在不动产冒名处分的情形下，冒名人通过伪造身份证、伪造签名等方式假冒权利人的身份实施处分他人不动产的法律行为，相对人因信赖冒名人的身份外观才与之进行交易。由此可见，不动产冒名处分行为中的身份信赖与代理制度中的代理权信赖具有相似性。尽管冒名处分和代理制度中相对人都有信赖的事实，但是不动产冒名处分行为和代理制度在具体构造上存在差别，不能将冒名处分行为直接适用于代理制度。这是因为不动产冒名处分行为中存在交易对象认识的错误，冒名人是以被冒名人的名义进行交易，自己的名义被故意隐藏了；而在代理制度中，相对人明知与其发生交易的对象不是代理人自己，相对人并不存在交易对象认识的错误。尽管不动产冒名处分行为不能直接适用于代理制度，但不可否认的是，对于二者信赖的外观具有一定程度的可类比性，且二者都面临相同的法律问题，即调和真正权利人的缔约自由与善意相对人的信赖利益之间的关系。因此，不动产冒名处分行为可以类推适用代理制度，并根据相对人的信赖合理性与被冒名人的归责性进行动态化的分析。当不动产冒名处分行为中的相对人具有信赖合理性，且被冒名人对于其名义被假冒的事实存在可归责性的情形下，那么该不动产冒名处分行为可以类推适用表见代理规则。

三、典型案例

张某昇与葛某姣、蒋某民间借贷纠纷案[①]

［**基本案情**］蒋某与葛某姣原系夫妻关系，2014 年 12 月 12 日登记结婚，2017 年 2 月 3 日登记离婚。2016 年 12 月 6 日，张某昇（抵押权人，甲方）和蒋某、“葛某姣”（借款人，乙方）及案外人佰利邦公司（保证人，丙方）签订《借款合同》，约定乙方向甲方借款 45 万元。同日，张某昇与蒋某、“葛某姣”签订了《南京市房地产抵押合同》和《房地产抵押合同》，将共有的房产办理抵押登记。后查明，借款合同及房屋抵押登记均是蒋某通过虚假公证书，找人冒充葛某姣签字所为，葛某姣并不知情。

［**法院裁判**］冒名处分行为可以类推适用无权代理 / 表见代理制度。虽然冒名处分行为无效，但在第三人善意的情况下，完全排斥善意相对人的合理信赖，有违法律保护交易安全的价值理念。因此，冒名处分行为中善意第三人的合理信赖仍具有得到法律保护的正当性。第三人信赖利益的保护属于宏观制度体系，在我国法律框架内，善意取得制度和表见代理制度作为信赖保护原则的两种具体制度，功能不尽一致。不动产善意取得制度与登记制度相关，基础在于国家对登记公信力的维护，因此，不动产善意取得属于纯粹的权利外观责任，在构成上无须考虑归责问题，而为兼顾善意第三人和被代理人的利益，表见代理在构成上需要被代理人对“代理权外观”的形成具有可归责性。基于此，虽然冒名处分与无权处分、无权代理各异，不能直接适用无权代理 / 表见代理制度或者无权处分 / 善意取得制度来处理冒名处分行为，但相比无权处分 / 善意取得制度，选择无权代理 / 表见代理制度作为冒名处分不动产行为的适用规范，就更具正当性，不仅是因为冒名处分行为不符合

---

① 参见江苏省南京市玄武区人民法院（2017）苏 0102 民初 2594 号民事判决书。

不动产善意取得的构成要件，还因为不动产登记簿的公信力属于纯粹形式上的权利外观责任，很容易导致对相对人信赖利益的保护过于有利而忽略对被冒名者合法权益依法保护的结果。相反，由于表见代理包含有被代理人可归责性的因素，可以透过被冒名者的可归责性与相对人信赖的合理性这两个要素的比较、权衡来评价不动产冒名行为，从而在保障交易安全的同时，兼顾所有权人的利益。被告蒋某、葛某姣系夫妻关系，案外人方某自称系葛某姣，持葛某姣的身份证、户口本原件，形成了权利主体外观；在案外人方某自称其是葛某姣并持有葛某姣的身份证、户口本原件，而蒋某持其与葛某姣的结婚证原件并认可方某系“葛某姣”的情况下，上述具有相关经验和更强识别能力的机构均未识别方某的身份，如果要求原告张某昇准确识别方某的真实身份，则作为对蒋某、葛某姣并不了解甚至之前并不相识的张某昇而言，不仅过于严苛，在客观上亦难以做到，故张某昇通过方某持有的证件和其与蒋某的一致陈述对方某的身份进行形式审核，已尽到一个理性经济人的审核义务，故本院认为张某昇对方某系葛某姣的身份表征形成了合理信赖；葛某姣对其身份证、户口本、房产证等证件负有谨慎保管义务，其未妥善保管，导致其身份证、户口本和房产证被蒋某不当使用，葛某姣对此具有过错。因此，张某昇可以参照适用表见代理制度取得对案涉房屋的抵押权。

［**裁判评析**］法院首先论证了冒名处分行为不同于无权处分和无权代理，冒名处分行为无效。冒名处分，是指行为人使用他人名义实施法律行为；无权处分，是指没有处分权而处分他人的财产；无权代理，是指行为人没有代理权、超越代理权或者代理权终止后以被代理人的名义实施民事法律行为。三者在表现形式、法律效力等方面存在区别。因此，冒名处分行为不适用善意取得制度，不动产善意取得制度是为了解决物权变动中的权源瑕疵问题，其发挥作用的首要条件是存在错误登记或不适法的登记，即不动产善意取得制度适用的条件之一是“不真实的权利外观”。而在冒名处分行为中，没有发生登记错误的情形，相对人信赖的是冒名人就是真实的权利人。换言之，假冒身份、伪造签章这些行为形成的是“权利主体外观”，而不是“权利外观”，但冒名处分可以类推适用无权代理 / 表见代理制度。

四、法律风险防范

当不动产冒名处分行为中的善意相对人具有法律保护的信赖利益时，假冒他人名义处分不动产将可能产生私法上的效果。关于不动产冒名处分行为的私法适用路径属于公开的法律漏洞，可通过类推适用的方法予以填补。不动产冒名处分与代理制度的信赖外观具有一定程度的可类比性，二者都面临调和真正权利人的缔约自由与善意相对人的信赖利益，因此不动产冒名处分行为可以类推适用代理制度，并根据相对人的信赖合理性与被冒名人的归责性进行动态化的分析。

值得注意的是，我国《民法典》总则编第 172 条删去了原《民法总则》关于表见代理规则的但书条款，但书条款其中就包括行为人伪造他人的公章、合同书或者授权委托书等假冒他人的名义实施民事法律行为的情形。这也反映出立法机关认识到不宜在立法条文中统一规定关于假冒他人名义实施民事法律行为等不适用表见代理制度的具体情形，而将其预留给能动司法实践处理或许较为妥当。同时，这也就为冒名处分行为能够类推适用表见代理制度预留了空间。实际上，最高人民法院在审理法人的工作人员通过伪造法人公章的形式假冒法人名义与善意相对人签订合同是否构成表见代理的案件时，也以法人对其工作人员的风险防范处在更加有利的地位为由认定法人对其名义被假冒存在可归责性，从而适用表见代理制度。[①] 这表明，司法实践中冒名处分行为在特定情形下具有适用表见代理制度的可行性。只有当不动产冒名处分行为中的相对人具有信赖合理性，且被冒名人对其名义被假冒的事实存在可归责性的情形下，那么该不动产冒名处分行为可以类推适用表见代理制度。当事人可以据此防范法律风险，如相对人需要结合冒名人所持的身份证件、不动产权属证件的真伪度、交易的场合、交易的时间、交易的市场价格等因素进行判断；如果被冒名人的身份证件、不动产权属证件被他人窃取，被冒名人应当及时办理挂失等补救措施，那么此后发生冒名处分行为则更多地属于交易风险层面的范畴，被冒名人不具有可归责性。

第三节　不动产登记机构赔偿责任纠纷

我国实行不动产统一登记制度，将不动产物权的设立、变更、转让等情

① 参见最高人民法院（2015）民抗字第 2 号民事裁定书；最高人民法院（2016）最高法民申 917 号民事裁定书。

况在不动产登记簿上予以记载，为不动产权利推定和交易安全提供统一、公开的国家公信力保障。因此，不动产登记内容的正确性对权利归属和交易安全意义重大。在冒名处分不动产行为模式中，除冒名人、被冒名人和交易相对人三方外，还有不动产登记机构。冒名人想要将被冒名人名下的不动产转移至交易相对人名下，必须向不动产登记机构申请物权设立登记或变更登记。不动产登记机构严格履行职责，是减少冒名处分不动产行为的最后一道防线。不动产登记机构未严格审查，造成登记错误的，根据《民法典》等规定应承担行政赔偿责任。除申请人提供虚假材料外，不动产登记机构登记错误主要有两种情形：第一种情形，不动产登记机构未尽到合理审慎审查职责，对申请人提交材料审查不实；第二种情形，不动产登记机构工作人员与第三人恶意串通违法登记。第二种情形下，行政机关承担全部的赔偿责任后可以向工作人员进行追偿。在第一种情形中，不动产登记机构的审查义务究竟是形式审查还是实质审查，虽然存在争议，但鉴于物权的公示公信原则，实质审查更能最大限度地确保登记的内容与实质的权利相一致，更有利于确保不动产登记的公信力，也更有利于引导政府不断完善登记措施、建立健全登记制度，加快法治政府、阳光政府、服务政府的建设。至于不动产登记机构的赔偿责任范围，根据《国家赔偿法》第 36 条规定，对财产权造成其他损害的，按照直接损失给予赔偿并结合不动产登记机构的过错造成财产损失的原因力大小确定最终的赔偿金额。

一、相关法条

1.《中华人民共和国民法典》（2020 年 5 月 28 日）

第二百一十条 不动产登记，由不动产所在地的登记机构办理。

国家对不动产实行统一登记制度。统一登记的范围、登记机构和登记办法，由法律、行政法规规定。

第二百一十二条 登记机构应当履行下列职责：

（一）查验申请人提供的权属证明和其他必要材料；

（二）就有关登记事项询问申请人；

（三）如实、及时登记有关事项；

（四）法律、行政法规规定的其他职责。

申请登记的不动产的有关情况需要进一步证明的，登记机构可以要求申请人补充材料，必要时可以实地查看。

第二百二十二条 当事人提供虚假材料申请登记，造成他人损害的，应当承担赔偿责任。

因登记错误，造成他人损害的，登记机构应当承担赔偿责任。登记机构赔偿后，可以向造成登记错误的人追偿。

2.《最高人民法院关于审理房屋登记案件若干问题的规定》（2010 年 11 月 5 日）

第十二条 申请人提供虚假材料办理房屋登记，给原告造成损害，房屋登记机构未尽合理审慎职责的，应当根据其过错程度及其在损害发生中所起作用承担相应的赔偿责任。

第十三条 房屋登记机构工作人员与第三人恶意串通违法登记，侵犯原告合法权益的，房屋登记机构与第三人承担连带赔偿责任。

3.《不动产登记暂行条例》（2019 年 3 月 24 日）

第二十九条 不动产登记机构登记错误给他人造成损害，或者当事人提供虚假材料申请登记给他人造成损害的，依照《中华人民共和国物权法》的规定承担赔偿责任。

第三十条 不动产登记机构工作人员进行虚假登记，损毁、伪造不动产登记簿，擅自修改登记事项，或者有其他滥用职权、玩忽职守行为的，依法给予处分；给他人造成损害的，依法承担赔偿责任；构成犯罪的，依法追究刑事责任。

二、要旨释义

上述法律主要规范我国不动产登记制度、登记机构职责及登记机构的赔偿责任。

（一）我国实行统一的不动产登记制度

《民法典》第 210 条第 2 款规定："国家对不动产实行统一登记制度。"从而在基本法律层面对我国的不动产登记制度作出了规定，为不动产登记制度的具体构造和规范性文件提供了基础。依照《民法典》210 条第 1 款，我国不动产登记以属地登记为原则，这是由不动产不能轻易移动所决定的。例外的是，《不动产登记条例》第 7 条第 2 款规定，针对跨县级行政区域的不动产登记，由所跨县级行政区域的不动产登记机构分别办理，不能分别办理的，协商办理，协商不成的，由共同的上级指定办理。同时，《不动产登记条例》第

7 条第 3 款规定："国务院确定的重点国有林区的森林、林木和林地，国务院批准项目用海、用岛，中央国家机关使用的国有土地等不动产登记，由国务院国土资源主管部门会同有关部门规定。"

（二）不动产登记机构的职责

我国不动产登记机构的职责主要有查看、查验、审核。但对不动产登记机构是进行形式审查还是实质审查，包括《民法典》在内的法律法规并没有明确的规定。但不动产登记机构可以询问、现场勘验等，实际上是赋予了不动产登记机构的调查职权，不动产登记机构应进行更为实质性的审查，这样才能维护不动产登记的强大公信、公示效力及保护交易安全。

（三）不动产登记机构的赔偿责任

不动产登记机构未严格履行法定职责导致登记错误，造成他人损害的，应予以赔偿，从而达到利益平衡的目的，同时也有助于登记机构不断提升服务水平。

不动产登记机构的登记行为属于行政行为，因登记机构未尽审查义务导致登记错误的，应承担行政赔偿责任。对赔偿的范围，根据《国家赔偿法》第 36 条的规定："对财产权造成其他损害的，按照直接损失给予赔偿。"对直接经济损失，最高人民法院认为，"所谓直接经济损失，是指受到损害财产的市场价值"[①]。同时，在具体案件中，根据案件实际情况，法院根据登记机构在因登记过错引起的行政赔偿案件中的过错，确定登记机构的赔偿比例。

三、典型案例

（一）杜某善、郑州市住房保障和房地产管理局城乡建设行政管理房屋登记管理（房屋登记）行政赔偿案[②]

[基本案情] 杜某善以 871 331 元购买了位于郑州市管城回族区东大街 4 号、建筑面积为 101.91 平方米的商用营业房，并取得了房屋所有权证。后一陈姓男子以租房为由留下了杜某善身份证复印件并查验了房产证原件。2004

① 参见最高人民法院（2015）行监字第 1921 号民事裁定书。

② 参见河南省郑州市中级人民法院（2020）豫 01 行赔终 20 号行政赔偿判决书。

年3月、4月，刘某华见到了自称为房主杜某善的售房者，查验了产权证和身份证后，双方签订了房地产买卖契约并向郑州市住房保障和房地产管理局城乡建设行政管理房屋登记管理（房屋登记）(以下简称郑州市房管局）申请了过户登记。后经查明，办理涉案房屋过户过程中，自称为房主杜某善的售房者提供的身份证显示的身份信息与杜某善身份证上的信息内容一致，但照片不是杜某善本人，且经刘某华确认，出售给其房屋的售房者不是杜某善本人。

2004年4月20日，杜某善得知自己房屋另有房主后，即向公安机关报案，当时杜某善及刘某华均持有涉案房屋的房产证原件，后经公安机关到被告处核实确认，杜某善所持有的房屋所有权证为假证，刘某华所持有的为真证。

2004年，杜某善以郑州市房管局为被告，刘某华为第三人向郑州市中原区人民法院提起诉讼，诉请撤销郑州市房管局为刘某华办理过户登记的错误登记行为。经郑州市中原区人民法院一审、郑州市中级人民法院二审、郑州市中级人民法院再审，最终判决撤销郑州市房管局作出的房屋所有权证。刘某华仍不服，再次向河南省高级人民法院申诉，经郑州市中级人民法院再审，于2013年10月10日作出（2010）郑行再终字第21号行政判决书，以刘某华属于善意第三人，其物权利益应当予以保护，撤销原判决，确认郑州市房管局作出的房屋所有权证行为违法。杜某善不服，向检察机关申请监督。河南省高级人民法院提审后经审理于2016年4月13日作出（2015）豫法行提字第00024号行政判决书，认为刘某华在本案中应属于善意第三人，其物权利益应当予以保护。虽然郑州市房管局为刘某华颁证的房屋登记行为违法，但不能因此损害刘某华基于善意和对郑州市房管局公示登记信赖而取得的物权利益。对于杜某善原房屋所有权被侵害而主张行政赔偿的诉讼请求，可依据本案生效判决，另行通过行政赔偿程序解决，判决驳回抗诉，维持原判。

2016年9月9日，杜某善向郑州市提出行政赔偿申请，但未获处理，遂诉至法院，请求：（1）赔偿将原告位于郑州市管城回族区东大街4号101.91平方米的商用营业房（产权证号为03××72）违法错误过户登记给刘某华，导致原告失去该房产财产所有权给原告造成的损失500万元；（2）赔偿将原告商用营业房违法错误过户登记给刘某华，导致原告长期无法正常使用该房产给原告造成的租金损失100万元；（3）赔偿原告因相关纠纷诉讼而产生的律师代理、诉讼、误工、交通等各项费用100万元。

［**法院裁判**］一审郑州市二七区人民法院认为，依据《国家赔偿法》第2条第1款、第6条第1款的规定，杜某善的房屋权益被侵害，其有权提起行政赔偿。《国家赔偿法》第15条规定，关于房屋损失赔偿的数额应以房屋的实际价值为准，涉案房屋在2016年4月1日的房地产市场价值为388.79万元，故原告杜某善的第一项诉讼请求即原告失去涉案房产所有权的损失应以388.79万元支持为宜。原告杜某善丧失房屋所有权也就不存在该房屋的收益损失，故对第二项诉讼请求的租金损失依法不应予以支持。关于原告的第三项诉讼请求即律师代理、诉讼、误工、交通等各项费用100万元，原告未提供证据依据，法院依法不予支持。

郑州市住房保障和房地产管理局不服，提起上诉，郑州市中级人民法院裁定发回重审。

郑州市二七区人民法院重审认为，关于原告失去涉案房屋所有权所造成的损失，该损失应以房屋的实际价值为准。涉案房屋在2016年4月1日的房地产市场价值为388.79万元，故法院对原告失去涉案房产所有权的损失确定为388.79万元。关于被告赔偿数额的认定，依据《最高人民法院关于适用〈中华人民共和国行政诉讼法〉的解释》第97条、《最高人民法院关于审理房屋登记案件若干问题的规定》第12条规定，造成原告财产损失的原因具有多重性，经综合考虑本案的实际情况，法院酌定被告承担原告损失的70%的行政赔偿责任，即272.153万元。关于原告提出的租金损失缺乏依据，不予支持。关于原告主张的律师代理、诉讼、误工、交通等各项费用。经查，上述费用属于原告为实现其权利而支出的必要费用，不是被告的登记行为所造成的直接损失，不属于国家赔偿的范围。

杜某善不服提出上诉，郑州市中级人民法院于2020年6月12日作出（2020）豫01行赔终20号判决书，维持原判。

［**裁判评析**］在杜某善提起对郑州市房管局行政赔偿之前，杜某善与郑州市房管局之间就郑州市房管局为刘某华办理房屋所有权证的行政行为是否撤销纠纷历经一审、二审、再审、二次再审、抗诉等程序，法院从判决撤销郑州市房管局给刘某华颁发的房屋所有权证，到判决确认郑州市房管局作出的颁证行为违法，并明确杜某善可依据本案生效判决另行通过行政赔偿程序解决。法院判决结果差异的主要原因是一审、二审法院认为杜某善未参与刘某华的房屋买卖行为，而且杜某善未对该房屋买卖行为事后追认或售房者订立合同后取得了处分权，因此，该房屋买卖行为不能确认有效。郑州市房管局

给刘某华办理房屋所有权证，欠缺合法事实基础，主要证据不足，应予以撤销。再审及抗诉后，法院认为根据《最高人民法院关于审理房屋登记行政案件中发现涉嫌刑事犯罪问题应如何处理的答复》（[2008]行他字第15号）规定，刘某华在本案中应属于善意第三人，其物权利益应当予以保护，因此确认郑州市房管局作出的颁证行为违法。

因此，在冒名处分不动产行为中，若认为冒名行为对被冒名人不发生效力，撤销不动产登记机构的变更登记的行政行为，不动产的权利回归撤销前状态，原权利人的权益得以恢复。若确认不动产登记机构的变更登记行为违法，那么往往认为交易相对人为冒名行为后的合法所有人，被冒名人可以提起行政赔偿。但行政赔偿的范围为行政行为违法时间时被冒名人的直接经济损失，同时结合导致冒名行为发生的各方过错比重确定赔偿数额，除此之外的其他损失不在赔偿范围内。

（二）严某进与广西壮族自治区东兴市房产管理局确认行政行为违法并行政赔偿案①

[基本案情] 2011年10月，王某志以帮助王某杰出租房屋为名，让王某杰提供房产证、身份证等证件。王某志遂利用该套资料找人制造了一套假的房产证及假的王某杰的身份证。随后，王某志指使一名男子假冒王某杰向严某进借款并愿意提供房产抵押。严某进信以为真，提供了25万元的借款并在广西壮族自治区东兴市房产管理局（以下简称东兴市房产管理局）办理了抵押登记，取得了房屋他项权证。两个月后，假王某杰没能支付利息，严某进发觉受骗，向公安机关报案，后王某志因涉嫌合同诈骗罪被依法刑事拘留和逮捕并被判决犯合同诈骗罪，判处有期徒刑十二年，并处罚金5万元，以及责令王某志退赔严某进经济损失20万元。2014年10月10日，严某进以东兴市房产管理局未尽到审慎义务，使他人以虚假材料顺利办理房屋他项权证，以致其遭受巨大的经济损失为由提起诉讼，请求判决：确认东兴市房产管理局办理抵押登记的行为违法，东兴市房产管理局向严某进赔偿损失25万元。

[法院裁判] 一审法院认为，东兴市房产管理局在工作中未尽到审慎义务，没有对申请人提交的房屋所有权证原件等与原始登记纸质档案资料进行比对，没有认真查验核实证件的真实性、一致性，致使诈骗分子用伪造的材

① 参见广西壮族自治区防城港市中级人民法院（2015）防市行终字第26号行政判决书。

料为严某进办理了房屋他项权证。因此，对严某进诉请确认东兴市房产管理局办理抵押登记的行为违法，予以支持。根据《国家赔偿法》第 4 条第 4 项、《物权法》第 21 条第 2 款[①]、《最高人民法院关于审理房屋登记案件若干问题的规定》第 12 条规定，东兴市房产管理局应对严某进的损失承担主要责任，确定其承担 60% 的赔偿责任；严某进为获取高额利息，轻信犯罪分子，应当对其损失承担次要责任，确定其自行承担 40% 的责任。东兴市房产管理局应赔偿严某进 12 万元（20 万元 ×60%=12 万元）。

二审法院认为，造成严某进被骗取、损失 20 万元，存在复合原因。其中，罪犯王某志等人故意骗取财物，是造成严某进财产损失的主要原因，东兴市房产管理局及其工作人员怠于履行职责是次要原因，严某进由于轻信犯罪分子，应对交易风险不足，也是造成财产损失的原因之一。本院结合实际综合考虑，确定王某志等人的过错责任为主要责任，该责任不少于 50%；根据东兴市房产管理局的过错程度及其在损害发生中所起作用，确定其承担次要的赔偿责任，为 40%；确定严某进自行承担 10% 的责任。故此，确定东兴市房产管理局应赔偿给严某进 8 万元（20 万元 ×40%=8 万元）。一审判决没有全面审查本案中造成严某进财产损失存在“多因一果”的事实，所确定的行政赔偿责任错误，应予以纠正。

［**裁判评析**］本案中，在冒名行为人被以合同诈骗罪追究刑事责任后，没有交易相对人是否仍享有抵押权的相关案例及信息。从交易相对人的诉请来看，交易相对人没有选择实现抵押权这一路径挽回自身的损失，而是诉请要求行政赔偿。一审、二审法院均认定东兴市房产管理局存在过错，应予以赔偿，且交易相对人的实际经济损失按照刑事判决书的认定为准。但对东兴市房产管理局的赔偿比例一审、二审法院观点不同。一审法院认为，不动产登记机构对交易相对人的损失之间存在直接因果关系，应承担主要责任，赔偿比例为 60%，交易相对人轻信犯罪分子，自行承担 40% 的责任。二审法院则认为，冒名行为人是造成交易相对人财产损失的主要原因，不动产登记机构怠于履行职责是次要原因，交易相对人本人也有过错，最后确定冒名行为人、不动产登记机构和交易相对人的责任比例分别为 50%、40%、10%。

---

① 对应《民法典》第 222 条第 2 款。

四、法律风险防范

冒名处分不动产行为中涉及冒名人、被冒名人、交易相对人以及不动产登记机关。在实践中，冒名人往往通过亲属关系、促成交易等名义取得被冒名人的身份证、不动产所有权证等资料，向不动产登记机构申请物权登记从而实施冒名行为。在同一个冒名处分不动产行为模式中，是恢复不动产的权属状态保护被冒名人的原权利，还是保护交易相对人的合理信赖利益，是非此即彼的关系，最终会有一方的利益遭受损失。除私法救济途径外，被冒名人或交易相对人还有提起确认不动产登记机构的行政行为违法并要求行政赔偿的行政救济途径，以最大限度地挽回损失。但在提起行政诉讼前，需要当事人先行向行政机关申请，只有行政机关在收到赔偿申请后不予处理或对处理行为不服，当事人才可向法院提起行政赔偿诉讼。同时应注意的是，当事人应在法定的诉讼时效内提起行政诉讼，维护自身合法权益。作为不动产登记机构，除应该严格按照法律法规规定的标准、程序进行不动产审查、登记外，还应当加强对人员管理和培训，制定合法、标准、完善的制度。而且随着“互联网 + 不动产登记”新模式和政府承诺的“一站式办理、零跑路”服务的全面推广和适用，不动产登记机构可以采用“人脸识别”“数据共享”“验证码确认”等新技术、新方法，在具体进行登记审查过程中，还可以采用要求对自然人的委托授权人进行公证、对法人等组织的印章进行比对等具体审查措施，在既提升服务水平的同时，又确保登记信息的安全、准确，确保不动产登记信息的权威性和公示性，从而维护各方合法权益。同时，在不动产登记赔偿机制领域，还可以探索实施“赔偿基金制度”“责任保险制度”等制度，分散不动产登记机构的赔偿风险。